Frauen-Alterssicherung

Claudia Gather
Ute Gerhard
Karin Prinz
Mechthild Veil
(Herausgeberinnen)

Frauen-Alterrsicherung

Lebensläufe von Frauen und ihre Benachteiligung im Alter

edition sigma

Das Foto auf dem Umschlag stammt von Fritz Henle. Es ist datiert "Paris 1938" und trägt den Titel "The Lady and the God in the Louvre-Garden". Entnommen aus: Reinhold Mißelbeck: Deutsche Lichtbildner. Wegbereiter der zeitgenössischen Photographie. (Ausstellungskatalog Museum Ludwig Köln) DuMont Buchverlag, Köln 1987

Lektorat: Dr. Dagmar Simon

CIP-Titelaufnahme der Deutschen Bibliothek

Frauen-Alterssicherung : Lebensläufe von Frauen und ihre Benachteiligung im Alter / Claudia Gather ... (Hrsg.). -
Berlin : Ed. Sigma Bohn, 1991
ISBN 3-89404-323-7
NE: Gather, Claudia (Hrsg.)

2., durchges. u. überarb. Auflage 1993

Textverarbeitung: Angelika Zierer-Kuhnle, Berlin

Druck: WZB Printed in Germany

Inhalt

Einführung

Die Beiträge in dem vorliegenden Band setzen sich mit einem Thema auseinander, das in der Regel in den Medien, in der Öffentlichkeit, ja auch in der Frauenöffentlichkeit wenig Aufmerksamkeit findet: die sozialen Auswirkungen weiblicher Lebensläufe und die Situation von Frauen im Alter.

Wissenschaftliches Arbeiten über den Zusammenhang von Sozialpolitik, Alter und Frauen erfordert nicht nur besonderes politisches Engagement, sondern auch ein Expertinnenwissen, das bereit ist, sich auf Details einzulassen. Durch die interdisziplinäre Gegenüberstellung neuester Ergebnisse aus der Lebenslaufforschung mit Forschungsfragen zur Alterssicherung und zum Ruhestand von Frauen wird ein Zusammenhang zwischen Bereichen hergestellt, die im Leben der Frauen zusammengehören, wissenschaftlich aber im allgemeinen getrennt in unterschiedlichen Disziplinen behandelt werden. Dieser interdisziplinäre Ansatz könnte sich als richtungsweisend für weiterführende Frauenforschung zu diesem Themenkomplex erweisen.

Gerade aus dem Nebeneinander und der Verschränkung der Fragestellungen und unterschiedlichen methodischen Ansätzen wurden die Strukturen der Benachteiligung erkennbar. Es ist offensichtlich, daß wir uns in einer Übergangszeit befinden, in der die Komplexität der Frauen- bzw. Geschlechterfrage generationsspezifisch in durchaus unterschiedlichen Lebensentwürfen und Lebensläufen zum Vorschein kommt, die nun noch einmal durch das Zusammentreffen zweier Gesellschaftssysteme kompliziert wird. Dabei sind wie in einem Brennglas sowohl die Ähnlichkeiten und Unterschiede als auch die diversen Konsequenzen sozialpolitischer Weichenstellungen zu erkennen, deren langfristige Nachwirkungen - zum Beispiel im Hinblick auf die Alterssicherung der heute erwerbstätigen Frauen - noch zu analysieren sind.

Die Beiträge sind aus einer Tagung zu »Lebensverläufen von Frauen: Auswirkungen auf die Alterssicherung und den Ruhestand von Frauen in beiden Teilen Deutschlands« hervorgegangen. WissenschaftlerInnen aus der BRD und der ehemaligen DDR waren Ende November/Anfang Dezember 1990 nach Berlin gekommen, um ihre Forschungsergebnisse vorzustellen.[1]

Allen Beteiligten war das politische Umfeld der Tagung durchaus bewußt: Es war das Jahr der deutschen Einigung kurz nach Unterzeichnung des Einigungsvertrages; zugleich war nur ein Jahr seit der Verabschiedung des Rentenreformgesetzes vergangen, das zeitgleich mit der Realisierung des EG-Binnenmarktes 1992 in Kraft treten wird. Diese Ereignisse haben weitreichende Auswirkungen auf Frauen: Das Rentenreformgesetz wurde gegen das Votum von Frauenverbänden verabschiedet, da es an den Leitbildern einer lückenlosen Erwerbsbiographie, lebenslanger Ehe sowie einem zeitlichen Nacheinander von Kindererziehung und Berufstätigkeit für Frauen ausgerichtet ist und Lebensentwürfe benachteiligt, die diesen Normen nicht entsprechen.

Die überstürzte deutsche Einigung hat für Männer und Frauen unterschiedliche Auswirkungen. Es sind überwiegend Frauen in den neuen Bundesländern, die von Kürzungen im sozialpolitischen Bereich und von den neuen Gesetzen der Marktwirtschaft betroffen sind. Die Streichung der betrieblichen Krippen- und Kindergartenplätze ist hierfür nur ein Beispiel. Weitaus subtiler ist der Einschnitt für Frauen im Bereich der Sozialversicherung und insbesondere in der Alterssicherung, deren konkrete Ausgestaltung in der ehemaligen DDR auch Frauen mit Kindern eine kontinuierliche Erwerbstätigkeit ermöglicht hatte.

Bei allen Maßnahmen zur Familien- und Sozialpolitik wird darauf hingearbeitet, Geschlechterstereotypen in den neuen Bundesländern zu verankern, die dort so gar nicht gelebt wurden: Männer genießen als Familienernährer Vorrang auf dem Arbeitsmarkt, Frauen treten solidarisch zurück und werden als die zukünftigen Hausfrauen und Mütter zur Sicherung ihrer Existenz auf ihre Ehemänner verwiesen.

Der EG-Binnenmarkt, der von seiner Entstehung her in erster Linie an den Märkten ausgerichtet ist, entfaltet wenig reformerische Schubkraft im Bereich der Sozialpolitik. Nationale Reformen, die zukünftig auch EG-weit gelten, werden verstärkt unter Finanzierungsgesichtspunkten disku-

1 Die Schwierigkeiten, nach dem Beitritt der *DDR* zur *BRD* mit diesen Bezeichnungen umzugehen, haben wir dadurch zu lösen versucht, indem wir im allgemeinen von der BRD und DDR sprechen, da sich die Beiträge zum größten Teil rückblikkend auf die beiden deutschen Staaten beziehen. In den Titeln und dort, wo es uns im inhaltlichen Kontext notwendig erschien, verwenden wir den Begriff »ehemalige DDR«, um der historischen Entwicklung Rechnung zu tragen.

tiert, und immer wieder wird der Hinweis auf das europäische Recht als Abwehrargument gegen Frauenforderungen vorgebracht.

Zur Gliederung des Bandes:

Lebensverläufe von Frauen

Ein wesentliches Forschungsinteresse richtet sich auf die Fragestellung, wie sich Frauen zwischen Beruf und Familie verhalten, ob und in welchem Umfang sie sich ausschließlich für Familienarbeit oder für eine mehr oder weniger kontinuierliche Berufstätigkeit entscheiden, oder ob und wie sie versuchen, beide Arbeitsbereiche miteinander zu verbinden. Seit der Untersuchung der schwedischen Soziologinnen Alva Myrdal und Viola Klein über »Die Doppelrolle der Frau in Familie und Beruf« in den fünfziger Jahren wird von dem »Drei-Phasen-Modell« im weiblichen Lebensverlauf gesprochen; diese Phasen beziehen sich auf die Erwerbsphase bis zur Geburt des ersten Kindes, der sich anschließenden Familienphase und einem späteren Wiedereinstieg in den Beruf. Inwieweit das »Drei-Phasen-Modell« tatsächlich gelebt wird oder eher ein (partei)politisches Kalkül darstellt, ist äußerst umstritten.

Soziale Verhaltensmuster sind unter anderem abhängig von der Zeit, in der man lebt, dem Alter und der Gesellschaft, in der die Zeit erlebt wird. Je nachdem, welchen Geburtsjahrgängen die Frauen angehören, unter welchen »historischen« Zeitumständen sie aufgewachsen sind und ob sie in der DDR oder Bundesrepublik lebten, entscheidet wesentlich darüber, wie ihre Lebensbiographien aussehen. *Claudia Born* untersucht die individuellen Arrangements von Frauen, die am Ende des Zweiten Weltkrieges eine Lehre abgeschlossen hatten. Ob die Frauen Beruf und Kindererziehung miteinander vereinbaren konnten, hängt nach dieser Studie entscheidend davon ab, in welchem Beruf die Frauen ausgebildet wurden. Denn schon damals gab es Berufe, die »familienfreundlicher« waren als andere.

Wie abhängig Forschungsergebnisse von dem methodischen Vorgehen sind, zeigt *Angelika Tölke* anschaulich in ihrem Beitrag. Bislang beruhten Analysen zum Erwerbsverhalten von Frauen entweder meist auf Querschnittsdaten, deren Aussagekraft sich einzig auf den Zeitpunkt der Erhebung beschränkt, oder auf Längsschnittsdaten, die mehrere »Momentaufnahmen« in einer zeitlichen Abfolge darstellen. Bei beiden Vorgehensweisen wurden dann häufig Verlaufsformen weiblichen Erwerbsverhaltens zum Beispiel als Drei-Phasen-Modell überinterpretiert. Um den Entwicklungsprozeß in unterschiedlichen Lebensbereichen mit jeder Veränderung kontinuierlich erfassen zu können, geht die Autorin von Längsschnittsdaten auf Individualebene aus und kommt dementsprechend zu äußerst differenzierten Ergebnissen.

Karin Prinz behandelt die Auswirkungen von Kindererziehung auf die Erwerbsverläufe und damit auch auf die Alterssicherung von Frauen in der BRD und der DDR. Kindererziehung bedeutet für die jüngeren Frauen in der Regel nicht mehr Abbruch der Erwerbstätigkeit. In der BRD sind die »Folgekosten der Kindererziehung« neben den Schwierigkeiten des Wiedereinstiegs in die Erwerbstätigkeit vor allem berufliche Abstiegsprozesse und Einkommensminderungen, Unterbrechungen und Wechsel in Teilzeitarbeit. In der DDR waren die Vereinbarkeitsstrategien dagegen arbeitsrechtlich und sozialpolitisch besser abgesichert.

Daß sich Fragen zur weiblichen Erwerbsbeteiligung völlig anders stellen, wenn Realitäten der DDR zugrunde gelegt werden, verdeutlichen die Ausführungen von *Ellen Kirner* und *Erika Schulz*. Neueste Befragungsergebnisse des Sozio-Ökonomischen Panels aus dem Jahre 1990 gehen von einer weiblichen Erwerbsquote von 92 v.H. aus. Es mag erstaunen, daß trotz stärkerer Erwerbsbeteiligung, längeren Arbeitszeiten und einem weiblichen Beitrag zum Haushaltseinkommen von durchschnittlich 40 v.H. die Geburtenhäufigkeit in der DDR höher lag als in der Bundesrepublik.

Erziehungsurlaub und betriebliche Frauenpolitik

Den Erziehungsurlaub als ein Mittel zur Ausgliederung von Frauen aus dem Arbeitsmarkt stellen *Margarete Landenberger* und *Gisela Notz* dar. Während Margarete Landenberger schwerpunktmäßig die Wirkungen und Anreizfunktionen des Erziehungsurlaubsgesetzes auf Frauenbeschäftigung, soziale Sicherung und berufliche Wiedereingliederung untersucht, kritisiert Gisela Notz die Ausrichtung an der traditionellen Kleinfamilie und die damit verbundenen negativen Auswirkungen nicht nur für alleinerziehende Frauen.

Brigitte Stolz-Willig zeigt die Ambivalenz betrieblicher und gewerkschaftlicher Strategien zur Vereinbarkeit von Beruf und Familie am Beispiel tariflicher Teilzeit und Elternurlaubsregelungen. Die je nach Branche unterschiedliche Ausgestaltung und Attraktivität einer familienbedingten Berufsunterbrechung hängt unter anderem davon ab, inwieweit Frauen als Arbeitskräfte gebraucht oder als Konkurrentinnen der männlichen Beschäftigten betrachtet werden.

Rente als Alterslohn für Lebensleistung

»Rente als Alterslohn für Lebensleistung«, so charakterisiert Bundesarbeitsminister Norbert Blüm das westdeutsche und nun gesamtdeutsche Rentensystem. Richtiger müßte es heißen: »Rente ist Alterslohn für Männerleistung.« So die Forscherinnen *Jutta Allmendinger*, *Hannah Brückner* und *Erika Brückner*, die eindeutig zeigen, wie sehr die Beurteilung einer Lebensleistung auf das männliche Leben zugeschnitten und somit einseitig verzerrt ist. Mit repräsentativen Umfragedaten, die den gesamten Lebensverlauf von 1919 bis 1921 geborenen Männern und Frauen umfassen, lassen sich mehrere Benachteiligungen von Frauen benennen: Arbeitsmarktmechanismen führen zu geschlechtsspezifisch unterschiedlicher Entlohnung. Diese Lohndiskriminierung im Arbeitsleben zeigt sich direkt in einer Rentenbenachteiligung. Gleiche Leistungen erzielen nicht die gleiche Rente. Ja, es läßt sich sogar ein negativer Effekt der Kinderzahl auf den Rentenerwerb nachweisen. So ergibt sich ironischerweise die Umwertung einer alten Lebensregel: Galt Kinderreichtum früher als erfolgreichster Weg zur Alterssicherung, so erweisen sich schon wenige Kinder in der modernen Gesellschaft als schwer zu verkraftendes Hindernis im Arbeitsleben der Frau. Heute sind Kinder karrierehemmend *und* rentenschädigend.

Das westdeutsche Rentensystem, das sich nicht neutral gegenüber den unterschiedlichen Lebensentwürfen von Frauen verhält, wird von *Gabriele Rolf* kritisiert. Aufgrund der beobachtbaren Pluralisierung der Lebensstile wird die Ausrichtung der gesetzlichen Rentenversicherung an bestimmten Lebensverlaufstypen in Zukunft vermehrt zu unbefriedigenden Sicherungsergebnissen im Alter führen. Durch die Einführung einer Mindestrente würde die soziale Sicherung im Alter unabhängiger von der jeweiligen Erwerbs- und Familienbiographie werden und den Verweis alter Menschen auf die Sozialhilfe überflüssig machen.

Eine Brücke zwischen der rechtlichen Ausgestaltung der Alterssicherungssysteme in der BRD und der DDR schlägt *Mechthild Veil*. Nachteile, die sich mit der Übernahme des westdeutschen Rentenrechts ergeben, sind für Frauen in den neuen Bundesländern größer als für Männer. Die ersatzlose Streichung der Mindestrente sowie der additiven Anrechnung von Erziehungszeiten können durch frauenspezifische Regelungen des bundesdeutschen Rentenrechts nur bedingt ausgeglichen werden. Ein historischer Rückgriff auf Zeiten vor 1957 zeigt die gemeinsame Ausgangsbasis beider so gegensätzlicher Alterssicherungssysteme, deren Erbe die DDR angetreten hatte.

Der Übergang in den Ruhestand: Zeitpunkt und Auswirkungen

Eine spannende und bisher kaum behandelte Frage ist die, ob berufstätige Ehepartner den Zeitpunkt des Übergangs in den Ruhestand koordinieren und ob sich bei Paaren im Ruhestand die traditionelle Arbeitsteilung ändert. Während der Forschungsschwerpunkt von *Claudia Gather* auf dem Zusammenhang zwischen dem Berufsaustrittsverhalten und veränderten Ehebeziehungen bei Paaren im Ruhestand liegt und sie zu dem vorläufigen Ergebnis gekommen ist, daß gerade Ehefrauen mit finanziellen Einbußen vorzeitig aus dem Berufsleben ausscheiden, zeigt *Gert Wagner*, daß die Möglichkeiten eines flexiblen Rentenzugangs in der Bundesrepublik - im Gegensatz zur DDR mit starren Altersgrenzen für Männer und Frauen - dazu geführt haben, daß Ehepaare den Zeitpunkt, wann sie in Rente gehen, stärker koordiniert haben. Beide WissenschaftlerInnen gehen der Frage nach, welche Veränderungen sich mit dem Rentenreformgesetz 1992 ergeben werden, das flexible Altersgrenzen nur mit Rentenabschlägen ermöglicht.

Am Beispiel der Briefverteilerinnen bei der Post zeigt *Wolfgang Clemens* den Zusammenhang von gesundheitlicher Überforderung und Frühverrentung von Frauen auf. Die politischen Antworten jedoch, wie ein neues Arbeitszeitgesetz mit familienfreundlicheren Arbeitszeiten aussehen könnte, bleiben immer noch aus.

Die Situation alter und älterer Frauen in der BRD und der ehemaligen DDR

Die materielle Absicherung der Rentenbevölkerung in der DDR war unzureichend und je nach Geschlecht unterschiedlich. Gerontologischen Befunde von *Adelheid Kuhlmey-Oehlert* zeigen, daß die Rentenhöhe nicht der alleinige Indikator für die materiellen Lebensbedingungen älterer Frauen ist. Gerade in der Zeit des Umbruchs wird ersichtlich, daß subventionierte Mieten, Nahrungsmittelpreise, Subventionen für Heizmaterial, Dienstleistungen und Verkehrstarife der Rentnerin ein (»Über«)-Leben mit geringen finanziellen Mitteln oft erst ermöglichte. Hinzukam die in der DDR übliche Berufstätigkeit im Alter. Das Recht älterer Menschen auf Arbeit war wesentlicher Bestandteil ihres sozialen Status und wurde verfassungsrechtlich garantiert.

Mit der Anpassung der Altersrenten in der DDR im Zuge der Währungsunion wird die Schere zwischen Frauen- und Männerrenten zunehmend ausgebaut. Damit deuten sich künftige Entwicklungen an: Es wird zu einer stärkeren sozialen Polarisierung der Rentenbevölkerung kommen, VerliererInnen könnten dabei wieder die alten Frauen, besonders die Alleinlebenden, sein.

Zwei retrospektive biographische Befragungen von Altenheimbewohnerinnen der Geburtsjahrgänge 1909 und 1919, durchgeführt von *Monika Genz* im Rahmen des Instituts für Sozialmedizin der Martin-Luther-Universität in Halle, hatten die Zielsetzung, durch Analysen der Lebenssituationen, der medizinischen Betreuung und der jeweiligen Lebensbiographien herauszuarbeiten, wie das Wohlbefinden dieser Frauen gestärkt werden kann. Diese Befragungen fanden auf dem Hintergrund einer seit den achtziger Jahren intensiver geführten Diskussion statt, die sich mit der Sinnerfüllung des Lebens, der Kluft zwischen einer naturwissenschaftlich ausgerichteten Medizin und medizinethischen Problemen im Umgang mit Patienten beschäftigte. Gesundheitsfürsorge im Alter, so die Autorin, erfordert eine ganzheitliche Sichtweise des Menschen. Mit Hilfe der Biographieforschung kommt sie zu dem Ergebnis, daß Frauen, die ihr Leben als positiv einschätzten, sich überwiegend an der Erfüllung tradierter weiblicher Rollen wie Mutterschaft, Ehefrau und Großmutter orientieren.

Daß »erfolgreiches« Altern auch in Zukunft für Frauen schwieriger zu gestalten sein wird als für Männer, liegt - so die Autorin *Gertrud M. Backes* - an der Mehrfachbelastung der jüngeren Frauen, die mit der Problematik der Vereinbarkeit von Beruf und Familie allein gelassen werden. Obgleich sich im Bereich der geschlechtsspezifischen Arbeitsteilung kaum Veränderungen abzeichnen, ist die Palette der Lebensentwürfe im Alter doch breiter geworden. Davon zeugen nicht zuletzt die Grauen Panther.

Annette Niederfranke stellt dar, daß weibliche Lebensentwürfe mit kontinuierlicher Berufstätigkeit nicht automatisch zu einer Abkehr von traditionellen Geschlechterstereotypen von Frauen im Alter führen. Auf traditionelle Geschlechterrollen wird dann wieder zurückgegriffen, wenn Frauen mit kritischen Lebensveränderungen, wie Berufsaustritt oder Partnerverlust, konfrontiert werden.

Auf der Tagung hat abschließend *Nan Stevens* aus den Niederlanden detailliert die Vorteile und Probleme einer Netzwerkarbeit von Wissenschaftlern am Beispiel eines Projektes mit älteren Frauen in den Niederlanden dargestellt.

Neben der Förderkommission Frauenforschung der Senatsverwaltung für Frauen, Jugend und Familie (ab 1991: Arbeit und Frauen), Berlin, hat insbesondere die Hans-Böckler-Stiftung zum Gelingen des Kolloquiums beigetragen und die Drucklegung dieses Tagungsbandes ermöglicht. Hierfür sei der zuständigen Referentin, Frau Dr. Erika Mezger, ausdrücklich Dank gesagt.

Für die engagierte und fachliche redaktionelle Bearbeitung dieses Bandes danken wir Dagmar Simon vom Wissenschaftszentrum Berlin für Sozialforschung (WZB).

Angelika Zierer-Kuhnle vom Wissenschaftlichen Text-Dienst hat die Manuskripte in kurzer Zeit in eine druckfertige Form gebracht.

Frankfurt am Main, im März 1991

Ute Gerhard/Mechthild Veil

Lebensverläufe

Zur Bedeutung der beruflichen Erstausbildung bei der Verbindung von Familien- und Erwerbsarbeit in weiblichen Lebensläufen[1]

Claudia Born

1. Vorbemerkung

In den Mittelpunkt meines Beitrages stehen die Erwerbsverläufe von Frauen sowie die Frage nach ihrer strukturellen Prägung. Da einerseits den normativen Rahmungen eine große Gestaltungskraft für den weiblichen Erwerbslebenslauf zugesprochen wird, andererseits Erwerbsverläufe generell als abhängig gesehen werden von den über Bildung erworbenen Berufsstartchancen (Blossfeld 1989), konzentriere ich mich hier darauf, die Bedeutung dieser Faktoren für die faktische Sequenzmustergestaltung der heute ca. 60jährigen Frauen herauszuarbeiten.

2. Die normative Prägung des weiblichen Lebenslaufs

Die uns interessierenden Frauen gehören zu der ersten Frauengeneration, für die das von Myrdal/Klein (1956) formulierte Drei-Phasen-Modell (Berufsarbeit vor und nach der Familienphase) Realität erlangt haben soll, während zur Zeit ihres Ausbildungsabschlusses noch das Zwei-Phasen-Modell generell Geltung beanspruchte, das Erwerbstätigkeit lediglich als Zwischenstadium zwischen Schulende und Familiengründung definierte. Im normativen Konzept weiblicher Lebensgestaltung haben sich also zwar Verschiebungen ergeben, aber es findet unverändert seinen Ausdruck in der Annahme von Phasenmodellen als Planungshorizont, die sich empirisch als wiederholte Passagen in die Erwerbsarbeit darstellen lassen. Dieser als Phasenmodell konzipierte Lebensentwurf für Frauen, von Levy

1 Die folgenden Ausführungen basieren auf der Untersuchung »Statussequenzen von Frauen zwischen Erwerbsarbeit und Familie«, die derzeit im Rahmen des Sfb 186 an der Universität Bremen unter Leitung von Helga Krüger durchgeführt wird. Eine zusammenfassende Darstellung findet sich in Krüger/Born/Scholz (1991).

(1977) als »weibliche Normalbiographie« bezeichnet, wirft auf unterschiedlichen Ebenen bezüglich seiner praktischen Umsetzung Fragen auf:

Schon ältere Studien weisen aus, daß zwischen normativer Setzung und faktischer Gestaltung im weiblichen Lebenslauf Differenzen bestehen. In der Zeit, als die von uns berücksichtigten Frauen ihre Familie gründeten und in der das Zwei-Phasen-Modell normative Gültigkeit besaß (Junker 1965, Pfeil 1961), zeigen Erwerbsbeteiligungsdaten, daß verheiratete Frauen offensichtlich dem Modell der Zweiphasigkeit in wesentlich geringerem Maße gefolgt sind als gesellschaftlich vorgesehen war (Hofbauer 1979, Müller/Willms/Handl 1983). Ob materielle Notlagen oder zum Beispiel auch die mit der Ausbildung verbundenen objektiven Chancenstrukturen zur Ausdifferenzierung der Erwerbs- bzw. Familienbiographie geführt haben, war nicht Gegenstand der Untersuchung.

Damit ist ein weiteres Problem aufgeworfen: Phasenmodelle erheben Geltungs- und Gültigkeitsanspruch für *alle* Frauen. Einzig maßgebliches Kriterium ihrer Erfüllung ist bei dem Zwei-Phasen-Modell der Familienstand (verheiratet-unverheiratet), beim Drei-Phasen-Modell die Position im Familienzyklus. Gänzlich unberücksichtigt blieben die Auswirkungen schichtspezifischer Varianzen ebenso wie Bildungsniveaus auf die Erwerbsbeteiligung der Frauen (Blossfeld 1989, Tölke 1987).

Auch Arbeitsmarktvariablen wird bei der Konzipierung des weiblichen Lebensentwurfs in der Form des Phasenmodells keine Beachtung geschenkt, obwohl gerade Arbeitsmarktdynamiken eine nicht unerhebliche Rolle für die Gestaltung des weiblichen (Erwerbs-)Lebenslaufs spielen. Neuere Untersuchungen zur Vereinbarkeits- und Wiedereinstiegsproblematik belegen, daß der Wiedereinstieg in der Regel nach arbeitsmarktstrukturellen Vorgaben erfolgt, weniger nach Maßgabe des Qualifikationsniveaus (Krüger u.a. 1987, Engelbrech 1989).

Obwohl die Phasenstrukturierung des weiblichen Lebenslaufs konkrete Berufsverläufe allein als Ergebnis subjektiv entwickelter Orientierungen erscheinen läßt und strukturelle Barrieren vernachlässigt werden, zeigen Phasenmodelle die paradoxe Wirkung, daß sie die strukturellen Barrieren gleichermaßen setzen: Der erwartete Normallebenslauf, die gesellschaftlich normierte Normalbiographie von Frauen, strahlt nämlich auf ihre faktische Verwertungsbedingung als Arbeitskräfte zurück (Kohli 1985); die geschlechtsspezifische Segmentierung des Arbeitsmarktes verlängert sich in die berufliche Erstausbildung, führt hier zur Ausbildung von Frauen in Frauenberufen (Schlüter 1987), obwohl diese nur in höchst problematischer Weise die Verbindung von Berufs- und Familienarbeit gestatten (Born/Vollmer 1983). Zur Problematik der Vereinbarkeit von Beruf und Familie durchgeführte Studien lassen sich in dem Satz zusammenfassen: auch Frauenberufe sind eher keine Mütterberufe. Sie sind am Zwei-Phasen-Modell orientiert, d. h. enthalten kaum Aufstiegsmöglichkeiten, selbst wenn Frauen ihre Berufsarbeit nicht unterbrechen: Vor allem in Berufen mit intensivem Kundenkontakt (einer der Typiken von Frauenberufen) sind Arbeitszeitgestaltungen, die sich besonders schlecht mit der Kinderbetreuung verbinden lassen, die Regel (Krüger u.a. 1987, Born 1989b).

Neben diesen strukturellen Implikationen enthalten Phasenmodelle ebenso Probleme auf der subjektiv individuellen Ebene. Sie beinhalten die Annahme von der Alternativrolle Hausfrau oder Berufsfrau (Eckart/Jaerisch/Kramer 1979), die die Grundlage dafür darstellen dürfte, daß die zur Realisierung des Phasenmodells notwendigen Wechsel zwischen »reinen« Hausarbeits- und Erwerbsarbeitssequenzen bezüglich der individuellen Verarbeitung kaum als Problem in den Blick geraten. Den erforderlichen, individuell zu erbringenden Umorientierungs- und Strukturierungsleistungen, die Frauen angesichts der als diskontinuierlich konzipierten Erwerbsbiographie zu leisten haben, wird selten Beachtung geschenkt. Obwohl die weibliche Sozialisation, die sowohl auf Berufs- als auch auf Familienarbeit ausgerichtet ist, eine »Lochmuster«-Programmstruktur enthält, die vor allem subjektive Kosten verursacht (Krüger/Born 1990a), wird angenommen, daß mit der Realisierung der einen Dimension die andere hinsichtlich ihrer Bedeutung problemlos verschwindet.[2]

Die mangelnde theoretische und wissenschaftliche Beschäftigung mit dem Problem der individuell-subjektiv zu erbringenden Leistungen zur Umsetzung der normativen Lebenslaufmuster in realisierte gilt gleichermaßen in bezug auf die unzureichende Auseinandersetzung mit der Problematik, daß die heute ca. 60jährigen Frauen im Laufe ihres Lebens mit dem Wechsel vom Zwei- zum Drei-Phasen-Modell konfrontiert wurden.

---

2 Diese Annahme gilt im übrigen gleichermaßen für die Statuspassage »Verrentung«. Anders als für Männer wird für Frauen dieser Übergang erst seit kurzem überhaupt als beachtenswert thematisiert (Naegele 1985).

3. Empirisches Vorgehen und Ergebnisse

Um die Frage beantworten zu können, wie sich nun Familien- und Erwerbsarbeit im Leben der Frauen verschränkt haben und wie sich dabei die normative, die faktische und die subjektiv erlebte Ebene zueinander verhalten, wurde vorausgesetzt, daß die Frauen erstens eine Familie gegründet hatten und zweitens aufgrund ihrer Einstiegsbedingungen in das Erwerbsleben überhaupt die Chance zum Aufbau einer Berufskarriere hatten. Um den bekannten Einfluß des Bildungs- und hierüber eingehandelten Beschäftigungsniveaus konstant zu halten, betrachten wir Frauen, die ihre Erwerbsbiographie auf formal gleichem Ausbildungsniveau begonnen haben. Auswahlkriterium war der Abschluß einer Lehre in einem der fünf nach Kriegsende am häufigsten besetzten Ausbildungsberufe. Um weiterhin strukturelle Hintergrunddaten des Lebensverlaufs und deren individuelle Interpretation aufeinander beziehen zu können, haben wir die Untersuchung folgendermaßen angelegt und aufgebaut:

- *Teiluntersuchung A:* Vollerhebung zu Ausbildungsverhältnissen nach Kriegsende in zwei Regionen.[3] Auswertung der Erhebung mit dem Ziel, zu Aussagen über die Größenordnung der Untersuchungseinheit zu gelangen und die in die weitere Untersuchung einzubeziehenden Berufsgruppen zu identifizieren.
- *Teiluntersuchung B:* Schriftliche Befragung von Frauen in den aus der Teiluntersuchung A ausgewählten Berufen - Auswertung der standardisierten Befragung hinsichtlich der Erwerbsarbeitsbeteiligungsmuster und der Familienereignisse der Frauen im Lebenslauf mit dem Ziel, die Sequenzmuster zu erfassen und sie auf die Existenz von Phasenmodellen, auf regional und/oder berufsspezifische Verläufe hin zu überprüfen und für den darauf folgenden Untersuchungsschritt sicherzustellen, daß eine entsprechende Bandbreite von unterschiedlichen Lebenslauftypen in der qualitativen Untersuchung berücksichtigt wird.
- *Teiluntersuchung C:* Qualitative Befragung von Frauen qua themenzentrierter Interviews, ausgewählt nach differenten Lebenslaufmustern zwischen Erwerbsarbeit und Familie - Auswertung der Interviews mit dem

3 Ausgewählt wurden eine katholisch-ländliche und eine evangelisch-städtische Region, um durch diese vorgenommene Variation des normativ-kulturellen Kontextes die Bedeutung normativer Muster in der Lebenslaufgestaltung der Frauen nicht außer acht zu lassen.

Ziel, über die Selbstthematisierung des Lebenslaufs die individuell wahrgenommenen Strukturgeber des eigenen Lebens zu eruieren.

Die folgenden Ergebnisdarstellungen beziehen sich im wesentlichen auf die Teiluntersuchungen A und B.[4]

3.1 Berufsausbildung von Mädchen nach Kriegsende: keine Ausnahmeerscheinung

Die relevanten Ergebnisse dieser Untersuchung lassen sich folgendermaßen zusammenfassen: Die Vollerhebung zeigt einen unerwartet hohen Prozentsatz der Mädchen unter den Lehrlingen. Er liegt 1949 bei rund 32 % und damit schon so hoch wie Anfang der achtziger Jahre (Langkau/Langkau-Hermann 1982). Damit ist gleichzeitig die in der Literatur immer wieder auftauchende Annahme widerlegt, daß Frauen dieser Generation der Berufsausbildung - entsprechend dem damals gültigen Zwei-Phasen-Modell - keine Bedeutung zumaßen.[5] Daß eine Berufsausbildung für Mädchen keine Ausnahmeerscheinung darstellte, bestätigen darüber hinaus nicht nur die Interviews mit den Frauen (Teiluntersuchung C), sondern ist ebenso an den vielen Frauen abzulesen, die sich offensichtlich vergeblich um eine Lehrstelle bemüht haben. In den damaligen Kammerberichten wurde dementsprechend die extreme Lehrstellenknappheit für Mädchen konstatiert, aber im Unterschied zur Situation männlicher Jugendlicher kaum als Problem genannt (Born 1989a, Krüger/Born/Scholz 1990).

Die Auszählung ergab in beiden Regionen, daß es sich bei am häufigsten gewählten Ausbildungen um die zur Friseurin, Schneiderin, Verkäuferin und zur kaufmännischen Angestellten bzw. zur qualifizierten Büro-

4 Die Ergebnisse der Teiluntersuchung C sind ausführlich dargestellt in Krüger/Born/Scholz (1991).

5 Das Argument des mangelnden Interesses bei den damals jungen Mädchen findet sich immer wieder; so zum Beispiel in einer Untersuchung von M. Marx (1949, S. 9), in der sie ausführt: »Im Bewußtsein der Frauen hat die Erwerbsarbeit nur vorübergehenden Charakter. Auch der Gedanke an den beträchtlichen Frauenüberschuß vermag die Mehrzahl der jungen Mädchen nicht daran zu hindern, ihre Tätigkeit nur als Surrogat [zur Ehe; Anm. d. Verf.] zu betrachten.« Weiter heißt es in der Studie: »Diese grundsätzliche Einstellung auf die Ehe hemmt die Mädchen, ein bestimmtes Berufsziel zu verfolgen. Erst wenn die Heiratsaussichten ganz gering geworden sind, etwa im Alter von 30-35 Jahren, interessiert der Durchschnitt sich dafür, wirklich etwas zu lernen.» (Marx 1949, zitiert nach Schubert 1984, S. 69)

fachkraft handelt. Hinzugenommen haben wir die Ausbildung zur Kinderpflegerin, die vollzeitschulisch organisiert und ebenso ein typischer Frauenberuf ist. Auch in der Verteilung der Ausbildungsverhältnisse nach ihrer Rangfolge in der Besetzung zeigen sich in der Konzentration weiblicher Lehrlinge auf bestimmte Arbeitsmarktsegmente seit 40 Jahren kaum Veränderungen. Ausbildungen für den Verkauf, den Bürobereich, das Friseurhandwerk standen damals und stehen heute an der Spitze der Ausbildungsverhältnisse.[6]

Mit der Auswahl dieser Berufe wurde zugleich die Möglichkeit eröffnet, das Verhältnis von normativen Orientierungen und Arbeitsmarktdynamiken in ihren Auswirkungen auf den weiblichen beruflichen Lebensverlauf zu analysieren, da - wie neuere Untersuchungen belegen - diese Berufe hinsichtlich der Chancen zur Kontinuisierung der Erwerbsarbeit erheblich variieren und somit berufsspezifische Differenzen in der Sequenzgestaltung des Lebensverlaufs nach sich ziehen können. Zum Beispiel wurde der Beruf der Schneiderin bedeutungslos (Fischer/Minssen 1986), während der Arbeitsmarkt für kaufmännische Angestellte expandierte (Mayer 1979); und von dem Beruf der Verkäuferin und Friseurin ist bekannt, daß ihre Arbeitszeitstrukturierung eine Vereinbarkeit von Berufsarbeit und Kinderbetreuungspflichten kaum realisierbar macht (Born/Vollmer 1983). Gleichzeitig enthalten die ausgewählten Berufe unterschiedliche normative Implikationen, die als Weiblichkeitsmuster in die Berufsrolle definitiv eingehen und Konsequenzen für die Erwerbskarriere im gelernten Beruf haben können: bei den Friseurinnen zum Beispiel an das Alter gebundene Attraktivitätsmuster (Cremer 1984), bei Kinderpflegerinnen die Verpflichtung auf die Mutter-, Familien- und Nachbarschaftshelferrolle (Notz 1989).

Zusammengefaßt läßt sich konstatieren: Möglicherweise hat die Bedeutung von Beruf im späteren Lebenslauf der Frauen innerhalb der letzten 40 Jahre zugenommen. Die Orientierung auf eine Berufsausbildung scheint hingegen bei sehr vielen Mädchen schon vor 40 Jahren bestanden zu haben, ohne jedoch gesellschaftlich besonders ernstgenommen worden zu sein. Obwohl ein keineswegs geringer Anteil der Frauen dieser Generation trotz schwieriger Bedingungen eine Berufsausbildung realisiert hat, ist bis heute das (Vor-)Urteil ihrer mangelnden beruflichen Qualifikation

6 Lediglich das Schneiderhandwerk ist verdrängt worden durch die (Ende der fünfziger Jahre erstmals als Ausbildung anerkannte und seither statistisch dokumentierte) Lehre zur Arzt- und Zahnarzthelferin.

unrevidiert geblieben. Diese Annahme basiert auf der verifizierbaren Beobachtung, daß die heute älteren Arbeitnehmerinnen in der Regel als ungelernte Arbeitskräfte tätig sind und als solche geführt werden. Hieraus wird fälschlicherweise die Schlußfolgerung gezogen, daß sie über keine Berufsausbildung verfügen (vgl. Abbildung 1).

3.2 Zum Erklärungsgehalt der Sequenzmuster: Phasenmodelle oder Berufsausbildung?

Zur Analyse des Zusammenhanges von Familienereignissen und Erwerbsunterbrechungen wurde in unserer Untersuchung - neben statistischen Auswertungsverfahren - auf der Individualebene, d. h. für jede schriftlich Befragte (insgesamt 220), eine Graphik erstellt, die die chronologische Anordnung der Erwerbsarbeitssequenzen und die Plazierung von Familienereignissen veranschaulicht. Diese Darstellungen verdeutlichen die Ungeregeltheit und relativ geringe Systematisierbarkeit und Interpretierbarkeit der Anordnung der Erwerbsphasen im Lebenslauf nach Familienereignissen, die in den Phasenmodellen als zentral bestimmende Ereignisse betrachtet werden. Es zeigte sich an den individuellen Verläufen nicht nur, daß Perioden der Erwerbsarbeit sich altersbiographisch sehr unterschiedlich verteilen, sondern zudem unterschiedliche Dimensionen aufweisen: Erwerbsarbeit im gelernten Beruf, in anderen versicherungspflichtigen Tätigkeiten und in nichtversicherungspflichtigen Beschäftigungsverhältnissen.

Gleichzeitig weisen die Zeitpunkte und die Zahl der Wechsel zwischen Perioden ausschließlicher Familienarbeit und Erwerbsarbeit jede Normalitätsunterstellung in der Sequenzierung des Erwerbsarbeitsverlaufs nach heirats- und kindbedingten Familienphasen, und damit nach Phasenmodellen, als nicht aussagekräftig aus. Nahezu die Hälfte der Frauen weist mehr (3-12) Wechsel in ihrer Erwerbskarriere aus - für sie ist die Realisierung des Phasenmodells damit ohnehin widerlegt. Und selbst von den mehr als 30 % der Frauen, die nur eine Erwerbsarbeitsphase aufweisen, folgen nur insgesamt 11,8 % dem klassischen Muster eines tatsächlichen Zwei-Phasen-Modells (d. h. endgültiger Ausstieg bei Heirat bzw. Geburt des ersten Kindes). Auch bei den Frauen, die zwei Wechsel aufweisen, was dem Drei-Phasen-Modell entspräche, strukturieren sich die Wechsel häufig nicht bzw. nicht nur durch die Kindererziehungszeit.

Abbildung 1: Tätigkeiten und Familiendaten nach Alter und Qualifikationsniveau

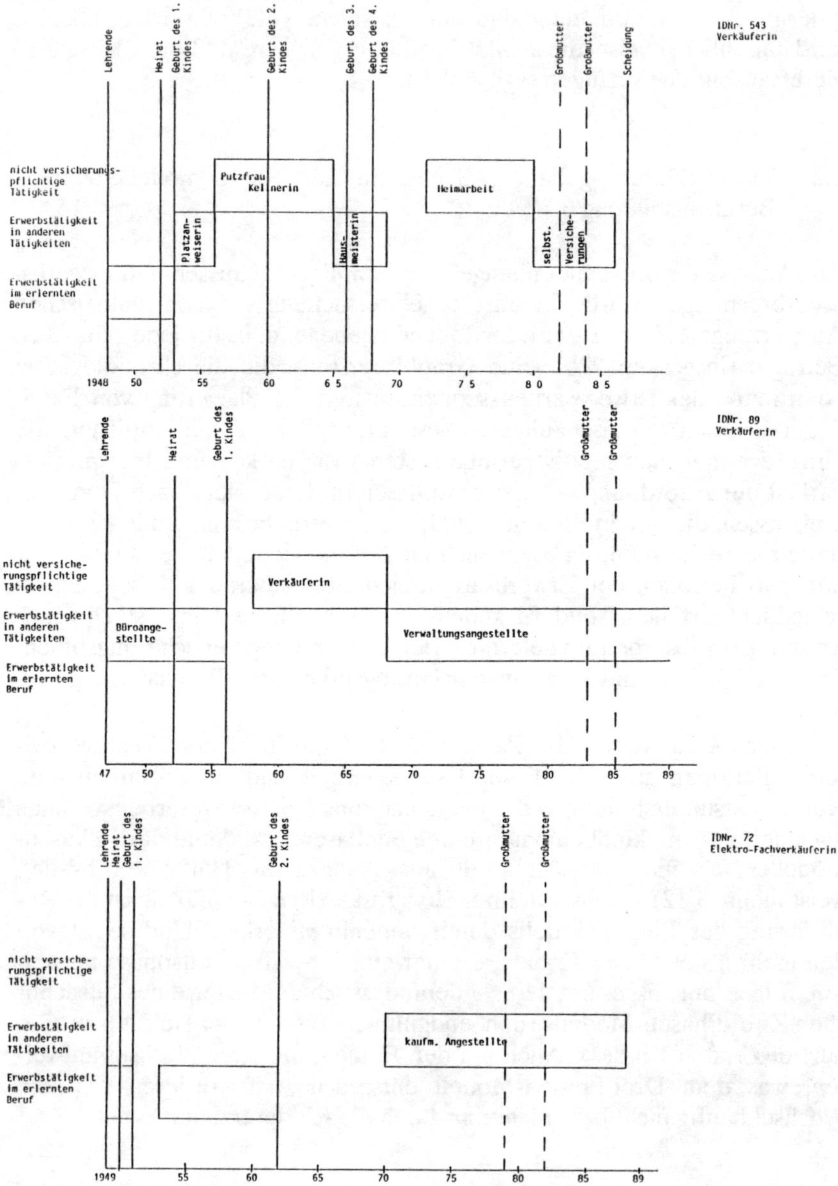

Insgesamt lassen sich zwei Drittel der Erwerbsverläufe der Frauen unseres Samples nicht nach den Geltung beanspruchenden normativen Verlaufsmustern ordnen, und dies gilt für beide untersuchte Regionen gleichermaßen, so daß auch regionalspezifische normative Rahmungen für Erwerbsverlaufsmuster ausgeschlossen werden können.

Die in »Phasenmodellen« suggerierte Planbarkeit der Erwerbssequenzen durch die Geburt der Kinder erweist sich damit schon für heute 60jährige als obsolet. Als normative Programme mögen sie in der subjektiven Planung eine Rolle spielen, und sicherlich dürfte die Geburt von Kindern Extrembelastungen zur Folge haben, die das Unterbrechungsrisiko der Erwerbsarbeit erhöhen, aber insgesamt erweisen sich die Phasenmodellen folgenden Erwerbsarbeitssequenzen als realitätsinadäquat.

Die Bedeutung von Phasenmodellen für die Struktur des weiblichen Erwerbslebenslaufes relativiert sich noch einmal, wenn man eine berufsspezifische Auswertung des Erwerbsverhaltens vornimmt. Diese macht nämlich die Strukturleistungen der beruflichen Erstausbildung für die Erwerbsarbeit im gesamten Lebenslauf so deutlich, daß man von einer ausgesprochenen *Berufstypik* des weiblichen Erwerbslebenslaufes sprechen kann. Diese bezieht sich nicht auf die Anordnung der Unterbrechungen im Lebenslauf, sondern auf die Lebenszeitbudgets. Hier zeigen sich berufsspezifische, statistisch signifikante Differenzen hinsichtlich der quantitativen Anteile der Erwerbsarbeit in den Dimensionen: Zeiten im gelernten Beruf, in anderen ausbildungsfremden versicherungspflichtigen Beschäftigungsverhältnissen, in nichtversicherungspflichtigen Arbeitsverhältnissen und im Verhältnis von Erwerbstätigkeit und erwerbsfreier Zeit im gesamten Lebenslauf sowie anhand der durchgeführten Clusteranalyse (Krüger/Born 1990b). Insgesamt lassen sich die Erwerbsverläufe berufsspezifisch folgendermaßen beschreiben:

- Frauen mit einer Lehre zur kaufmännischen Angestellten arbeiten - trotz häufiger Unterbrechungen - sehr lange in ihrem gelernten Beruf, relativ selten wechseln sie in andere ausbildungsfremde Bereiche und kaum in nichtversicherungspflichtige Arbeitsverhältnisse .
- Gelernte Kinderpflegerinnen hingegen verlassen ihren gelernten Beruf oft schon vor der Heirat bzw. Geburt des ersten Kindes und im Vergleich zu allen anderen Berufsgruppen am frühesten. Sie arbeiten dann die meiste Zeit ihres insgesamt jedoch sehr langen Erwerbslebens in nicht versicherungsrechtlich abgesicherten Arbeitsverhältnissen.

- Auch Friseurinnen haben ein relativ kurzes Erwerbsleben. Nach einigen Jahren in ihrem gelernten Beruf kehren sie dem Erwerbsleben endgültig den Rücken und verbleiben Hausfrauen.
- Verkäuferinnen und Schneiderinnen verhalten sich wiederum anders. Sie arbeiten überwiegend sozialversicherungspflichtig in ausbildungsfremden Bereichen. Nicht versicherungspflichtige Arbeitsverhältnisse spielen hier eher eine geringe Rolle.

Zusammenfassend läßt sich konstatieren, daß das Phasenmodell als Normalitätsunterstellung die Normalität - im Sinne eines häufigen empirischen Auftretens - nicht abbildet: Nur bei einer Minderheit der Frauen kommen faktische und normative Lebenslaufgestaltung zur Deckung. Bei der weit überwiegenden Zahl der Frauen hingegen folgen die realisierten Sequenzmuster den Geltung beanspruchenden Modellen nicht. Auch der religiös-kulturelle Kontext, in den die Frauen eingebunden sind, erhöht offensichtlich - obwohl sich Gegenteiliges vermuten ließe - die Bedeutung der Phasenmodelle als lebenslaufstrukturierendes, empirisch nachweisbares Element nicht: Frauen in ländlich-katholischer Region verhalten sich ebensowenig »modellkonform« wie Frauen, die in städtisch-evangelisch strukturierten Regionen leben.

Eine unerwartet hohe, wesentliche Bedeutung hingegen kommt für die faktische Lebenslaufgestaltung dem Arbeitsmarkt bzw. dem gelernten Beruf zu. Es ist die Erstausbildung - und hierbei nicht das Niveau, sondern die sie implizierenden inhaltlich differenten Arbeitsmarktbedingungen -, die maßgeblich den weiblichen Lebenslauf strukturiert. Sie beeinflußt die Dauer der Erwerbstätigkeit im gelernten Beruf, ob und in welchem zeitlichen Umfang Frauen in andere ausbildungsfremde Bereiche wechseln oder sich gänzlich aus dem Arbeitsmarkt zurückziehen. Deutlich wird, daß diese Ergebnisse sich nicht allein durch unterschiedliche berufsspezifische *Arbeitskräftebedarfsentwicklungen* interpretieren lassen. Diese gelten zwar für kaufmännische Lehrlinge und Schneiderinnen (expandierender versus schrumpfender Arbeitsmarkt), nicht aber zum Beispiel für Friseurinnen und Verkäuferinnen. Hier tritt durch die dort geltenden Arbeitszeiten die *Vereinbarkeitsproblematik* hinzu. Dieser dürften bei den Verkäuferinnen die biographisch gesehen relativ frühen Wechsel in andere ausbildungsfremde Tätigkeitsfelder geschuldet sein. Das Erwerbsverhalten der Friseurinnen und Kinderpflegerinnen hingegen wird mit diesen Variablen nicht erklärbar. Die aus den Interviews (Teiluntersuchung C) gewonnenen Kenntnisse aber legen die These nahe, daß neben Arbeitskräftebedarfsentwicklungen und der Vereinbarkeitsproblematik auch berufsrollentypische *Fristigkeitsnormen* wirken, die bei den oben genannten Berufen Rückkehrbarrieren in den gelernten Beruf bzw. in versicherungsrechtlich abgesicherte Tätigkeiten beinhalten. Es ist denkbar, daß sich hier per *berufsspezifischer Sozialisation* in das Berufsbild eingelagerte Weiblichkeitsmuster im Selbstbild der so qualifizierten Frauen verankern und normative Muster verstärken, über die die Berufsrolle und weibliche Selbstinterpretationen durch den Verzicht auf Erwerbsarbeit zur Deckung gebracht bzw. Orientierungen an einer Erwerbsarbeit während des späteren Lebensverlaufs zurückgedrängt werden.[7] Wenn normative Rahmungen überhaupt Einfluß auf die faktische Sequenzierung des Erwerbslebenslaufes haben, dann vermittelt über die Erstausbildung. Sie werden als lebenslaufgestaltendes Strukturierungsmoment dann wirksam, wenn der Beruf bzw. die Berufsrolle normative Vorgaben enthält, die denen der Frauenrolle generell geltenden entsprechen. Dann scheint der normative Druck so mächtig zu werden, daß Frauen sich dann in der Tat entsprechend verhalten, und somit Phasenmodelle mittelbar auch empirisch wirksam werden. Insgesamt jedoch zeigt sich an der faktischen Lebenslaufgestaltung der Frauen einerseits, wie überraschend wenig normative Rahmungen diesen bestimmen und im Gegensatz dazu, wie sehr Arbeitsmarktstrukturen, präziser die Berufstypik, für den Lebenslauf auch der Frauen bedeutsam ist - bedeutsamer als bislang angenommen wurde.

Angesichts des Sachverhaltes, daß die hier genannten Berufe auch heute noch an der Spitze der Ausbildungsberufe von Frauen liegen, kommt diesen Ergebnissen gerade auch im Diskussionszusammenhang mit der Frage nach der Alterssicherung eine nicht zu unterschätzende Bedeutung zu.

---

7 Bedeutsam ist in diesem Zusammenhang, daß - wie die Interviews deutlich machten - der Prozeß der Berufsfindung in den seltensten Fällen Resultat eines Wahlverhaltens war und somit das beschriebene berufstypische Verhalten als Ergebnis beruflicher Sozialisation vermutet werden muß.

Literatur

Blossfeld, Hans-Peter (1989): *Kohortendifferenzierung und Karriereprozeß - eine Längsschnittstudie über die Veränderung der Bildungs- und Erwerbschancen im Lebenslauf.* Frankfurt a.M., New York

Born, Claudia/Vollmer, Christine (1983): *Familienfreundliche Gestaltung des Arbeitslebens.* Band 135 der Schriftenreihe des Bundesministers für Jugend, Familie, Frauen und Gesundheit. Stuttgart

Born, Claudia (1989a): *»... wie sich die Bilder gleichen.« Zur Situation weiblicher Lehrlinge nach Kriegsende.* Arbeitspapier Nr. 2 des Sfb 186, Universität Bremen

Born, Claudia (1989b): »Hausfrau oder Berufsfrau - eine auch für Mütter mit kleinen Kindern inadäquate Perspektive?« In: Ursula Müller/Hiltraud Schmidt-Waldherr (Hrsg.): *FrauenSozialKunde. Wandelnde Differenzierung von Lebensformen und Bewußtsein.* Bielefeld, S. 103-112

Cremer, Christa (1984): »Schönheit wird zur Pflicht. Friseurin - Beruflichkeit auf Zeit«. In: Christine Mayer/Helga Krüger/Ursula Rabe-Kleberg/ Ilse Schütte (Hrsg.): *Mädchen und Frauen. Beruf und Biographie.* München, S. 85-98

Eckart, Christel/Jaerisch, Ursula/Kramer, Helgard (1979): *Frauenarbeit in Familie und Fabrik. Eine Untersuchung von Bedingungen und Barrieren der Interessenwahrnehmung von Industriearbeiterinnen.* Frankfurt a.M., New York

Engelbrech, Gerhard (1989): »Erfahrungen von Frauen an der ‚dritten Schwelle'. Schwierigkeiten bei der beruflichen Wiedereingliederung aus der Sicht der Frauen«. In: *MittAB*, 1, S. 100-113

Fischer, Joachim/Minssen, Heiner (1986): *Neue Leistungspolitik in der Bekleidungsindustrie - Arbeitsstrukturierung und Produktionsflexibilisierung.* Frankfurt a.M., New York

Hofbauer, Hans (1979): »Zum Erwerbsverhalten verheirateter Frauen«. In: MittAB, 2, S. 217-240

Junker, Rainer (1965): *Die Lage der Mütter in der Bundesrepublik Deutschland.* Frankfurt a.M.

Kohli, Martin (1985): »Die Institutionalisierung des Lebenslaufs. Historische Befunde und theoretische Argumente«. In: *Kölner Zeitschrift für Soziologie und Sozialpsychologie*, 37, S. 1-29

Krüger, Helga/Born, Claudia/Einemann, Beate/Heintze, Stine/Saifi, Helga (1987): *Privatsache Kind - Privatsache Beruf. »... und dann hab ich ja noch Haushalt, Mann und Wäsche«. Zur Lebenssituation von Frauen mit kleinen Kindern in unserer Gesellschaft.* Opladen

Krüger, Helga/Born, Claudia (1990a): »Probleme der Integration von beruflicher und familialer Sozialisation in der Biographie von Frauen«. In: Ernst-H. Hoff (Hrsg.): *Die doppelte Sozialisation Erwachsener.* Weinheim, München

Krüger, Helga/Born, Claudia (1990b): »Unterbrochene Erwerbskarrieren und Berufsspezifik: Zum Arbeitsmarkt- und Familienpuzzle im weiblichen Lebenslauf«. In: Karl-Ulrich Mayer/Jutta Allmendinger/Johannes Huinink (Hrsg.): *Vom Regen in die Traufe. Frauen zwischen Beruf und Familie.* Frankfurt a.M.

Krüger, Helga/Born, Claudia/Scholz, Maria (1990): »Erstausbildung nach Kriegsende. Wie lange trägt eine Lehre im Erwerbsleben von Frauen?« In: Werner Dressel/ Walter R. Heinz/Gerd Peters/Karin Schober (Hrsg.): *Lebenslauf, Arbeitsmarkt und Sozialpolitik*. BeitrAB, Band 133. Nürnberg, S. 73-100

Krüger, Helga/Born, Claudia/Scholz, Maria (1991): »Statussequenzen von Frauen zwischen Erwerbsarbeit und Familie. Arbeits- und Ergebnisbericht des Teilprojekts B1«. In: Sfb 186: *Statuspassagen und Risikolagen im Lebenslauf. Arbeits- und Ergebnisbericht Juli 1988-Februar 1991*. Bremen, S. 93-133

Langkau, Jochem/Langkau-Hermann, Monika (1982): »Bundesrepublik Deutschland«. In: Alice M. Gohalem (Hrsg.): *Die Rückkehr von Frauen in den Beruf*. Bonn

Levy, René (1977): *Der Lebenslauf als Statusbiographie. Die weibliche Normalbiographie in makro-soziologischer Perspektive*. Stuttgart

Mayer, Karl-Ulrich (1979): »Strukturwandel im Beschäftigungssystem und berufliche Mobilität zwischen Generationen«. In: *Zeitschrift für Bevölkerungswissenschaft*, 3, S. 267-298

Müller, Walter/Willms, Angelika/Handl, Johann (1983): *Strukturwandel der Frauenarbeit 1880-1980*. Frankfurt a.M., New York

Myrdal, Alva/Klein, Viola (1956): *Women's two roles. Home and work*. London

Naegele, Gerhard (1985): »Frauen im Übergang vom Erwerbsleben in die Rente«. In: Margret Dieck/Gerhard Naegele/Roland Schmidt (Hrsg.): *»Freigesetzte« Arbeitnehmer im 6. Lebensjahrzehnt - Eine neue Ruhestandsgeneration?* Deutsches Zentrum für Altersfragen e.V. Berlin, S. 117-137

Notz, Gisela (1989): *Frauen im sozialen Ehrenamt*. Freiburg

Pfeil, Elisabeth (1961): *Die Berufstätigkeit von Müttern. Eine empirisch-soziologische Erhebung an 900 Müttern aus vollständigen Familien*. Tübingen

Schlüter, Anne (1987): *Neue Hüte - alte Hüte? Gewerbliche Berufsbildung für Mädchen zu Beginn des 20. Jahrhunderts - Zur Geschichte ihrer Institutionalisierung*. Düsseldorf

Schubert, Doris (1984): »Frauen in der Deutschen Nachkriegszeit. Quellen und Materialien«. In: Annette Kuhn (Hrsg.): *Frauenarbeit 1945-1949*. Band 1. Düsseldorf

Tölke, Angelika (1987): *Lebensverläufe von Frauen. Familiäre Ereignisse, Ausbildung und Erwerbsverhalten im Kontext des individuellen Lebenslaufs und der gesellschaftlichen Entwicklung*. Frankfurt a.M.

Heirat und Geburt als Einschnitte in der weiblichen Erwerbsbiographie

Angelika Tölke

1. Einleitung

Analysen zum Erwerbsverhalten von Frauen beruhten bislang meist auf Daten, die die Erwerbsbeteiligung für die jeweils gegenwärtige Situation, also für den Zeitpunkt der Erhebung, erfaßten; oder, sofern es sich um Längsschnittbetrachtungen handelte, wurden meist Erwerbsbeteiligungsquoten unterschiedlicher Kalenderjahre verglichen. In beiden Vorgehensweisen war jedoch nicht der berufliche Verlauf, so wie er sich bei den einzelnen Frauen vollzogen hat, die Grundlage der Analyse.[1] Das auf diese Weise ermittelte Ausmaß der Erwerbsbeteiligung wurde in der Auswertung des öfteren graphisch oder tabellarisch über Zuordnung zu Altersgruppen oder in Beziehung zu Familienphasen dargestellt. Nicht selten sind solche, in Analogie zu Verläufen gewählte Darstellungsformen analysiert und interpretiert worden, als ob es sich um Entwicklungsprozesse auf individueller Ebene handeln würde. Ein solches Vorgehen impliziert - ohne daß dies thematisiert und problematisiert wird - zum einen, daß die Lebenswege von Frauen sich kaum unterscheiden; also unabhängig von ihrer Zugehörigkeit zu unterschiedlichen Geburtsjahrgängen und von den je spezifischen gesellschaftlichen Gelegenheitsstrukturen gesehen werden. Zum anderen beinhaltet es, daß die einzelnen Familienphasen in stets gleicher Weise auf Verhaltensweisen in anderen Lebensbereichen einwirken. Veränderungen, bedingt durch gesellschaftliche Wandlungsprozesse, werden nicht mitgedacht.

Untersuchungen in den letzten 15 Jahren erheben dagegen zunehmend Längsschnittdaten auf Individualebene, erfassen also den Entwicklungsprozeß in einzelnen oder mehreren Lebensbereichen mit jeder Veränderung für jedes Individuum kontinuierlich (zum Beispiel die Projekte »Lebensverläufe und Wohlfahrtsentwicklung« des Sonderforschungsbe-

---

1 Mit den Daten einiger Mikrozensuszusatzerhebungen (1966, 1971) und der Volkszählung 1970 lagen zumindest für den Erwerbsbereich kontinuierliche Verläufe vor; familiäre Veränderungen wurden jedoch auch hier nur grob erfaßt.

reichs 3, Mayer 1978; »Sozio-ökonomisches Panel«, Krupp 1981; »Familienentwicklung in Nordrhein-Westfalen«, Kaufmann u.a. 1984). Mit solchen Datensätzen werden Entwicklungsprozesse im Verlauf des Lebens für einzelne Lebensbereiche analysierbar, und auch die Interdependenz zwischen den Lebensbereichen kann auf der Individualebene sowohl in ihren unmittelbaren als auch in ihren längerfristigen Konsequenzen aufgezeigt werden. Indem darüber hinaus unterschiedliche Geburtsjahrgänge in das Erhebungsdesign einbezogen werden, wird es möglich, auch das Ausmaß des allgemeinen sozialen Wandels zu erfassen und periodenspezifisch zu verorten.

2. Unzulänglichkeit traditioneller Analyseperspektiven

Sowohl traditionelle Untersuchungsdesigns, die ausschließlich Informationen zur gegenwärtigen Situation erheben, als auch neuere Erhebungsverfahren, die den exakten zeitlichen Verlauf erfassen, beziehen bei der Analyse des Erwerbsverhaltens von Frauen Informationen über die Familiensituation als zentrale erklärende Faktoren mit ein. Mit dem Drei-Phasen-Modell von Myrdal und Klein (1956), das in den fünfziger Jahren als theoretisches Konzept zur Erklärung des Erwerbsverhaltens von Frauen entwickelt wurde, und dem Familienzykluskonzept wurde postuliert, daß mit zunehmender Belastung in der Phase der Familiengründung und -erweiterung die Erwerbsarbeit unterbrochen und in der Phase der Schrumpfung wieder aufgenommen wird. Diese beiden Konzepte sind theoretisch und empirisch immer wieder in Frage gestellt worden (zum Beispiel Höhn 1982, Marbach 1987), und zwar nicht erst für Frauen in jüngerer Zeit, sondern auch bereits für Frauen, die zu Beginn dieses Jahrhunderts geboren wurden und für die sie zur Erklärung ihres Erwerbsverhaltens entwickelt wurden. Das Zusammenspiel von Erwerbsverlauf und Familienentwicklung ist erheblich komplexer, als in diesen Konzepten angenommen wird, und doch sind die theoretischen Überlegungen nicht vollkommen obsolet.

Abbildung 1 ist ein Beispiel für eine häufig gewählte Darstellungsweise zum Zusammenhang von Familie und Erwerbstätigkeit. Querschnittsdaten zur Erwerbssituation werden altersspezifisch als Kurvenverlauf abgetragen. Aussagen zu unterschiedlichen Erwerbsquoten in Abhängigkeit vom Familienstand in einem bestimmten Alter sind auf einer solchen Datenbasis möglich. Die Darstellung suggeriert jedoch weitergehend die Perspektive von Lebenswegen, und auch in der Interpretation solcher Darstellungen wird die Verlaufsperspektive eröffnet, »... wenn man die altersspezifischen Erwerbsquoten nicht nur ... als für einen bestimmten Zeitpunkt festgestellte Querschnittsdaten betrachtet, sondern als Längsschnittergebnisse mit typischen Abläufen« (Statistisches Bundesamt 1977, S. 88).

Abbildung 1: Anteil der Erwerbspersonen an 100 Männern bzw. Frauen der jeweiligen Altersgruppen (Erwerbsquoten) Ergebnisse des Mikrozensus 1974

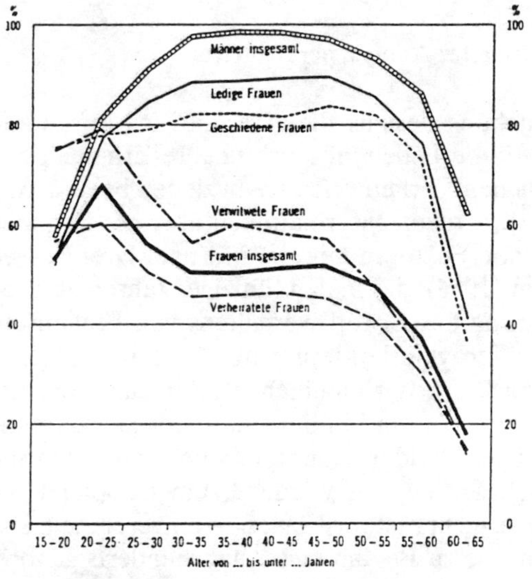

Quelle: Statistisches Bundesamt 1977, S. 88

Aus solchen Darstellungen - insbesondere aus dem Erwerbsverlauf verheirateter Frauen - wurde meist eine Bestätigung des Drei-Phasen-Modells bzw. der Auswirkungen des Familienzyklus gezogen. Das heißt, Daten im Aggregat wurden als Beschreibung und zur Erklärung individuellen Handelns im Lebensverlauf herangezogen. Das Problem hierbei liegt auf der Hand. Es wird unterstellt, daß zum Beispiel Frauen, die zum Zeitpunkt der Befragung 50 Jahre alt sind, sich als 20jährige in gleicher Weise verhalten haben wie Frauen, die zum Erhebungszeitpunkt 20 Jahre alt sind; oder umgekehrt, daß die zum Interviewzeitpunkt 20jährigen in 30 Jahren das gleiche Erwerbsverhalten zeigen werden wie die 50jährigen. Es wird implizit eine statische Beziehung zwischen Erwerbsverhalten und Familienzyklus unterstellt, Wandel wird nicht thematisiert.

Neben dieser versteckt statischen Perspektive zum Zusammenhang von Familienzyklus und Erwerbsbeteiligung stellt sich ein weiteres grundlegendes Problem. Erwerbsverhalten wird in der empirischen Umsetzung dieser konzeptionellen Ansätze ausschließlich für Zustände ermittelt und ausgewertet. Erklärt werden sollen die Verteilungen auf die Merkmale »erwerbstätig« bzw. »nichterwerbstätig«. Die Prozesse jedoch, die zu den jeweiligen Lebenssituationen führen, nämlich der *Prozeß des Unterbrechend der Erwerbsarbeit und der des Wiedereintretens in den Arbeitsmarkt*, bleiben unberücksichtigt. Beide Prozesse werden in ganz unterschiedlicher Weise durch gesellschaftliche Bedingungen, Familiensituationen und individuelle Merkmale beeinflußt. Die unterschiedliche Bedeutung zum Beispiel von soziodemographischen Merkmalen für den Prozeß des Ausscheidens und den des Wiedereintretens wird bei Borries (1975) für die schulische und berufliche Ausbildung deutlich. So unterbrechen zum Zeitpunkt der Eheschließung zwar mehr Frauen mit Volksschulabschluß, die keine Berufsausbildung haben, als solche, die eine Berufsausbildung erfolgreich abgeschlossen haben. Längerfristig zeigen Volksschülerinnen ohne Berufsausbildung im Durchschnitt aber die längsten Erwerbszeiten. Eine Erklärung hierfür ist, daß sie schneller wieder auf den Arbeitsmarkt zurückkehren. In Querschnittsbetrachtungen, mit denen nur die aktuelle Situation erfaßt wird, verwischen diese Prozesse. Es würde konstatiert werden, daß Frauen mit Volksschulabschluß ohne Berufsausbildung zu höheren Anteilen erwerbstätig sind; die möglicherweise häufigeren Unterbrechungen und damit stärker diskontinuierlichen Erwerbsverläufe können aus den Zustandsbetrachtungen nicht erkannt werden. Darüber hinaus kann die unterschiedliche Bedeutung der auf diese beiden Prozesse Einfluß nehmenden Faktoren nicht analysiert werden.

In den folgenden eigenen Analysen wird ein Aspekt des Erwerbslebens herausgegriffen, nämlich der Übergang von Erwerbstätigkeit zur Nicht-Erwerbstätigkeit. Ziel der Analyse ist es, den Stellenwert und Bedeutungswandel der Familienentwicklung sowie des Ausbildungsniveaus bei Entscheidungen über eine Unterbrechung der Erwerbstätigkeit in unterschiedlichen soziohistorischen Situationen herauszuarbeiten. Die Analysen zu Erwerbsunterbrechungen basieren auf retrospektiven Lebensverlaufsdaten, die im Projekt »Lebensverläufe und Wohlfahrtsentwicklung« zwischen 1981 und 1983 erhoben wurden (Mayer 1978, Brückner u.a. 1984). 2 171 Männer und Frauen wurden befragt, die zu einer der drei Geburtskohorten 1929-31, 1939-41, 1949-51 gehören. Bei den folgenden Analysen beziehe ich mich ausschließlich auf Frauen (1 086 Fälle). Vollständig vergleichbare Informationen über Ereignisse im Lebensverlauf sind für alle drei Kohorten bis zum Alter von 30 Jahren vorhanden, dem Alter der jüngsten Kohorte zum Zeitpunkt der Erhebung; die Analysen beschränken sich deshalb auf diese Lebensspanne.

3. Auswirkungen von Heirat und Geburt auf die Erwerbsbeteiligung

Nach theoretischen Überlegungen läßt sich der Lebensverlauf nach kritischen und weniger kritischen Phasen für Unterbrechungen der Erwerbsarbeit gliedern. In der Aufbauphase der Familie ist in gewissen Zeitspannen um ein familiäres Ereignis (Heirat, Geburt) herum in deutlich höherem Ausmaß mit Unterbrechungen der Erwerbsarbeit zu rechnen als in Phasen, in denen solche Einschnitte nicht erfolgen (während der Ehe, während der Elternschaft).

Heirat

Entscheidungen über eine Unterbrechung der Erwerbsarbeit bei Heirat werden - so ist zu vermuten - in einer kurzen Zeitspanne in die Tat umgesetzt. Mit der Heirat war unmittelbar eine Beendigung des Arbeitsverhältnisses erforderlich bzw. erwünscht (Willms-Herget 1985, Pfeil 1974), die zunächst durch eine spezifische Struktur beruflicher Tätigkeiten hervorgerufen, anschließend durch eine normative Erwartungshaltung als Verhaltensideal aufrechterhalten wurde. Die objektiven berufsstrukturellen Beschränkungen sind weggefallen. Normative Erwartungen und die fast alleinige Verantwortung für die Versorgung des Haushalts, Wohnortwechsel, aber auch die Möglichkeit, eine unbefriedigende berufliche Tätigkeit beenden zu können, und insbesondere der Kinderwunsch können noch heute für Frauen Gründe sein, das Arbeitsverhältnis bei der Eheschließung zu beenden.

Um den Stellenwert und den Bedeutungswandel der Eheschließung für das faktische Erwerbsverhalten erfassen zu können, werden in *Abbildung 2* Veränderungen in der Erwerbsbeteiligung in den Monaten unmittelbar vor und nach der Heirat als Entwicklungsprozeß, vergleichend für die drei Geburtskohorten, dargestellt. In die Analyse sind alle Eheschließungen vor dem 31. Lebensjahr einbezogen. Frauen, die im siebten Monat vor der Heirat erwerbstätig waren, werden in dieser Darstellung in ihrem Lebensweg ein Jahr lang, also bis zum sechsten Monat nach der Eheschließung, daraufhin beobachtet, ob bzw. in welchem Monat es zu einer Erwerbsunterbrechung[2] kam. Es wurden nur Frauen in die Betrachtung einbezogen, die bei Heirat nicht schwanger waren und auch noch kein Kind hatten. Hierdurch kann der »reine Effekt« der Heirat auf die Erwerbsbeteiligung ermittelt werden.

Der Abbildung ist zu entnehmen, daß noch zwei Monate vor einer Heirat die Erwerbstätigenquote bei Frauen aller drei Kohorten fast unverändert bei 100 % liegt; es erfolgten also kaum Erwerbsaustritte. In der Zeitspanne von zwei Monaten vor der Heirat bis zum Ende des Monats, in dem die Eheschließung erfolgte, ist dagegen eine deutliche Abnahme der Erwerbstätigenquote zu verzeichnen. Bei Frauen der Kohorte 1929-31 fällt diese Reduktion am deutlichsten aus. Nur noch 65 % derjenigen Frauen, die noch ein halbes Jahr vor der Eheschließung erwerbstätig waren, sind es auch noch zum Zeitpunkt der Heirat. Das heißt, bei 35 %, also bei jeder dritten Frau, hat eine Heirat - ohne daß unmittelbar Aufgaben zur Versorgung eines Kindes anstanden - in den fünfziger Jahren zu einer Erwerbsunterbrechung geführt. Ein Jahrzehnt später sehen wir bei Frauen der Kohorte 1939-41 in der gleichen Lebensphase im Vergleich zur älteren Geburtskohorte eine geringfügig erhöhte Erwerbsbeteiligung. Aber auch bei ihnen war für immerhin noch 28 % in den sechziger Jahren eine Eheschließung Anlaß für eine Erwerbspause. Eine deutliche Veränderung registrieren wir dagegen in den siebziger Jahren bei Frauen der jüngsten Kohorte (1949-51). Hier hat nur noch bei 13 % der Frauen die Eheschließung zu einer Veränderung der Erwerbsbeteiligung geführt; 87 % sind in der Zeitspanne von einem halben Jahr vor bis mindestens ein halbes Jahr nach diesem familiären Ereignis kontinuierlich auf dem Arbeitsmarkt verblieben.

2 Als Unterbrechung der Erwerbsarbeit gilt, wenn eine Frau mehr als einen Monat nicht in einem Arbeitsverhältnis stand; längere Krankheiten, Mutterschafts- und Erziehungsurlaub gelten nicht als Unterbrechung.

Abbildung 2: Geburtskohortenspezifische Veränderungen der Erwerbsbeteiligung von Frauen bei Eheschließung (Survivalwerte)*

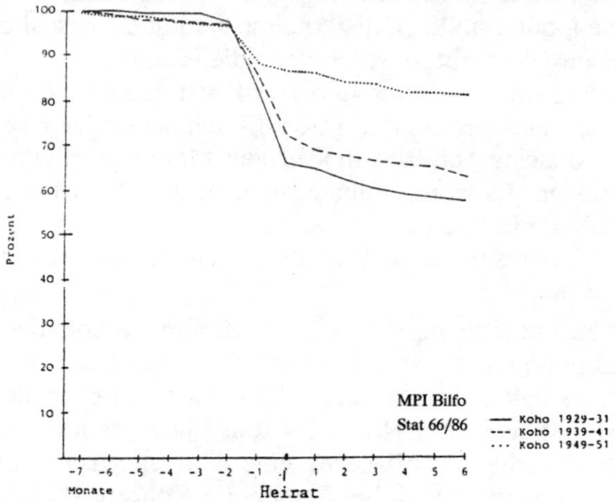

* Frauen sind bei Heirat nicht schwanger.

Bei Frauen jüngerer Geburtsjahrgänge - hier Frauen, die um 1950 geboren wurden - nimmt der Stellenwert einer Eheschließung im Prozeß der Entscheidung für eine Erwerbspause somit deutlich ab. War es in der ältesten Kohorte noch jede dritte Frau, so ist es in der jüngsten Kohorte nur noch etwa jede achte, bei der die Heirat zu einer Erwerbsunterbrechung oder zum Ausscheiden aus dem Erwerbsleben führt. Für Frauen aller drei Kohorten gilt aber, daß unmittelbar bei Heirat die Entscheidung über eine Erwerbsunterbrechung auch faktisch umgesetzt wird. In der sich anschließenden Statusphase des Verheiratetseins treten fast keine Veränderungen mehr ein; die Erwerbstätigenquote, die am Ende des Heiratsmonats erreicht wurde, verbleibt im ersten halben Jahr nach der Heirat auf ungefähr diesem Niveau. Eine Eheschließung hat somit unmittelbare und nicht erst zeitlich verzögerte oder zeitlich vorgezogene Auswirkungen auf das Erwerbsverhalten.

Geburt des ersten Kindes

Die *Übergangsphase bei Geburt eines Kindes* erstreckt sich auf einen etwas längeren Zeitraum. Mit der sicheren Kenntnis und Akzeptanz der Schwangerschaft bis kurze Zeit nach der Geburt durchlaufen die Eltern verschiedene soziale, psychologische und biologische Phasen (Gloger-Tippelt 1985). Überlegungen werden angestellt, wie die Betreuung des Kindes organisiert werden kann, wie berufliche Anforderungen und Vorstellungen vom Familienleben vereinbart werden könnten. Am Ende der gesetzlichen Mutterschutzfrist, also zwei bzw. drei Monate nach der Niederkunft, ist die Zeitspanne eines erhöhten Unterbrechungsrisikos, unmittelbar hervorgerufen durch Schwangerschaft und Geburt, vermutlich vorüber. Hat eine Frau während dieser Phase die Erwerbsarbeit nicht unterbrochen, ist die Wahrscheinlichkeit groß, daß sie auch weiterhin erwerbstätig bleibt. In *Abbildung 3* sind die faktischen Auswirkungen des Übergangs zur Elternschaft auf die Erwerbsbeteiligung der Frau in gleicher Weise wie für die Heirat dargestellt. In diese Darstellung gehen nur die Geburten ein, die mindestens ein halbes Jahr nach der Heirat erfolgten, um den »reinen Geburtseffekt« bei verheirateten Frauen ermitteln zu können.

Abbildung 3: Geburtskohortenspezifische Veränderungen der Erwerbsbeteiligung von verheirateten Frauen bei der Geburt des ersten Kindes (Survivalwerte)

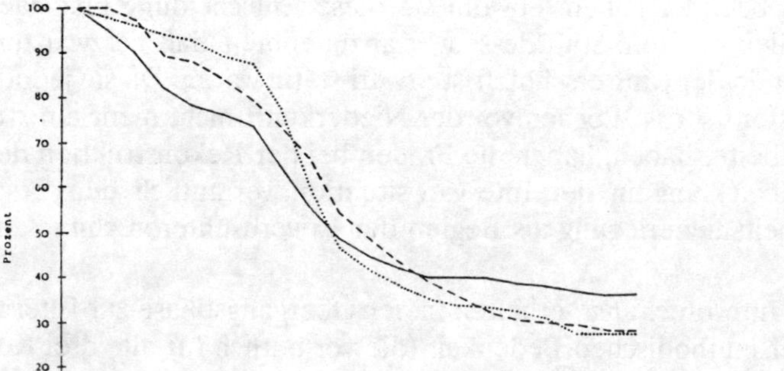

Die Zahl der verheirateten Frauen, die zu Beginn der Schwangerschaft berufstätig sind, ist zwischen den drei Kohorten deutlich gestiegen; in der ältesten Kohorte waren es in dieser Stichprobe 99, in der mittleren 131 und in der jüngsten 137 Frauen. Die Erwerbstätigenquoten dieser Frauen wurden für die einzelnen Monate bis ein dreiviertel Jahr nach der Geburt berechnet. Es zeigt sich, daß mit Beginn der Schwangerschaft bis etwa zwei oder drei Monate nach der Niederkunft die Erwerbsbeteiligung für Frauen aller drei Kohorten kontinuierlich und nicht abrupt zurückgeht. Es gibt also nicht wie bei der Heirat einen klaren Einschnitt bei Eintritt des Ereignisses, sondern eine sich über ein halbes bis dreiviertel Jahr hinziehende erhöhte Wahrscheinlichkeit für eine Unterbrechung.

Der gleichmäßig abnehmende Anteil der erwerbstätigen Frauen vom Beginn der Schwangerschaft bis zur Geburt ist insofern überraschend, da die gesetzliche Regelung der Mutterschaftsfrist eher eine erhöhte Unterbrechungsquote etwa zwei Monaten nach der Niederkunft erwarten ließe. Es ist anzunehmen, daß es sich bei der kontinuierlichen Abnahme der Erwerbsbeteiligung um ein Artefakt handelt. Vermutlich hat ein Teil der Frauen nicht das formal rechtlich definierte Ende des Arbeitsverhältnisses als Zeitpunkt des Beginns der Unterbrechung - zwei Monate nach dem Geburtstermin, sofern es überhaupt zu einer Unterbrechung kam -, sondern das faktische Verlassen des Arbeitsplatzes in der Interviewsituation als Beginn der Unterbrechung angegeben. Es ist auf dem Hintergrund der gesetzlichen Regelungen wenig plausibel, daß Frauen bereits unmittelbar vor dem Beginn der Mutterschutzfrist durch formale Kündigung das Arbeitsverhältnis beendet haben, obwohl sie diese Entscheidung erst nach der Geburt fällen müßten. Statt dessen ist anzunehmen, daß sie zwar formal bis zum Ende der Mutterschutzfrist erwerbstätig waren. Da sie jedoch bereits mindestens sechs Wochen vor der Niederkunft nicht mehr am Arbeitsplatz gearbeitet haben, haben die Frauen bei der Rekonstruktion der damaligen Entwicklung in der Interviewsituation vermutlich den Zeitpunkt der Arbeitsniederlegung als Beginn der Erwerbsunterbrechung angegeben.

Wird das Unterbrechungsverhalten in der Übergangsphase zur Elternschaft trotz der methodischen Bedenken (die vermutlich für alle drei Kohorten in gleicher Weise gelten) nach dem Entwicklungsverlauf analysiert, so ergibt sich folgendes Bild: Bei Frauen, die um 1930 geboren wurden, beginnt das Absinken der Erwerbstätigenquote bereits in den ersten drei Monaten der Schwangerschaft. Im vierten Monat der Schwangerschaft haben sich 22 % der jungen Ehefrauen aus der Erwerbsarbeit zurückgezogen. Im Geburtsmonat liegt der Anteil derer, die insgesamt während der Phase der Schwangerschaft ausgeschieden sind, bei 56 %. Das heißt, jede zweite verheiratete Frau, die mit Beginn der Schwangerschaft noch erwerbstätig war, hat in den fünfziger Jahren in der Übergangsphase zur Elternschaft die Erwerbsarbeit unterbrochen. In den Monaten nach der Geburt sinkt die Erwerbstätigenquote nur noch minimal.

Das Niveau der Erwerbstätigen stabilisiert sich ab dem dritten Monat nach der Niederkunft zwischen 35 % und 40 %.

Bei Frauen, die um 1940 geboren wurden, liegt in den sechziger Jahren die Erwerbsbeteiligung während der Schwangerschaft fast durchgehend um 5 bis 10 Prozentpunkte höher als in der 1930er Kohorte. Bis zum vierten Monat der Schwangerschaft haben sich 16 % der verheirateten Frauen vom Arbeitsmarkt zurückgezogen, im Monat der Niederkunft liegt der entsprechende Anteil bei 52 %. Auch in den sechziger Jahren hat jede zweite verheiratete junge Mutter bei der Geburt des ersten Kindes eine Erwerbspause eingelegt.

Die Tendenz zur höheren Erwerbsbeteiligung während der Schwangerschaft setzt sich für Frauen der 1950er Kohorte zumindest bis etwa drei Monate vor der Geburt fort. Im vierten Schwangerschaftsmonat sind erst 11 % der Frauen aus dem Erwerbsleben ausgeschieden. In den drei Monaten unmittelbar vor der Niederkunft sinkt die Erwerbsbeteiligung jedoch stärker als in den beiden älteren Kohorten; bei Geburt liegt der Anteil derer, die im Laufe der Schwangerschaft ausgeschieden sind, bei 59 %.

Etwa drei Monate nach der Geburt des ersten Kindes hat sich die Erwerbsbeteiligung der um 1950 geborenen verheirateten Frauen auf einem Niveau von ungefähr 30 % eingependelt und liegt damit auf der gleichen Höhe wie bei den Frauen der mittleren Kohorte. Verheiratete Frauen der ältesten Kohorte dagegen sind, wenn sie bei Beginn der Schwangerschaft noch erwerbstätig waren, zu etwa 10 Prozentpunkten häufiger erwerbstätig geblieben. Hat eine Frau dieser 1930er Kohorte nicht gleich bei Heirat die Erwerbsarbeit unterbrochen, wie dies zu dieser Zeit üblich war, so war für sie die Wahrscheinlichkeit einer Unterbrechung bei Geburt des ersten Kindes geringer als für Frauen der jüngeren Kohorten.

4. Der Einfluß des Ausbildungsniveaus auf Erwerbsunterbrechungen in unterschiedlichen Familienphasen

Neben den Ereignissen, die die familiäre Entwicklung abbilden, beginnt in jüngerer Zeit insbesondere das *schulische Ausbildungsniveau* auf den Entscheidungsprozeß über eine Erwerbsbeteiligung Einfluß zu nehmen.[3] In den *fünfziger Jahren* spielte die Ausbildung im Entscheidungsprozeß über eine Erwerbsunterbrechung bei jungen Ehefrauen noch keine Rolle; Frauen mit unterschiedlichen Ausbildungswegen verhielten sich in den einzelnen Phasen der Familienentwicklung noch sehr ähnlich. Diese Frauen hatten während des Dritten Reiches ein Ausbildungssystem durchlaufen, das von der Struktur her und auch in den Bildungsinhalten das traditionelle Frauenbild direkt förderte. In dieser Periode wurde auch in mittleren und höheren Bildungsinstitutionen die Begrenzung des traditionellen weiblichen Lebenswegs nicht reflektiert. Es ist sogar das Gegenteil der Fall, daß nämlich gerade hier ideologisch und sozialisatorisch in den Bildungsinhalten und Prüfungen auf die Aneignung des traditionellen Frauenbildes hingearbeitet wurde, eine Situation, die Beck-Gernsheim als »Getto weiblicher Bildungsinhalte« charakterisierte.

In den *sechziger Jahren* beginnt eine neue Entwicklung, die von den um 1940 geborenen Frauen initiiert und von den Frauen der nächsten Generation weitergeführt wird. In der ersten - kinderlosen - Phase der Ehe scheiden in den sechziger Jahren besser ausgebildete Frauen seltener aus dem Erwerbsleben aus als Frauen der gleichen Kohorte, die nur eine Grundausbildung haben. Darüber hinaus unterscheiden sich Frauen mit Mittlerer Reife bzw. Abitur in ihrem Unterbrechungsverhalten signifikant von Frauen mit gleichem Schulabschluß, die zehn Jahre früher, also 1929 bis 1931, geboren wurden. Es hat in den sechziger Jahren in dieser Familienphase also ein erkennbarer Wandlungsprozeß stattgefunden. Sobald jedoch Kinder zu betreuen sind, sehen besser ausgebildete Frauen, die um 1940 geboren wurden, in den sechziger Jahren ihre Hauptaufgabe in der Versorgung der Familie und verlassen sogar mit einer größeren Wahrscheinlichkeit den Arbeitsmarkt als Frauen, die die Volksschule besuchten. Die traditionellen Vorstellungen von den Aufgaben einer Frau setzen sich faktisch auf der individuellen Verhaltensebene durch.

---

3 Die folgenden Ergebnisse beruhen auf mathematischen Modellberechnungen zum Übergangsrisiko von einer Erwerbsbeteiligung zur Nicht-Erwerbsbeteiligung. Zur Modellspezifikation siehe Tölke 1989.

In den *siebziger Jahren*, in denen Heirat und Ehe für alle Frauen im Hinblick auf die Erwerbsbeteiligung an Bedeutung verloren hat, setzt sich der Trend zu geringeren Unterbrechungsrisiken für besser ausgebildete Frauen in der ersten Ehephase noch weiter fort. Wieder scheiden Frauen mit Mittlerer Reife oder Abitur in der kinderlosen Ehephase seltener aus dem Berufsleben aus als Frauen mit Volksschulabschluß des gleichen Geburtsjahrgangs. Darüber hinaus hat sich das Unterbrechungsrisiko dieser besser ausgebildeten Frauen im Vergleich zu Frauen mit gleichem Schulabschluß, die ein Jahrzehnt zuvor geboren wurden, erneut signifikant reduziert. Zwischen den sechziger und siebziger Jahren findet somit nochmals ein deutlicher Sprung in dem seit den sechziger Jahren erkennbaren Prozeß statt. Auch Kinder sind für besser ausgebildete Frauen in den siebziger Jahren kein Anlaß mehr für eine erhöhte Neigung für Erwerbspausen. Die Wahrscheinlichkeit, daß Frauen mit mittlerem oder höherem Schulabschluß in den siebziger Jahren eine Erwerbspause einlegen, wenn sie Kinder haben, ist bereits etwas geringer als bei Frauen mit Volksschulabschluß des gleichen Jahrgangs, der Unterschied ist aber - noch - nicht signifikant. Der Veränderungsprozeß zwischen den sechziger und siebziger Jahren jedoch, nämlich das abnehmende Risiko für Unterbrechungen während der Elternschaft für Abiturientinnen bzw. Realschulabsolventinnen, ist von signifikantem Ausmaß.

5. Zusammenfassung

Die Ergebnisse zeigen, daß es bei den Frauen der drei Geburtskohorten (1929-31, 1939-41, 1949-51) in der Zeit zwischen den fünfziger und siebziger Jahren keine geradlinigen, kontinuierlichen Wandlungstendenzen im Erwerbsverhalten gab, sondern daß der jeweilige sozio-historische Kontext prägend in das individuelle Leben eingriff. Die jeweils spezifischen gesellschaftlichen Bedingungen haben zu - vorübergehenden - Abweichungen vom globalen, langfristigen Trend geführt. Die drei Kohorten, die in diese Analyse einbezogen waren, haben sehr unterschiedliche Ausbildungs- und Erwerbschancen sowie Normen- und Wertorientierungen vorgefunden. Frauen der mittleren Geburtskohorte (1939-41) weisen im Vergleich zur älteren und jüngeren Kohorte die höchsten Unterbrechungsraten in der Phase der Familiengründung und -erweiterung in den sechziger Jahren auf. Sie hatten in ihrer Jugend und im frühen Erwachsenenalter ein sehr ausgeprägtes traditionelles Rollenverständnis erfahren, und die gesellschaftliche Situation - insbesondere die ökonomisch günstigen Bedingungen durch das Wirtschaftswunder - machte eine Realisierung dieses Rollenverständnisses im Alltag möglich. Frauen der älteren Kohorte hatten dagegen bei gleichen Familien- und Weiblichkeitsideologien auf dem Ausbildungs- und Arbeitsmarkt extrem schwierige Zeiten erfahren, Frauen der jüngeren Kohorte die beginnende Ausbildungsexpansion und ein sich veränderndes Rollenverständnis.

Für junge Frauen zeichnet sich in der Nachkriegszeit aber insofern eine trendmäßige Verhaltensänderung ab, als Erwerbsunterbrechungen im Lebenslauf hinausgezögert werden bzw. durch einen Wandel der Berufsstruktur auf einen späteren Zeitpunkt verlagert werden können. Die Übergangsphase Heirat (ohne unmittelbare Versorgungsaufgaben für Kinder) verliert deutlich an Einfluß auf die Entscheidung über eine Erwerbsunterbrechung. Dieser Effekt war aufgrund der ansteigenden Anzahl vorehelicher Lebensgemeinschaften - für die das Ereignis Heirat keine unmittelbaren wesentlichen Veränderungen des Alltags mit sich bringen muß - und aufgrund von Veränderungen in der Berufsstruktur zu erwarten. Nicht mehr die Eheschließung, sondern die Geburt sowie die Versorgung eines Kindes sind die entscheidenden Kristallisationspunkte und Lebensumstände, die eine Fortsetzung der Erwerbsarbeit erschweren.

Die Veränderungen im Ausbildungsverhalten zeigen Auswirkungen auf Erwerbsentscheidungen. Ausbildungszertifikate eröffnen oder verschließen den Zugang zu bestimmten beruflichen Positionen; diese formalen Qualifikationsanforderungen sowie die Länge der allgemeinbildenden schulischen Ausbildung haben sich in dem hier betrachteten Zeitraum kaum verändert. Gleichzeitig jedoch sehen wir deutliche Unterschiede zwischen den Frauen der drei ausgewählten Geburtsjahrgänge in den Auswirkungen der Ausbildung auf den weiteren Lebensweg. Dies weist darauf hin, daß nicht nur der Ausbildungsdauer, sondern auch den Ausbildungsinhalten, -zielen und -situationen eine entscheidende Rolle für den weiteren Lebensweg zukommt. Sie können zu einem qualitativen Sprung bei den individuellen Lebensperspektiven führen.

Literatur

Borries, Hans-Joachim (1975): »Heirat, Ehedauer und Erwerbstätigkeit der Frauen«. In: *Wi Stat*, 4, S. 253-258

Brückner, Erika u.a. (1984): *Methodenreport »Lebensverläufe«*. ZUMA, Technischer Bericht T 84/08. Mannheim

Gloger-Tippelt, Gabriele (1985): »Der Übergang zur Elternschaft. Eine entwicklungspsychologische Analyse«. In: *Zeitschrift für Entwicklungspsychologie und Pädagogische Psychologie*, 17, 1, S. 53-92

Handl, Johann (1978): *Ausmaß und Determinanten der Erwerbsbeteiligung von Frauen*. IAB, BeitrAB 31. Nürnberg, S. 189-256

Höhn, Charlotte (1982): *Der Familienzyklus - Zur Notwendigkeit einer Konzepterweiterung*. Boppard

Kaufmann, Franz-Xaver u.a. (1984): *Familienentwicklung in Nordrhein-Westfalen. Sozialräumliche Kontexte, Modellierung und Mikrosimulation*. IBS-Materialien Nr. 17

Krupp, Hans-Jürgen (1981): *Sozio-ökonomisches Panel*. (Antrag auf Förderung für die zweite Forschungsphase 1982-1984 des Sfb 3). Frankfurt a.M./Mannheim

Marbach, Jan (1987): »Das Familienzykluskonzept in der Lebenslaufforschung«. In: Wolfgang Voges: *Methoden der Biographie- und Lebenslaufforschung*. Opladen

Mayer, Karl Ulrich (1978): *Lebensverläufe und Wohlfahrtsentwicklung*. (Antrag auf Einrichtung und Finanzierung des Sfb 3 »Mikroanalytische Grundlagen der Gesellschaftspolitik«). Frankfurt a.M./Mannheim

Myrdal, Alva/Klein, Viola (1956): *Die Doppelrolle der Frau in Familie und Beruf*. Köln

Pfeil, Elisabeth (1974): »Die Einstellung der heute 23jährigen zur Erwerbstätigkeit der verheirateten Frau und Mutter«. In: *Hauswirtschaft und Wissenschaft*, 4, S. 178-186

Schwarz, Karl (1981): »Erwerbstätigkeit der Frau und Kinderzahl«. In: *Zeitschrift für Bevölkerungswissenschaft*, 1, S. 59-86

Schwarz, Karl (1985): »Umfang der Frauenerwerbstätigkeit nach dem Zweiten Weltkrieg - Erwerbsbeteiligung und Arbeitszeiten«. In: *Zeitschrift für Bevölkerungswissenschaft*, 2, S. 241-260

Statistisches Bundesamt (Hrsg.) (1977): *Wirtschaft und Statistik*, Heft 2. Wiesbaden

Tölke, Angelika (1986): »Zentrale Lebensereignisse von Frauen. Veränderungen im Lebensverlaufsmuster in den letzten 30 Jahren«. In: H.-G. Brose (Hrsg.): *Berufsbiographien im Wandel*. Opladen, S. 56-79

Tölke, Angelika (1989): *Lebensverläufe von Frauen. Familiäre Ereignisse, Ausbildungs- und Erwerbsverhalten*. München

Willms-Herget, Angelika (1985): *Frauenarbeit. Zur Integration der Frauen in den Arbeitsmarkt*. Frankfurt a.M.

Die Bedeutung der Kindererziehung für die Erwerbsverläufe und die Alterssicherung von Frauen in der Bundesrepublik Deutschland und der ehemaligen Deutschen Demokratischen Republik

Karin Prinz

Einleitung

Seit der »Wende in der Familienpolitik« (Kammann 1990) in den achtziger Jahren nehmen in der Bundesrepublik zwei familienpolitische Maßnahmen besondere Bedeutung ein, deren erklärtes Ziel unter anderem die Anerkennung von Kindererziehungsleistungen durch die Gesellschaft, die Förderung der Wahlfreiheit von Müttern (und Vätern) zwischen Familientätigkeit und Erwerbstätigkeit und die Absicherung der »Familienpause« durch sozialpolitische und arbeitsrechtliche Bestimmungen ist. Die 1986 eingeführten Regelungen zu Erziehungsurlaub und -geld sollen die Entscheidung für eine zeitweilige Aufgabe der Erwerbstätigkeit durch ein Elternteil erleichtern. Mit der ebenfalls ab 1986 gültigen Reform des Rentenrechts wurde erstmals die »Familienarbeit« (von Frauen) mit der Anrechnung eines »Babyjahrs« honoriert. Beide Maßnahmen setzen ein bestimmtes Verhalten in der Kindererziehungsphase voraus: den Rückzug aus der Erwerbstätigkeit.

Die Normierung von Frauenleben in der bundesdeutschen Familien- und Sozialpolitik wird den Lebensverläufen von Frauen immer weniger gerecht. Dies gilt für die Bundesrepublik und in noch stärkerem Ausmaß für die Lebensverläufe von Frauen in der DDR, die sich an einem ganz anderen Leitbild orientiert haben. Im folgenden geht es um die Frage, welche »Folgekosten« die Kindererziehung für die Erwerbsverläufe und die Alterssicherung von Frauen mit sich bringt und wie diese durch sozial- und familienpolitische Maßnahmen abgesichert sind. Auf der Grundlage der unterschiedlichen Lebensverläufe und der verschiedenen Vereinbarkeitsstrategien sehen die »Folgekosten der Kindererziehung« für jüngere Frauen anders aus als für ältere, für Frauen in der DDR aufgrund der Unterschiede im Erwerbsverhalten anders als für Frauen in der Bundesrepublik.

Normierung von Frauenleben in der BRD und der DDR

Ausgehend von dem in beiden deutschen Staaten verfassungsrechtlich verankerten Gleichberechtigungsgrundsatz haben sich in der Bundesrepublik und der DDR divergierende gesellschaftspolitische Zielsetzungen und Leitbilder für Frauenleben herausgebildet (vgl. Schuster/Tügel 1990). In der *Bundesrepublik* wird seit den sechziger Jahren offiziell das »Drei-Phasen-Modell« des weiblichen Erwerbsverlaufs (Erwerbstätigkeit bis zur Geburt des ersten Kindes; Familienpause; Wiedereinstieg in den Beruf, wenn die Kinder ein bestimmtes Alter erreicht haben) und damit der zeitweilige Rückzug der Frauen aus der Erwerbstätigkeit während der »Familienphase« propagiert. Vereinbarkeit von *Familie und Beruf* wird nicht als zeitliches Nebeneinander, sondern vorrangig als zeitliches Nacheinander verstanden. Dem steht der für die *DDR* typische Grundsatz der Vereinbarkeit von *Berufstätigkeit und Mutterschaft* gegenüber.

Familienpolitische Leistungen sind in der *Bundesrepublik* am Leitbild der Familie mit einem männlichen »Ernährer« und seiner nicht oder nur eingeschränkt erwerbstätigen Ehefrau ausgerichtet. Die seit den achtziger Jahren propagierte *Wahlfreiheit* von Frauen (und Männern) ist faktisch nichts anderes als Freiheit der Wahl für das zeitweilige Ausscheiden aus der Erwerbstätigkeit. Unter den Maßnahmen zur Verbesserung der Vereinbarkeit von Kindererziehung und Erwerbstätigkeit nehmen Erziehungsurlaub und -geld sowie die Erziehungszeiten im Rentenrecht eine besondere Rolle ein. Die Förderung der Wiedereingliederung von Frauen in das Erwerbsleben fällt dagegen weniger ins Gewicht: 1987 betrugen zum Beispiel die Ausgaben für Erziehungsgeld 3,2 Milliarden DM, für Erziehungszeiten 1,8 Milliarden DM, für Maßnahmen zur Wiedereingliederung von Frauen nach familienbedingter Unterbrechung dagegen nur 2,2 Milliarden DM.[1] Das Schlußlicht stellen Maßnahmen zur Verbesserung der Bedingungen für eine außerhäusliche Kinderbetreuung dar. Entsprechend ungünstig sieht die Situation in diesem Bereich aus: Kinderkrippen stehen nicht einmal für jedes Dritte dreijährige Kind zur Verfügung; nur für etwa 80 % der Drei- bis Sechsjährigen gibt es Kindergarten-

1 Vgl. dazu den Beitrag von Margarete Landenberger in diesem Band.

plätze, ganztägige Einrichtungen sogar nur für 12 % (BfBW 1989, BMJfG 1989).

Unter diesen institutionellen Bedingungen außerhäuslicher Kinderbetreuung ist ein zeitliches Nebeneinander von Erwerbstätigkeit und Kindererziehung nur schwer zu realisieren. Erziehungsurlaub und -geld zielen eher darauf ab, die Bedingungen für die häusliche Kinderbetreuung zu verbessern. Damit schaffen sie zusätzlich Anreize für einen (zumindest zeitweiligen) Rückzug von Müttern aus dem Arbeitsmarkt. Erziehungszeiten im Rentenrecht sind auf ein am »Drei-Phasen-Modell« orientiertes Erwerbsverhalten ausgerichtet und sollen das zeitliche Nacheinander von Kindererziehung und Erwerbstätigkeit absichern.

In der *DDR* wurde von Seiten des Staates, angesichts der Knappheit von Arbeitskräften, die Berufstätigkeit aller Frauen angestrebt. Rechtliche und betriebliche Rahmenbedingungen waren auf die Vereinbarkeit von »Berufstätigkeit und Mutterschaft« ausgerichtet. Frauen- und familienpolitische Maßnahmen zielten zunächst in den fünfziger und sechziger Jahren auf die Einbeziehung von verheirateten Frauen und Mütter ins Erwerbsleben ab.[2] Als Reaktion auf den sich seit Mitte der sechziger Jahre abzeichnenden Geburtenrückgang gewann in den siebziger Jahren eine Politik der Geburtenförderung an Bedeutung (vgl. Koch/Knöbel 1986, S. 95, DIW-Wo 44/89, S. 458 ff.).

Jeder Frau sollte es ermöglicht werden, sich trotz Erwerbstätigkeit für die Mutterschaft zu entscheiden. Zu den wichtigsten arbeitsrechtlichen und sozialpolitischen Maßnahmen zählen in diesem Zusammenhang: die sukzessive Erhöhung des »Wochenurlaubs« vor und nach der Geburt, bezahlte Freistellungen nach dem Wochenurlaub, ein weitreichender Kündigungsschutz für Schwangere und Mütter, die Reduzierung der wöchentlichen Arbeitszeit von 43 $^{3}/4$ Stunden auf 40 Stunden für Mütter, ein bezahlter Hausarbeitstag monatlich und die bezahlte Freistellung zur Pflege erkrankter Kinder.[3] Darüber hinaus wurde das Netz kommunaler und betrieblicher Kinderbetreuungseinrichtungen ausgebaut. In Kinderkrippen wurden 1989 80 % der Kinder unter drei Jahren betreut; 95 % der Kinder

2 Mit sogenannten »Hausfrauenbrigaden« und der Schaffung von Teilzeitarbeitsplätzen wurde versucht, nichtberufstätige Frauen in die Erwerbsarbeit zu integrieren (vgl. Dunskus u.a. 1979, S. 115 ff., Winkler 1990a, S. 199).

3 Vgl. hierzu ausführlicher Winkler 1990a, S. 138 ff., Cornelius 1990, Schenk 1990, S. 150; im Vergleich mit der BRD Bäcker/Steffen 1990, Schuster-Tügel 1990. Zu den Leistungen für Kindererziehung im Rentenrecht der DDR vgl. Winkler 1990a, Gerhard/Veil 1991.

im Alter von drei bis sechs Jahren besuchten Kindergärten und 81 % der Schüler im Alter von sechs bis zehn Jahren Schulhorte (vgl. Winkler 1990a, S. 142 ff.). Diese Kinderbetreuungseinrichtungen waren ganztägig geöffnet und dekten damit die Normalarbeitszeit ab.

»Folgekosten der Kindererziehung«: Vereinbarkeitsstrategien und ihre Folgen für die Erwerbsverläufe von Frauen in der BRD und der DDR

Gestiegene Frauenerwerbsquoten zeigen, daß immer mehr Frauen - in der DDR in stärkerem Maße als in der Bundesrepublik - Kindererziehung und Erwerbstätigkeit vereinbaren. Die Erwerbsbeteiligung von 25- bis 60-jährigen Frauen erhöhte sich in der Bundesrepublik von 45 % (1969) auf 60 % (1989), in der DDR stieg sie im gleichen Zeitraum von 73 % auf 86 %.[4] Vor dem Hintergrund der jeweiligen gesellschaftlichen Rahmenbedingungen (Förderung des Nebeneinanders von »Berufstätigkeit und Mutterschaft« bzw. des Nacheinanders von »Familie und Erwerbstätigkeit«) haben Frauen unterschiedliche Strategien zur Vereinbarung von Kindererziehung und Erwerbstätigkeit entwickelt.

Die Realität der Lebensverläufe jüngerer Frauen in der Bundesrepublik kann mit dem »Drei-Phasen-Modell« nicht angemessen beschrieben werden. Die Eheschließung hat als Anlaß für Erwerbsunterbrechungen an Bedeutung verloren. Von immer mehr Frauen wird die Erwerbstätigkeit auch nach der Geburt von Kindern - zum Teil als Teilzeitbeschäftigung - fortgesetzt. Die Dauer der Erwerbsunterbrechungen insgesamt hat bei jüngeren Frauen abgenommen. Das Drei-Phasen-Modell verliert aber nicht nur für jüngere Frauen an Bedeutung, sondern scheint auch an den Erwerbsverläufen älterer Frauen vorbeizugehen.[5]

Das Vereinbarkeitsproblem besteht zudem nicht nur darin, ob neben der Kindererziehung eine Erwerbstätigkeit ausgeübt werden kann oder nicht, sondern *welche* Erwerbstätigkeit mit der Kindererziehung in Einklang zu bringen ist. Teilzeitarbeit ist unter den gegebenen institutionellen Rahmenbedingungen außerhäuslicher Kinderbetreuung für Frauen mit (kleineren) Kindern in der Bundesrepublik oftmals die einzige Möglich-

---

4 Die Kinderzahl hat die Erwerbsbeteiligung von Frauen in der DDR kaum beeinflußt (vgl. den Beitrag von Ellen Kirner und Erika Schulz in diesem Band).

5 Vgl. Tölke 1989, Hunink 1989, Engelbrech 1987, 1989 sowie die Beiträge von Angelika Tölke und Claudia Born in diesem Band.

keit, Erwerbsunterbrechungen zu vermeiden oder deren Dauer einzuschränken. Mit dem Anstieg der Frauenerwerbstätigkeit hat der Anteil der teilzeitarbeitenden Frauen zugenommen: 1960 arbeiteten in der Bundesrepublik nur etwa 9 % aller weiblichen Beschäftigten Teilzeit, 1975 waren es bereits etwa 29 % und 1988 32 %. (vgl. Brinkmann/Kohler 1989, S. 474). Um den Wunsch nach Erwerbstätigkeit und die Anforderungen der Kindererziehung miteinander verbinden zu können, müssen Frauen flexibel sein. So wechseln Frauen mit kleineren Kindern häufig zwischen Zeiten der Nicht-Erwerbstätigkeit, Teilzeitarbeit und geringfügigen Beschäftigung hin und her (vgl. Krüger u.a. 1987).

Frauen in der DDR hatten mehr Möglichkeiten, aber auch die (»moralische«) Pflicht zur Verwirklichung des Nebeneinanders von Berufstätigkeit und Mutterschaft. Erwerbsunterbrechungen waren hier seltener und kürzer.[6] Bei den jüngeren Frauen hat sich die für die DDR charakteristische Berufskontinuität der Frauen noch verstärkt: In der Regel unterbrachen sie ihre Berufstätigkeit nur für die Dauer des Babyjahres (vgl. Peemüller 1984, S. 73 ff., Röth 1990, S. 38). Teilzeitarbeit wurde in den fünfziger und sechziger Jahren vom Staat ausgebaut, um nichtberufstätigen Frauen den Start ins Erwerbsleben zu erleichtern. Seit Mitte der siebziger Jahre wurde die Möglichkeit von Teilzeitarbeit allerdings wieder eingeschränkt.[7] 1960 betrug der Anteil teilzeitarbeitender Frauen 15 %, 1975 33 % und 1989 27 % (vgl. Winkler 1990a, S. 83). Mit der Einschränkung der Teilzeitarbeitsmöglichkeiten hat sich die Altersstruktur der teilzeitbeschäftigten Frauen verändert: 1975 war die Mehrzahl im Alter zwischen 30 und 40 Jahre, Ende der achtziger Jahre waren vor allem Frauen ab 50 Jahren teilzeitbeschäftigt (vgl. ebenda, S. 107). Als Strategie zur Vereinbarung von Berufstätigkeit und Kindererziehung hat Teilzeitarbeit somit an Bedeutung verloren.

Für die Beurteilung der »Folgekosten der Kindererziehung« spielt nicht nur das unterschiedliche Gewicht von Erwerbsunterbrechungen und Teilzeitarbeit als Vereinbarkeitsstrategien der Frauen in Ost und West

---

6 Nach einer älteren Untersuchung in Industrie- und Handelsbetrieben haben von den Frauen, die 1964 bis 1974 ihre Erwerbstätigkeit unterbrachen, nur etwa 16 % länger als ein Jahr bis höchstens fünf Jahre unterbrochen; länger als drei Jahre unterbrachen ca. 7 % (vgl. Dunskus u.a. 1979, S. 108; eine Quelle ist dort nicht angegeben).

7 Vgl. Dunskus u.a. 1979, S. 114 ff. Anders als die Alters- und Invalidenrentner besaßen Frauen keinen Rechtsanspruch auf Teilzeitbeschäftigung, sondern für sie war Teilzeitarbeit lediglich bei besonderen familiären Verpflichtungen und nur in Abhängigkeit von den betrieblichen Bedingungen möglich (vgl. Winkler 1990b, S. 106).

eine Rolle. Ganz entscheidende Bedeutung kommt den Unterschieden in der arbeitsrechtlichen und sozialpolitischen Absicherung dieser Strategien zu.

Entscheidende Unterschiede zwischen Bundesrepublik und DDR in der Absicherung von Erwerbsunterbrechungen: Erziehungsurlaub und bezahlte Freistellung

Für Frauen in der *Bundesrepublik* stellen Erwerbsunterbrechungen wegen Kindererziehung nicht nur eine Lücke im Erwerbsverlauf, sondern aufgrund der längerfristigen Folgen einen Bruch in der Erwerbsbiographie dar. Nach einer »Familienpause« haben die Unterbrecherinnen Schwierigkeiten, wieder in den Beruf zurückzukehren. Dafür sind vor allem der Mangel an Teilzeitarbeitsplätzen sowie ungeeignete bzw. nicht ausreichende Kinderbetreuungsmöglichkeiten verantwortlich. Gelingt der Wiedereinstieg, so kehren Frauen in der Regel nicht in den alten Betrieb zurück und häufig auch nicht in den alten Beruf, sondern sie müssen Verschlechterungen der beruflichen Position und der Arbeitssituation hinnehmen (vgl. Hofbauer 1979, S. 237 ff., Engelbrech 1987, S. 191 ff., 1989, S. 110 ff.). Unterbrecherinnen sind überdurchschnittlich häufig trotz Berufsausbildung in unqualifizierten Tätigkeiten zu finden; nach der Rückkehr sind sie bei den Hilfs- und angelernten Arbeiterinnen, im Handwerk und im Gaststätten- und Beherbergungsgewerbe überrepräsentiert. In Verbindung mit dem beruflichen Abstieg und der Entwertung beruflicher Kenntnisse kommt es zu einer Verschlechterung der Einkommensposition, die aufgrund geringerer Aufstiegschancen meistens im gesamten weiteren Erwerbsverlauf fortbesteht. Schon nach einer Unterbrechung der Erwerbstätigkeit von vier Jahren wird nach der Wiederaufnahme einer Vollzeitbeschäftigung lediglich das Einkommensniveau von Berufsanfängerinnen erreicht (vgl. Abbildung 1). Die Situation der »Berufs«rückkehrerinnen hat sich trotz der staatlichen Wiedereingliederungsförderung im Laufe der achtziger Jahre weiter verschlechtert.

Der 1986 in der Bundesrepublik eingeführte *Erziehungsurlaub* ist darauf ausgerichtet, die Bedingungen für eine häusliche Betreuung kleiner Kindern unter drei Jahren zu verbessern (vgl. Kammann 1990, S. 177 f., Wissenschaftlicher Beirat 1988). Der Mutter (bzw. dem Vater) soll der zeitweilige Ausstieg aus der Erwerbstätigkeit durch die Zahlung eines Erziehungsgeldes und durch Kündigungsschutzregeln erleichtert werden. 1988 haben 97 % aller anspruchsberechtigten Mütter (und Väter) das Erziehungsgeld in Anspruch genommen; nur etwa 1 % der Erziehungsgeldempfänger waren Männer.[8]

Abbildung 1: Einkommensentwicklung von Frauen bei Erwerbsunterbrechungen

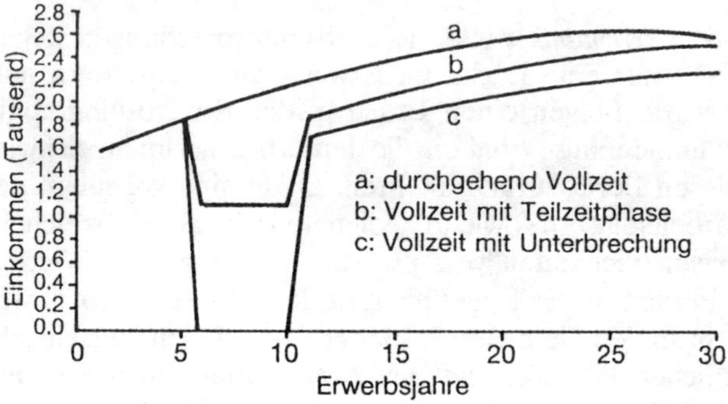

Quelle: Galler 1987

Durch den Erziehungsurlaub können negative Folgen von Erwerbsunterbrechungen für den Erwerbsverlauf von Frauen nur unter bestimmten Voraussetzungen vermieden werden. Im wesentlichen ist dies davon abhängig, ob Frauen sofort nach Auslaufen des Erziehungsurlaubs in den Betrieb zurückkehren (können), welcher Arbeitsplatz ihnen bei der Rückkehr in den Betrieb angeboten wird und ob sie die Erwerbstätigkeit dauerhaft aufrechterhalten (können).

Untersuchungen über die Situation nach Auslaufen des Erziehungsurlaubs liegen bisher nicht vor, lediglich für die Situation nach dem Mutterschaftsurlaub (Weg u.a. 1986).[9] Von den Frauen, die 1980/81 bzw. 1984

8 Vgl. den Beitrag von Gisela Notz in diesem Band.

9 Ergebnisse zur Rückkehrquote und zur beruflichen Situation von Rückkehrerinnen nach dem Mutterschaftsurlaub lassen sich nur bedingt auf die Situation nach dem Erziehungsurlaub übertragen, da der Mutterschaftsurlaub für einen sehr beschränkten Zeitraum (bis zum sechsten Lebensmonat des Kindes) gewährt wurde, während der Erziehungsurlaub inzwischen einen Zeitraum von 18 Monaten umfaßt.

den Mutterschaftsurlaub in Anspruch nahmen, setzten 33 % bzw. 44 % direkt danach die Berufstätigkeit fort; die Rückkehrquote ist somit in den achtziger Jahren angestiegen.[10] Eine für die Frauen befriedigende Lösung der Kinderbetreuung und die Gelegenheit zu Teilzeitarbeit spielten für die Rückkehrentscheidung eine wesentliche Rolle. Allerdings hat ein Teil der Rückkehrerinnen die Berufstätigkeit nicht kontinuierlich fortgesetzt: Ungefähr ein Drittel der Frauen, die Mutterschaftsurlaub im Jahre 1980/81 in Anspruch nahmen und entweder direkt danach oder etwas später in den Beruf zurückkehrten, waren 1985 nicht mehr berufstätig (vgl. Weg u.a. 1986, S. 243 ff.).

Mit der *Ausdehnung des Erziehungsurlaubs auf drei Jahre* werden Anreize für eine längere Unterbrechung der Erwerbstätigkeit geschaffen, ohne daß die negativen Folgen des zeitlichen Nacheinanders von Kindererziehung und Erwerbstätigkeit für die Erwerbsverläufe von Frauen entscheidend vermindert werden. Arbeitgeber sind nach wie vor nicht verpflichtet, Rückkehrerinnen den alten oder einen vergleichbaren Arbeitsplatz zur Verfügung zu stellen oder Müttern den Übergang von Vollzeit- in Teilzeitbeschäftigung zu ermöglichen. Darüber hinaus besteht während des Erziehungsurlaubs nur ein eingeschränkter Kündigungsschutz.

In der *DDR* wurden mit der 1976 eingeführten *bezahlten Freistellung*, die zunächst erst ab der Geburt des zweiten Kindes, ab 1986 auch bei der Geburt des ersten Kindes galt[11], die Bedingungen für ein kurzfristiges Ausscheiden aus der Erwerbstätigkeit und den anschließenden Wiedereinstieg verbessert. Im Gegensatz zum eingeschränkten Kündigungsverbot während des Erziehungsurlaubs bestand während der bezahlten Freistellung absolutes Kündigungsverbot.[12] Nach Ablauf der Freistellung war der

10 Von Grönert (1990, S. 80) wird mit Verweis auf nicht näher bezeichnete Erfahrungswerte darauf hingewiesen, daß auch nach dem Erziehungsurlaub etwa die Hälfte der Frauen wie bisher ihre Erwerbstätigkeit für einige Jahre unterbricht.

11 1986 galt die bezahlte Freistellung 12 Monate für das erste und zweite Kind, 18 Monate ab dem dritten Kind. Über die Inanspruchnahme der bezahlten Freistellung gibt es unterschiedliche Angaben. Dunskus u.a. (1979, S. 107) sprechen davon, daß im Jahre 1977 etwa 90 % der Frauen die bezahlte Freistellung in Anspruch genommen haben. Vom Wissenschaftlichen Beirat (1988, S. 112 f.) wird mit Berufung auf DDR-Quellen die Inanspruchnahme von 1976 bis 1981 mit 60 %, für Mitte der achtziger Jahre mit 80 % angegeben.

12 Dieses absolute Kündigungsverbot galt auch für Schwangere, stillende Mütter, Mütter mit Kindern bis zu einem Jahr sowie für alleinstehende Berufstätige mit Kindern bis zu drei Jahren.

Betrieb verpflichtet, die Frau entsprechend den Vereinbarungen im Arbeitsvertrag weiter zu beschäftigen (vgl. Schuster/Tügel 1990, S. 320 f.).[13]

Zusammenfassend lassen sich *wesentliche Unterschiede in der Absicherung von Erwerbsunterbrechungen zwischen der Bundesrepublik und der DDR* feststellen. Während die bezahlte Freistellung nach der Geburt in der DDR darauf ausgerichtet war, der Mutter ein ökonomisch gesichertes Ausscheiden aus dem Berufsleben *und* einen Anspruch auf Wiedereinstieg zu sichern, honoriert das Erziehungsgeld in der Bundesrepublik Kindererziehungszeiten bei Nichterwerbstätigkeit oder eingeschränkter Erwerbstätigkeit, *ohne* daß damit in ausreichendem Maße Folgekosten von Erwerbsunterbrechungen abgesichert werden.

Teilzeitarbeit als prekäre Vereinbarkeitsstrategie

Teilzeitarbeit bietet den Frauen in der Bundesrepublik die Chance, Erwerbsunterbrechungen zu vermeiden bzw. möglichst schnell eine Erwerbstätigkeit wiederaufzunehmen. 1988 waren über die Hälfte der Frauen mit Kindern (54 %) teilzeitbeschäftigt (vgl. Statistisches Bundesamt 1988).

Eine *echte* Kontinuität des Erwerbsverlaufs ermöglicht die Teilzeitarbeit aufgrund ihrer Strukturmerkmale in der Regel nicht. Die *Konzentration von Teilzeitarbeitsplätzen* auf wenige Branchen, Tätigkeitsfelder und Berufe (vor allem im Handels- und Dienstleistungssektor), auf Niedriglohnbranchen und auf schlecht bezahlte berufliche Positionen am unteren Ende der betrieblichen Hierarchie macht den Übergang auf eine Teilzeitbeschäftigung häufig zu einem Wechsel des bisherigen Arbeitgebers und der Branche. Dieser Wechsel ist mit einer Entwertung der erworbenen beruflichen Kenntnisse und Fertigkeiten, einer Verschlechterung der Einkommensposition und der Aufstiegsmöglichkeiten verbunden. Frauen, die nach einer Erwerbsunterbrechung teilzeitbeschäftigt sind, sind fast doppelt so häufig (35 %) wie der Durchschnitt der Unterbrecherinnen (19 %) als angelernte bzw. Hilfsarbeiterinnen tätig.[14] Auch bei einer späteren

13 Hinweise darauf, daß die Vereinbarung von Berufstätigkeit und Kindererziehung einen Wechsel des Berufs erforderlich machte, gibt Röth (1990, S. 139). Ihren Angaben zufolge wechselten Produktionsarbeiterinnen häufig mit der Geburt von Kindern den Beruf, unter anderem um der Mehrschichtarbeit zu entgehen.

14 Vgl. dazu Engelbrech 1987, S. 181 ff. sowie Engelbrech/Warnhaben 1987, Büchtemann/Schupp 1987, Welzmüler 1987, S. 18, Hofbauer 1981, S. 107 ff., Engelbrech 1989, S. 100 f.

Rückkehr auf einen Vollzeitarbeitsplatz wirkt die Teilzeitphase negativ nach. Die zeitweilige Übernahme einer Teilzeitarbeit bringt Einkommenseinbußen mit sich, die allerdings geringer sind als bei zeitweiliger Unterbrechung der Erwerbstätigkeit (vgl. Abbildung 1).

Teilzeitarbeit erweist sich darüber hinaus aufgrund der *arbeits- und tarifrechtlichen Benachteiligung* und der *unzureichenden sozialen Absicherung* (vgl. dazu Pfarr/Bertelsman 1989, S. 229, Kurz-Scherf 1985, S. 659, Landenberger 1989, Degen 1987) als prekäre Vereinbarkeitsstrategie, insbesondere bei »geringfügiger Beschäftigung« (unterhalb der Sozialversicherungsgrenzen). Bei einer wöchentlichen Arbeitszeit von weniger als 19 Stunden besteht keine Versicherungspflicht in der Arbeitslosenversicherung, unter 15 Wochenstunden (und bei bestimmten Verdienstgrenzen) entfällt die Versicherungspflicht in der Kranken- und Rentenversicherung (vgl. Bank/Kreikebohm 1989, S. 509 ff.). Dies bedeutet zugleich, daß damit in der Arbeitslosen- und Rentenversicherung keine Leistungsansprüche erworben werden können.

1988 arbeiteten in der Bundesrepublik 29 % der teilzeitbeschäftigten Frauen lediglich 1 bis 19 Stunden wöchentlich, 29 % hatten keine festgelegte Arbeitszeit (vgl. Schupp 1989, S. 248). Von den rund 2 Millionen »geringfügig Beschäftigten« im Jahre 1987 (vgl. BMA 1989, Schwarze/Wagner 1989) machten Frauen etwa 60 % aus; gut zwei Drittel davon waren Hausfrauen. Zwar werden geringfügige Beschäftigungen in der Regel nicht über längere Zeit ausgeübt; sie sind aber für eine große Zahl von Frauen vorübergehender Bestandteil ihres Erwerbsverlaufs und insbesondere für Frauen mit (kleineren) Kindern oftmals die einzige Möglichkeit, eine Erwerbstätigkeit auszuüben (vgl. Schupp 1989, S. 247 f., Krüger u.a. 1987).

Teilzeitarbeit ist nicht gleich Teilzeitarbeit: Ein Ost-/West-Vergleich

Bezüglich der Struktur der Teilzeitarbeit gibt es erhebliche Unterschiede zwischen der Bundesrepublik und der DDR. *Erstens* betrifft dies die Altersstruktur der teilzeitbeschäftigten Frauen: In der Bundesrepublik sind vor allem Frauen im Alter von 31 bis 50 Jahren teilzeitbeschäftigt; in der DDR konzentrierte sich die Teilzeitbeschäftigung Mitte der siebziger Jahre vor allem auf Frauen im Alter von 30 bis 40 Jahren, Ende der achtziger Jahre dagegen auf Frauen ab 50 Jahren (vgl. Büchtemann/Schupp 1987,

S. 83, Winkler 1990b, S. 107). *Zweitens* unterscheidet sich der Umfang der Arbeitszeit deutlich: Teilzeitarbeit bedeutete in der DDR für fast 60 % der Frauen eine Arbeitszeit von 25 bis 35 Stunden (ca. 20 % arbeiteten über 35 Stunden). Dagegen ist die Mehrzahl teilzeitarbeitender Frauen in der Bundesrepublik bis zu 19 Stunden pro Woche beschäftigt oder hat keine festgelegten Arbeitszeiten.[15] *Drittens* gibt es wesentliche Unterschiede in der sozialversicherungsrechtlichen Absicherung der Teilzeitarbeit: In der Bundesrepublik spielen sozialversicherungsfreie Beschäftigungen eine große Rolle. In der DDR war Teilzeitarbeit sozialversicherungsrechtlich voll abgesichert, ungeschützte »geringfügige Beschäftigungsverhältnisse« gab es nicht.

Unmittelbare und längerfristige »Folgekosten der Kindererziehung« und ihre Absicherung im bundesdeutschen Rentenrecht[16]

Die Anerkennung von Erziehungszeiten stellt in dem auf Erwerbsarbeit ausgerichteten bundesdeutschen Rentenrecht einen ersten Schritt zur Berücksichtigung der unbezahlten Arbeit von Frauen dar. Der Unterschiedlichkeit der Lebensverläufe von Frauen und der Strategien zur Vereinbarung von Kindererziehung und Erwerbstätigkeit werden diese rentenrechtlichen Regelungen allerdings nicht gerecht. Sie decken nur einen Teil der unmittelbaren Folgekosten der Kindererziehung ab. Längerfristige Auswirkungen von Erwerbsunterbrechungen und Teilzeitarbeit auf die Erwerbsverläufe und die Alterssicherung von Frauen lassen sie unberücksichtigt.

Das sogenannte »Babyjahr« ist auf ein am »Drei-Phasen-Modell« orientiertes Erwerbsverhalten von Frauen ausgerichtet. Es zielt darauf ab, Versicherungslücken zu schließen, die durch Erwerbsunterbrechungen oder die Verringerung der Arbeitszeit im ersten Jahr nach der Geburt eines Kindes entstehen. Mit dem 1992 in Kraft tretenden Rentenreformgesetz (RRG '92) werden die Kindererziehungszeiten auf drei Jahre nach der Geburt ausgedehnt, allerdings nur für Geburten ab 1992. Ältere Frauengenerationen, bei denen lange Erwerbsunterbrechungen wegen Kindererziehung häufig vorkamen und die deshalb von dieser Ausdeh-

15 1988 waren dies 58 % (vgl. Schupp 1989, S. 248); 1984 waren 16 % geringfügig beschäftigt (vgl. Büchtemann/Schupp 1987, S. 80 f.).

16 Zum DDR-Rentenrecht vgl. Gerhard/Veil 1991.

nung profitieren würden, werden davon ausgeschlossen. Kindererziehungsleistungen werden nicht an sich honoriert, sondern nur, wenn die Frau (der Mann) die Erwerbstätigkeit in diesem Zeitraum unterbricht bzw. den Arbeitszeitumfang wesentlich reduziert.[17] Erwerbsunterbrechungen in einer späteren Phase der Kindererziehung, die zum Beispiel aufgrund von Schwierigkeiten mit der außerhäuslichen Betreuung notwendig werden können, werden rentenrechtlich nicht berücksichtigt.

Die Auswirkungen von Teilzeitarbeit als Vereinbarkeitsstrategie sind ebenfalls nur teilweise im Rentenrecht abgesichert; auch hier bleiben die längerfristigen Folgen - beruflicher Abstieg, Verschlechterung der Einkommensposition - Privatsache der Frau. Teilzeitarbeit über das erste Lebensjahr des Kindes hinaus war bisher, sofern es sich nicht um eine sogenannte »geringfügige Beschäftigung« handelte, über die Rente nach Mindesteinkommen abgesichert. Mit dem RRG '92 wurde der Ausgleich für Teilzeitarbeit eingeschränkt. Die Rente nach Mindesteinkommen ist darüber hinaus zeitlich befristet: sie gilt nur noch für Versicherungszeiten bis 1992.

Erziehungszeiten sollen im Rentenrecht die Förderung des zeitlichen Nacheinanders von Kindererziehung und Erwerbstätigkeit absichern, die in der Familienpolitik mit dem Erziehungsurlaub und seiner Ausdehnung auf drei Jahre verfolgt wird. Damit werden Anreize für eine Vereinbarkeitsstrategie geschaffen, die für Frauen einen Bruch in der Erwerbsbiographie bedeutet. Die längerfristigen Folgen von Erwerbsunterbrechungen und Teilzeitarbeit für den Erwerbsverlauf von Frauen werden weder im Zusammenhang mit dem Erziehungsurlaub noch in der Rentendiskussion ausreichend berücksichtigt.

Resümee

Die Bedingungen für eine eigenständige Existenzsicherung von Frauen im Alter haben sich mit dem Anstieg der Frauenerwerbstätigkeit und der damit verbundenen Strukturveränderung (Rückgang des Anteils mithelfender Familienangehöriger) verbessert. Davon, daß die eigenständige Al-

17 Auf die Benachteiligung erwerbstätiger Frauen und die unzureichende Absicherung aufgrund der Bewertung der Erziehungsleistungen mit 75 % des Durchschnittseinkommens sei hier nur am Rande hingewiesen (vgl. die Beiträge von Gabriele Rolf und Mechthild Veil in diesem Band).

terssicherung ein Problem ist, das sich »nur« für ältere Frauen stellt, läßt sich angesichts der unzureichenden Berücksichtigung der Folgekosten von Kindererziehung im Rentenrecht nicht sprechen. Den verschiedenen Strategien zur Vereinbarung von Kindererziehung und Erwerbstätigkeit steht die einseitige Normierung von Frauenleben durch das Rentenrecht, die Ausrichtung auf ein am »Drei-Phasen-Modell« orientiertes Erwerbsverhalten von Frauen, gegenüber. Die Anerkennung von Erziehungsleistungen im Rentenrecht bezieht sich lediglich auf die unmittelbaren Auswirkungen von Erwerbsunterbrechungen und Teilzeitarbeit.

Angesichts der gravierenden Folgen, die beide Vereinbarkeitsstrategien (Erwerbsunterbrechungen und Teilzeitarbeit) für die Erwerbsbiographie von Frauen mit sich bringen, ist es dringend erforderlich, daß in der Rentendiskussion die längerfristigen Auswirkungen auf den Erwerbsverlauf sowie der Zusammenhang von Erwerbsunterbrechungen/Teilzeitarbeit, Niedriglöhnen und hohem Arbeitslosigkeitsrisiko thematisiert werden. Chancen für eine bessere Absicherung der längerfristigen Folgen im Rentenrecht würden zum Beispiel eine Reform der »geringfügigen Beschäftigung« sowie eine Verlängerung der Rente nach Mindesteinkommen bieten. Diese müßte allerdings so ausgestaltet werden, daß sie die mit Teilzeitarbeit wegen Kindererziehung verbundenen Einkommensverluste auch längerfristig ausgleicht. Eine Lösung der Alterssicherungsprobleme kann allerdings nicht nur von Veränderungen im Rentensystem erwartet werden. Da die Ursache dieser Probleme im wesentlichen in den Folgen von Kindererziehung für die Erwerbsverläufe von Frauen liegt, müssen Arbeitsmarkt- und Tarifpolitik auf eine Verbesserung der Beschäftigungssituation von Frauen hinwirken. In der Familienpolitik müßte sich der Akzent von der Verbesserung der Bedingungen für häusliche Kinderbetreuung zu einem Ausbau außerhäuslicher Kinderbetreuungseinrichtungen verschieben.

In der DDR hatte Kindererziehung bisher keine so gravierenden Folgen für die Erwerbsverläufe und die Alterssicherung von Frauen. Angesichts der steigenden Frauen- und Mütterarbeitslosigkeit nach der »Vereinigung«, der verschlechterten Bedingungen für ein zeitliches Nebeneinander von Kindererziehung und Beruf durch die Schließung von Kinderbetreuungseinrichtungen und der Möglichkeit, Erziehungsgeld für achtzehn Monate und demnächst sogar für zwei Jahre in Anspruch zu nehmen, ist jedoch abzusehen, daß sich die Bedingungen für eine eigenständige Alterssicherung von Frauen in der ehemaligen DDR verschlechtern werden.

Literatur

Bäcker, Gerhard/Steffen, Johannes (1990): »Synopse zu ausgewählten Bereichen des Arbeits- und Sozialversicherungsrechts in beiden deutschen Staaten«. In: Gerhard Bäcker/Brigitte Stolz-Willig: *Kindererziehung, Arbeitszeiten und soziale Sicherung*. WSI-Arbeitsmaterialien Nr. 26. Düsseldorf, S. 60-62

Bäcker, Gerhard/Stolz-Willig, Brigitte (1990): *Kindererziehung, Arbeitszeiten und soziale Sicherung*. WSI-Arbeitsmaterialien Nr. 26. Düsseldorf

Bank, H.-P./Kreikebohm, P. (1989): »Notwendigkeit und Rahmen für eine Reform der Geringfügigkeitsgrenze«. In: *Zeitschrift für Sozialreform*, 9

BfBW (Bundesminister für Bildung und Wissenschaft) (1989): *Grund- und Strukturdaten*, Ausgabe 1988/89. Bonn

BMA (Bundesministerium für Arbeit und Sozialordnung) (Hrsg.) (1989): *Sozialversicherungsfreie Beschäftigung*. Bearbeitet von Werner Friedrich (ISG). Köln

BMJFFG (Bundesminister für Jugend, Familie, Frauen und Gesundheit) (Hrsg.) (1989): *Frauen in der Bundesrepublik Deutschland*. Bonn

Brinkmann, Christian/Kohler, Hans (1989): »Teilzeitarbeit und Arbeitsvolumen«. In: *Mitteilungen aus der Arbeitsmarkt- und Berufsforschung*, 4, S. 472-483

Büchtemann, Christoph F./Schupp, Jürgen (1987): »Strukturen und Entwicklungsperspektiven der Teilzeitbeschäftigung«. In: Hans-Jürgen Krupp/Ute Hanefeld (Hrsg.): *Lebenslagen im Wandel*. Analysen 1987. Frankfurt a.M./New York

Cornelius, Ivar (1990): »Familien- und Bevölkerungspolitik in der DDR«. In: *Arbeit und Sozialpolitik*, 8-9, S. 308-316

Degen, Barbara (1987): »Teilzeitarbeit und Arbeitsrecht«. In: *WSI-Mitteilungen*, 10

Dunskus, Petra/Johne, Renate/Kuhrig, Herta/Sauerzapf, Rudolf/Speigner, Wulfram/Weichert, Brigitte/Welskopf, Barbara (1979): »Zur Verwirklichung des Rechtes auf Arbeit für die Frauen«. In: Herta Kuhrig/Wulfram Speigner (Hrsg.): *Wie emanzipiert sind die Frauen in der DDR?* Köln

Engelbrech, Gerhard (1987): »Erwerbsverhalten und Berufsverlauf von Frauen: Ergebnisse neuerer Untersuchungen im Überblick«. In: *Mitteilungen aus der Arbeitsmarkt- und Berufsforschung*, 2, S. 181-196

Engelbrech, Gerhard (1989): »Erfahrungen von Frauen an der ‚dritten Schwelle'. Schwierigkeiten bei der beruflichen Wiedereingliederung aus der Sicht der Frauen«. In: *Mitteilungen aus der Arbeitsmarkt- und Berufsforschung*, 1, S. 100-113

Engelbrech, Gerhard/Warnhagen, Ingeborg (1987): »Frauen in Teilzeitarbeit«. In: *Materialien aus der Arbeitsmarkt- und Berufsforschung*, 5

Galler, Heinz P. (1987): »Opportunitätskosten familialer Entscheidungen«. In: B. Felderer (Hrsg.): *Demographische Entwicklungen und Familienlastenausgleich*. Berlin

Gerhard, Ute/Veil, Mechthild (1991): »Rechtsangleichung zu Lasten der Frauen - Ihre Alterssicherung im vereinten Deutschland«. In: *ifg-Frauenforschung*, 4, S. 13-28

Grönert, Jochem (1990): *Erziehungsgeld, Mutterschutz, Erziehungsurlaub*, aktualisierte und neugestaltete Auflage. Niedernhausen/Ts.

Hofbauer, Hans (1979): »Zum Erwerbsverhalten verheirateter Frauen«. In: *Mitteilungen aus der Arbeitsmarkt- und Berufsforschung*, 2, S. 217-240

Hofbauer, Hans (1981): »Zur Struktur der Teilzeitarbeit bei Frauen». In: *Beiträge zur Arbeitsmarkt- und Berufsforschung*, Nr. 56. Nürnberg

Huinink, Johannes (1989): »Ausbildung, Erwerbsbeteiligung von Frauen und Familienbildung im Kohortenvergleich«. In: G. Wagner/N. Ott/H.-J. Hoffmann-Nowotny (Hrsg.): *Familienbildung und Erwerbstätigkeit im demographischen Wandel*. Berlin/Heidelberg

Kammann, Werner (1990):» Wende in der Familienpolitik. Die Entwicklung des Familienlastenausgleichs seit dem Regierungswechsel 1982«. In: *Arbeit und Sozialpolitik*, 5, S. 176-180

Koch, Petra/Knöbel, Hans Günther (1986): *Familienpolitik der DDR im Spannungsfeld zwischen Familie und Berufstätigkeit von Frauen*. Pfaffenweiler

Krüger, Helga/Born, Claudia/Einemann, Beate/Heintze, Stine/Saifi, Helga (1987): *Privatsache Kind - Privatsache Beruf. »... und dann hab' ich ja noch Haushalt, Mann und Wäsche«*. Opladen

Kurz-Scherf, Ingrid (1985): »Zum Stellenwert der Teilzeitarbeit in einer emanzipatorischen Arbeitszeitpolitik«. In: *WSI-Mitteilungen*, 11

Landenberger, Margarete (1989): »Teilzeitarbeit und Alterssicherung« In: *Sozialer Fortschritt*, 9

Peemüller, Gerlinde (1984): *Grundlagen und Tendenzen der Vereinbarkeit von Berufstätigkeit und Mutterschaft*. Dresden

Pfarr, Heide/Bertelsmann, K. (1989): *Diskriminierung im Erwerbsleben. Ungleichbehandlung von Frauen und Männern in der Bundesrepublik*. Baden-Baden

Röth, Uta (1990): »Die klassenlose Gretchenfrage. Über die Vereinbarkeit von Beruf und Familie». In: Gislinde Schwarz/Christine Zenner (Hrsg.): *Wir wollen mehr als ein »Vaterland«*. Reinbek bei Hamburg, S. 132-144

Schenk, Sabine (1990): »Die Situation erwerbstätiger Frauen in der DDR«. In: *Sozialer Fortschritt*, 7, S. 149-152

Schupp, Jürgen (1989): »Teilzeitbeschäftigte in der Bundesrepublik Deutschland. Opfer oder Gewinner der Arbeitszeitflexibilisierung?« In: *Sozialer Fortschrift*, 11-12, S. 245-252

Schuster, Martina/Tügel, Annegret (1990): »Die Vereinbarkeit von Beruf, Familie und Kindererziehung - Ein Vergleich von Leitbildern und Regelungen in der DDR und in der BRD«. In: *Arbeit und Sozialpolitik*, 8-9, S. 318-325

Schwarze, Johannes/Wagner, Gert (1989): »Geringfügige Beschäftigung - empirische Befunde und Reformvorschläge«. In: *Wirtschaftsdienst*, IV, S. 184-191

Statistisches Bundesamt (Hrsg.) (1990): *Haushalte und Familien 1988*, Fachserie 1, Reihe 3. Stuttgart

Tölke, Angelika (1989): *Lebensverläufe von Frauen. Familiäre Ereignisse, Ausbildungs- und Erwerbsverhalten*, Dissertation. München

Weg, Marianne/Flacke, Anita/Franielczyk, Gunda/Glöß, Petra/Gramm, Marion/ Marquardt, Regine/Müller, Ursula (1986): *Erwerbstätigkeit und Mutterschaft. Möglichkeiten und Probleme von Berufsunterbrechung und Berufsrückkehr bei Müttern mit Kindern unter drei Jahren*. Herausgegeben vom Bundesminister für Arbeit und Sozialordnung, Reihe Forschungsberichte, Band 132. Bonn

Welzmüller, Rudolf (1987): *Niedrige Arbeitseinkommen als lohn- und verteilungspolitisches Problem*. WSI-Arbeitsmaterialien 18. Düsseldorf

Winkler, Gunnar (Hrsg.) (1990a): *Frauenreport '90*. Berlin

Winkler, Gunnar (Hrsg.) (1990b): *Sozialreport DDR 1990*. Stuttgart u.a.

Wissenschaftlicher Beirat für Familienfragen beim BMJFG (1988): *Erziehungsgeld, Erziehungsurlaub und Anrechnung von Erziehungszeiten in der Rentenversicherung*. Stuttgart u.a.

Die Erwerbsbeteiligung im Lebensverlauf von Frauen in Abhängigkeit von der Kinderzahl

Unterschiede zwischen der Bundesrepublik Deutschland und der ehemaligen Deutschen Demokratischen Republik

Ellen Kirner / Erika Schulz

1. Einleitung

Zu den wichtigsten Determinanten der ökonomischen Situation von Frauen gehört die geschlechtsspezifische Verteilung der gesellschaftlich als notwendig erachteten Aufgaben. Die Arbeitsteilung findet ihren unmittelbaren Ausdruck darin, daß ein großer Teil der weiblichen Bevölkerung im Erwerbsalter als Hausfrau tätig ist und keiner Erwerbsarbeit nachgeht. Das hat nicht allein Auswirkungen auf die Einkommenssituation dieser Gruppe im Lebensverlauf, sondern betrifft die Frauen in ihrer Gesamtheit.

Weil so viele nicht am Erwerbsleben und an den gesellschaftlichen Entscheidungsprozessen teilhaben, ist es möglich, daß in stiller Übereinkunft der Arbeitgeber und Arbeitnehmer immer wieder eine Lohn- und Gehaltsstruktur ausgehandelt wird, bei der in typischen »Männerberufen« das Einkommen normalerweise hoch genug ist, um den Unterhalt einer Lebenspartnerin des Erwerbstätigen mit zu decken. Weil so viele Frauen die Familien- und Hausarbeit übernehmen und dies gesellschaftlich sehr wohl gewünscht und auch anerkannt wird, gibt es ein System von Sozialleistungen und staatlichen Abgaben, in dem Hausfrauen, zum Beispiel durch das Ehegatten-Splitting bei der Einkommensteuer, die kostengünstige Altersversorgung durch Witwenrenten und dergleichen, gegenüber den Erwerbstätigen begünstigt werden.

Insofern ist es etwas einseitig, wenn man die Familienfrau lediglich als »Packesel« (Zeidler 1984, S. 597) und nicht auch als Liebling des Sozialstaats betrachtet. Und weil so viele Frauen ihren Männern die Reproduktionsarbeit abnehmen, verschaffen sie ihnen damit auf dem Arbeitsmarkt erhebliche Wettbewerbsvorteile gegenüber Erwerbstätigen, die nicht den Rücken frei haben für den vollen beruflichen Einsatz. Eine weitere ökonomische Konsequenz der geschlechtsspezifischen Arbeitsteilung ist die, daß Frauen selbst zur Segmentation des Arbeitsmarktes beitragen, indem sie ihre Arbeitskraft zu niedrigen Löhnen anbieten. Darauf hat bereits Joan Robinson (Robinson 1961, S. 302) hingewiesen; einer der Gründe für die bescheidenen Lohnforderungen ist, daß weibliche Beschäftigte sich häufig lediglich als »Zuverdienerin« betrachten.

So wichtig es ist, das Erwerbsverhalten in seiner Abhängigkeit von den gesellschaftlichen Rahmenbedingungen zu analysieren, so muß auch berücksichtigt werden, daß Frauen durch die Verteilung ihres Arbeitseinsatzes die Rahmenbedingungen für ihre Situation und ihr Verhalten selbst mitbestimmen. Wie stark dieser Einfluß ist, hängt auch davon ab, wie groß jeweils der Kreis der »Berufs-« oder »Familienfrauen« ist. Diese Sicht gewinnt insofern an Bedeutung, als für einen wachsenden Kreis in der weiblichen Bevölkerung der Spielraum für eine Entscheidung über die Ausübung einer Berufstätigkeit im Zuge des gesellschaftlichen Wandels größer geworden sein dürfte, insbesondere durch die bessere Ausbildung und das damit in wechselseitiger Abhängigkeit verbundene Infragestellen der gesellschaftlichen Rollenverteilung.

Da in der Vergangenheit immer mehr Frauen erwerbstätig geworden sind, es jedoch nach wie vor einen großen Kreis von Hausfrauen gibt, ist gerade unter dem Aspekt der geschlechtsspezifischen Arbeitsteilung zu fragen, wie hoch heute die Erwerbsbeteiligung gesamtwirtschaftlich ist und welche strukturellen Veränderungen hinter dem generellen Trend stehen. Im folgenden wird dies auf der Basis von gruppenspezifischen Erwerbsquoten untersucht. Diese Quoten können durchaus wichtige Informationen für die Analyse des veränderten Erwerbsverhaltens und seiner Bestimmungsgründe liefern und ergänzen Informationen, die man zum Beispiel durch Ereignisanalysen auf der Basis von Mikrodaten gewinnt.

2. Zur Aussagefähigkeit von Erwerbsquoten

Die Erwerbsbeteiligung wird hier stets an Erwerbsquoten gemessen, die jeweils definiert sind als Anteile der »Erwerbspersonen« an einer Bevölkerungsgruppe in einem bestimmten Alter. Zu den sogenannten Erwerbspersonen zählen nach der üblichen Definition der amtlichen Statistik (vgl. Statistisches Bundesamt 1990a, S. 9 f.) außer den Erwerbstätigen auch erwerbslose, aber einen Arbeitsplatz suchende Personen.

Vor allem aus zwei Gründen ist es kaum möglich, trennscharf zwischen den Gruppen der aktiv am Berufsleben Beteiligten und den »Nichterwerbspersonen« (zu denen zum Beispiel die nichterwerbstätigen Hausfrauen gezählt werden) zu unterscheiden. Zum einen ist zu vermuten, daß gerade viele Frauen die Erfolgslosigkeit einer Arbeitsplatzsuche antizipieren und daher in der Statistik trotz ihrer grundsätzlichen Bereitschaft, einen Beruf aufzunehmen, nicht als Arbeitslose erfaßt werden. Zum anderen muß die Abgrenzung zwischen Erwerbspersonen und der übrigen Bevölkerung problematisch erscheinen, wenn man das große Heer der geringfügig Beschäftigten - auch das in der »Schattenwirtschaft« - beachtet. Die im folgenden verwendeten statistischen Daten sind nicht nach dem zeitlichen Umfang der Erwerbstätigkeit gegliedert. Damit wird der Tatsache, daß eine Person als (in irgendeiner Form) erwerbstätig bzw. aktiv arbeitssuchend einzustufen ist, eine gewisse Aussagekraft für die hier behandelte Fragestellung beigemessen. Dabei muß selbstverständlich bedacht werden, daß ein großer und wachsender Kreis von Frauen lediglich teilzeitbeschäftigt ist (vgl. dazu zum Beispiel Brinkmann/Kohler 1989, Schupp 1989).

3. Die Erwerbsquoten der weiblichen Bevölkerung in den alten und neuen Bundesländern im zeitlichen Querschnitt

Als erster Hinweis darauf, wie ausgeprägt die Arbeitsteilung zwischen Männern und Frauen noch ist, die auf dem Gebiet der Bundesrepublik in den früheren Grenzen leben, kann das unterschiedliche Niveau der Erwerbsbeteiligung dienen. 1989 betrug der Anteil der Erwerbspersonen an der weiblichen Bevölkerung im Alter von 25 bis unter 60 Jahren etwa 60 v.H.; bei den Männern lag die entsprechende Quote bei reichlich 90 v.H.

In Abbildung 1 und Tabelle 1, in denen die altersspezifischen Erwerbsquoten im Querschnitt einiger Kalenderjahre dargestellt sind, zeigt sich das niedrige Niveau der Erwerbsbeteiligung der Frauen im Bundesgebiet auch im Vergleich zu den Frauen in der DDR, wo die Frauen zuletzt fast ebenso häufig erwerbstätig waren wie die Männer. In beiden Teilen Deutschlands ist die Erwerbsbeteiligung der Frauen deutlich gestiegen, sie war aber in der DDR 1969 bereits höher als 1989 im alten Bundesgebiet. Damals zeigte allerdings der Kurvenverlauf, den die altersabhängigen

Quoten bilden, in beiden Ländern noch eine größere Ähnlichkeit. Diese ist insofern verloren gegangen, als in der jüngeren Vergangenheit die Erwerbsquoten mit steigendem Alter der Frauen in der DDR bis zur Lebensmitte zunahmen, in der Bundesrepublik jedoch nach wie vor in der Altersphase etwa vom 22. bis zum 30. Lebensjahr sinken.

Abbildung 1: Erwerbsbeteiligung von Frauen in der Bundesrepublik und in der DDR (Erwerbsquoten in v.H.)

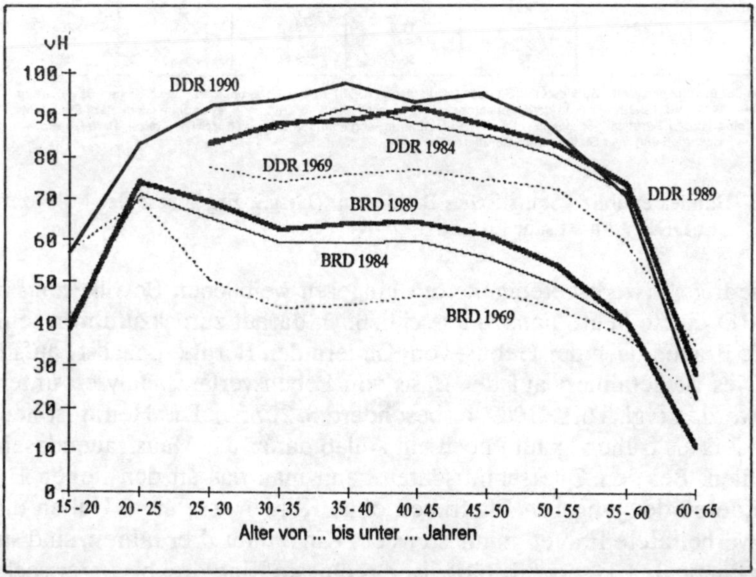

Quelle: Bundesrepublik: Statistisches Bundesamt (Hrsg.): Ergebnisse des Mikrozensus; DDR: Statistisches Amt der DDR; bei den Erwerbsquoten für die DDR 1990 handelt es sich um Ergebnisse des Sozio-ökonomischen Panels für Juni.

Tabelle 1: Erwerbsbeteiligung der Frauen in der Bundesrepublik und in der DDR

Im Alter von:..bis unter... Jahren	Erwerbsquoten in vH[1])					
	1969		1984		1989	
	BRD	DDR	BRD	DDR	BRD[2])	DDR
15 - 25	62,9	65,6	55,8	64,3	56,3	64,0
25 - 30	50,5	78,0	65,6	84,2	69,3	83,7
30 - 35	44,0	74,4	59,9	87,3	62,9	88,7
35 - 40	44,6	76,3	59,8	92,5	64,4	89,5
40 - 45	47,1	77,6	60,3	88,8	64,8	92,6
45 - 50	48,4	75,0	56,4	85,8	61,8	88,2
50 - 55	43,8	72,8	49,7	80,6	54,4	83,5
55 - 60	37,1	59,5	40,2	72,0	40,9	73,8
60 - 65	23,4	35,1	11,8	31,1	11,2	28,4
25 - 60	45,1	73,4	56,1	84,5	60,3	85,7

1) Anteile der Erwerbspersonen (Bundesrepublik) bzw. Berufstätigen (DDR) einer Altersgruppe an der weiblichen Bevölkerung im gleichen Alter. In der DDR — wie in der Bundesrepublik — einschließlich der Lehrlinge, aber ohne Studenten; Frauen im Babyjahr sind zu den Berufstätigen gezählt. Ohne Berufstätige im sogenannten X-Bereich (Militär, Polizei, Parteien etc. — 2) Revidierte Hochrechnung des Statistischen Bundesamtes.

Quelle: Bundesrepublik: Statistisches Bundesamt (Hrsg.): Ergebnisse des Mikrozensus; DDR: Statistisches Amt der DDR

Die niedrige Erwerbsbeteiligung der jüngeren weiblichen Bevölkerung in der BRD dürfte heute nahezu ausschließlich darauf zurückzuführen sein, daß die Frauen nach der Geburt von Kindern den Beruf (zunächst) aufgeben. Dies ist detailliert auf der Basis von Lebensverlaufsanalysen untersucht worden (vgl. Tölke 1989, insbesondere S. 227 ff.). Die Heirat ist heute - anders als früher - kaum noch ein Anlaß dafür, das Hausfrauendasein zu wählen. Bei den Querschnittsdaten kann man das an den hohen Erwerbsquoten der jüngeren Ehefrauen ohne Kinder erkennen. Haben dagegen verheiratete Frauen mindestens ein Kind unter drei Jahren, sind sie nur zu knapp 32 v.H. erwerbstätig; ist das jüngste Kind drei bis unter sechs Jahre alt, beträgt der entsprechende Anteil knapp 41 v.H. Im Gegensatz zur ehemaligen DDR geben die Ehefrauen in den alten Bundesländern auch heute noch die Berufstätigkeit häufig nicht nur kurzfristig, sondern für mehrere Jahre, wenn nicht für immer auf. So waren 1989 von den verheirateten Müttern, deren Kinder noch im Haushalt lebten und bereits 15 Jahre und älter waren, nur rund 45 v.H. erwerbstätig und dies gut zur Hälfte mit verkürzter Arbeitszeit. (Alle hier genannten Zahlen sind Ergebnisse des Mikrozensus 1989, Statistisches Bundesamt 1990b.)

Mit der Teilzeitbeschäftigung, die immer mehr an Gewicht gewonnen hat, versuchen Mütter in der Bundesrepublik, Familie und Beruf miteinander zu vereinbaren. Sie finden insofern bessere Bedingungen vor als die Frauen in der DDR mit den meist langen Arbeitszeiten. Jedoch steht Teilzeitarbeit, solange sie nur von Frauen und kaum von Männern ausgeübt wird, dem Ziel der Gleichberechtigung im Beruf entgegen.

Tabelle 2: Anteil berufstätiger Ehefrauen an den Ehefrauen insgesamt nach Anzahl der im Haushalt lebenden Kinder[1]

	1980		1985		1988	
	BRD	DDR	BRD	DDR	BRD	DDR
Berufstätige Ehefrauen insgesamt	44,1	89,3	42,7	90,9	44,1	91,0
ohne Kind	47,1	87,2	44,4	88,7	46,0	89,4
mit 1 Kind	47,2	92,2	45,3	94,4	47,3	94,2
mit 2 Kindern	39,4	89,1	37,5	92,3	39,8	91,4
mit 3 u. mehr Kindern	35,7	81,3	31,8	73,4	34,7	83,2
Vollzeitbeschäftigte Ehefrauen[2])	25,0	64,5	20,8	67,0	22,8	69,0
ohne Kind	31,7	62,1	24,9	62,1	27,3	64,5
mit 1 Kind	22,4	64,4	18,4	68,4	20,3	71,8
mit 2 Kindern	17,3	67,9	14,6	74,3	15,8	73,9
mit 3 u. mehr Kindern		63,2		54,3	15,7	65,2
Teilzeitbeschäftigte Ehefrauen[3])	19,1	24,8	21,9	23,9	21,3	22,0
ohne Kind	15,4	25,1	19,5	26,6	18,7	24,9
mit 1 Kind	24,8	27,8	26,9	26,0	27,0	22,4
mit 2 Kindern	18,4	18,4	21,6	18,0	24,0	17,5
mit 3 u. mehr Kindern		18,1		19,1	19,0	18,0

[1]) Ehepaare zusammenlebend, Frauen im Alter von 15 bis unter 65 Jahren. Alter der Kinder in der DDR bis unter 17, in der Bundesrepublik bis unter 18 Jahre. — [2]) in der Bundesrepublik bei einer Wochenarbeitszeit von 40 bzw. 36 und mehr Stunden. — [3]) bei einer Wochenarbeitszeit in der Bundesrepublik unter 40 bzw. 35 Stunden, in der DDR unter 40 Stunden.

Quelle: Bundesrepublik: Statistisches Bundesamt (Hrsg.): Bevölkerung und Erwerbstätigkeit. Fachserie 1, Reihe 3, verschiedene Jahrgänge; DDR: Statistisches Amt der DDR; eigene Berechnungen

In der DDR betrug Mitte 1990 der Anteil der Berufstätigen an der weiblichen Bevölkerung im Alter von 25 bis 60 Jahren nach den Befragungsergebnissen des Sozio-ökonomischen Panels 92 v.H. (ohne Studentinnen, aber einschließlich der bei Aufrechterhaltung des Beschäftigungsverhältnisses Beurlaubten; vgl. Priller/Schupp/ Wagner 1990). Nur etwa jede zwanzigste Erwerbstätige arbeitete weniger als 25 Stunden wöchentlich im

Beruf, während in der Bundesrepublik ungefähr jede fünfte vergleichbar kurze Arbeitszeiten hatte (vgl. Schwarze/Gornig/Steinhöfel 1990, S. 204). In der DDR unterbrachen die Mütter ihre Erwerbstätigkeit zumeist lediglich für die kurze Zeit eines »Babyjahres«. Während dieser Zeit hatten sie Anspruch auf eine Lohnersatzleistung und konnten anschließend wieder auf ihren alten oder einen vergleichbaren Arbeitsplatz zurückkehren. Im Juni 1990 waren 15 v.H. der weiblichen Bevölkerung im Alter von 20 bis unter 30 Jahren für ein »Babyjahr« von der Erwerbsarbeit freigestellt. Nach dem 35. Lebensjahr spielten Unterbrechungen der Berufstätigkeit aufgrund der Kinderbetreuung offenbar kaum noch eine Rolle. 1988 betrug die Erwerbsquote bei verheirateten Müttern mit einem Kind 94 v.H. und 91 v.H. bei zwei Kindern; selbst bei drei und mehr Kindern war nur knapp jede Fünfte nicht berufstätig (vgl. Tabelle 2). So wiesen auch die Erwerbsquoten von Frauen im fortgeschrittenen Alter ein Niveau auf, das weit über dem im früheren Bundesgebiet lag.

4. Unterschiedliche Rahmenbedingungen für die Betreuung der Kinder - wichtigste Ursache für die niedrigere Erwerbsbeteiligung in der Bundesrepublik?

Für die überwiegende Mehrheit der Frauen, die in der DDR lebten, war es offensichtlich selbstverständlich geworden, erwerbstätig zu sein und zugleich Kinder zu haben. (Darauf deuten Befragungsergebnisse hin; vgl. zum Beispiel Roloff 1990, S. 249 f.) Und dies, obwohl auch hier - wie in der BRD - die Berufs- und Lohnstruktur der Frauen ungünstig war und die (Ehe)-Männer sich keineswegs mit den Frauen die Haus- und Familienarbeit einigermaßen gleichgewichtig teilten (vgl. Schenk 1990, S. 149 ff). Nicht nur für die vielen Alleinerziehenden, sondern auch für Ehefrauen bestand die Notwendigkeit oder zumindest ein hoher Anreiz zur Berufstätigkeit, weil infolge der niedrigen Realeinkommen sonst nur ein bescheidener Lebensstandard möglich gewesen wäre.

Die ökonomischen wie auch die immateriellen Beweggründe hätten vermutlich jedoch nicht ausgereicht, um die nahezu volle Erwerbsbeteiligung der Mütter herbeizuführen, wenn nicht die Berufstätigkeit aller Frauen ein gesellschaftspolitisches Ziel gewesen wäre. Dementsprechend wurden die Voraussetzungen für die volle Berufstätigkeit auch der Mütter jüngerer Kinder geschaffen. Für nahezu alle Kinder gab es Plätze in Einrichtungen für die außerfamiliale Betreuung während der Erwerbsarbeitszeit der Eltern, und die rechtlichen sowie betrieblichen Rahmenbedingungen waren auf die Vereinbarkeit von Kindererziehung und Berufstätigkeit ausgerichtet (vgl. Winkler 1990, S. 138 ff).

In der Bundesrepublik war bisher eher das Gegenteil der Fall. Hier herrscht trotz der Bemühungen eines wachsenden Teils der Gesellschaft, dies zu ändern, noch immer das Leitbild von der »Familienmutter« vor, die zum Wohl der Kinder auf den Beruf verzichtet. Deshalb ist das Kindertagesstätten- und Schulsystem nicht auf die Erfordernisse der Erwerbsarbeit von Eltern abgestimmt. Die wichtigste Ursache für die sehr niedrige durchschnittliche Erwerbsbeteiligung der Frauen ist heute wohl darin zu sehen, daß hier die Kinder überwiegend von ihren Müttern betreut werden. Inwieweit dies den Präferenzen der Eltern entspricht oder - zum Beispiel aufgrund fehlender Möglichkeiten für die außerfamiliale Kinderbetreuung - mehr oder weniger erzwungen wird, kann dahingestellt bleiben.

Die Nichterwerbstätigkeit der Mütter wird durch die relativ hohen Haushaltseinkommen erleichtert. Anders als in den neuen Bundesländern ist das Erwerbseinkommen der Männer in Westdeutschland meistens hoch genug, um den Lebensunterhalt der Ehepartnerin zu decken. Nach den Ergebnissen des Mikrozensus bezogen 1989 rund 6,3 Millionen Frauen, das waren die Hälfte der insgesamt fast 12 Millionen verheirateten Frauen, ihren überwiegenden Lebensunterhalt von Angehörigen, im allgemeinen vom Ehemann (vgl. Statistisches Bundesamt 1990a, S. 41). Die Hausfrauen-Ehe wird zudem in erheblichem Umfang gefördert durch die finanziellen Vorteile, die das Ehegatten-Splitting bei der Einkommensteuer sowie die kostengünstige Kranken- und Rentenversicherung mit sich bringen. Wie Tabelle 3 zeigt, haben die auf die Ehe bezogenen Leistungen bzw. Steuererleichterungen ein erheblich größeres Gewicht als die direkt auf den Tatbestand »Kinder« gerichteten Transferleistungen. Das Ehegatten-Splitting und die familienpolitischen Elemente im System der Alters- und Krankenversicherung sind in der Bundesrepublik noch immer am Leitbild der Familie mit einem »Ernährer« und seiner nicht oder nur eingeschränkt erwerbstätigen Ehefrau ausgerichtet (vgl. Kirner 1990). Das gleiche gilt im Prinzip für das Erziehungsgeld, das nach der Geburt eines Kindes gezahlt wird, aber nicht für den Lebensunterhalt der Mutter oder des Vaters während eines Erziehungsurlaubs ausreicht.

Tabelle 3: Sozialbudget 1990
Leistungen für die Funktion »Ehe und Familie« in der Bundesrepublik

	1989	1990
	Mrd. DM	
Leistungen für Ehe und Familie i.w.S. insgesamt	195,1	201,3
darunter:		
Mutterschaftsgeld	0,9	0,9
Entgeltfortzahlung bei Mutterschaft	1,1	1,2
Erziehungsgeld	4,0	4,5
Kindergeld[1])	14,1	14,8
Kinderfreibetrag nach EStG	8,0	8,5
Waisenrenten	1,9	1,8
Familienzuschläge öffentlicher und privater Arbeitgeber	10,2	10,5
Ehegattensplitting nach EStG	25,7	23,4
Weitere Steuermaßnahmen[2])	4,8	4,5
Ausbildungsförderung[3])	0,5	0,7
Jugendhilfe	13,1	14,3
Ärztliche und stationäre Behandlung bei Mutterschaft	1,2	1,2
Familienleistungen der Sozialhilfe[4])	1,9	2,1
Sachleistungen der Krankenversicherung an mitversicherte Familienangehörige	33,5	34,7
Wohngeld (Leistungen an Familien)	1,8	1,9
Witwenrenten	66,8	69,5
Kindererziehungszeiten bei der Rente	1,8	2,6

[1]) Einschl. Kinderzulagen, Kinderzuschüsse und Kindergeldzuschläge. — [2]) z. B. Kinderkomponente für erhöhte Absetzung für Wohngebäude, Haushaltsfreibetrag für Alleinstehende mit Kind. — [3]) Schülerausbildungsförderung des Bundes und der Länder (ohne Darlehen). — [4]) Überwiegend Hilfe zum Lebensunterhalt.

Quelle: Sozialbericht 1990. Deutscher Bundestag, Drucksache 11/7527 vom 29.6.1990, S. 136 f.

Auch in der Bundesrepublik sind jedoch die materiellen Voraussetzungen dafür oftmals nicht erfüllt, daß Mütter kleiner Kinder die Erwerbstätigkeit aufgeben. Das gilt insbesondere für Alleinerziehende; aber auch in Paar-Haushalten mit niedrigem Einkommen des Mannes sind die Mütter kleiner Kinder überdurchschnittlich häufig berufstätig (vgl. Holst/Schupp 1990, S. 404 ff). Dies zeigt auch Tabelle 4, aus der man allerdings ebenfalls ersehen kann, daß ein auskömmlicher Verdienst des Ehemannes kein hinreichender Grund für die ausschließliche Familienarbeit ist - im Gegenteil, die Erwerbsbeteiligung der Mütter ist in den oberen Einkommensklassen höher als in den mittleren.

Tabelle 4: Erwerbstätigkeit von verheirateten Müttern[1], die Kinder unter drei Jahren haben, nach dem Einkommen des Ehemannes - Ergebnisse des Mikrozensus für die Bundesrepublik

Mit monatlichem Nettoeinkommen des Ehemannes von... bis unter... DM	1985 Mütter insgesamt	1985 Mütter dar. erwerbstätig	1987 Mütter insgesamt	1987 Mütter dar. erwerbstätig	Anteil der erwerbstätigen Mütter 1985	Anteil der erwerbstätigen Mütter 1987
	in 1000				in vH	
unter 1400	61	32	52	25	52,5	48,1
1400 - 1800	220	83	147	60	37,7	40,8
1800 - 2500	578	158	571	169	27,3	29,6
2500 - 3000	166	41	186	44	24,7	23,7
3000 - 3500	112	31	114	31	27,7	27,2
3500 - 4000	60	14	73	18	23,3	24,7
4000 - 5000	58	15	72	19	25,9	26,4
5000 u. mehr	51	19	57	23	37,3	40,4
Ohne Angabe	41	17	49	18	41,5	36,7
Insgesamt	1347	410	1321	407	30,4	30,8

[1]) Nur Frauen, deren Ehemann erwerbstätig ist. Ohne Selbständige bzw. mithelfende Familienangehörige in der Landwirtschaft.

Quelle: Statistisches Bundesamt (Hrsg.): Bevölkerung und Erwerbstätigkeit. Fachserie 1, Reihe 3, verschiedene Jahrgänge; eigene Berechnungen

Wie man der Abbildung 1 und der Tabelle 1 entnehmen kann, bleibt der Rückstand der altersspezifischen Erwerbsquoten von Frauen in der Bundesrepublik im Vergleich zur DDR, der um das 40. Lebensjahr 25 bis 30 Prozent-Punkte beträgt, bis zum Rentenalter weitgehend erhalten. Obwohl bekannt ist, daß ältere Frauen häufig die Betreuung erwachsener Pflegebedürftiger übernehmen, muß die niedrige Erwerbsbeteiligung auch im fortgeschrittenen Alter im wesentlichen als Folge der mit dem Aufziehen von Kindern verbundenen Lebensform betrachtet werden. Ein großer Kreis der verheirateten Frauen kehrt auch dann nicht - nicht einmal in der Form der Teilzeitbeschäftigung - wieder ins Erwerbsleben zurück, wenn die Kinder nicht mehr betreut werden müssen. Dabei ist die Entscheidung hierfür häufig nicht freiwillig. Die Erwerbsbeteiligung der Frauen im Alter von 45 Jahren und darüber ist auch deshalb so niedrig, weil nach einer langen »Familienphase« eine Rückkehr in den Beruf aufgrund fortgeschrittenen Alters und veralteter Ausbildung häufig nicht möglich ist.

Mit den Querschnittsergebnissen der amtlichen Statistik läßt sich die Hypothese über den Einfluß der frühen Familienphase auf den weiteren Lebenslauf nicht überprüfen, weil hier lediglich nach der Zahl und dem

Alter der im Haushalt lebenden Kinder und nicht danach unterschieden wird, ob ältere Frauen Kinder haben oder nicht. Sind die Kinder ausgezogen, werden ihre Mütter als »Frauen ohne Kinder« klassifiziert, und es ist nicht ohne weiteres verständlich, warum die Erwerbsquoten in dieser Gruppe so niedrig sind (vgl. Tabelle 2). Dies dürfte Anlaß zu Fehleinschätzungen über den Einfluß einer längeren Erwerbsunterbrechung auf den ferneren Lebensverlauf und damit über den Einfluß der mit den Kindern verbundenen Familienarbeit auf die für die Alterssicherung so wichtige Lebensarbeitszeit führen. Deshalb sollen im folgenden die Daten des Sozio-ökonomischen Panels herangezogen werden, die es ermöglichen, die Erwerbsbeteilung von Müttern auch im fortgeschrittenen Alter zu analysieren.

5. Die Erwerbsquoten im Lebensverlauf von Frauen in der Bundesrepublik in Abhängigkeit von der Zahl der Kinder

Der Einfluß der Kindererziehung auf den Lebenslauf der Mütter wird deutlich, wenn die Erwerbsbeteiligung von Frauen mit unterschiedlicher Kinderzahl in einer »Längsschnittbetrachtung« auf der Basis von Daten des Sozio-ökonomischen Panels dargestellt wird (vgl. Abbildung 2). Das Panel ist eine Wiederholungsbefragung, mit der repräsentative Informationen über Personen, Haushalte und Familien erhoben werden (vgl. Projektgruppe »Das Sozio-ökonomische Panel« 1990). In die hier vorgelegte Analyse werden alle Frauen einbezogen, die an den ersten sechs Wellen der Befragung (1984 bis 1989) teilgenommen haben: insgesamt 3 063 Frauen. Ausführliche erwerbs- und familienbiographische Angaben für die Zeit vor 1984 wurden 1984 und 1985 erfragt. Im Unterschied zu den Informationen des Mikrozensus beziehen sich die im folgenden dargestellten Ergebnisse nicht auf Personen aller Geburtsjahrgänge im »Querschnitt« eines Kalenderjahres, sondern zeigen für die Vergangenheit das Erwerbsverhalten im »Längsschnitt« des Lebens verschiedener Jahrgänge zu einer Zeit, in der die Frauen der einzelnen Gruppen jeweils im gleichen Alter gestanden haben.

Im Gegensatz zur amtlichen Statistik, bei der die Erwerbsbeteiligung in Abhängigkeit von der Zahl der (noch) im Haushalt lebenden Kinder dargestellt wird, sind die Frauen nach der Zahl der insgesamt von ihnen geborenen Kinder gruppiert.

Der Familienstand, eine weitere wichtige Determinante des Erwerbsverhaltens - sie beeinflußt unter anderem die Stärke des Einkommensmotivs - ist hier nicht gesondert berücksichtigt worden. Auf diese Weise schlägt sich in den Differenzen zwischen den gruppenspezifischen Erwerbsquoten auch ein Einfluß nieder, der eng mit der Kinderzahl verknüpft ist, nämlich die unterschiedliche Häufigkeit von (stabilen) Ehen in den einzelnen Gruppen. Etwa 90 v.H. aller Kinder werden zwar ehelich geboren und weitere Geburten werden nachträglich »legitimiert«. Aber der Anteil ledig bleibender oder nur kürzere Zeit verheirateter Mütter ist um so größer, je kleiner die Kinderzahl ist. Bei der Interpretation der Ergebnisse muß im Auge behalten werden, daß es bei einem wachsenden Kreis von Frauen während des Lebenslaufs mehrmalige Wechsel des Familienstandes gibt (zum Beispiel vom Partner getrennt lebend - geschieden - wieder verheiratet), was mit der - wiederum mit der Kinderzahl korrelierten - veränderten Einstellung zur traditionellen Ehe und Familie zusammenhängt.

In der Abbildung 2 sind die Ergebnisse des Sozio-ökonomischen Panels zum Zweck der Übersichtlichkeit für jeweils zehn Geburtsjahrgänge (»Kohorten«) zusammengefaßt worden. Damit wurde in Kauf genommen, daß das durchaus unterschiedliche Schicksal der einzelnen Jahrgänge nicht mehr erkennbar ist.

Der Einfluß des Vorhandenseins von Kindern zeigt sich deutlich, wenn man zunächst die Entwicklung der altersspezifischen Erwerbsquoten im Lebenslauf während der Altersjahre von 20 bis 30 bei den verschiedenen Gruppen von Frauen miteinander vergleicht: Bei *kinderlosen* Frauen der jüngeren Geburtsjahrgänge steigen - im Gegensatz zu früher, als die Ehe häufig schon ein Hinderungsgrund an sich für die Erwerbstätigkeit war - die Erwerbsquoten bis etwa zum 30. Lebensjahr auf ein Niveau von über 90 v.H. an. (Dieser Verlauf zeigt sich auch bei den jüngeren verheirateten Frauen; vgl. Jäkel/Kirner 1987, S. 399.) Bei allen Müttern - auch der jüngeren Geburtsjahrgänge 1949 bis 1958 - fallen jedoch in der gleichen Lebensphase die Erwerbsquoten mit steigendem Alter krass ab. Allerdings gibt es deutliche Unterschiede nach der Zahl der Kinder.

Je mehr Kinder die Frauen haben, desto niedriger ist nicht nur das um das Altersjahr 30 erreichte Niveau der Erwerbsquoten, sondern desto früher beginnt auch im Durchschnitt der jeweiligen Gruppen das Absinken dieser altersspezifischen Quoten. Die Ergebnisse des Sozio-ökonomischen Panels weisen darauf hin, daß unter den Frauen mit mehreren Kindern

Abbildung 2: Erwerbsquoten von Frauen[1] ausgewählter Geburtsjahrgänge (GJ) in der Bundesrepublik

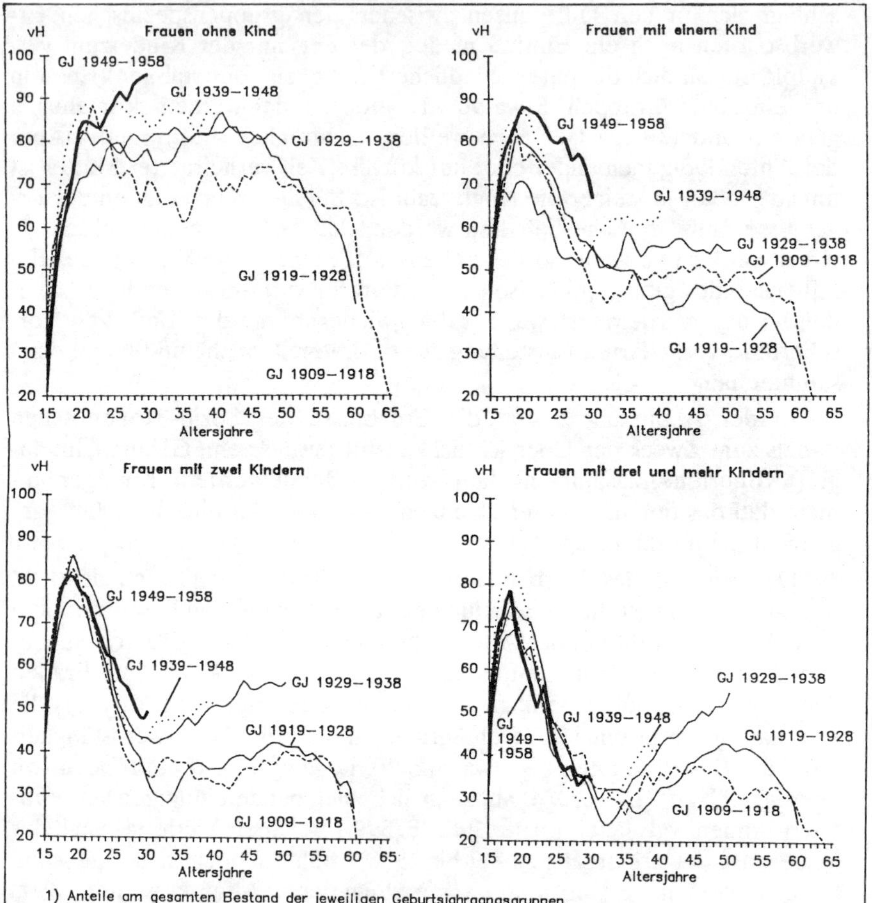

1) Anteile am gesamten Bestand der jeweiligen Geburtsjahrgangsgruppen, die während des angegebenen Alters im Erwerbsleben standen (nur Deutsche).

Quelle: Sozio-ökonomisches Panel, Welle 1 (1984) bis Welle 6 (1989); eigene Berechnungen

die Mütter mit kürzeren Ausbildungszeiten und früherer Geburt der (Erst-)Kinder häufiger sind als unter den Frauen mit nur einem Kind, was diesen Verlauf erklären kann. (Zur Beziehung zwischen Ausbildung und Familiengründung vgl. auch Huinink 1989, Klein 1989 und Tölke in diesem Band.)

Bei den hier verwendeten Daten erkennt man deutlich, daß die Erwerbsbeteiligung der Mütter im gesellschaftlichen Durchschnitt bis zum Ende des Erwerbsalters viel niedriger ist als zu Beginn. Es liegt nahe, dies als Folge der Übernahme von Kinderbetreuungsaufgaben zu einem früheren Zeitpunkt zu erklären. Dafür sprechen die Erwerbsquoten der Mütter im Vergleich zu denen der kinderlosen Frauen in der Altersphase jenseits des 40. oder 45. Lebensjahres, also in einem Lebensabschnitt, in dem die meisten Mütter keine kleinen Kinder mehr haben. Wie man das bei den Geburtsjahrgängen 1929 bis 1938 verfolgen kann, bleibt bei den kinderlosen Frauen das Niveau der Erwerbsbeteiligung noch im fünften Lebensjahrzehnt hoch (durchschnittlich reichlich 80 v.H.), es erreicht bei noch späteren Jahrgängen das Niveau der Erwerbsquoten von Frauen in der DDR. Bei den Müttern wird jedoch trotz der Tendenz zum Ansteigen der Erwerbsquoten mit zunehmendem Alter nur ein deutlich niedrigeres Niveau (im Alter von 50 Jahren ungefähr 55 v.H.) erreicht. Immerhin zeigt sich bei diesen aggregierten Daten, daß Frauen - obwohl nur sehr wenige von ihnen nach einem »Drei-Phasen-Modell« der Erwerbstätigkeit leben (vgl. Born in diesem Band) -, wenn sie mehrere Kinder haben, im vorgerückten Alter durchschnittlich doch deutlich häufiger (wieder) im Beruf sind als das im Alter von 30 bis 35 Jahren der Fall ist.

Obwohl sich die Profile der Erwerbsverläufe von Müttern mit unterschiedlichen Geburtsjahrgängen im Zeitablauf ähnlich geblieben sind, ist das Niveau generell gestiegen. Allerdings hängt auch die Veränderung von der Zahl der Kinder ab.

Während sich die Erwerbsbeteiligung von Müttern der jüngeren Geburtsjahrgänge mit mindestens drei Kindern bis zum Alter von 30 Jahren kaum von der ihrer Mütter bzw. Großmütter unterscheidet und nach wie vor fast bis auf 30 v.H. sinkt, ist bei den übrigen Frauen die stärkere Berufsorientierung deutlich zu erkennen. In dem Alter bis zum 30. Lebensjahr, also in einer Zeit, in der die weitaus überwiegende Zahl der Erst- und Zweitgeburten fallen, zeigt sich dies an der Verlagerung der Geburt des ersten Kindes auf spätere Lebensjahre und des damit verzögerten Rückzugs aus dem Beruf.

Im fünften Lebensjahrzehnt ist die Erwerbsbeteiligung bei allen Frauen, die jemals ein Kind geboren haben, gestiegen. Hier werden Verhaltensänderungen auch bei den Frauen mit drei und mehr Kindern sichtbar: So liegt die Erwerbsquote im Alter von etwa 50 Jahren bei den Geburtsjahrgängen 1929 bis 1938 um rund 15 v.H.-Punkte über derjenigen der Geburtsjahrgänge 1909 bis 1918.

6. Nicht nur die Erwerbsbeteiligung, auch die Geburtenhäufigkeit war in der Bundesrepublik niedriger als in der DDR

1989 betrug der Anteil der Frauen an allen Erwerbspersonen in der Bundesrepublik in den früheren Grenzen rund 40 v.H., das waren fast 12 Millionen Frauen. Trotz der seit Jahren hohen Arbeitslosigkeit, von der Frauen überproportional betroffen sind, hat die Erwerbsbeteiligung der Frauen und damit die Zahl der weiblichen Erwerbstätigen ständig zugenommen. Dieser Trend dürfte anhalten (vgl. Kirner/Schulz 1990, S. 683 f.). Dem kommt angesichts des stark vergrößerten Kreises berufsorientierter Frauen im vereinten Deutschland noch mehr Bedeutung für die Einschätzung des künftigen Arbeitskräftepotentials, aber auch für die Sozial- und Familienpolitik zu.

Der Anstieg der Erwerbsbeteiligung in den alten Bundesländern beruht unter anderem darauf, daß immer mehr Frauen, auch wenn sie Kinder haben, für ihren Lebensunterhalt selbst sorgen müssen, weil der Typ der stabilen, wohlsituierten Hausfrauen-Ehe seltener wird. Außerdem möchten bei qualifizierter Ausbildung immer mehr Frauen aus immateriellen Gründen ihren Beruf ausüben. Generell läßt sich den Ergebnissen des Sozio-ökonomischen Panels entnehmen, daß mit steigendem Ausbildungsniveau

- das durchschnittliche Lebensalter bei der Geburt des ersten Kindes steigt,
- eine Unterbrechung der Erwerbstätigkeit seltener erfolgt und
- bei einer Unterbrechung die Zeiten der Familienphase kürzer werden.

Nicht von diesem Ursachenkomplex zu trennen ist die Tatsache, daß die durchschnittliche Erwerbsbeteiligung der Frauen in der BRD auch deshalb gestiegen ist, weil der Anteil der kinderlosen - schon immer überdurchschnittlich häufig berufstätigen - Frauen zugenommen hat, und zwar von 10 v.H. bei den Mitte der dreißiger Jahre geborenen Frauen auf 15 v.H. bei den Anfang der fünfziger Jahre geborenen Frauen (Tabelle 5). Bei den jüngeren Kohorten zeichnet sich ein noch höherer Anteil kinderlos bleibender Frauen ab.

Tabelle 5: Anteil der Frauen nach der Kinderzahl (in v.H.)

	Bundesrepublik				DDR		
Kohorte	0	1	2	3 u.m.	Kohorte	0	1 u.m.
1929	13,8	20,7	31,8	33,7	1930	12,8	87,2
1934	10,8	18,3	40,0	31,3	1935	10,7	89,3
1939	10,2	23,8	39,5	26,5	1939	9,5	90,5
1944	9,4	24,7	43,9	22,0	1944	8,0	92,0
1949	15,0	24,4	42,8	17,8	1949	8,6	91,4

Quelle: Bundesrepublik: Sozio-ökonomisches Panel (nur Deutsche), Welle 1 (1984) bis Welle 6 (1989); DDR: Volkszählung der DDR 1981

In der DDR war der Anteil kinderloser Frauen demgegenüber mit unter 10 v.H. relativ gering. Von diesen Frauen sind - Befragungsergebnissen zufolge - lediglich ein Prozent gewollt kinderlos. Betrachtet man nur die verheirateten Frauen, dann beträgt die Mütterrate sogar fast 97 v.H. bei den Frauen des Geburtsjahrgangs 1945.

In der BRD ist der Anteil der Frauen mit drei und mehr Kindern stark zurückgegangen. Hatten von den Mitte der dreißiger Jahre geborenen Frauen noch etwa 30 v.H. mindestens drei Kinder, waren es von den Anfang der fünfziger Jahre geborenen Frauen nur noch knapp 18 v.H. Der Trend scheint sich bei den jüngeren Kohorten fortzusetzen. Er dürfte symptomatisch dafür sein, daß immer weniger Frauen ihre Lebensplanungen am Leitbild der »Familienmutter« ausrichten. Dieser starke Rückgang der Zahl der Mütter mit drei und mehr Kindern geht einher mit einem Anstieg des Anteils von Frauen mit nur einem Kind (von 20 v.H. auf knapp 25 v.H. bei den Geburtsjahrgängen ab 1934).

Auch in der DDR hatte sich früher der Anteil der Frauen mit einem oder zwei Kindern erhöht, während der Anteil der Frauen mit drei und mehr Kindern rückläufig war. Die durchschnittliche Kinderzahl lag hier jedoch weit über der im Bundesgebiet: 1988 wurden in der DDR von 1 000 Frauen 1 740 Kinder geboren, im ehemaligen Bundesgebiet betrug die entsprechende Zahl nur 1 330 Kinder (jeweils zusammengefaßte Geburtenziffer). Im Jahr 1989 ist zwar die Zahl der Geburten bezogen auf 1 000 Frauen in den neuen Bundesländern auf 1 550 zurückgegangen, sie liegt aber auch für dieses Jahr noch über der der Frauen im alten Bundesgebiet. Dies ist darauf zurückzuführen, daß in der DDR mehr zweite Kinder geboren wurden.

Generell läßt sich für die Frauen im früheren Bundesgebiet aus den Ergebnissen des Sozio-ökonomischen Panels entnehmen, daß die durchschnittliche Kinderzahl je Frau mit steigendem Ausbildungsniveau sinkt, ein Zusammenhang, der sich früher in der DDR nicht beobachten ließ.

Festzuhalten ist, daß die Erwerbsbeteiligung der Frauen in der DDR trotz einer höheren durchschnittlichen Kinderzahl weitaus größer war als im alten Bundesgebiet. Damit wird auch die häufig geäußerte Vermutung über die kausale Abhängigkeit der Geburtenzahl von der Frauenerwerbstätigkeit entkräftet, da in der DDR nicht nur die Erwerbsbeteiligung der Frauen, sondern gleichzeitig auch die Geburtenhäufigkeit deutlich höher war als in der Bundesrepublik. Dies deutet zumindest darauf hin, daß die zunehmende Berufsorientierung der Frauen nur dann dem Wunsch nach Kindern entgegen steht, wenn die gesellschaftlichen Rahmenbedingungen die Vereinbarkeit von Beruf und Familie erschweren.

Literatur

Brinkmann, Christian/Kohler, Hans (1989): »Teilzeitarbeit und Arbeitsvolumen«. In: Martin Bolte u.a. (Hrsg.): *Mitteilungen aus der Arbeitsmarkt- und Berufsforschung*, Heft 4, S. 472-482

Holst, Elke/Schupp, Jürgen (1990): »Frauen in Familie und Beruf«. In: *Wochenbericht des Deutschen Instituts für Wirtschaftsforschung*, Nr. 29, S. 404-407

Huinink, Johannes (1989): »Ausbildung, Erwerbsbeteiligung von Frauen und Familienbildung im Kohortenvergleich«. In: Gert Wagner u.a. (Hrsg.): *Familienbildung und Erwerbstätigkeit im demographischen Wandel*. Berlin/Heidelberg/New York, S. 136-158

Jäkel, Stefan/Kirner, Ellen (1987): »Immer mehr Frauen im Beruf«. In: *Wochenbericht des Deutschen Instituts für Wirtschaftsforschung*, Nr. 29, S. 393-402

Kirner, Ellen (1990): »Konsequenzen der gesellschaftlichen Organisation von Kinderbetreuung und Erwerbsarbeit für sozial- und familienpolitische Regelungen im Transfersystem«. In: *Sozialer Fortschritt*, Heft 7, S. 145-149

Kirner, Ellen/Schulz, Erika (1990): »Angebot an Arbeitkräften in Deutschland auf längere Sicht«. In: *Wochenbericht des Deutschen Instituts für Wirtschaftsforschung*, Nr. 49, S. 679-690

Klein, Thomas (1989): »Bildungsexpansion und Geburtenrückgang«. In: Kölner *Zeitschrift für Soziologie und Sozialpsychologie*, Heft 3, S. 483-503

Priller, Eckhard/Schupp, Jürgen/Wagner, Gert (1990): »Arbeitsmarktstrukturen in der DDR«. In: *Wochenbericht des Deutschen Instituts für Wirtschaftsforschung*, Nr. 37, S. 517-524

Projektgruppe ‚Das Sozio-ökonomische Panel' (1990): »Das Sozio-ökonomische Panel für die Bundesrepublik Deutschland nach fünf Wellen«. In: Deutsches Institut für Wirtschaftsforschung (Hrsg.): *Vierteljahrshefte zur Wirtschaftsforschung*, Heft 2/3, S. 141-151

Robinson, Joan (1961): *The Economics of Imperfect Competition*. London

Roloff, Juliane (1990): »Ausgewählte materielle Lebensbedingungen und deren Einfluß auf die Herausbildung und Realisierung des Kinderwunsches in den Familien der DDR«. In: Institut für Soziologie und Sozialpolitik (Hrsg.): *Jahrbuch für Soziologie und Sozialpolitik*. Sonderheft. Berlin

Schenk, Sabine (1990): »Die Situation erwerbstätiger Frauen in der DDR«. In: *Sozialer Fortschritt*, Heft 7, S. 149-152

Schupp, Jürgen (1989): »Teilzeitbeschäftigte in der Bundesrepublik Deutschland. Opfer oder Gewinner der Arbeitszeitflexibilisierung?« In: *Sozialer Fortschritt*, Heft 11/12, S. 245-252

Schwarze, Johannes/Gornig, Martin/Steinhöfel, Michael (1990): »Die Bedeutung der Frauenerwerbstätigkeit für die Einkommensverteilung in beiden deutschen Staaten«. In: *Arbeit und Sozialpolitik*, Heft 6, S. 202-206

Statistisches Bundesamt (Hrsg.) (1990a): *Bevölkerung und Erwerbstätigkeit*. Fachserie 1, Reihe 4.1.1, Stand und Entwicklung der Erwerbstätigkeit 1989

Statistisches Bundesamt (Hrsg.) (1990b): *Bevölkerung und Erwerbstätigkeit*. Fachserie 1, Reihe 3, Haushalte und Familien 1989

Tölke, Angelika (1989): *Lebensverläufe von Frauen*. Weinheim/München

Winkler, Gunnar (Hrsg.) (1990): *Frauenreport '90*. Berlin.

Zeidler, Wolfgang (1984): »Ehe und Familie«. In: Ernst Benda u.a. (Hrsg.): *Handbuch des Verfassungsrechts der Bundesrepublik Deutschland*. Berlin/New York

Erziehungsurlaub und betriebliche Frauenförderung

Familienpolitische Maßnahmen und ihre Wirkungen auf Arbeitsmarktchancen und soziale Sicherung von Frauen

Margarete Landenberger

1. Vereinbarkeit von familienpolitischen Zielen und arbeitsmarkt- sowie sozialversicherungspolitischen Wirkungen

Der Erziehungsurlaub und die ihn begleitenden Maßnahmen sind von einem breiten gesellschaftlichen Konsens getragen, der aus der Perspektive einer wirkungsanalytisch orientierten Arbeitsmarkt- und Sozialpolitikforschung erklärungsbedürftig ist, da das hier angesprochene Maßnahmenpaket durch eine doppelte Inkompatibilität gekennzeichnet ist. Diese besteht in einem immanenten Konflikt zwischen familienpolitischen Zielen und arbeitsmarktpolitischen Wirkungen (a) sowie in einem immanenten Konflikt zwischen staatlicher Familienpolitik und den Finanzierungsgrundlagen der Sozialversicherung (b). Im folgenden Beitrag sollen diese beiden Inkompatibilitäts- und Konfliktbereiche analysiert werden.

(a) Die funktionale, auf die Wirkung des Erziehungsurlaubs und die ihn begleitenden Maßnahmen bezogene These lautet: Das von seiten der staatlichen Politik nunmehr implementierte Maßnahmenset weist im Vergleich etwa zu einer Strategie der konsequenten Teilzeitförderung in Verbindung mit dem Ausbau außerhäuslicher Kinderbetreuungseinrichtungen entscheidende Vorteile aus, weil damit aus der Perspektive der dominierenden politischen Interessen eine optimale Kombination von Haupt- und Nebenwirkungen erzielt werden kann. In Verbindung mit einer ausgeprägten familienpolitischen Profilierung trägt das Maßnahmenpaket zur Linderung der besonderen Arbeitsmarktprobleme von Frauen mit Kindern bei, indem an die Stelle einer Politik der (Wieder-)Eingliederung Anreize zur Ausgliederung von Frauen aus dem Arbeitsmarkt gesetzt werden. Außerdem bewirken die Maßnahmen eine wirtschafts- und arbeitsmarktpolitisch erwünschte Flexibilisierung der Beschäftigung. Damit kann der Erziehungsurlaub unter den gegebenen Bedingungen und Entwicklungen am Frauenarbeitsmarkt bestehende Segmentierungs- und Marginalisierungstendenzen verstärken.

(b) In Korrespondenz dazu steht die institutionelle, auf den politischen Steuerungsprozeß bezogene These. Sie lautet, daß mit der Anerkennung von Erziehungszeiten im Rentenrecht der finanzielle Spielraum in der Rentenversicherung, der für Leistungsverbesserungen für Frauen vorhanden war, einseitig zur Förderung der Nichterwerbstätigkeit von Frauen genutzt wurde. Dagegen fehlen rentenversicherungsseitige Anreize zur Förderung der Erwerbstätigkeit von Frauen. Außerdem läuft die neue Leistungsart den institutionellen Bestandsinteressen des Rentenversicherungssystems zuwider, weil die staatliche Politik den Großteil der Finanzierung der Erziehungszeiten dorthin abwälzt. Durch die gewählte politische Schwerpunktsetzung werden jedoch auch alternative Finanzierungsquellen der gesetzlichen Rentenversicherung geschmälert. Die Tendenz zur Ausgliederung von Frauen aus dem Arbeitsmarkt sowie die indirekte Förderung der sozialversicherungsfreien geringfügigen Beschäftigung versperrt der Rentenversicherung den Weg, durch Zugewinne an weiblichen Pflichtversicherten/Beitragszahlern die Solidargemeinschaft und damit ihre Finanzierungsbasis zu verbreitern. Angesichts des Planes der Bundesregierung, den Erziehungsurlaub und die Anerkennung von rentenrechtlichen Erziehungszeiten auf drei Jahre auszudehnen, kann erwartet werden, daß die Sozialversicherungsakteure sich stärker als bisher mit den Wirkungen befassen, die diese Maßnahmen für die Struktur der Frauenerwerbstätigkeit mit sich bringen, da Segmentierung und Marginalisierung für die Sozialversicherungssysteme Beitragsausfälle und Sicherungslücken bedeuten.

2. Rahmenbedingungen des Erziehungsurlaubs: Entwicklung der Frauenerwerbstätigkeit und der sozialen Sicherung der Frau

Zur Analyse von arbeitsmarkt- und sozialpolitischen Wirkungen staatlicher Programme sind zwei Untersuchungsschritte nötig. Zum einen müssen die sozialstrukturellen Rahmenbedingungen dargestellt werden, innerhalb derer das Programm zur Wirkung gelangt. Und zum anderen muß der Zuschnitt des Programmes untersucht werden. Mit dieser analytischen Herangehensweise wird an eine zentrale Prämisse der Steuerungstheorie angeknüpft. Sie besagt, daß die Wirkungen politischer Steuerung konzeptionell nur als Interdependenz von realen sozio-ökonomischen Strukturen und Entwicklungen auf der einen und dem Steuerungsinstrumentarium auf der anderen Seite zu erfassen sind. Jenseits von wohlmeinenden und unterstützenden familienpolitischen Zielsetzungen des Erziehungsurlaubs fallen die arbeitsmarkt- und sozialpolitischen Wirkungen bei Vorliegen einer Arbeitsmarktsituation mit gleichberechtigten Zugangschancen für alle Erwerbspersonen anders aus als einer Arbeitsmarktsituation mit strukturellen Zugangshemmnissen insbesondere für Frauen mit Kindern. Im folgenden wird ein kurzer Überblick über wesentliche empirische Entwicklungstendenzen der Frauenerwerbstätigkeit und der sozialen Sicherung der Frau gegeben (detaillierter vgl. Landenberger 1991). Vor allem fünf Tendenzen fallen auf, wenn die Entwicklung der Frauenerwerbstätigkeit im Verlauf der letzten zwanzig Jahre betrachtet wird.

Erstens steigt die Erwerbsbeteiligung von Frauen in der Bundesrepublik Deutschland kontinuierlich an, wenn auch langsamer als in einigen anderen europäischen Staaten. Überdurchschnittliche Zuwächse verzeichnet die Erwerbsquote verheirateter Frauen in den Altersgruppen zwischen dem 25. und 45. Lebensjahr. Zweitens liegt die Frauenarbeitslosigkeit bis heute immer über der Männerarbeitslosigkeit. Auch verläuft der Rückgang der Arbeitslosenquote seit 1988 bei Frauen deutlich schwächer als bei Männern. Der dritte im vorliegenden Kontext bedeutsame Trend stellt die stetige Zunahme atypischer, arbeits- und sozialrechtlich minder geschützter Beschäftigungsformen dar. Dazu zählen insbesondere die sozialversicherungsfreie geringfügige und kurzzeitige Beschäftigung, die befristete Beschäftigung sowie verschiedene Formen der Scheinselbständigkeit. Viertens geraten Berufsunterbrechungen von Frauen mit Kindern und schwerwiegenden arbeitsmarktpolitischen Probleme bei der Rückkehr in den Beruf verstärkt ins öffentliche Bewußtsein (vgl. Kirner in diesem Band). Die durchschnittliche Unterbrechungsdauer pro Kind liegt bei verheirateten Frauen derzeit bei rund 4,5 Jahren. Bei den Ursachen für Erwerbsunterbrechungen spielen neben Familienverpflichtungen arbeitsmarktbezogene Schwierigkeiten bei der beruflichen Wiedereingliederung eine große Rolle. Die fünfte Tendenz ist die gleichbleibend unbefriedigende Situation bei der eigenständigen Alterssicherung von Frauen. Zwar hat die Zahl der Frauen, die durch sozialversicherungspflichtige Erwerbsarbeit eigenen Rentenansprüche erwerben, stetig zugenommen, jedoch hat sich das Sicherungsniveau im Zeitverlauf nur unwesentlich verbessert. Die durchschnittliche Höhe von Versichertenrenten für Frauen liegt um rund 60 % unter denen für Männer. Hauptursachen sind die geringeren Versicherungsjahre sowie die niedrigeren Entgeltpositionen bei Frauen (vgl. Rolf in diesem Band).

Im folgenden wird das komplexe familien-, arbeits- und sozialpolitische Maßnahmenpaket «Vereinbarkeit von Beruf und Familie« daraufhin untersucht, ob damit die Chancen von Frauen am Arbeitsmarkt verbessert werden. Außerdem wird gefragt, ob die einseitige Bevorzugung der Familientätigkeit von Frauen im Rentenrecht einen geeigneten Weg darstellt, die eigenständige soziale Sicherung von Frauen zu verbessern.

3. Das Maßnahmenpaket »Vereinbarkeit von Beruf und Familie« durch Erziehungsurlaub und Erziehungszeiten im Rentenrecht

In diesem Abschnitt wird anhand des Maßnahmenpakets versucht, über politisch-administrative Ressortgrenzen hinweg vorhandene - gewollte und ungewollte - Interdependenzen zwischen Familien, Arbeitsmarkt- und Sozialversicherungspolitik deutlich zu machen. Gefragt wird, ob mit dem explizit auf Frauen zielenden Maßnahmenpaket die Benachteiligung insbesondere von Frauen mit Kindern am Arbeitsmarkt vermindert werden können. Außerdem wird untersucht, ob die staatlichen Maßnahmen geeignet sind, die Chancen von Frauen zu verbessern, eine ausreichende Alterssicherung aufzubauen. Insbesondere interessiert uns, in welcher Weise die Rentenversicherungsakteure ihr programmatisch formuliertes Ziel einer Steigerung der Frauenerwerbstätigkeit in die Gestaltung der Programme, Maßnahmen und Regelungen einbringen. Die Einzelmaßnahmen sind in Übersicht 1 funktional gruppiert dargestellt.

Gruppe (1) des Maßnahmenpakets zielt auf Elternteile, indem Anreize geboten werden, die ihnen die Realisierung eines Kinderwunsches erleichtern sollen. Faktisch richten sich die Maßnahmen insbesondere an Frauen, mit dem Ziel, ihnen eine Unterbrechung der Erwerbstätigkeit während des ersten Lebensjahres des Kindes zu erleichtern bzw. nichterwerbstätigen Frauen auch nach der Geburt eines Kindes die Nichterwerbstätigkeit weiterhin zu ermöglichen. Zu dieser Gruppe gehört das *Bundeserziehungsgeldgesetz*, das einen Anspruch auf Erziehungsgeld und Erziehungsurlaub während des ersten Lebensjahres des Kindes (seit 1.1.1989 15 und seit 1.1.1990 18 Monate) gewährt. Als zweite zentrale bundesstaatliche Maßnahme gehört zu dieser Gruppe das *rentenrechtliche Er-*

ziehungszeitengesetz, das Frauen (und Männern) pro Kind ein zusätzliches, einer Beitragszeit gleichgestelltes Jahr in der Rentenanwartschaft gewährt. Schließlich zählen zu dieser Gruppe jene Einzelregelungen des Beschäftigungsförderungsgesetzes, die befristete Einstellungen von Ersatzkräften während des Erziehungsurlaubs erleichtern (detaillierter Landenberger 1991; vgl. Übersicht 1).

Übersicht 1: Bestandteile des Maßnahmenpakets »Vereinbarkeit von Beruf und Familie«

Gruppe 1:	**Anreize zur Unterbrechung bzw. zum Ausstieg aus der Erwerbsarbeit**
	*Bundeserziehungsgeldgesetz** (1986): Erziehungsgeld und Erziehungsurlaub
	Landeserziehungsgeldgesetze (Baden-Württemberg, Bayern, Berlin, Niedersachsen)
	Beamtenrecht: Langfristige Beurlaubungsmöglichkeiten
	Betriebliche Modelle des erweiterten Erziehungsurlaubs
	Erziehungszeiten-Gesetz (1985) in der Gesetzlichen Rentenversicherung
	Beschäftigungsförderungsgesetz (1985): befristete Ersatzeinstellung
Gruppe 2:	**Förderung der Wiedereingliederung**
	AFG-Regelungen (Fortbildung, Umschulung, Unterhaltsgeld u.a.)
	»Qualifizierungs-Offensive«, BMJFFG-Modellprogramm (1989-1993)
	Angebote von kommunalen und verbandlichen Trägern
Gruppe 3:	**Förderung der Parallelführung von Familien- und Erwerbsarbeit**
	Teilzeitförderung durch Gesetz, Tarifverträge und im öffentlichen Dienst
	Förderung der sozialversicherungsfreien Teilzeitarbeit
	Infrastrukturausbau: Kindergärten, Horte, Ganztagsschulen

* Bei den kursiv gedruckten Maßnahmen handelt es sich um zentrale Bundesgesetze, die die jeweilige Maßnahmengruppe charakterisieren.

Der Gruppe der Unterbrechungs- bzw. Ausgliederungsmaßnahmen steht eine zweite Gruppe von Regelungen und Maßnahmen gegenüber, die eine *Wiedereingliederung ins Erwerbsleben* nach einer Unterbrechung fördern soll. Hierzu zählen vor allem erleichterte Zugangsbedingungen zu Leistungen der Fortbildung und Umschulung nach Arbeitsförderungsgesetz (AFG) für Frauen nach familienbedingter Erwerbsunterbrechung. Im AFG sind bereits 1985 und 1986 Sonderregelungen zur Erleichterung des (Wieder-)Eintritts von weiblichen Arbeitssuchenden in das Erwerbsleben aufgenommen worden. Diese Maßnahmengruppe stellt einen wichtigen Baustein der Strategie zur Förderung eines flexiblen Aus- und (Wieder-) Einstieges aus dem und in das Erwerbsleben im Zusammenhang mit der Familienphase dar. Im Rahmen des Beschäftigungsförderungsgesetzes von 1985 erfolgte eine Änderung des AFG, wodurch die Leistungsvoraussetzungen des Unterhaltsgeldes erweitert wurden. Seither können Berufsrückkehrerinnen, die an einer Maßnahme zur beruflichen Fortbildung. AFG teilnehmen, auch dann Unterhaltsgeld erhalten, wenn sie innerhalb der letzten fünf (statt bisher drei) Jahre mindestens zwei Jahre lang versicherungspflichtigt beschäftigt oder ein halbes Jahr lang arbeitslos und leistungsberechtigt waren. Die verlängerte Rahmenfrist von fünf Jahren wird für jedes Kind gewährt, soweit wegen seiner Betreuung keine Erwerbstätigkeit ausgeübt wurde.

Ebenfalls erleichterte Zugangsbedingungen für Berufsrückkehrerinnen enthalten die seit 1986 neu eingestellten Maßnahmen zur beruflichen Fortbildung und Umschulung mit Teilzeitunterricht. Während des Erziehungsurlaubs ist die Teilnahme an einer Maßnahme zur beruflichen Fortbildung mit Teilzeitunterricht für solche Frauen und Männer möglich, die zur Erziehung eines Kindes aus dem Erwerbsleben ausgeschieden waren. Seit 1989 werden Einarbeitungszuschüsse insbesondere auch dann gewährt, wenn ein Betrieb Berufsrückkehrerinnen einstellt. Durch eine stärkere Berücksichtigung der Wiedereinstiegsprobleme von Frauen nach Kindererziehung in der Förderungspraxis der Arbeitsämter bei Arbeitsbeschaffungsmaßnahmen konnte die Zahl der geförderten Frauen in den letzten Jahren beträchtlich gesteigert werden (ANBA 1990, S. 647 ff., Engelen-Kefer 1986, S. 269 f.).

Die dritte Maßnahmengruppe besteht aus flankierenden Maßnahmen, die es *Frauen und Männern erleichern, Erwerbstätigkeit und Kindererziehung parallel* zu realisieren. Das Charakteristikum dieser Maßnahmengruppe liegt darin, daß es sich weitgehend um unterlassene Maßnahmen, um

Nichtentscheidungen handelt. Außer im öffentlichen Dienst (für Beamte und Richter) existiert keine Teilzeitförderung in der Bundesrepublik Deutschland. Ebensowenig kann von einem gezielten Ausbau von öffentlichen Kinderbetreuungseinrichtungen (Kindergärten, Horte, Ganztagsschulen) gesprochen werden. Die einzige Form der Teilzeitarbeit, die staatlicherseits durch das Unterlassen von Gegenmaßnahmen gefördert wird, ist die sozialversicherungsfreie, geringfügige Beschäftigung (Dittrich/Fuchs/Landenberger u.a. 1989, S. 277 ff.). Das Bundeserziehungsgeldgesetz und das rentenrechtliche Erziehungszeitengesetz enthalten Regelungen, die bei Leistungsinanspruchnahme zwar die Weiterführung einer versicherungspflichtigen Voll- oder Teilzeitarbeit ausschließen, jedoch Teilzeitbeschäftigung und Aushilfsarbeit unterhalb der Beitragsgrenze zur Sozialversicherung explizit erlauben (Übersicht 1).

Bereits die gruppierte Darstellung der Einzelmaßnahmen des hier thematisierten Gesamtpakets gibt erste Hinweise auf politische Prioritätensetzungen. Was den berechtigten Personenkreis, die Eingriffstiefe sowie die verausgabten öffentlichen Haushaltsmittel anbelangt, ist die Maßnahmengruppe »Erziehungsurlaub/Erziehungszeiten« der am breitesten angelegte und gewichtigste Programmteil. Ein Vergleich mit der dritten Maßnahmengruppe »Parallelführung von Erwerbstätigkeit und Kindererziehung durch Teilzeitförderung und Ausbau der außerhäuslichen Kinderbetreuungsinfrastruktur« bestärkt die Vermutung, daß derzeit staatlicherseits der *Nichterwerbstätigkeit von Frauen* während der Kleinkindphase eindeutige Priorität eingeräumt wird.

Im Vergleich eher geringes Gewicht kommt der zweiten Maßnahmengruppe »Förderung der Wiedereingliederung nach Berufsunterbrechung« zu, weil Frauen generell bei den Fortbildungs- und Umschulungsmaßnahmen nach AFG unterrepräsentiert sind. Dies wird auf im Prozeß der Leistungsvergabe immanent wirkende Selektionsvorgänge zurückgeführt.

Was den konzeptionellen und finanziellen Aufwand anbelangt, steht die dritte Maßnahmengruppe »Parallelführung von Erwerbstätigkeit und Familie durch staatliche Teilzeitförderung und Ausbau der Kinderbetreuungsstruktur« an letzter Stelle in der Rangfolge der hier thematisierten Programme. Mit der positiven politischen Entscheidung für den Maßnahmenteil »Erziehungsurlaub« ist die negative Entscheidung gegen eine entschiedene staatliche Teilzeitförderung gefallen. Obwohl theoretisch statt einem Entweder-oder auch ein Sowohl-als-auch möglich gewesen wäre, beispielsweise in Form einer Wahlmöglichkeit zwischen Teilzeitarbeit und

Erziehungsurlaub während der ersten 18 Lebensmonate des Kindes, hat die Bundesregierung die Teilzeitförderung zögerlich und unentschieden betrieben.

Bei der Gegenüberstellung der Hauptprobleme von Frauen mit Kindern am Arbeitsmarkt und der politischen Prioritätensetzung innerhalb der hier dargestellten Maßnahmengruppen erhebt sich die Frage, ob in der Wirkung statt (Wieder-)Eingliederungsförderung nicht eher Ausgliederungsförderung und statt Verbesserung der Erwerbschancen von Frauen nicht eher Verschlechterung im Sinne einer Verstärkung bestehender Segmentierungs- und Marginalisierungstendenzen die Folge ist.

4. Familien- und arbeitsmarktpolitische Wirkungsanalyse des Maßnahmenpakets

Die Anordnung der Einzelmaßnahmen und die jeweils dominierende Wirkungsrichtung im oben dargestellten Maßnahmenpaket könnte als Steuerungs-Paradoxon interpretiert werden. Einerseits enthält es Anreize zum (vorübergehenden) Ausstieg aus dem Erwerbsleben. Andererseits soll der Wiedereinstieg ins Erwerbsleben erleichtert werden. Warum - so wird gefragt - ergab sich als Resultat des politischen Entscheidungsprozesses gerade diese Maßnahmenkombination, obwohl angesichts der schwerwiegenden Wiedereingliederungsprobleme von Frauen nach Berufsunterbrechung alternative Lösungen denkbar gewesen wären? Warum also dieses Maßnahmendesign, wo die Problemlagen am Arbeitsmarkt sowie die Präferenzen von Frauen mit Kindern eher ein »Kinderteilzeitjahr« und einen Ausbau der Kindergarteninfrastruktur nahelegen würden?

Die Auflösung des Paradoxons gelingt mittels eines theoretischen Erklärungsansatzes, demzufolge politische Strategien als »multifunktionale« Einrichtungen begriffen werden. Entsprechend dem komplexen Nebeneinander von Akteursinteressen, die an der politischen Kompromißbildung mitwirken, liegt die immanente Logik politischer Maßnahmen gerade in ihren Mehrfachwirkungen, also in der Möglichkeit, beispielsweise familien-, arbeitsmarktpolitischen und einzelbetrieblichen Handlungsrationalitäten in optimalem Mischungsverhältnis gleichzeitig zu entsprechen (Lenhardt/Offe 1977, S. 112 f.). Dementsprechend kann eine Maßnahmengestaltung, die oberflächlich betrachtet »Umwege« enthält, effizienter sein als eine Lösung des direkten Weges.

Da eine empirische Wirkungsanalyse im Sinne einer Evaluierung aufgrund zu kurzer Laufzeit der Maßnahmen nur ansatzweise möglich ist, wird als weitere Methode ein Vergleich zwischen einer politisch intendierten und der empirisch erwartbaren Wirkung herangezogen, wobei das besondere Interesse der Frage gilt, wie politische Maßnahmen auf die vorhandene soziale Realität wirken. Im vorliegenden Fall sind die relevanten sozialen Realitäten, auf die das Maßnahmenpaket ausgerichtet ist, die niedrige Geburtenrate deutscher Frauen, Destabilisierungstendenzen der traditionellen Eheund Familienstrukturen sowie die besonderen Probleme von Familienfrauen am Arbeitsmarkt, insbesondere die Schwierigkeiten beim beruflichen Wiedereinstieg nach einer familienbedingten Unterbrechung.

4.1 Selektive familienpolitische Wirkungen

In der Programmatik und politischen Begründung des Maßnahmenpakets Erziehungsgeld, Erziehungsurlaub, Anerkennung von Erziehungszeiten im Rentenrecht sowie befristete Beschäftigung von Ersatzkräften werden vorrangig familienpolitische Zielbereiche thematisiert. Vor allem geht es darum, einem Elternteil zu ermöglichen, während der für die Sozialisation entscheidenden ersten Lebensphase des Kindes dessen Betreuung und Erziehung selbst zu übernehmen. Diese Argumentation wendet sich an berufstätige Elternteile, de facto hauptsächlich an berufstätige Frauen. Durch finanzielle und rechtliche Anreize soll die Wahlfreiheit zwischen Beruf und Familie erweitert werden. Die politische Intervention setzt dabei eindeutig Priorität auf die Familie als Erziehungsinstanz. Zur Realisierung der anderen Alternative, nämlich der Beibehaltung der (Teil-)Berufstätigkeit nach der Geburt eines Kindes durch Förderung außerhäuslicher Betreuungseinrichtungen, enthält das Maßnahmenpaket keine Anreize (Wissenschaftlicher Beirat für Familienfragen 1989, S. 157 ff.).

Die hohe Inanspruchnahme von Erziehungsgeld und Erziehungsurlaub wird von der Bundesregierung als eindeutiger Erfolg ihrer Politik gewertet. Hohe Inanspruchnahme kann jedoch nicht mit Wirksamkeit eines Programmes gleichgesetzt werden. Es kann sich auch um reine Mitnahmeeffekte handeln, ohne daß die politischen Ziele erreicht werden. Zwischen der äußerst differenzierten und breit angelegten familienpolitischen Programmatik des Maßnahmenteils Erziehungsurlaub/Erziehungszeiten und der Ungesichertheit wissenschaftlicher Belege über die Wirkung und Wirksamkeit familienpolitischer Maßnahmen besteht ein auffallendes Mißverhältnis. Die bislang vorliegenden Ergebnisse der Familien- und Demographieforschung über Faktoren, die die Geburtenwahrscheinlichkeit positiv oder negativ beeinflussen, sind wenig eindeutig. Es finden sich sowohl Belege für einen positiven Zusammenhang zwischen Nichterwerbstätigkeit der (Ehe-)Frau und Geburtenhäufigkeit, als auch Belege des Gegenteils, nämlich dafür, daß Erwerbstätigkeit der Frau die Geburt eines ersten Kindes positiv beeinflußt (Kaufmann/Quitmann u.a. 1984, S. 43 ff.).

Im Kontext der familienpolitischen Wirkungen interessieren insbesondere die *Begünstigungs- und Verteilungswirkungen der Maßnahmen*. Es soll die Wahlfreiheit der Elternteile zwischen Beruf und Familie erweitert werden. Außerdem zielen die Maßnahmen programmatisch darauf, die Erziehungsleistung gesellschaftlich aufzuwerten. Da jedoch eine Weiterführung der Erwerbstätigkeit nicht begünstigt wird, liegt die faktische Priorisierung eindeutig auf der Option Nichterwerbstätigkeit (der Frau) und auf der Familie als Erziehungsinstanz. Diese Einseitigkeit stellt auch der Wissenschaftliche Beirat für Familienfragen (1989, S. 161) in Frage. Erwerbstätige Frauen müssen, um in den Genuß von Erziehungsgelt und rentenrechtlichen Erziehungszeiten zu kommen, ihre Erwerbstätigkeit unterbrechen und zudem insgesamt eine Einkommenseinschränkung in Kauf nehmen. Für nichterwerbstätige »Nur-Hausfrauen« hingegen stellen Erziehungsgeld und Erziehungszeiten ein echtes Geschenk dar, über dessen sozialpolitische Dringlichkeit skeptische Einschätzungen überwiegen (Mennel 1988, Kirner/Meinhardt/Schupp 1986). Die inverse Verteilungswirkung gilt auch für die Anerkennung der Erziehungszeiten. Frauen, die Kinder erzogen haben und (aus ökonomischen Zwängen) erwerbstätig waren, also eine doppelte gesellschaftliche und volkswirtschaftliche Vorleistung erbracht haben, erhalten keine Erziehungszeit auf die Rente angerechnet (Kolb 1989, S. 62).

Wenn die politische Ausgestaltung des Maßnahmenteils Erziehungsgeld, Erziehungsurlaub und Erziehungszeiten vor dem Hintergrund der empirischen Situation von Frauen am Arbeitsmarkt und den vorliegenden wissenschaftlichen Ergebnissen zum generativen Verhalten betrachtet werden, könnte man einen vom Status quo deutlich abweichenden Maßnahmenzuschnitt für naheliegend halten. Um den Wiedereingliederungsproblemen von Unterbrecherinnen entgegenzuwirken, wäre neben der erziehungsbedingten Vollbeurlaubung die Option eines zeitlich befristeten Rechts auf Teilzeitarbeit für vormalige Vollzeitbeschäftigte mit Einkommensausgleich denkbar. Außerdem legen die Ergebnisse der Demographieforschung eine Konzentration der für Erziehungsgeld verfügbaren Steuermittel auf Elternteile mit niedrigem Haushaltseinkommen nahe, also eine Beschränkung der Leistungsberechtigung auf vor der Geburt aus ökonomischen Gründen erwerbstätige Frauen.

Dagegen dominiert im real gegebenen Maßnahmenpaket und den darin enthaltenen Prioritätensetzungen die politische Leitfigur eines sowohl vom Arbeitsmarkt als auch von Einkommensschichtungen losgelösten konservativen Familienmodells. Darin wird eine doppelte Wahlfreiheit zum Programm erhoben: die Wahlfreiheit zwischen Familien- und Erwerbstätigkeit sowie zwischen Frau und Mann, was die Übernahme der Erziehungs- und Familienaufgabe anbelangt. Die theoretische Figur der Wahlfreiheit, eine zentrale Kategorie in neoklassischen Wirtschaftsmodellen, bedeutet von der Wirkung her betrachtet das Unterlassen von Entscheidungen, die auf die Änderung gegebener Verteilungsverhältnisse im Hinblick auf Arbeitsmarktchancen und Geschlechterrollen gerichtet wären. Durch die schwache Ausprägung des Maßnahmenteils der Förderung einer Parallelführung von Erwerbstätigkeit und Familie (Teilzeitoption, Kindergärten) kommt es zu einer *Begünstigung der Angestellten- und Mittelstandsschichten*, weil dort entweder Frauen nicht erwerbstätig sind oder das Haushaltseinkommen eine private Betreuungskraft bzw. den Rückgriff auf den privaten Kindergarten erlaubt.

4.2 Arbeitsmarktpolitische Wirkungen: Ausgliederung und Flexibilisierung

Die arbeitsmarktpolitischen Wirkungen des Maßnahmenpakets, nämlich *Entlastung des Arbeitsmarkts durch (vorübergehende) Ausgliederung von Frauen*, werden in der politischen Begründung nachrangig behandelt. Wie zu zeigen sein wird, stellt diese »Nebenwirkung« aufgrund ihrer im Vergleich zu den familienpolitischen Wirkungen eindeutigen empirischen Gesichertheit und deutlichen Spürbarkeit die eigentliche Hauptwirkung dar. Dies gilt - so unsere Hypothese - umso mehr, als parallel dazu einige andere mit dem wirtschaftspolitischen Gesamtkonzept kompatible beschäftigungs- und staatspolitische Nebenwirkungen miterzielt werden. Bei den

Arbeitsmarktentlastungswirkungen kann unterschieden werden zwischen kurzfristigen und längerfristigen Wirkungen. Kurzfristig, also für die Laufzeit des Erziehungsurlaubs von 18 Monaten, treten Arbeitsmarktentlastungswirkungen unmittelbar dadurch ein, daß die Erziehungsurlauberinnen für diese Zeit den Arbeitsmarkt verlassen. In Tabelle 1 werden die kurz- und längerfristigen Arbeitsmarktentlastungswirkungen der genannten Maßnahmen quantifiziert.

Wie Tabelle 1 zeigt, entspricht der kurzfristige Arbeitsmarktentlastungseffekt des Erziehungsurlaubs der Zahl der jährlichen Inanspruchnahme. Ein langfristiger Arbeitsmarktentlastungseffekt entsteht aber erst dadurch, daß entsprechend den Erfahrungen mit dem Mutterschaftsurlaub in der Bundesrepublik sowie mit vergleichbaren Regelungen in anderen Ländern lediglich rund die Hälfte der Erziehungsurlauberinnen innerhalb der kündigungsgeschützten Frist an den Arbeitsplatz zurückkehrt. Die andere Hälfte der Frauen dehnt den Erziehungsurlaub länger aus oder bleibt dauerhaft dem Arbeitsmarkt fern. So entsteht eine langfristige Arbeitsmarktentlastung im Umfang von rund 130 000 Personen im Jahr 1986 und von rund 150 000 Personen im Jahr 1987 (Wissenschaftlicher Beirat für Familienfragen 1989, S. 190).

Die Bundesregierung rechnete bei Einführung des Bundeserziehungsgeldgesetzes mit einer 100prozentigen Wiederbesetzung der (vorübergehend oder dauerhaft) freiwerdenden Arbeitsplätze (BR-Drucksache 350/1985, S. 15). Es ist jedoch wahrscheinlich, daß mancher Arbeitgeber die freiwerdende Stelle zur Personaleinsparung nutzt und entweder in eine Teilzeitstelle umwandelt oder nicht mehr besetzt. Die Bundesanstalt für Arbeit rechnet deshalb mit einer niedrigeren kurzfristigen Wiederbeschäftigungsrate. Schätzungen zufolge werden lediglich 50 000 befristet Beschäftigte pro Jahr als Ersatzkräfte für die Erziehungsurlauberinnen eingestellt. Dies entspräche lediglich einer rund 25prozentigen Wiederbeschäftigung. Am langfristigen Arbeitsmarktentlastungseffekt ändert dies jedoch nichts. Außerdem nimmt die Bundesregierung an, daß pro Jahr rund 40 000 als arbeitslos registrierte Frauen den Erziehungsurlaub in Anspruch nehmen, was zumindest zu vorübergehenden Einsparungen bei Arbeitslosengeld und -hilfe sowie zu einem vorübergehenden Ausscheiden dieses Personenkreises aus der Arbeitslosenstatistik führt (Kühl 1989, S. 20; vgl. Tabelle 1).

Tabelle 1: Arbeitsmarktentlastungswirkungen ausgewählter familien- und arbeitsmarktpolitischer Maßnahmen im Vergleich (auf Jahresbasis)

	Bestand/Inanspruchnahme	Arbeitsmarktentlastung (Frauen)
Erziehungsurlaub	1986: 250.000[1] 1987: 300.000	(a) Jährliche kurzfristige Entlastungswirkung: 1986: 250.000[1] 1987: 300.000[1] (b) Längerfristige Entlastungswirkungen durch Nichtrückkehr von Erziehungsurlauberinnen: 1986: 130.000[1] 1987: 150.000[1] (c) Verminderung der registrierten Arbeitslosigkeit: 1986: 40.000[2] 1987: 50.000[2]
Beschäftigungsförderungsgesetz (befristete Ersatzbeschäftigung)	Jährlich geschätzt: 1986: 50.000[2] 1987: 50.000[2]	Jährlich geschätzt: 1986: 50.000[2] 1987: 50.000[2]
AFG-Regelungen: Förderung der Wiedereingliederung nach familienbedingter Unterbrechung (F- u. U-Maßnahmen)	Jährlich in F u. U-Maßnahmen 1986: 154.000[3] 1987: 187.000[3]	Durchschnittliche jährliche Arbeitsmarktentlastungswirkung (nur Frauen; auf Vollzeitarbeitsplätze umgerechnet): 1986: 54.000[3][4] 1987: 65.000[3][4]
ABH (Allg. Maßnahmen zur Arbeitsbeschaffung	1986: 102.000[5] 1987: 115.000[5]	1986: 51.600[6] 1987: 58.400[6]
Teilzeitarbeit	1986: 3.000.000[7] 1987: 3.000.000[7]	Jährliche Arbeitsmarktentlastungswirkung: 1986: 70.000[8] 1987: 70.000[8]

1 Sozialpolitische Umschau Nr. 30 v. 18.4.1988; Wiss. Beirat f. Familienfragen 1989: 188 f. 1
2 Kühl/IAB 1989: 20
3 Autorengemeinschaft/IAB 1989: 465, eigene Berechnungen
4 ANBA 1988: 785 f., 38% der Inanspruchnehmer sind Frauen
5 Autorengemeinschaft/IAB 1989: 465
6 Autorengemeinschaft/IAB 1989: 465; Spitznagel/IAB 1989: 532; 40% der ABM-Teilnehmer sind Frauen
7 Statist.Bundesamt, Fachserie 1, Reihe 4.1.1 (lauf.Jahrgänge)
8 Seifert 1989: 161; Zahl der Arbeitsplatzsuchenden, die durch gestiegene Teilzeitquote zusätzlich einen Arbeitsplatz finden konnten

Um auf die herausragende Bedeutung des Erziehungsurlaubes, also des Maßnahmenteils »Ausgliederung« als Arbeitsmarktentlastungsinstrument aufmerksam zu machen, wird er mit den Arbeitsmarktentlastungswirkungen der übrigen Maßnahmenteile »Wiedereingliederung« sowie »Teilzeitförderung« verglichen. Wie Tabelle 1 zeigt, liegt die Arbeitsmarktentlastung der Wiedereingliederungsmaßnahmen nach AFG, bezogen auf Frauen und umgerechnet auf Vollzeitarbeitsplätze, nur bei rund zwei Drittel der entsprechenden Wirkung des Erziehungsurlaubs. Im Jahr 1986 wurde das Angebot an Arbeitskräften auf dem Frauenarbeitsmarkt durch Maßnahmen der Fortbildung und Umschulung (F und U) um rund 57 000 Personen und im Jahr 1987 um rund 61.000 Personen entlastet. Die Arbeitsmarktentlastungswirkung von Allgemeinen Maßnahmen zur Arbeitsbeschaffung (ABM), bezogen auf Frauen, lag im Jahr 1986 bei rund 52 000 Personen und im Jahr 1987 bei rund 58 000 Personen. In derselben Größenordnung liegt die jährliche Arbeitsmarktentlastungswirkung der Teilzeitbeschäftigung. Nach vorliegenden Berechnungen beträgt sie in den Jahren 1986 und 1987 jeweils rund 70 000 Personen (zu rund 95 % Frauen) (vgl. Tabelle 1).

Die *Möglichkeit zur familien- und mittelstandsorientierten Profilierung bei gleichzeitiger Arbeitsmarktentlastung*, darin liegt die komparative Überlegenheit der gewählten politischen Prioritäten innerhalb des gesamten hier thematisierten Maßnahmenpakets. So lautet eine erste Teilantwort auf die eingangs gestellte Frage, warum der Weg einer (zeitweisen) Ausgliederung von Frauen mit Kindern sowie selektiv wirkende Maßnahmen der Wiedereingliederung beschritten wurde und nicht der alternative Weg einer Parallelführung von Familie und Beruf.

Neben der Stärkung der traditionellen Familie und einer Arbeitsmarktpolitik durch Angebotsverknappung können weitere Wirkungsbereiche angeführt werden, die im Aggregat die Attraktivität des Maßnahmenpakets »Vereinbarkeit von Familie und Beruf« mit den darin enthaltenen Prioritäten einerseits und Interventionsverzichten andererseits ausmachen. Im Unterschied zu einer Politik, die auf eine Förderung der Kontinuität weiblicher Erwerbsbiographien zielt, begünstigt das vorliegende Programm *personalwirtschaftliche Auslese- und Sortierprozesse*. Dieselben Maßnahmen, die auf der beschäftigungspolitischen Makroebene Arbeitsmarktentlastung bewirken, bedeuten auf der Mikroebene des einzelnen Unternehmens vermehrte Möglichkeiten, im Sinne der Flexibilisierung von Beschäftigung den »Umsatz« zwischen Erwerbstätigen und Arbeitssuchenden zu erhöhen. Die familienbedingte Berufsunterbrechung stellt (wie der Übergang in den Ruhestand) aus der Perspektive von Wirtschaftsunternehmen eine Zäsur dar, die für Austauschprozesse zwischen weniger qualifizierten und qualifizierteren, zwischen älteren und jüngeren, zwischen weniger verfügbaren und verfügbareren Arbeitskräften nutzbar zu machen sind.

Hier stellt sich die Frage nach den Selektionsmechanismen, die determinieren, welche Frauen die Rückkehrerinnen und welche die Nichtrückkehrerinnen sind. Wie erste Erfahrungsberichte belegen, wird die Entscheidung einer Frau, nach Ablauf des Erziehungsurlaubes in den Beruf zurückzukehren, oder aber die Erwerbsarbeit für längere Zeit zu unterbrechen bzw. diese ganz aufzugeben, vom bisherigen Arbeitgeber mitbeeinflußt. Die Palette reicht von informellen Äußerungen der Vorgesetzten bis zu formellen Angeboten, beispielsweise indem das Unternehmen einer Frau, an deren Rückkehr es interessiert ist, den von ihr gewünschten Übergang auf einen Teilzeitarbeitsplatz ermöglicht. Umfragen bei betrieblichen Führungskräften bestätigen, daß das familienbedingte Ausscheiden von Frauen in Unternehmen als Flexibilisierungspuffer und als Rationalisierungsmöglichkeit genutzt wird. In den Aussagen von Personalchefs und anderen Repräsentanten der betrieblichen Leitungsebene dominiert allgemein eine starke Abwehr gegen berufstätige Mütter. Für die Frauen, die ihre Erwerbstätigkeit über den Erziehungsurlaub hinaus unterbrochen haben, ihren Kündigungsschutz verlieren und dadurch arbeitslos werden, stellen die Wiedereingliederungsmaßnahmen nach AFG eine weitere Sortierinstanz dar. Verstärkt durch die Sparpolitik im Bereich der beruflichen Fortbildungs- und Umschulungsmaßnahmen konkurrieren diese Frauen mit arbeitsuchenden Männern, Jugendlichen und Übersiedlern um knappe AFG-Mittel.

Weitere arbeitsmarktflexibilisierende Wirkungen gehen von Regelungen aus, die die *Praxis der atypischen und instabilen Beschäftigungsformen* erleichtern. Besonders für die sozialversicherungsfreie, geringfügige Beschäftigung werden die gesetzlichen Möglichkeiten erweitert. Unabhängig von der familien- und arbeitsmarktpolitischen Intention wird von der Wirkung her betrachtet eine weitere Zunahme der arbeits- und sozialrechtlich minder geschützten Beschäftigungsformen in Kauf genommen. Staatliches Handeln und Unterlassen trägt auf diese Weise dazu bei, die Flexibilitätsspielräume der Unternehmen zu vergrößern und die »Eignung« von Frauen mit Kindern aufgrund ihrer ungünstigen Arbeitsmarktchancen als eine der Hauptträgerinnen von atypischen Beschäftigungsformen zu konservieren. Der Verzicht auf einen entschiedenen Ausbau ausserhäuslicher Kinderbetreuungseinrichtungen verstärkt diese Wirkungen zusätzlich.

Der letzte Schritt der arbeitsmarktpolitischen Wirkungsanalyse führt zu Metawirkungen im Sinne von Verschiebungen in den politisch bearbeiteten Problemarenen. Der Topos Beschäftigungsprobleme/Arbeitslosigkeit ist in den letzten Jahren in den Hintergrund geraten, was angesichts des Andauerns hoher Arbeitslosigkeit bemerkenswert erscheint. An die Stelle des Beschäftigungsproblems tritt nun das Problem mangelnder Flexibilität von Arbeitszeit- und Beschäftigungsformen. Staatliche Eingriffe werden von Arbeitgeberseite als Überregulierung abgelehnt, da sie Wirtschaftswachstum, Investitionsfreude und die Einstellung zusätzlicher Beschäftigter hemmen würden (Hegner/Landenberger 1988, S. 84 ff.). Eine Reihe von Bemühungen staatlicher Akteure zielte darauf, die Arbeitslosenstatistik zu »bereinigen« (Lenze 1989, S. 169 ff.). Soweit das Beschäftigungsproblem noch unmittelbar als Thema und Gegenstand politischer Zuständigkeit bestehen blieb, erfuhr es eine Aufgliederung in einzelne Teilprobleme, insbesondere Langzeitarbeitslosigkeit, Qualifikationsbedarf sowie Honorierung nichterwerbswirtschaftlicher Erziehungs- und Pflegearbeit bei Frauen.

Die überdurchschnittlichen Probleme von Frauen mit Kindern am Arbeitsmarkt sind im Zuge einer Themenverschiebung vom Arbeitsressort (Bundesminister für Arbeit und Sozialordnung) ins Familienressort (Bundesminister für Jugend, Familie, Frauen und Gesundheit) übergewechselt. Dem Wechsel des Kompetenz- und Verantwortungsbereiches entspricht ein Wandel im politischen Leitbild: In den siebziger und frühen achziger Jahren standen das »Recht auf Arbeit« und die gleichberechtigte Teilhabe von Frauen und Männern am Erwerbs- und Familienleben im Vordergrund. Seit Mitte der achziger Jahre besteht das Leitbild in einer staatsfreien Figur, nämlich der »Wahlfreiheit« zwischen Berufs- und Familientätigkeit.

5. Sozialversicherungspolitische Wirkungsanalyse des Maßnahmenpakets

Im Zentrum der folgenden Analyse steht die Einbindung der Gesetzlichen Rentenversicherung (GRV) in das Maßnahmenpaket. Die in den Regelungsbereich der Sozialversicherung fallenden Bestandteile sind die Anerkennung von Erziehungszeiten im Rentenrecht, die beitragsfreie Weiterversicherung der Erziehungsurlauberinnen in der Kranken- und Arbeitslosenversicherung sowie die Ermöglichung sozialversicherungsfreier, geringfügiger Beschäftigung für Erziehungsurlauberinnen und Leistungsberechtigte der rentenrechtlichen Erziehungszeiten.

Bezogen auf die sozialversicherungspolitischen Wirkungen lautet die Ausgangsthese wie folgt: Unter dem Gesichtspunkt einer optimalen Kombination von Haupt- und Nebenwirkungen wird das hier diskutierte Maßnahmenpaket staatlicherseits deshalb präferiert, weil die oben dargestellten familien- und arbeitsmarktpolitischen Wirkungen erreichbar sind bei *gleichzeitiger Schonung öffentlicher Haushaltsmittel*, indem vor allem die GRV in beträchtlichem Umfang an der Finanzierung des Gesamtpakets beteiligt wird. Auf diese Weise werden familien- und arbeitsmarktpolitische Maßnahmen, also allgemeine Staatsaufgaben, auf die Sozialversicherung und deren Budgets übertragen. Dies hat zur Folge, daß finanzielle Spielräume in der Rentenversicherung, die für Leistungsverbesserungen für Frauen vorhanden waren, einseitig zur Alimentierung der Nichterwerbstätigkeit von Frauen benutzt wird. Außerdem werden durch diese Schwerpunktsetzung finanzielle Spielräume für soziale Ausgleichsleistungen beispielsweise für Geringverdiener/-innen geschmälert. Schließlich kommt es zu einer weiteren Umverteilung von »oben« nach »unten«, weil bei einer Finanzierung über Sozialversicherungsbeiträge im Unterschied zur Steuerfinanzierung nicht alle Determinanten der finanziellen Leistungsfähigkeit von Kapital- und Lohneinkommensbeziehern herangezogen werden, sondern nur die versicherungspflichtigen Arbeitseinkommen, die aufgrund der Nichterfassung bestimmter Personengruppen (Beamte, Selbständige, Freiberufler) sowie bestehender Beitragsbemessungsgrenzen einen degressiven Belastungsverlauf aufweisen.

Der aus staatlicher Sicht positive Effekt der Konsolidierung öffentlicher Haushalte stellt aus der Perspektive der Sozialversicherung eine *Verletzung ihres institutionellen Bestandsinteresses* dar, weil ihr zusätzliche Funktionen bei gleichzeitiger Verknappung ihrer Ressourcen übertragen werden. Außerdem werden die strukturellen Möglichkeiten der Sozialversicherung, ihre Finanzierungsbasis durch Ausdehnung des Kreises der Pflichtversicherten und Beitragszahler zu verbreitern, durch die Politik des Bundes erschwert. Statt dessen führt die staatliche Politik zu einem relativen Anstieg solcher Versichertengruppen, die Leistungen erwerben, ohne dafür Beiträge zu entrichten. Auf die dabei entstehende sozialpolitisch fragwürdige Verteilungswirkung der rentenrechtlichen Anerkennung von Erziehungszeiten (Begünstigung finanziell bessergestellter Hausfrauenehen) wurde bereits hingewiesen. Und schließlich ergeben sich im Hinblick auf die sozialpolitischen Leistungsziele, insbesondere der Rentenversicherung, negative Wirkungen dadurch, daß die staatliche Politik indirekt die Zunahme der sozialversicherungsrechtlich ungeschützten Beschäftigungen und damit die *Unterversorgung von Frauen im Alter* fördert.

Anhand des Vergleichs der derzeitigen und künftigen Ausgabenvolumina der einzelnen Maßnahmenteile wird deutlich, daß der rentenrechliche und ab 1992 auch von der GRV voll zu finanzierende Teil Erziehungszeiten kaum kleiner ist als der steuerfinanzierte Maßnahmenteil Bundeserziehungsgeldgesetz. In einer vergleichbaren Größenordnung bewegen sich die jährlichen Ausgabenvolumina der Bundesanstalt für Arbeit für Fortbildung und Umschulung, bezogen auf den Frauenanteil, an den Leistungsberechtigten. Die Modellprojekte zur Wiedereingliederung von Berufsunterbrecherinnen des BMJFFG mit einem jährlichen Finanzvolumen von rund 5 Millionen DM fallen dagegen quantitativ kaum ins Gewicht. Bezogen auf das Jahr 1989 beläuft sich der von der GRV abgedeckte Anteil des gesamten Maßnahmenpakets auf reichlich ein Drittel. Unter Einschluß des von der Bundesanstalt für Arbeit getragenen Finanzierungsanteils beträgt der auf die Sozialversicherungsträger entfallende Anteil am Gesamtpaket rund 55 %, während der aus dem Bundeshaushalt finanzierte Anteil bei rund 45 % liegt (detaillierter vgl. Landenberger 1991, S. 160 ff.).

Diese Größenordnungen können als Beleg für die eingangs formulierte These gelten, derzufolge die politische Attraktivität des von der Bundesregierung gewählten Maßnahmen-Sets in einem damit verbundenen Muster der Kostenteilung liegt, das durch Einbeziehung der Sozialversicherungsfinanzen die Inanspruchnahme des Bundeshaushaltes gering hält. Auf diese Weise gelingt es, unter Wahrung wirtschaftsliberaler Finanzierungsgrundsätze, die staatliche Arbeits- und Sozialpolitik mit einer deutlichen familienpolitischen Profilierung auszustatten und zugleich den Frauen-Arbeitsmarkt zu entlasten und zu flexibilisieren.

Zwischen Bundesregierung und Rentenversicherungsträgern bestand zum Zeitpunkt der Einführung der Erziehungszeiten im Jahr 1985 Konsens über die familien- und sozialpolitische Bedeutung dieser Maßnahme, insbesondere deshalb, weil die Erstattung der entstehenden Finanzierungslasten durch den Bundeshaushalt Bestandteil der gesetzlichen Neuregelung war. Dieser Konsens ist nicht mehr gegeben, seit die Bundesregierung beschlossen hat, die Finanzierung der auf drei Jahre erweiterten Anerkennung von Erziehungszeiten ab 1992 auf die Rentenversicherung und die sie tragende Solidargemeinschaft der Beitragszahler zurückzuverlagern (Kolb 1989, S. 67 ff.). An diesem Positionswandel der Rentenversicherungsträger bestätigt sich die These, derzufolge in Institutionen erst und nur dann eine Änderungsdynamik entsteht, wenn sich Verschiebungen im System-Umwelt-Verhältnis als Kosten- oder Legitimationsdruck äußern.

Seit den Rentenversicherungsträgern zusätzliche systemfremde Finanzierungslasten durch die Übertragung der Kosten der Erziehungszeiten drohen, mehren sich kritische Stimmen aus dem Bereich der Rentenversicherung selbst. Zum einen wird die Verteilungswirkung der Erziehungszeitenregelung diskutiert. Es werden Fragen gestellt an die Begünstigung der nichterwerbstätigen Frau bzw. solcher Familien, bei denen ausschließliche Haus- und Familienarbeit eines Elternteils dank eines hohen Verdienstes des anderen möglich ist. Dagegen werden Frauen, die durch Erziehungs- und Erwerbstätigkeit eine doppelte Vorleistung für die Rentenversicherung erbringen, von der Anerkennung der Erziehungszeiten ausgeschlossen. Nach Meinung der Rentenversicherungsträger müßte der Doppelbelastung eine Doppelbewertung entsprechen. Umgekehrt tragen jene Frauen mit Kindern, die aufgrund eigener Erwerbstätigkeit Steuern und Beiträge entrichten, aber kein Erziehungsgeld und keine rentenwirksamen Erziehungszeiten erhalten, stärker zur Finanzierung der demographischen Belastungen bei als nichterwerbstätige Frauen mit Anspruch auf die genannten Leistungen (Kolb 1989, S. 62 ff.).

Die in Gang gekommene institutionelle Dynamik mit neuen Problemwahrnehmungsmustern bei den Rentenversicherungsträgern sind weiterhin daran zu erkennen, daß dort in jüngster Zeit vermehrt die Bedeutung der zunehmenden Frauenerwerbstätigkeit als Chance für die Erweiterung des Versicherten- und Beitragszahlerkreises hervorgehoben wird (VDR-

Kommission 1987, S. 150 f.) In diesem Zusammenhang wächst das institutionelle Bewußtsein über die diesem Ziel tendenziell entgegenstehenden Wirkungen der staatlichen Maßnahmen. Wie oben gezeigt wurde, besteht eine wesentliche Nebenwirkung der neuen familienpolitischen Leistungen in der Arbeitsmarktentlastung durch selektive Ausgliederung von Frauen mit Kindern. Damit werden Zuwächse beim weiblichen Versicherten- und Beitragszahlerpotential nicht gefördert, sondern geschmälert. Außerdem wirken weitere Faktoren wie die sinkende Lohnquote, der Rückgang des Arbeitsvolumens trotz steigender Beschäftigtenzahl sowie der ab Mitte der neunziger Jahre erwartete demographisch begründete Rückgang des Versichertenpotentials in diese Richtung (Autorengemeinschaft 1989).

Als bedeutsames Indiz für eine Erweiterung des konzeptionellen Paradigmas der Rentenversicherungsträger kann vor diesem Hintergrund gewertet werden, wenn die ambivalente Wirkung familienbedingter Unterbrechungen auf den weiteren Berufs-, Einkommens- und Versichertenverlauf von Frauen und die damit verbundene Gefahr verschlechterter Arbeitsmarktchancen problematisiert wird. Im selben Kontext erfolgt der Hinweis auf fehlende außerhäusliche Kinderbetreuungsmöglichkeiten, die eine (kontinuierliche) Erwerbsbeteiligung von Frauen zusätzlich erschweren (Kolb 1989, S. 59 f.).

Das Instrumentarium der Sozialversicherung zur Perzeption ihrer Systemumwelt sowie dominierende Muster der Problembearbeitung erschweren die institutionelle Wahrnehmung von langsam sich vollziehenden Strukturveränderungen an den »Rändern« der Erwerbstätigkeit. Zu nennen ist hier die Sozialversicherungsstatistik, die lediglich globale Fallzahlen (Versicherte, Anwartschaften, Renten) erhebt und beispielsweise nicht erfassen kann, ob ein Rückgang bei den entrichteten Beiträgen auf vermehrte Teilzeitarbeit oder auf niedrigere Arbeitsentgelte von Vollzeitbeschäftigten zurückgeht (Rehfeld 1984). Wenig ausgeprägt sind bisher auch Verfahren, aus der Perspektive der Sozialversicherungsträger »externe« Daten und Statistiken für die Untersuchung bestimmter Trends nutzbar zu machen.

6. Fazit: Erweiterte institutionelle Sichtweisen und Problembearbeitungsmuster bei den Rentenversicherungsakteuren

Die spezifische Eigenart des Maßnahmenpakets Erziehungsurlaub/Erziehungszeiten liegt in einer für die politische Konsensbeschaffung günstigen Parallelität von Haupt- und Nebenwirkungen. Neben der programmatisch zentralen familienpolitischen Wirkung der Ermöglichung einer Unterbrechung der Erwerbstätigkeit während der ersten Lebensmonate eines Kindes und der monetären Anerkennung der Erziehungsleistung können einerseits beschäftigungspolitisch erwünschte Wirkungen, nämlich eine spürbare Entlastung des Arbeitsmarktes, sowie andererseits wirtschaftspolitisch und einzelbetrieblich erwünschte Nebenwirkungen, nämlich vermehrte Möglichkeiten zur Flexibilisierung der Beschäftigung sowie zur Personalselektion erzielt werden. Außerdem wird eine Dethematisierung der Arbeitsmarktprobleme von Frauen erreicht, indem unter der programmatischen Leitfigur der Wahlfreiheit zwischen Beruf und Familie die Akzente in der politischen Bearbeitung weg vom Kontext Arbeitsmarkt und hin zum Kontext Kindererziehung/Familie verschoben werden. Schließlich besteht ein weiterer komparativer Vorteil des gewählten Maßnahmenbündels für die Regierungspolitik darin, daß die gesetzliche Rentenversicherung in beträchtlichem Umfang an der Finanzierung beteiligt und der Bundeshaushalt dadurch entlastet wurde.

Die Funktionserweiterung der Rentenversicherung bei gleichzeitiger Ressourcenverknappung verstößt - dies ergab die sozialversicherungspolitische Wirkungsanalyse - gegen ihre binneninstitutionelle Systemrationalität und verletzt ihre institutionellen Bestandsinteressen. Finanzierungsspielräume bei der Rentenversicherung, die potentiell Leistungsverbesserungen für alle weiblichen Versicherten ermöglicht hätten, wurden im Rahmen der Rentenreform 1992 einseitig zugunsten michterwerbstätiger Frauen verwendet. In ersten Ansätzen nehmen die Akteure institutionelle Inkongruenzen wahr: Der Systemrationalität der Rentenversicherung entspräche statt einer Politik der Ausgliederung weiblicher Erwerbstätiger vielmehr eine Politik, die eine Zunahme der Frauenerwerbstätigkeit und eine Verstetigung weiblicher Erwerbsverläufe fördert. Wo vormals stark rechts- und finanzierungstechnisch geprägte Wahrnehmungs- und Problembearbeitungsmuster dominierten, scheinen sich nun bei den Sozialversicherungsakteuren stärker normativ und konzeptuell geprägte Sichtweisen über die künftige Rolle der Sozialversicherungssysteme in einem integrierten gesellschaftspolitischen Projekt zur besseren Vereinbarkeit von Beruf und Familie herauszubilden.

Literatur

ANBA (1990): »Arbeitsmarkt 1989. Strukturanalyse anhand ausgewählter Bestands- und Bewegungsdaten«. In: *ANBA*, 5, S. 647-760

Autorengemeinschaft (1989): »Zur Arbeitsmarktentwicklung 1989/90«. In: *MittAB*, 4, S. 461-482

BMAS (Hrsg.) (1989): *Sozialversicherungsfreie Beschäftigung*. Forschungsbericht Sozialforschung 181. Herausgegeben vom Bundesminister für Arbeit und Sozialordnung. Bonn

Dittrich, W./Fuchs, G./Landenberger, M./Rucht, D. (1989): »Staatliche Teilzeitförderung in der privaten Wirtschaft und im öffentlichen Dienst: Regelungen, Interessen, Wirkungen«. In: *MittAB*, 2, S. 277-293

Engelen-Kefer, U. (1986): »Die Bedeutung der Arbeitsmarktsituation für die Beschäftigungslage der Frauen«. In: *Arbeit und Beruf*, 9, S. 269-270

Ferber, Ch. von/Kaufmann, F.-X. (Hrsg.) (1977): *Soziologie und Sozialpolitik*. Sonderheft 19 der Kölner Zeitschrift für Soziologie und Sozialpsychologie. Opladen

Gerhard, U./Schwarzer, A./Slupik, V. (Hrsg.) (1988): *Auf Kosten der Frauen, Frauenrechte im Sozialstaat*. Weinheim, Basel

Gesellschaft für Versicherungswissenschaft und -gestaltung (Hrsg.) (1989): *Familienlastenausgleich in der Bundesrepublik Deutschland*. Köln

Hegner, F./Landenberger, M. (1988): *Arbeitszeit, Arbeitsmarkt und soziale Sicherung*. Opladen

Kaufmann, F.-X/Quitmann, J./Schulz, M. u.a. (1984): *Familienentwicklung in Nordrhein-Westfalen. Sozialräumliche Kontexte, Modellierung und Mikrosimulation*. Institut für Bevölkerungsforschung und Sozialpolitik, IBS-Materialien Nr. 17. Bielefeld

Kirner, E./Meinhardt, V./Schupp, J. (1986): »Empirische Befunde zu Fragen der Anrechnung von Kindererziehungszeiten im Rentenrecht«. In: *DIW-Wochenbericht*, 40, S. 507-511

Kolb, R. (1989): »Familienlastenausgleich in der Sozialversicherung - aus Sicht der Rentenversicherung«. In: Gesellschaft für Versicherungswissenschaft (Hrsg.): *Familienlastenausgleich in der Bundesrepublik Deutschland*. Köln

Kühl, J. (1989): »Arbeitsmarkt ohne Vollbeschäftigung - Reaktionsweisen und Strategieoptionen öffentlicher Arbeitsmarktpolitik«. In: W. Peters (Hrsg.): *Massenarbeitslosigkeit und Politik*. Arbeitskreis Sozialwissenschaftliche Arbeitsmarktforschung (SAMF), Arbeitspapier 1989-1. Paderborn

Landenberger, M. (1991): *Beschäftigung und Arbeitsmarktpolitik aus der Perspektive der gesetzlichen Rentenversicherung*. Berlin: edition sigma (im Erscheinen)

Lenhardt, G./Offe, C. (1977): »Staatstheorie und Sozialpolitik. Politisch-soziologische Erklärungsansätze für Funktionen und Innovationsprozesse der Sozialpolitik«. In: C. von Ferber/F.X. Kaufmann (Hrsg.): *Soziologie und Sozialpolitik*. Sonderheft 19 der Kölner Zeitschrift für Soziologie und Sozialpsychologie. Opladen

Lenze, A. (1989): »Die ‚bereinigte' Arbeitslosenstatistik als Indikator des wirtschaftspolitischen Erfolgs der Bundesregierung«. In: *Sozialer Fortschritt*, 8, S. 169-172

Mennel, A. (1988): »Frauen, Steuern und Staatsausgaben«. In: U. Gerhard/A. Schwarzer u.a. (Hrsg.): *Auf Kosten der Frauen, Frauenrechte im Sozialstaat*. Weinheim/Basel

Peters, W. (Hrsg.) (1989): *Massenarbeitslosigkeit und Politik*. Arbeitskreis Sozialwissenschaftliche Arbeitsmarktforschung (SAMF), Arbeitspapier 1989-1. Paderborn

Seifert, H. (1989): »Beschäftigungswirkungen und Perspektiven der Arbeitszeitpolitik«. In: *WSI-Mitteilungen*, 3, S. 156-163

Spitznagel, E. (1989): »Zielgruppenorientierung und Eingliederungserfolg bei Allgemeinen Maßnahmen zur Arbeitsbeschaffung (ABM)«. In: *MittAB*, 4, S. 523-539

VDR-Kommission (1987): *Zur langfristigen Entwicklung der gesetzlichen Rentenversicherung*. Gutachten der Kommission des Verbandes Deutscher Rentenversicherungsträger. Frankfurt a.M.

Wissenschaftlicher Beirat für Familienfragen beim Bundesminister für Jugend, Familie und Gesundheit (1989): *Erziehungsgeld, Erziehungsurlaub und Anrechnung von Erziehungszeiten in der Rentenversicherung*. Gutachten. Schriftenreihe des BMJFFG, Band 243. Stuttgart/Berlin/Köln

Frauen nun doch an den Herd?

Erziehungsgeld, Erziehungsurlaub und die Auswirkungen auf die Lebens- und Arbeitssituation von Müttern

Gisela Notz

Aus der Erkenntnis, daß sich (viele) Frauen heute nicht mehr für Beruf *oder* Kind entscheiden wollen und auch nicht bereit sind, längerfristig aus dem Beruf auszuscheiden, um Kinder und Haushalt zu versorgen, werden Maßnahmen angeboten, die die Vereinbarkeit von Kinderziehung und Beruf erleichtern sollen. Ausschlaggebendes Motiv für diese Angebote ist sicher auch die Befürchtung, Frauen könnten sich vermehrt gegen Kinder und Familie entscheiden, wenn sich die Problematik der Vereinbarkeit als unlösbar erweist. Durch Verlängerung des Erziehungsurlaubs, der de facto noch »Mutterurlaub« ist, und Einführung von Berücksichtigungszeiten für Kindererziehung und Pflege bei der Rentenreform soll »die Entscheidungsmöglichkeit für die Familie und die Kindererziehung verstärkt werden« (Der Bundesminister für Arbeit und Sozialordnung 1989, S. 10).

Die Bundesregierung hatte die Familie in den Mittelpunkt ihrer Politik gestellt. Bundesfamilienministerin Lehr trat in die Fußstapfen ihrer Vorgängerin Süssmuth: »Wir brauchen ein besseres Klima für Familien. Wir brauchen aber auch gezielte Hilfen und eine höhere Anerkennung der in den Familien erbrachten Leistungen . . .« Mit dieser Familienpolitik will die Bundesregierung die Familie schützen, sie unterstützen, ihr einen Teil der finanziellen Belastungen abnehmen und die Bedingungen für eine kinderfreundliche Gesellschaft schaffen (Lehr 1989a, S. 3).

Mit dieser Familienpolitik werden aber auch die Frauen an die ihnen angeblich zukommenden Orte in Küche und Kinderzimmer zurückgedrängt, mit einem Taschengeld versehen ökonomisch vom Ehemann abhängig gehalten. Die Angebote, vorübergehend aus dem Beruf auszuscheiden, werden den Frauen gemacht, obwohl die eklatanten Schwierigkeiten der beruflichen Reintegration von Frauen breit diskutiert sind (vgl. Notz 1989b). Auch sind es die Frauen, die auf ein Alter in Armut als »zynisches Ende der christlichen Familienpolitik« (Unruh 1987, S. 15) vorprogrammiert werden. Diese Familienpolitik wird allerdings auch von

Parteien, die sich nicht vorwiegend christlichen Traditionen verschrieben haben, unterstützt.

Der Hintergrund für diese familienpolitischen Regelungen ist keinesfalls lediglich der »Schutz der Familien«, sondern mindestens ebenso eine Entlastung des Arbeitsmarktes. Würden berufstätige Mütter auf dem Erwerbsarbeitsmarkt gebraucht, so würde an zur Zeiten der Vollbeschäftigung entwickelten Maßnahmen weitergearbeitet, die eine bruchlose Gestaltung weiblicher Erwerbsverläufe zuließen.

Erziehungsgeld und Erziehungsurlaub orientieren sich an der traditionellen Kleinfamilie, in der der Mann der »Haupternährer« ist

Am 1. Januar 1986 trat das Gesetz über die Gewährung von Erziehungsgeld und Erziehungsurlaub (Bundeserziehungsgeldgesetz) in Kraft. Danach konnten sich alle Mütter und diejenigen Väter, die mit den Müttern ihrer Kinder verheiratet waren, von der bezahlten Arbeit freistellen lassen. Die konservative Familienpolitik trug damit den veränderten Ansprüchen an familiale Arbeitsteilung (scheinbar) Rechnung. Der »Erziehungsurlaub« betrug zunächst 10 Monate, dann 12 Monate, ab 1. Juni 1989 15 Monate, nach dem 1. Juli 1990 18 Monate, ab Januar 1992 drei Jahre. Das Erziehungsgeld als Leistung des Bundes beträgt 600 DM monatlich, vom 7. Lebensmonat an gelten Einkommensgrenzen. Ab 1993, also ein Jahr nach der Verlängerung des Erziehungsurlaubs auf drei Jahre, wird das Erziehungsgeld zwei Jahre gewährt. Im dritten Jahr fällt das Taschengeld gänzlich weg. Die Erziehungsgeldbezieherinnen, die vor der Beurlaubung einen Erwerbsarbeitsplatz innehatten, sind während der Zeit des Erziehungsurlaubs vor Kündigung geschützt. Einen Anspruch, ihren alten Erwerbsarbeitsplatz wiederzubekommen, haben sie jedoch nicht. In »besonderen Fällen« können sogar Kündigungen ausgesprochen werden. Es bleibt der individuellen Aushandlung der Eltern vorbehalten, wer von ihnen den Anspruch auf Erziehungsgeld wie lange geltend macht. Väter (formal jetzt auch, wenn nicht verheiratet) und Mütter können sich zweimal abwechseln. Diejenigen, die den Erziehungsurlaub in Anspruch nehmen, müssen, wenn sie erwerbstätig waren, während der Bezugsdauer von Erziehungsgeld auf eine Erwerbstätigkeit verzichten. Sie können mit ihren Arbeitgebern vereinbaren, daß sie bis zu 19 Stunden wöchentlich arbeiten. Der Arbeitgeber ist jedoch nicht verpflichtet, ihnen eine stundenweise Arbeit bereitzustellen. Nur Studentinnen, Schülerinnen und weibliche Auszubildende sind auch dann anspruchsberechtigt, wenn sie ihre Ausbildung nicht unterbrechen. Wer von Arbeitslosen- und Sozialhilfe lebt, erhält das Erziehungsgeld zusätzlich zu den bisherigen Leistungen. Bezieherinnen von Arbeitslosengeld müssen sich zwischen Erziehungsgeld und Arbeitslosengeld entscheiden. Wenn ein Elternteil zu Hause ist, hat der Partner keinen Anspruch auf Erziehungsurlaub, auch dann nicht, wenn er sich nicht oder nur schlecht um das Kind kümmern kann. Einen wirklichen Vorteil durch das Erziehungsgeld haben lediglich Hausfrauen, die schon vor der Geburt des Kindes nicht erwerbstätig waren und somit vom offensichtlich als ausreichend empfundenen Einkommen des Mannes leben. Sie erhalten 600 DM Taschengeld, das sie vor der Geburt des Kindes nicht hatten.

Im Jahre 1988 haben 97 % aller anspruchsberechtigten Mütter und Väter, 94 % aller erwerbstätigen Frauen, die ein Kind bekamen, nahezu 100 % der nicht erwerbstätigen Frauen, 84 % der alleinerziehenden Mütter das Erziehungsgeld in Anspruch genommen. Nur 1,3 % der Erziehungsgeldempfänger waren Männer (BMJFFG 1989a). Bei den Erziehungsurlaubsvätern handelt es sich also um eine statistisch gerade noch zu erfassende Größe. Die Auswirkungen des Erziehungsgelds/Erziehungsurlaubs auf die Lebens- und Arbeitsplanung der Väter kann daher vernachlässigt werden. Festzustellen ist, daß die in aller Regel ungebrochenen männlichen Berufsbiographien durch dieses Gesetz nicht beeinflußt werden, da das Erziehungsgeldgesetz sich an der traditionellen Kleinfamilie orientiert, in der der Mann als »Hauptenährer« fungiert. Durch das Gesetz werden keine überkommenen Strukturen aufgebrochen, im Gegenteil, es wird die »heilige« Familie zementiert und die geschlechtshierarchische Rollenverteilung gefestigt. Kein Mann kann und will von 600 DM Almosen leben, und nur wenige würden für eine finanzielle Grundsicherung die Teilhabe an der Erwerbsarbeit und damit am gesellschaftlichen Einfluß abgeben. Aber auch Frauen können nicht ausschließlich vom Erziehungsgeld leben. Dieselben Frauen, die für sich eine qualifizierte Berufsausbildung reklamiert haben, weil ihnen die Hoffnung auf den »Märchenprinzen« keine Alternative zur Berufstätigkeit und ökonomischen Selbständigkeit versprach, nehmen nun die vom (Ehe-)Mann abhängige Lebensweise oder Sozialhilfe (wenn sie alleinerziehend sind) zumindest für eine Zeit lang in Kauf. Die Rückkehr auf ein (Vollzeit-)Arbeitsverhältnis ist meist ungewiß. Auch Ministerin Lehr kritisiert die Abstinenz der Männer, die die angebotene »Partnerschaftspolitik« nicht in Anspruch nehmen. Die Gründe hierfür werden nicht analysiert. Es wird lediglich konstatiert, daß es nicht Aufgabe der Bundesregierung sei, Männer und Frauen in bestimmte Rollen zu zwängen (Lehr 1989b). Durch die Tatsache, daß es den individuellen Aushandlungsprozessen der Partner überlassen bleibt, wer, wann, wie lange zu Hause bleibt und wer das wie beruflich geregelt bekommt, werden jedoch weiterhin Frauen in bestimmte Rollen gezwängt. Sie füllen sie aus, weil ihnen nichts anderes übrig bleibt, wenn sie Kinder in ihre Lebensplanung einbezogen haben.

Die Wirkungsweise des Bundeserziehungsgeldgesetzes ist mehrdimensional

In der im Rahmen des Forschungsprojekts »Zur Gründung der Kernfamilie« von mir durchgeführten Untersuchung von 28 Paaren waren es die Mütter, die alle zumindest einen Teil des Erziehungsurlaubs in Anspruch nahmen. Sie sagten (fast) alle, daß sie die Berufsunterbrechung durch den Erziehungsurlaub für einige Monate begrüßen, aber fast immer mit der Perspektive einer zumindest teilweisen Wiederaufnahme der Erwerbsarbeit, die sich später jedoch (meist) als Illusion erwies. Am glücklichsten mit der Regelung waren diejenigen, die einen festen Erwerbsarbeitsplatz hatten, an den sie nach einem Jahr (oder früher) auf jeden Fall zurückwollten, was die meisten auch realisieren konnten. Die Notwendigkeit einer Verlängerung des Erziehungsurlaubs, der zum Zeitpunkt meiner Erhebungen zwölf Monate betrug, konnte ich aus den Aussagen der Mütter *nicht* ableiten. Nur wenn ihnen keine Kinderbetreuungsmöglichkeiten zur Verfügung standen, blieben sie länger als gewollt zu Hause.

Daß nach Ablauf des Erziehungsjahres wesentlich mehr Frauen zu Hause bleiben als diejenigen, die es vorher beabsichtigt hatten, ist keine Zufälligkeit, die sich aus der Zusammensetzung des Samples ergibt. Obwohl die in die Untersuchung einbezogenen Frauen (fast) alle eine hohe Erwerbsmotivation aufwiesen, waren nach Ablauf des Erziehungsurlaubs zehn von ihnen ohne Erwerbsarbeit, mehrheitlich, weil sie vorher keine feste Arbeitsstelle hatten. Nur eine Frau kündigte ihr Arbeitsverhältnis von sich aus. Sie war bereits seit ihrem 16. Lebensjahr berufstätig, fand ihre Arbeiten nicht mehr interessant und »hatte die Nase voll«. Auch sie wollte später wieder in den Beruf zurückkehren.

Obgleich neuere quantitative Untersuchungen fehlen, muß davon ausgegangen werden, daß nach wie vor viele Frauen nach Ablauf der Erziehungsurlaubs aus dem Erwerbsleben ausscheiden oder nur stundenweise bzw. Teilzeit ohne ausreichende Existenzsicherung arbeiten, weil sie die Betreuung ihrer Kinder nicht anders lösen können. Zwischen 1981 und 1984 waren es rund 60 %, die nach Ablauf des damaligen Mutterschaftsurlaubs (vier Monate) aus dem Erwerbsleben ausschieden, obwohl Zweidrittel von ihnen lieber weiterhin erwerbstätig geblieben wäre (BMA 1986).

Die Vermutung, daß ein Motiv zur Einführung des Erziehungsurlaubs und für dessen beabsichtigte weitere Ausdehnung die teilweise, zeitweise oder teilzeitige Entlastung des Erwerbsarbeitsmarkts von den erwerbstätigen Müttern darstellt, liegt nahe. Bereits während der Auseinandersetzungen um die Verabschiedung des Erziehungsgeldgesetzes sagte die CDU-Abgeordnete Wex im Deutschen Bundestag, das Gesetz soll den Frauen die Möglichkeit geben, auf Berufstätigkeit zu verzichten (zitiert nach Becker-Schmidt u.a. 1982, S. 103). Vera Slupik, die sich aus der Sicht der Juristin mit dem Thema befaßt, weist auf die Absicht des Gesetzes hin, die »Familienfrauen« zu belohnen: »Das Gesetz ... wurde vom Gesetzgeber in der Absicht geschaffen, die nichterwerbstätige Frau ... durch die staatliche Transferzahlung zu begünstigen.« (Slupik 1990, S. 239)

Auch nach neueren Untersuchungen greift die Absicht der Maßnahme, durch die Entfernung von Müttern den Arbeitsmarkt zu entlasten, voll (vgl. DIW 1990, S. 402): Der Anteil der erwerbstätigen (verheirateten) Frauen mit Kindern unter 16 Jahren sank im Zeitraum zwischen 1985 bis 1989 um 3,2 %. Die Entlastungen für den Arbeitsmarkt werden durch den auf drei Jahre verlängerten Erziehungsurlaub bedeutend sein, zumal dann auch die Frauen aus den »neuen Bundesländern«, für die früher Berufstätigkeit eine Selbstverständlichkeit war, auch wenn sie Kinder bekamen, (zunächst vorübergehend) »nach Hause geschickt werden«.

Da die meisten Mütter nicht längerfristig auf Erwerbsarbeit verzichten wollen, heißen die Notlösungen »ungeschützte Arbeit« oder Teilzeitarbeit nach dem »Erziehungsurlaub«. Die Aufnahme »ungeschützter Arbeit« während des »Urlaubs« wird durch die Verlängerung auf drei Jahre zunehmen. Der Wunsch nach »Zuverdienst« und die Möglichkeit, außerhäusliche Erfahrungen zu sammeln, läßt Frauen verstärkt diesen Ausweg »wählen«. Die sozialpolitische Funktion der Familie bleibt durch diese »Lösung« erhalten: Die Kleinfamilie als billigste Form der Versorgung von Kindern, Pflegebedürftigen und später alten Personen ist sichergestellt und erspart Staat und Kommunen das Bereitstellen sozialer, pflegerischer und pädagogischer Infrastruktur.[1]

Es sind Frauen, die in ihren beruflichen Ansprüchen auch weiterhin zurückstecken (müssen)

Trotz aller damit verbundener Einbußen werden Frauen das Erziehungsgeld notgedrungen auch weiterhin beanspruchen, und zwar auch dann, wenn das »Familieneinkommen« nicht ausreicht oder im Falle »Alleinerziehender« nicht vorhanden ist. Die »Schuld« für dieses »Zurückstecken« der Frauen und für die Tatsache, daß die Männer von staatlichen Angeboten, an der Familienarbeit teilzunehmen, keinen Gebrauch machen, ist weder ausschließlich in der schlechteren Berufsausbildung noch in der schlechter bezahlten Erwerbsarbeit der Frauen zu suchen. Obwohl die Lohndiskriminierung als eine der vielfältigen Formen der Benachteiligung von Frauen im Erwerbsleben bei den individuellen Aushandlungsprozessen sicher eine Rolle spielt, ist heute die Tatsache, daß im Vergleich Männer ein höheres Einkommen haben und die wichtigeren, unentbehrlichen Arbeiten verrichten, nur Randerscheinung und nicht der entscheidende Grund dafür, daß der »Erziehungsurlaub« weiterhin den Müttern vorbehalten bleibt.

Bei den in meiner Untersuchung einbezogenen Vätern waren bei der Geburt nur zwei Alleinverdiener, nur sieben verdienten mehr als ihre Frauen. Selbst bei den Paaren, das waren immerhin acht, wo die Frauen die qualifiziertere Berufsausbildung aufwiesen, war nur ein Mann, der einen Teil des Erziehungsurlaubs nahm. Bei den elf Paaren, bei denen die Frau den qualifizierteren Arbeitsplatz einnahm, hat ebenfalls die Frau den Erziehungsurlaub genommen, mit der Ausnahme von zwei Paaren, die ihn geteilt haben. Die Väter versäumen, wie die meisten der anderen Väter, scheinbar nichts, wenn sie ihre Identität auf Beruf und Öffentlich-

1 Von den in meine Untersuchung einbezogenen Müttern hatten nach dem Ablauf des Erziehungsurlaubs elf eine ungeschützte oder Teilzeitarbeitsstelle, von der vermutlich nur vier halbwegs leben konnten. Auch diese Frauen müssen wir zu den zukünftigen armen alten Frauen rechnen. Bleibt die Bewertungsgrundlage für die Rente weiterhin beitragsbezogen und an der männlichen ungebrochenen Berufsbiographie ausgerichtet, so werden auch diese Frauen im Alter nicht von ihren Renten eigenständig leben können. Der Aspekt des Stellenwerts der Erwerbsarbeit für die selbständige Versorgung im Alter wurde ausschließlich von Männern genannt.

keit zentrieren und die »privaten« Räume, in denen Kindererziehung und Familienarbeit stattfinden, erst nach Feierabend aufsuchen.

Nur vier Müttern gelang es, den Erziehungsurlaubsanspruch nach vier, sechs und sieben Monaten an ihre Ehemänner abzugeben. 18 Frauen haben den vollen Erziehungsurlaub in Anspruch genommen (zum Zeitpunkt der Untersuchung zwölf Monate). Fünf Frauen haben ihre Beurlaubung nach Absprache mit den Arbeitgebern, um eineinhalb und zwei Monate verlängert oder mit Hilfe von betrieblichen Vereinbarungen um ein bis fünf Jahre ausgedehnt, eine davon aufgrund ihres Beamtenstatus (allesamt unbezahlt). Vier Mütter nahmen drei, acht, neun und neuneinhalb Monaten wieder ihren Arbeitsplatz ein, weil es ihnen zu Hause »zu eng« war, sie vom Zuhausesein genug hatten oder die enge Beziehung mit dem Kind nicht sinnvoll fanden und weil das Geld nicht reichte.

Die Gründe, warum die Väter die Suspendierung vom Beruf nicht in Anspruch nahmen, sind vielfältig und einleuchtend (vgl. auch Notz 1991). Mehr oder weniger bezogen sie sich alle auf erwartbare Schwierigkeiten für die aktuelle oder spätere Erwerbsarbeitssituation. Sie fürchteten »Karriereknicke«, hänselnde Kollegen, die danach fragen, ob sie keine Frauen hätten, die ihre Kinder versorgen. Sie führten aus, daß ihre Vorgesetzten eine Beurlaubung nicht billigen würden, stundenweise Arbeit (neben dem Erziehungsurlaub) sei in ihrer Tätigkeit nicht möglich, vom Erziehungsgeld könnten sie nicht leben, sie wollten eigenes Geld; es sei ihnen wichtig, einen großen Teil des Geldes zu verdienen. Einige fanden die Isolation zu Hause einfach schrecklich, wollten im Beruf erst mal richtig Fuß fassen, haben Angst, wenn man mal raus ist, nicht wieder reinzukommen. Sie wollten auch etwas anderes machen, als den ganzen Tag auf das Kind aufzupassen.

Alle vorgebrachten Gründe sind nicht zu widerlegen und müssen akzeptiert werden, aber es sind alles Gründe, die auch für Frauen zutreffen. Auch für Frauen haben familienbedingte Unterbrechungen negative Wirkungen auf die weitere Berufsperspektive, das zukünftige Einkommen, ihre Rente und damit auf ihre Lebensplanung. Auch für sie reicht es nicht, »immer nur über Kinder zu reden«. Auch für Mütter gilt, »wenn man kein Geld verdient, verliert man doch an Sozialprestige«, eine Meinung, die der Ehemann einer Hausfrau-Mutter (auf sein Prestige bezogen) geäußert hat.

Die Auswirkungen des zeitweiligen oder/und teilzeitigen Ausstiegs der Frauen aus der Berufsarbeit sind gravierend

Aus meiner Untersuchung geht hervor, daß diejenigen Frauen, die ihre Arbeit als interessant und abwechslungsreich empfanden, nicht ein ganzes Jahr und länger zu Hause bleiben wollten. Eine Mutter berichtete, daß sie bereits während des zwölfmonatigen Erziehungsurlaubs in ein »Hausfrauenloch« gefallen sei. Sie dachte, die Situation zu Hause sei nicht mehr auszuhalten, andererseits hatte sie aber auch Angst vor der späteren gefühlsmäßigen Trennung, da eine enge emotionale Bindung zwischen alleinsorgender Mutter und Kind in diesem Jahr entstanden war. Lediglich die Sicherheit, an den Erwerbsarbeitsplatz zurückzukönnen - was sie dann auch *vor* Ablauf des Erziehungsurlaubs in die Tat umsetzte - und die Kinderbetreuung befriedigend gelöst zu haben, ermöglichte ihr die Bewältigung der Situation. Mütter, denen es gelungen war, die Kinderversorgung zu regeln, konnten sich nicht vorstellen, auf Kind oder auf Beruf zu verzichten. Das wird besonders in folgender Aussage deutlich:

> »Ich glaube nicht, daß ich zufrieden mit einem von beiden wäre. Ich könnte mir nicht mehr vorstellen, nur erwerbstätig zu sein, umgekehrt, nur mit Kind könnte ich es mir auch nicht vorstellen.«

Stark hervorgehoben werden neben dem Wunsch, ökonomisch unabhängig zu sein, arbeitsinhaltliche Aspekte der Erwerbsarbeit und der Wunsch, die während der Berufsausbildung erworbenen Qualifikationen auch sinnvoll einzusetzen:

> »Ich möchte erwerbstätig sein, weil ich meine Aufgabe nicht nur als Mutter und Ehefrau ansehe. Ich habe noch andere Qualifikationen und die möchte ich auch einsetzen.«

Die Befriedigung dieses Wunsches gelang nicht immer. Noch viel schwieriger war die Befriedigung des Wunsches nach ökonomischer Unabhängigkeit nach dem Erziehungsurlaub:

> »Die eigene finanzielle Absicherung ist für mich wichtig. Ich möchte nicht nur Hausfrau sein, weil ich schon immer mein eigenes Geld verdient hatte.«

Der Erlös aus gelegentlichen Aushilfsarbeiten, Teilzeitbeschäftigungen und häuslichen Übersetzungsarbeiten ermöglichte diesen Frauen meist keine eigenständige Existenzsicherung und stellte keine ausreichende Alterssicherung in Aussicht. Die Schwierigkeit der eigenständigen ausreichenden Alterssicherung wird auch durch das Angebot einiger (Ehe-) Männer, den Frauen feste Beträge auf ihr Konto zu überweisen, nicht aufgehoben. Die Frauen nahmen die Angebote vorübergehend an, sahen darin jedoch keine Perspektive:

> »Er sagt, Du kriegst einen bestimmten Betrag und bist keine Rechenschaft schuldig. Es ist aber sein Gehalt und kommt von ihm, und ich habe es nicht verdient. Der Gedanke, in Abhängigkeit zu gehen, ist mir schrecklich.«

Frauen rechnen mit wenig Widerständen bei ihren Männern gegen ihre (teilweise) Berufstätigkeit nach dem Erziehungsurlaub, weil sie davon ausgehen, daß diese keine unzufriedenen Frauen haben wollen:

> »Ich stelle mich selber nicht hinten ran ... Ich gebe mich nicht auf ... Ich will nicht auf alles verzichten und nur auf Familie machen. Mein Mann hat diese Einstellung auch. Er weiß, daß die Frau unzufrieden wird, wenn sie das nicht hat.«

Die Erwerbstätigkeit der Mütter wird notgedrungen akzeptiert, weil diese den ihnen zugewiesenen Platz am Herd nicht mehr (ausschließlich) einnehmen wollen. Der neue Zauberspruch heißt »Flexible Arbeitsgestaltung« für Frauen - auf Kosten ihrer eigenständigen Existenzsicherung. Die Zuarbeit ihrer Frauen wirkt sich darüber hinaus zugunsten der Männer aus, die nicht mehr alleine für das Familieneinkommen sorgen und weibliche Konkurrenz auf dem Arbeitsmarkt weiterhin nicht fürchten müssen.

Die Zunahme »geringfügiger Beschäftigung« ist unter anderem eine Konsequenz der befristeten (zum Teil stundenweisen) Einstellung von Erziehungsurlaubsvertreterinnen und der »illegalen« Arbeitsaufnahme derjenigen Frauen, die während des Erziehungsurlaubs nicht auf finanzielle Unterstützung durch andere zurückgreifen können oder wollen.

Die Tragik der patriarchal-strukturierten arbeitsteiligen Kleinfamilie als Orientierungsmuster für Frauenerwerbstätigkeit wird durch den Blick auf Frauen mit Kindern (sogenannte Alleinerziehende) deutlich, die nicht (mehr) in einer Kleinfamilie leben. »Alleinerziehende« machen heute 14 % der »Familien« in der Bundesrepublik aus (Mikrozensus 1988). In der DDR waren sind es 30 bis 40 %. 86 % der allein mit ihren Kindern Lebenden sind Frauen. Wenn sie ihre Berufstätigkeit nach dem den Familienfrauen verordneten Erwerbsmuster ausrichten, marginal, diskontinuierlich und teilzeitbeschäftigt (Gutschmidt 1989), so bedeutet das für sie und ihre Kinder zwangsläufig, daß sie an der Armutsgrenze leben und auch im Alter mit Armut zu rechnen haben. Bereits 1985 (letzte Auswertung auf der Grundlage der Mikrozensuserhebung) hatte mehr als die Hälfte der alleinerziehenden Mütter ein monatliches Nettoeinkommen unter 1 400 DM.

Auch die rentenrechtlichen Ausfallzeiten erweisen sich als Bumerang. Besondere Probleme ergeben sich dadurch, daß etwa die Hälfte der Frauen Erziehungsurlaub unfreiwillig/freiwillig verlängert, die allerwenigsten davon mit Rückkehrgarantie auf ihren Arbeitsplatz. Viele kündigen aufgrund fehlender Möglichkeiten, eine ihren Ansprüchen gerecht werdende Kinderversorgung zu realisieren, und melden sich dann nicht einmal erwerbslos. Für den Rentenanspruch sind das verlorene Zeiten. In dieser Hinsicht dürfte auch nach Verlängerung des Erziehungsurlaubs keine große Änderung eintreten, weil auch (ganztägige) Unterbringungsmöglichkeiten für Kindergartenkinder fehlen und Ganztagsschulen kaum vorhanden sind. Frauen, die aus der Erwerbsarbeit ausscheiden, weil sie Kind und Beruf nicht unter einen (Frauen)Hut bekommen, werden mit der Anrechnung von Kindererziehungszeiten (das sogenannte Babyjahr) im Rentenrecht vertröstet. Sie kommt jedoch nur Frauen zugute, die während des ersten Lebensjahres des Kindes nicht oder nur geringfügig beschäftigt waren. Ab 1992 werden die Kindererziehungszeiten für Geburten nach 1992 (!) auf drei Jahre verlängert. Berufstätige Mütter erhalten keine oder nur einen Teil der Erziehungszeit rentensteigernd anerkannt.

Zunehmend negative Auswirkungen auf die Lebens- und Arbeitssituation der Frauen sind durch die Versorgung von pflegebedürftigen alten Menschen in den Familien zu befürchten. Die Sorge für alte und pflegebedürftige Menschen ist für die »Vereinbarkeitsproblematik« und die sich daraus ergebenden Probleme für die Alterssicherung ebenso bedeutend wie die Versorgung von Kindern. Hier handelt es sich um eine Aufgabe, der sich Männer völlig entziehen. Durch die nach der Rentenreform '92 vorgesehenen Änderungen kann das Problem nicht gelöst werden (vgl. Notz 1989). Die familien-, sozial- und arbeitsmarktpolitische Absicht der rentenrechtlichen Anrechnung für Kindererziehungszeiten und Pflege wird aus den Äußerungen der Bundesregierung deutlich:

- Der dringend notwendige Ausbau von Kinderbetreuungseinrichtungen soll unterbleiben.

  »Damit werden die Mütter - ggf. auch Väter - für solche Zeiten der Kindererziehung sozial gesichert, in der eine Betreuung des Kindes in vorschulischen Einrichtungen im allgemeinen nicht in Betracht kommt.« (Der Bundesminister für Arbeit und Sozialordnung 1989, S. 10)

- Der Arbeitsmarkt soll entlastet werden.

  »Eine in die Zukunft gerichtete Maßnahme . . ., durch die die Entscheidungsmöglichkeit für die Familie und die Kindererziehung verstärkt werden sollen.« (ebd.)

- Die jungen Frauen sollen ermutigt werden, wieder mehr Kinder zu bekommen, im Sinne des »Generationenvertrags«.

  »Gesunkene Geburtenzahlen und steigende Lebenserwartung, das sind die zwei wichtigsten Gründe, die eine Umstellung unseres Rentensystems notwendig machen.« (Blüm 1989)

Forderungen und Perspektiven

Frauen sollten nicht länger gezwungen sein, auf das Recht auf (durchgängige) Teilhabe an der Erwerbsarbeit und damit auf eigenes Geld, eigene Altersversorgung und Einfluß auf die Gesellschaft zu verzichten. Das heißt, wir brauchen nicht nur Alternativen zum »Normalarbeitstag«, der sich an der Einsatzfähigkeit und -freude der Männer, die von der Hausarbeit befreit sind, orientiert, sondern auch zur sogenannten »Normalfamilie«, die sich an der isoliert und vereinzelt arbeitenden von der Erwerbsarbeit »befreiten«, in wirtschaftlicher Abhängigkeit vom Mann gehaltenen Hausfrau und Mutter orientiert.

Notwendig wird eine Politik, die auf die Förderung einer kontinuierlichen weiblichen Erwerbsbiographie zielt, bei gleichzeitiger Förderung der Kontinuität der »Hausarbeitsbiographie« der Männer. Erwerbsarbeiten müßten so gestaltet werden, daß sie Zeit und Raum für Haus- und Betreuungsarbeit für Frauen *und* Männer zulassen, denn dies kann nicht den individuellen Aushandlungsprozessen, die eine »partnerschaftliche Umverteilung« zwischen den Geschlechtern erfordert, vorbehalten bleiben. Notwendig wird eine Förderung von Wohn- und Lebensformen für diejenigen, für die die »Kleinfamilie« keine Perspektive darstellt.

Der Erziehungsurlaub unter den gegebenen Bedingungen und Entwicklungen am Frauenarbeitsmarkt fördert eine Verstärkung der Segmentierung und Marginalisierungstendenzen (vgl. auch Landenberger 1989). Aus den Interviews, die ich mit jungen Müttern und Vätern während des Erziehungsurlaubs führte, der damals (1989) zwölf Monate betrug, läßt sich der Wunsch nach einer Verlängerung nicht ableiten. Einige Frauen sagten, sie seien schon während der zwölf Monate in ein »Hausfrauenloch« gefallen. Andere verkürzten den Erziehungsurlaub, nachdem ihnen die »Decke auf den Kopf gefallen war«. Von den Vätern hat keiner die gesamte Zeit in Anspruch genommen, weil selbst die wenigen Erziehungsurlaubsväter Nachteile für ihre Erwerbsbiographie befürchten, wenn sie länger als ein paar Monate aus dem Beruf aussteigen. Diese Nachteile haben auch Frauen zu tragen. Im allgemeinen wird die häusliche Isolation von Mutter und Kind (selten Vater und Kind) als nicht wünschenswert empfunden, und zwar weder für die Bezugsperson noch für das Kind. Der Erziehungsurlaub könnte auf acht bis zehn Monate verkürzt werden, wenn eine Existenzsicherung sowie eine Arbeits*platz*garantie damit verbunden ist. Das Erziehungsgeld wurde als nicht ausreichend bezeichnet. Eine Erhöhung, durch die eine eigenständige Existenzsicherung unabhängig vom Partner oder von der Partnerin möglich ist, ist unbedingt notwendig. Ebenso müßte das Erziehungsurlaubsgesetz eine verbindliche Teilung für Väter und Mütter enthalten, egal, ob sie verheiratet sind oder nicht, wenn sie sich entschlossen haben, zusammen das Kind zu erziehen. Gerade die Frauen sind durch die individuellen Aushandlungsprozesse, die meist auch bei den in meiner Untersuchung einbezogenen zu deren Ungunsten verliefen, total überfordert.

Auf andere Bezugspersonen muß der Erziehungsurlaub auf Antrag übertragbar sein, und er soll für alle, die ihn in Anspruch nehmen, rentenwirksam sein. Für Alleinerziehende müßte es in jedem Falle möglich sein, die gesamte Zeit auszuschöpfen.

Der dreijährige Erziehungsurlaub bedeutet eine Ausgrenzung von Frauen aus der Erwerbsarbeit, zumindest solange keine »Wahlmöglichkeiten« vorhanden sind, weil pädagogisch anerkannte gesellschaftliche Einrichtungen zur Betreuung von Kindern fehlen. Für die Zeit nach dem Erziehungsurlaub wird eine Erhöhung des Kindergeldes, das jetzt 50 DM, ab 1992 80 DM beträgt, als dringend notwendig erachtet.

Eine Entideologisierung der Hausversorgung ist zu forcieren, so daß es (wieder) möglich wird, daß eine Frau auch dann als (gute) Mutter Anerkennung findet, wenn sie nach der gesetzlich vorgeschriebenen Mutterschutzfrist ihr Kind in eine öffentliche Einrichtung gibt. Solange die allgemeine Verkürzung der täglichen Arbeitszeit auf sechs Stunden für alle nicht verwirklicht ist, sind Modelle der täglichen Arbeitszeitverkürzung für Eltern (vgl. Schwedisches Modell) denkbar. Es müßten jedoch Regelungen getroffen werden, daß sie von beiden Partnern in Anspruch genommen werden. Auch sie müssen auf andere Personen übertragbar sein. Solche Modelle dürfen jedoch nicht daran ausgerichtet sein, daß kinderlose Personen auf diesem Wege an der Finanzierung der Familienkosten anderer beteiligt werden.

Notwendig wird weiterhin eine Arbeitsmarktpolitik, die sich an den Interessen der Frauen orientiert. Sie erfordert gleichzeitig Maßnahmen zur Entpatriarchalisierung, so daß Frauen und Männer wirklich den gleichen Zugang zu Ausbildungsgängen, die gleichen Chancen zur Übernahme einer qualifizierten, die eigene Existenz sichernden sinnvollen Berufsarbeit und den gleichen Zugang zu Maßnahmen der beruflichen und politischen Weiterbildung haben. Eine gesellschaftliche Umstrukturierung und Neuverteilung der (jetzt) unbezahlt geleisteten Haus- und Betreuungsarbeiten auf beide Geschlechter ist ebenfalls zu fördern. Flankierende Maßnahmen sind ein Rechtsanspruch eines jeden Kindes auf eine pädagogisch anerkannte Kindertagesstätte, die Bereitstellung von Ganztagsschulen sowie Pflegeeinrichtungen für alte und hilfsbedürftige Menschen, die nach ihren Vorstellungen und Wünschen organisiert sind, und eine Mindestrente, die unabhängig von den gezahlten Versicherungsbeiträgen und der gewählten Lebensform ist und mindestens 1 400 DM beträgt.

Mein Vorschlag ist daher, Frauen weder in der Formulierung von Gesetzen noch bei der Handhabung von Systemen der sozialen Sicherung, auch nicht bei arbeitsmarktpolitischen Maßnahmen oder bei der Konzipierung und Vergabe von Wohngeld, Kinderversorgungseinrichtungen, Schulen, Pflegeeinrichtungen weiter im Zusammenhang mit Familie und Ehemann zu sehen, sondern sie als Individuen aus diesen Zusammenhängen herauszuholen. Das heißt nicht, daß ich der postmodernen Individualisierung das Wort reden will. Erst mit dem Recht auf eigenständige Existenzsicherung, die auch eine eigenständige Alterssicherung gewährleistet, werden sich für Frauen weitere Perspektiven für gleichberechtigte Partnerschaften eröffnen.

Literatur

Becker-Schmidt, Regina u.a. (1982): *Nicht wir haben die Minuten, die Minuten haben uns. Zeitprobleme und Zeiterfahrungen von Arbeitermüttern in Fabrik und Familie*. Bonn

Blüm, Norbert (1989): Rede anläßlich der ersten Bearbeitung des Rentenreformgesetzes 1992 am 10.3.1989 im Deutschen Bundestag. Bonn

Bundesminister für Arbeit und Sozialordnung (1989): *Rentenreform 1992*. Bonn

Bundesministerium für Arbeit und Sozialordnung (Hrsg.) (1986): *Erwerbstätigkeit und Mutterschaft*. Bonn

Bundesministerium für Jugend, Familie, Frauen und Gesundheit (1989a): *Materialien zur Familienpolitik der Bundesregierung*. Bonn

Bundesministerium für Jugend, Familie, Frauen und Gesundheit (1989b): *Gesundheit. Informationen*. Sonderausgabe, Oktober 1989

Deutsches Institut der Wirtschaft (DIW) (1990): *Wochenbericht* 29/90 vom 19.7.1990

Landenberger, Margarete (1989): *Erziehungsurlaub! Instrument selektiver Ausgliederung und Wiedereingliederung von Frauen* (unveröffentlichtes Manuskript)

Lehr, Ursula (1989a): »Erziehungsgeld, Erziehungsurlaub«. Vorwort. In: Bundesministerium für Jugend, Familie, Frauen und Gesundheit: *Materialien zur Familienpolitik der Bundesregierung*. Bonn

Lehr, Ursula (1989b): Rede anläßlich des Kongresses »40 Jahre Gleichberechtigung von Mann und Frau. Bilanz und Perspektiven« am 24.11.1989 in Bonn/Beuel

Möller, Carola (1987): »,Die haben wir dann sehr gerne, diese Damen . . .' Ergebnisse und Konsequenzen aus einem Forschungsprojekt über ungeschützte Arbeitsverhältnisse«. In: *beiträge zur feministischen theorie und praxis*, Heft 19, S. 56-66

Notz, Gisela (1989a): *Frauen im sozialen Ehrenamt. Ausgewählte Handlungsfelder, Rahmenbedingungen und Optionen*. Freiburg

Notz, Gisela (1989b): »Ist die Veränderung der beruflichen Bildung eine Möglichkeit, das Problem der Wiedereingliederung in der Zukunft erst gar nicht aufkommen zu lassen?« In: Landesinstitut für Schule und Weiterbildung (Hrsg.): *Berufliche Wiedereingliederung von Frauen als Aufgabe von Gesellschaft und Weiterbildung*. Soest, S. 118-136

Notz, Gisela (1989c): »Unbezahlte Pflegearbeit - und wer bezahlt die Rentenversicherung?« In: E. Kiltz/M. Zander (Hrsg.): *Frauenbenachteiligung in der Rente? - Beseitigt oder verschärft durch die Reform '92?* Bonn, S. 18-21

Notz, Gisela (1990): *»Du bist als Frau um einiges mehr gebunden, als der Mann . . .« Die Auswirkungen der Geburt des ersten Kindes auf die Lebens- und Arbeitsplanung von Müttern und Vätern*. Forschungsbericht. Bonn

Notz, Gisela (1991): »Beruf und Familie: Frauen wollen beides anders«. In: *beiträge zur feministischen theorie und praxis*, 29

Slupik, Vera (1990): »Der weibliche Single kommt im Gesetz nicht vor.« In: *Soziale Sicherheit*, Heft 8/9, S. 234-242

Unruh, Trude (1987): *Trümmerfrauen*. Essen

»Geregelte« Vereinbarkeit von Beruf und Familie - das Ende der Benachteiligung von Frauen im Erwerbsleben?

Brigitte Stolz-Willig

Gewerkschaftliche Interessenvertretung orientiert sich traditionellerweise an der Sicherung und Gestaltung der Erwerbsarbeit. Der andere Teil der gesellschaftlich notwendigen Arbeit, die - unbezahlte - Haus- und Erziehungsarbeit bleibt außerhalb der Betrachtung und der gewerkschaftlichen Aktionsfelder, denn der »klassische« Adressat und Träger der Gewerkschaftspolitik stellt der kontinuierlich und vollzeitig beschäftigte männliche Arbeitnehmer dar. Bei diesem »Normalarbeitnehmer« ist aber die Ehefrau und Mutter mitgedacht, die die Hausarbeit und Kindererziehung übernimmt und somit auch die Voraussetzungen für das Funktionieren eines auf die geschlechtsspezifische Arbeitsteilung bezogenen Normalarbeitsverhältnis schafft. Diese Orientierung prägt gleichermaßen die gewerkschaftliche Betriebs- und Tarifpolitik.

Solange außerhäusliche Frauen- und insbesondere Müttererwerbstätigkeit eher eine Randerscheinung war oder aus materieller Not erzwungen wurde, ließ sich diese begrenzte Orientierung, die ja auch den betriebs- und gewinnwirtschaftlichen Maximen entspricht, aufrechterhalten. Steigende Frauenerwerbstätigkeit, geänderte Lebensansprüche von Frauen, Problematisierung der geschlechtsspezifischen Arbeitsteilung stellen aber die traditionelle gewerkschaftliche Betriebs- und Tarifpolitik in Frage. Mit Regelungen zur Teilzeitarbeit und Familienpause - der tariflichen Verlängerung des gesetzlichen Erziehungsurlaubs - werden in jüngster Zeit Signale für eine Neuorientierung der Tarifpolitik gesetzt.

Tarifliche Regelungen zur Teilzeitarbeit

Die arbeitsrechtlichen und sozialen Probleme der Teilzeitarbeit sind in den letzten Jahren stärker in das Blickfeld geraten. Dafür ist die veränderte Arbeitsmarktsituation verantwortlich, vor allem aber das stärkere Engagement der in Teilzeit arbeitenden Frauen selbst. Die Diskussion um die mittelbare Diskriminierung der Frauen im Erwerbsbereich, mit der die strukturelle Auswirkung rechtlicher Normen nicht auf einzelne ArbeitnehmerInnen, sondern auf die Geschlechter problematisiert wird, hat in der nationalen und supranationalen Rechtsprechung zur teilweisen Revision der Ungleichbehandlung von Teilzeitbeschäftigten geführt (Degen 1991). Während noch im Beschäftigungsförderungsgesetz tarifliche Vereinbarungen explizit von der Maßgabe prinzipieller Gleichstellung von Teilzeit- mit Vollzeitbeschäftigten ausgenommen wurden, ist in zwei neueren Urteilen des Europäischen Gerichtshofs ausgeführt, daß auch Tarifverträge sich der Prüfung zu unterziehen haben, ob mittelbar diskriminierende Regelungen vorliegen.[1] Diese Entwicklungen zusammengenommen haben in jüngster Zeit Bewegung in die Teilzeitpolitik der Gewerkschaften gebracht, die jahrelang durch beharrliches Ignorieren der Diskriminierung von Teilzeitbeschäftigten gekennzeichnet war (Kurz-Scherf 1986).

Wesentliche Fortschritte sind bei der arbeitsrechtlichen Gleichstellung von Teilzeit- mit Vollzeitbeschäftigten zu konstatieren, insbesondere in den Bereichen Handel, Banken und Versicherungen, Metall- und Druckindustrie. Im Mittelpunkt der tariflichen Bemühungen steht die Verhinderung ungeschützter Beschäftigungsverhältnisse durch Vereinbarung von Mindestarbeitszeiten und die Einschränkung besonders ungünstiger Regelungen zur Lage und Verteilung der Arbeitszeiten. Teilzeitbeschäftigte sollen (anteilig) an allen tariflichen Leistungen teilhaben (Stolz-Willig 1991).

Auch die neuen Teilzeittarifverträge regeln jedoch erst ansatzweise die Frage, unter welchen Voraussetzungen und zu welchem Anteil an der Gesamtbelegschaft Teilzeitarbeit zulässig ist und wie die Teilzeitwünsche der Betroffenen - insbesondere der Übergang von Vollzeit- auf Teilzeitarbeit und umgekehrt - realisiert werden können. Die abgeschlossenen Vereinbarungen beziehen sich stets nur auf die vorhandenen Teilzeitarbeitsplätze, d.h. die Arbeitsplätze, die die Unternehmen einzurichten bereit sind. Der so häufig beklagte Mangel an Teilzeitarbeitsplätzen ist aber nicht irgendwelchen kollektivvertraglichen oder gesetzlichen Barrieren anzulasten. Auch aus technischen und arbeitsorganisatorischen Gründen macht es keine unüberwindlichen Probleme, Vollzeitarbeitsplätze zeitlich

1 Urteil des Europäischen Gerichtshofs vom 27. Juni 1990, C 33/89, NZA 1990, S. 771 f.; Urteil des Europäischen Gerichtshofs vom 7. Februar 1991, RS C-184/89, zitiert nach FAZ vom 8. Februar 1991.

und funktionell zu teilen oder die Arbeitszeiten von den Betriebszeiten zu entkoppeln (Hoff 1989). Im Betriebsalltag geht es aber nicht in erster Linie um die technisch-organisatorische Realisierbarkeit, sondern um die betriebswirtschaftlich-ökonomische Rentabilität bei der Einrichtung von Teilzeitarbeitsplätzen. Ein wesentliches, zumeist ausschlaggebendes Motiv für das Angebot von Teilzeitarbeitsplätzen ist die hier mögliche Leistungsverdichtung für die kürzer Arbeitenden und die flexible Anpassung des Personaleinsatzes an wechselnde Produktionserfordernisse. Hieraus folgt die spezifische Struktur der Teilzeitbeschäftigung mit ihrer - ungeachtet der Teilzeit-Euphorie - unveränderten Konzentration auf ein enges Berufsspektrum und zumeist un- und angelernte Tätigkeiten, insbesondere in den klassischen Niedriglohnbereichen (Handel, Hotel und Gaststätten, Gebäudereinigung etc.) (Engelbrech/Warnhagen 1987).

Das begrenzte Angebot an Teilzeitarbeit, ihre Beschränkung auf die unteren Ränge der betrieblichen Hierarchie begründet sich aber nicht allein aus der Dominanz betrieblicher Rentabilitätsinteressen. Die Ausübung von Führungs- und Leitungsfunktionen unterstellt nicht nur weithin die Bereitschaft, die gesamten Lebensinteressen den beruflichen Anforderungen zu unterwerfen; die Strukturen innerbetrieblicher Hierarchie und Machtverteilung erscheinen vielmehr unvereinbar mit geteilten Verantwortlichkeiten. Die Abschottung von Kompetenzen und Statuspositionen erfolgt entlang arbeitszeitlicher und räumlicher Mobilitätsbereitschaft.

Eine qualitative Verbesserung des Status der Teilzeitbeschäftigung wird mithin erst dann ereicht, wenn die Einrichtung von Teilzeitarbeitsplätzen nicht Rentabilitäts- und Hierarchieinteressen überlassen bleibt. Das setzt allerdings wesentlich mehr voraus als die in neueren Tarifverträgen zu findenden Formulierungen, mit denen ausdrücklich Wünschen von Beschäftigten nach Teilzeitarbeit (bzw. Rückkehr zur Vollzeitarbeit) im Rahmen betrieblicher Möglichkeiten Rechnung getragen werden sollen. Erst die Ausgestaltung individueller Optionen als kollektive Rechtsansprüche auf (phasenweise) Reduzierung der Arbeitszeiten auf der einen Seite und die Verküpfung einer Teilzeitpolitik mit der praktischen Kritik betrieblicher Einstellungs- und Beförderungspraxis und Hierarchiebildung auf der anderen Seite könnte die Wirksamkeit kapitalistisch und patriarchalisch definierter Berufsverlaufs- und Karrieremuster ernsthaft in Frage stellen. Diese Kritik gilt umsomehr, wenn das zweite Standbein der »familienfreundlichen Arbeitszeiten«, nämlich die tariflichen Elternurlaubsansprüche betrachtet werden.

Elternurlaub per Tarifvertrag

Von Mitte der achtziger Jahre datieren die ersten Betriebsvereinbarungen zur Verbesserung der Vereinbarkeit von Beruf und Familie. Insbesondere Großbetriebe prosperierender Branchen, wie der Chemie- und Metallwirtschaft, entwickelten - häufig im Rahmen übergreifender Frauenfördermaßnahmen - Vorstellungen und Maßnahmen zur bevorzugten Wiedereinstellung der MitarbeiterInnen, die nach dem gesetzlichen Erziehungsurlaub ihre Berufstätigkeit unterbrechen wollten oder mußten. Zweifelsohne liegen derartige Regelungen auch im betrieblichen Interesse. Heute stehen anders als in den siebziger Jahren auf dem Arbeitsmarkt in ausreichendem Maß auch qualifizierte weibliche Arbeitskräfte zur Verfügung, so daß die optimale Ausschöpfung von Qualifikationspotentialen zu einem wesentlichen Bestandteil von Modernisierungsstrategien wird (Gottschall/Jacobsen/Schütte 1989). Angesichts der Qualifikation des weiblichen Personals und der bereits getätigten »Humankapitalinvestitionen« durch Aus- und Weiterbildung wird es für die Betriebe ökonomisch unvertretbar, wenn mit der Entscheidung für Kinder das »Aus« für die Nutzung der beruflichen Kompetenzen und Fähigkeiten vorprogrammiert ist (Weg 1989). Zudem sind Maßnahmen der Frauenförderung und der familienfreundlicheren Gestaltung der Arbeitsbedingungen in einem Klima gewachsener gesellschaftlicher Sensibilität für Fragen der Chancengleichheit durchaus geeignet, zur Imagebildung der betreffenden Betriebe beizutragen.

Betriebsvereinbarungen zur Vereinbarkeit von Beruf und Familie haben sicherlich auch den Weg für die Durchsetzung tariflicher Regelungen bereitet, zum größten Teil sind sie auch wesentlich phantasievoller gestaltet und beweisen eine größere Nähe zu den sozialen Problemlagen, die zu regeln sie beanspruchen. Sie weisen allerdings im Vergleich zu tariflichen Regelungen schwerwiegende Nachteile auf: Ihr Geltungsbereich ist beschränkt, und sie sind unter Wahrung bestimmter Fristen jederzeit kündbar.

Branchentarifverträge zum Elternurlaub wurden bislang (Stichtag 30. Juni 1992) im Handel, dem Banken- und Versicherungsgewerbe, der Metall-, Eisen und Stahlindustrie, der Druckindustrie und der Papier- und Kunststoffverarbeitung abgeschlossen (Stolz-Willig 1991). In typischen Frauenbranchen wie der Textil- und Bekleidungsindustrie, dem Hotel- und Gaststättengewerbe, dem Reingungsgewerbe etc. existieren derzeit keine Vereinbarungen. Darüber hinaus werden in einigen Branchen Klein- und Mittelbetriebe und damit Hauptbeschäftigungsbereiche für Frauen von den Regelungen ausgenommen. Eine weitere Einschränkung des Geltungsbereichs der Tarifregelungen liegt in der Voraussetzung einer in der Regel mehrjährigen Betriebszugehörigkeit.

Kern der vorliegenden Kollektivverträge ist eine oft mehrjährige Verlängerung des gesetzlichen Erziehungsurlaubs. In der Regel wird das Arbeitsverhältnis aufgelöst. Im Rahmen der tariflich (oder betrieblich) fixierten Zeitdauer besteht ein Anspruch auf Wiedereinstellung, zum Teil unter definierten Bedingungen.

Wiedereinstellungsgarantien (ruhendes Arbeitsverhältnis) konnten lediglich im Einzelhandel und in der Papier- und Kunststoffindustrie durchgesetzt werden. In der Druckindustrie und der Stahlindustrie wurden Ansprüche auf Teilbeurlaubung tarifiert.

Im Einzelhandel - als Beispiel - gelten für Betriebe mit mehr als 100 Beschäftigten folgende zentrale Regelungen:

- Höchstdauer von vier Jahren für Erziehungs- und Elternurlaub, Aufteilung zwischen beiden im selben Unternehmen tätigen Elternteilen möglich;
- Teilbeurlaubung nach Absprache mit dem Arbeitgeber und unter Berücksichtigung der betrieblichen Belange möglich;
- Ruhen des Arbeitsverhältnisses, Anrechnung der Ruhephase auf die Berufs- und Tätigkeitsjahre, nicht jedoch auf die Betriebszugehörigkeit;
- Möglichkeiten zur Teilnahme an geeigneten betrieblichen Fort- und Weiterbildungsveranstaltungen;
- Anspruch auf Beschäftigung an einem gleichwertigen Arbeitsplatz.

Einzelne betriebliche Vereinbarungen bessern im Handel wie auch in den anderen Bereichen die tariflichen Regelungen zum Teil erheblich auf. So wurde für Beschäftigte der Hertie Waren- und Kaufhaus GmbH eine Ausweitung der gesetzlichen und tariflichen Ansprüche auf Elternurlaub um weitere zwei Jahre erreicht. Erstmalig gelang hier der Einstieg in die Gestaltung des Elternurlaubs als Zeitkonto. Der betriebliche Elternurlaub kann direkt im Anschluß an den tariflichen oder zu Beginn des Schulanfangs des Kindes genommen werden. Nur in wenigen Unternehmen der Privatwirtschaft (zum Beispiel IBM) werden Wahlmöglichkeiten zwischen Voll- und Teilfreistellung eröffnet bzw. auch eine Kombination von befristeter Arbeitszeitreduzierung und (Teil-)Erziehungszeit ermöglicht.

Lediglich der Tarifabschluß für die Papier- und Kunststoffindustrie löst die enge Bindung der Freistellungsansprüche an den gesetzlichen Erziehungsurlaub und weitet damit sowohl den Kreis der Anspruchsberechtigten als auch die den Anspruch begründenden persönlichen Gründe deutlich aus. Jedem Beschäftigten/jeder Beschäftigten soll es möglich sein, aus den unterschiedlichsten Lebensinteressen und in den verschiedensten Lebensphasen Ansprüche auf Freistellung oder Teilbeurlaubung geltend zu machen.

Zunehmend werden auch andere familienbezogene Elemente zum Gegenstand von Betriebs- und Tarifvereinbarungen. Zu nennen sind die Erweiterung der gesetzlichen Freistellungsansprüche bei Krankheit des Kindes bzw. die Verankerung von Freistellungsansprüchen zur Pflege von Angehörigen und die Verbesserung von Gleitzeitmöglichkeiten für Eltern. Auf betrieblicher und tariflicher Ebene finden sich darüber hinaus erste Ansätze, Kinderbetreuungseinrichtungen - auch finanziell - zu fördern (zum Beispiel Deutsche Bank AG, Tarifforderung der HBV Hamburg).

Die vorliegenden Vereinbarungen zu »Familienzeiten« sind sicherlich als wichtige Schritte zur Stärkung von Individualrechten in der Arbeitszeitgestaltung zu werten, allerdings erreicht die Mehrheit der Vereinbarungen die Qualität der zuvor zitierten Regelungen nicht. Die Rechtswirksamkeit der Wiedereinstellungszusagen ist da, wo das Arbeitsverhältnis nach Ablauf des gesetzlichen Erziehungsurlaubs gekündigt wird, gering zu veranschlagen. Die Hürden, um wieder einen Arbeitsplatz in demselben Betrieb einnehmen zu können, sind unterschiedlich hoch gesetzt. Sie werden in Fällen ökonomischer Schwierigkeiten des Betriebes oder gar anstehenden Personalabbaus ganz unüberwindbar.

Die Wiedereinstellung setzt in der günstigeren Variante voraus, daß ein geeigneter Arbeitsplatz zum Zeitpunkt der Wiedereinstellung vorhanden ist bzw. auf absehbare Zeit zur Verfügung steht (Metallindustrie) oder daß »die geforderte Qualifikation und Eignung für die zu besetzende Stelle im selben Betrieb oder in einem anderen nahegelegenen Betrieb des Unternehmens besteht oder entwickelt werden kann« (Privates Bankgewerbe). Eine noch wesentlich ungünstigere Variante setzt voraus, daß die BerufsrückkehrerIn sich allererst auf eine ausgeschriebene Stelle bewirbt und »mindestens die gleiche Qualifikation wie die anderen Bewerber mitbringt« (Groß- und Außenhandel Schleswig-Holstein).

Höchst unterschiedlich und interpretationsfähig sind darüber hinaus die Regelungen, ob frühere Beschäftigungszeiten und vor allem die Zeiten des Erziehungsurlaubs bei Wiedereinstellung angerechnet werden oder nicht. Bekanntlich handelt es sich aber bei der »Anciennität« um ein wesentliches Lohnanknüpfungskriterium, das für die betriebliche Eingruppierung ebenso wie für die Inanspruchnahme sonstiger tariflicher Vergünstigungen (wie der betrieblichen Altersversorgung) eine erhebliche Rolle spielt.

Insgesamt zeigen die Extrempole der Tarifregelungen im Einzelhandel einerseits, im Groß- und Außenhandel andererseits deutlich die unterschiedliche Funktion solcher Regelungen: Während im Einzelhandel als Frauenbranche Personalknappheit zu ernsthaften Überlegungen führt, Frauen auch in der Familienphase an den Betrieb zu binden, kann man sich bei den Formulierungen in den Tarifverträgen des (männlich dominierten) Groß- und Außenhandels des Eindrucks nicht erwehren, daß hier Konkurrenzvorteile der männlichen Beschäftigten festgeschrieben werden und Personalflexibilisierung auf dem Rücken der Frauen betrieben wird.

Die zum Teil sehr langen Zeiträume der Freistellung, die auch häufig ohne Bezug zu nachvollziehbaren Kindheitsphasen bleiben, werfen noch weitere Probleme auf: Zum einen sind mit einer längeren Berufsunterbrechung spürbare Verluste an sozialer Sicherung verbunden und auch die Qualifikationsverluste werden - selbst bei Informations- und Weiterbildungsangeboten in der Familienpause - mit den Jahren immer stärker werden. Zum anderen wird damit dem wachsenden Interesse von Frauen an einem Nebeneinander von Beruf und Familie kaum Rechnung getragen. Wahlmöglichkeiten zwischen Voll- und Teilfreistellung werden in den bestehenden Tarifvereinbarungen nur sehr begrenzt eröffnet.

Vereinbarkeitsregelungen im Gegensatz zur Chancengleichheit?

Zweifelsohne sind die jüngsten tariflichen Regelungen zur Teilzeitarbeit und zur Familienpause Ausdruck eines gewachsenen Bewußtseins in den Gewerkschaften für die Probleme der Vereinbarkeit von Beruf und Familie. Weder verbesserte Teilzeitarbeitsbedingungen noch tarifliche Elternurlaubsregelungen können aber deren grundsätzliche Problematik verdekken: Die existierenden Regelungen richten sich de facto an die Frauen, sie unterstellen nach wie vor die Einkommenssicherung über den Familienverband bzw. über den in den meisten Fällen männlichen Hauptverdiener. Für die wachsende Zahl der Alleinerziehenden und Familien mit niedrigem Haushaltseinkommen kommen solche Regelungen nicht ernsthaft in Frage (Bäcker/Stolz-Willig 1990). Auch erweist sich die bundesrepublikanische Präferenz für die am Phasenmodell orientierten Regelungen für eine Übertragung auf die Realität der neuen Bundesländer als untauglich. Hier trugen die Frauen mit ca. 40 v.H. in einem wesentlich höheren Maße als in der alten Bundesrepublik zum Haushaltseinkommen von Paaren bei. Ein wesentlich größerer Anteil erwerbstätiger Mütter ist darüber hinaus alleinerziehend. Die hohe Arbeitslosigkeit und prekäre Beschäftigungssituation zusammen mit dem niedrigen Lohnniveau lassen es schon aus ökonomischen Gründen völlig ausgeschlossen erscheinen, daß Frauen in den neuen Bundesländern auf ihre Erwerbseinkommen ganz oder teilweise verzichten könnten.

Regelungen zur Vereinbarkeit von Beruf und Familie, die nicht mit den tatsächlichen Entwicklungstendenzen der Familie und den Bedürfnissen der Frauen nach gleichwertiger Berufsarbeit in Konflikt geraten wollen, müssen an den Zusammenhang von tariflicher Normalarbeitszeit und existenzsicherndem Einkommen anknüpfen. Die tariflich festgelegte Wochenarbeitszeit ist keine unverbindliche und zufällige Größe, sondern sie besitzt eine elementare Existenzsicherungs- und soziale Schutzfunktion. Der tarifliche (Mindest-)Stundenlohn garantiert, daß auch in den unteren Lohn- und Gehaltsgruppen das Existenzminimum und ein eigenständiger sozialer Schutz erreicht werden.

> »Wenn Teilzeitarbeit das Spektrum der Möglichkeiten autonomer Lebensplanung erweitern soll, dann muß kontinuierliche Vollzeitbeschäftigung überhaupt erst einmal zu einer auch Frauen mit typischen Lebensentwürfen (d.h. unter anderem einschließlich der Mutterschaft) prinzipiell zugänglichen Form der Erwerbsbeteiligung werden.« (Kurz-Scherf 1989)

Dies setzt zunächst einmal die Durchsetzung einer wirksamen allgemeinen Arbeitszeitverkürzung voraus, gerade auch in den qualifizierteren Tätigkeitsbereichen und Leitungsfunktionen. Deren Öffnung für Frauen kann mit noch so gut gemeinten Frauenförderklauseln nicht erreicht werden, solange die in diesen Bereichen dominierenden Arbeitszeitmuster und Mobilitätsbedingungen nicht grundsätzlich in Frage gestellt werden. Die Anpassung an diese Arbeitszeitmuster bedeutet für Frauen mehr als die Bereitschaft zur Hierarchisierung der Lebenswelt zugunsten des Berufes, sie bedeutet weithin den Verzicht auf Erholung, Privatheit und Intimität, für die Familie auch steht. Männer weigern sich bisher, die von Frauen geräumten Plätze in den Familien einzunehmen, und es ist auch mehr als fraglich, ob der - hypothetische - Tausch der sozialen und kulturellen Geschlechtsrollen ein Gewinn wäre. Eine stärker egalitäre Aufteilung der gesellschaftlichen Arbeit in Beruf und Familie setzt als notwendige - keineswegs hinreichende - Bedingung eine Revision der an männlichen Erwerbsarbeitsmustern orientierten Arbeitszeitstrukturen voraus.

Kontinuierliche Erwerbsverläufe werden auch von Frauen mit Kindern immer stärker gewünscht und werden mit abnehmender Stabilität der Versorger-Ehe immer notwendiger. Unter dem Gesichtspunkt kontinuierlicher Berufsverläufe, eigener Einkommenschancen und eigenständiger sozialer Sicherung bei Arbeitslosigkeit und im Alter müßten folgende Änderungen durchgesetzt werden:

- garantierte Ausstiegsmöglichkeiten aus der Vollzeitarbeit und Rückkehrmöglichkeiten;
- Einkommens- und Sozialversicherungsausgleich während familienbedingter Teilzeitphasen;
- die Erweiterung bezahlter und unbezahlter Freistellungsansprüche zur Pflege kranker Kinder und Angehöriger;
- die Stärkung der Vaterrolle durch einen (gesetzlichen oder tariflichen) Freistellungsanspruch für Väter vor und nach der Geburt eines Kindes;
- die Weiterentwicklung geschlechtsspezifischer Arbeitszeitschutznormen (Nachtarbeitsverbot für Arbeiterinnen) zu lebenslagenabhängigen Schutznormen (Rückkehrrechte unter anderem von NachtarbeiterInnen mit Familienpflichten in Tagesarbeit).

Abgesehen von diesen zentralen Elementen einer Berücksichtigung außerbetrieblicher Belastungen und Lebensinteressen in der Arbeitszeitorganisation müßten alle Normen des Arbeits-, Tarif- und Sozialrechts auf ihre Begünstigung einer männlichen »Normalarbeitsbiographie« hin überprüft und revidiert werden. Insbesondere sozial- und steuerrechtliche Regelungen, wie beispielsweise das Ehegattensplitting, begünstigen Lebensformen, die auf dem Verzicht oder der allenfalls marginalen Erwerbstätigkeit von Frauen gründen. Dieses vorherrschende System der bevorzugten Einkommenssicherung des männlichen Familienernährers gilt weithin als Rechtfertigungsgrund der Niedrigeinkommen von Frauen im Erwerbsbereich. Mit arbeitszeitpolitischen Maßnahmen allein werden deshalb die geschlechtsdiskriminierenden Arbeitsmarkt- und Sozialstrukturen nicht aus der Welt zu schaffen sein.

Literatur

Bäcker, Gerhard/Stolz-Willig, Brigitte (1990): *Kindererziehung, Arbeitszeiten und soziale Sicherung*, WSI-Arbeitsmaterialien Nr. 26

Degen, Barbara (1991): »Familienrecht und Arbeitsrecht - zur mittelbaren Diskriminierung von Frauen«. In: *WSI-Mitteilungen*, Heft 2, S. 81 ff.

Engelbrech, Gerhard/Warnhagen, Ingeborg (1987): »Frauen in Teilzeitarbeit«. In: *Materialien aus der Arbeitsmarkt- und Berufsforschung*, Heft 5

Gottschall, Karin/Jacobsen, Heike/Schütte, Ilse (1989): *Weibliche Angestellte im Zentrum betrieblicher Innovation*. Schriftenreihe des Bundesministers für Jugend, Familie, Frauen und Gesundheit, Band 240. Stuttgart

Hoff, Andreas (1989): »Gibt es unteilbare Arbeitsplätze?« In: Der Minister für Wirtschaft, Mittelstand und Technologie des Landes Nordrhein-Westfalen (Hrsg.): *Frauenförderung im Sparkassenbereich*. Düsseldorf, S. 117 f.

Kurz-Scherf, Ingrid (1986): »Von der Emanzipation des Brunnenmädchens in Heilbädern«. In: *WSI-Mitteilungen*, Heft 8, S. 537 ff.

Kurz-Scherf, Ingrid (1989): »Teilzeitarbeit: Individuelle Notlösung und/oder Vorbotin einer neuen Zeitordnung? -Plädoyer für die Entpatriarchalisierung der herrschenden Zeitordnung«. In: Ursula Müller/Hiltraud Schmidt-Waldherr (Hrsg.): *Frauen-Sozialkunde*. Bielefeld, S. 56

Stolz-Willig, Brigitte (1991): »Vereinbarkeit von Beruf und Familie, Teilzeitarbeit und Familienpause als Königsweg?« In: *WSI-Mitteilungen*, Heft 2, S. 66 ff.

Stolz-Willig, Brigitte (1991): *Tarifliche Elternurlaubsregelungen, Übersicht und Kommentar*. WSI-Arbeitsmaterialien Nr. 28. Düsseldorf

Weg, Marianne (1989): »Vereinbarkeit von Beruf und Kindererziehung - Beurlaubung aus familiären Gründen«. In: Der Minister für Wirtschaft, Mittelstand und Technologie des Landes Nordrhein-Westfalen (Hrsg.): *Frauenförderung im Sparkassenbereich*. Düsseldorf

Rente als Alterslohn für Lebensleistung

Arbeitsleben und Lebensarbeitsentlohnung: Zur Entstehung von finanzieller Ungleichheit im Alter[1]

Jutta Allmendinger/Hannah Brückner/Erika Brückner

Frauen beziehen in der Regel eine niedrigere Rente als Männer - Frauen leben in der Regel länger als Männer. Wirtschaftswissenschaftler und Mathematiker (Dinkel 1988) schließen daraus, daß Frauen im Ruhestand gegenüber Männern nicht benachteiligt sind. Eine auf lange Dauer ausgezahlte niedrigere Rente entspricht einer über einen kurzen Zeitraum ausgezahlten hohen Rente. Sozialpolitiker und Soziologen verweisen dagegen auf die Armut älterer Frauen. In der Tat waren verwitwete ältere Frauen lange Zeit »die größte kohärente Gruppe« (Zöllner 1982, S. 137) unter den Sozialhilfeempfängern.[2] Noch immer »ist die Arbeiterwitwe der Prototyp materieller Deprivation im Alter« (Standfest 1980, S. 342).

Frauen bereiten auf vielfältige Weise auch den Rentenreformern Kopfzerbrechen: Einerseits ist ein erklärtes Ziel der Rentenreform in den achtziger Jahren die Gleichstellung von Mann und Frau in der Rentenversicherung gewesen (Helberger 1982, S. 93). Eine solche Reform müßte die »Sozialhilferisikoquote« von älteren Frauen etwa durch eine Verbesserung der Hinterbliebenenversorgung senken oder die Chancen von Frauen auf eine eigene, von Ehemännern unabhängige Altersversorgung erhöhen. Andererseits können Anstrengungen in diese Richtungen eine Vielzahl von arbeitsmarktpolitischen und bevölkerungspolitischen Effekten erzeugen, deren Auswirkungen unterschiedlich beurteilt werden. Zwar ist ein grundlegendes Prinzip der gesetzlichen Rentenversicherung (obschon Pflicht für bestimmte Personenkreise) darin zu sehen, daß jeder

---

1 Dieser Beitrag ist die überarbeitete Fassung eines Manuskripts, das erstmals 1991 in dem von K. U. Mayer, J. Allmendinger und J. Huinink herausgegebenen Sammelband: »Vom Regen in die Traufe: Frauen zwischen Beruf und Familie«, Frankfurt a. M., New York: Campus, S. 423-459, erschienen ist. Wir danken J. Richard Hackman und Karl Ulrich Mayer für lange Diskussionen, eine Fülle von Anregungen und hilfreiche Kommentare. Der Anstoß für eine Überarbeitung geht auf kritische Hinweise von Annelies Kohleiss, Stephan Leibfried und Ulrich Pötter zurück. Wir danken sehr dafür. Alle verbleibenden Fehler sind die unsrigen.

2 Im Jahre 1986 waren 80 % der über 60jährigen, die Sozialhilfe erhielten, Frauen (Die Angestelltenversicherung 1987). Für weitere Angaben siehe auch Hermann (1984) und Hauser (1990).

selbst für sein Alter Vorsorge treffen soll - keinesfalls aber sollen Frauen davon abgehalten werden, zukünftige BeitragszahlerInnen in die Welt zu setzen. Ganz gleich, ob wir Frauen als Ehefrauen sehen, die individuell nach »Belieben« (Helberger 1982, S. 119) über Erwerbstätigkeit oder Nichterwerbstätigkeit entscheiden, oder als Familienversorgerinnen, die Kinder und Alte betreuen und den Haushalt führen und die nur arbeiten gehen, wenn es der Familie an Geld mangelt, wenn Trümmerfrauen gebraucht werden oder wenn nicht genügend männliche Arbeitskräfte vorhanden sind: Die Altersversorgung der Frau bleibt ein sozialpolitisches Dilemma, das einen grundlegenden politischen und gesellschaftlichen Widerspruch ausdrückt: Trotz des Mandats der Gleichstellung von Männern und Frauen wird die Familienbetreuungsrolle noch immer einseitig den Frauen angetragen.

Dieser Beitrag untersucht die Ursachen der finanziellen Ungleichheit von Frauen und Männern im Alter. Dabei ist die Analyse auf Personen beschränkt, die zwischen 1919 und 1921 geboren wurden und somit vor der Rentenreform 1992 in den Ruhestand getreten sind. Da die Rentenzugänge dieser Generationen noch entsprechend den alten Bestimmungen und der alten Rentenformel behandelt werden, stellen wir den alten Rechtszustand dar[3] und zeigen auf derartigem Hintergrund, welche Merkmale des Lebensverlaufs rentenwirksam werden.

Daran anschließend beschreiben wir den Lebensverlauf von zwischen 1919 und 1921 geborenen Frauen und Männern. Wir zeigen, wie Rentenanwartschaften erworben werden und wie in der Abfolge von Schulbesuch, beruflicher Ausbildung, Erwerbsleben und Familienbildung geschlechtsspezifische Ungleichheiten Schritt für Schritt herausgebildet werden.

Rentenanwartschaften werden nicht nur durch den institutionellen Faktor Rentengesetzgebung bestimmt. Analysiert man die finanzielle Situation im Ruhestand, so zeigt sich eine über die institutionell gesetzten Rahmenbedingungen weit hinausgehende finanzielle Disparität zwischen Männern und Frauen. Diese Disparität ist eine Folge der Interaktion von institutionellen Faktoren und Arbeitsmarktmechanismen, die, zusammen mit historischen Gegebenheiten und individuellen Merkmalen des Le-

3 Es ist somit unbedingt zu beachten, daß für Personen, die nach dem 31.12.1991 in Rente gegangen sind, andere Rechtsgrundlagen gelten. Einen guten Überblick über die wesentlichen rechtlichen Änderungen sowie deren Analyse gibt Mechthild Veil (1992, S. 53 ff.).

bensverlaufs, die lebenslang aufgebaute soziale Ungleichheit im Alter noch verstärkt.

Ungleichheiten bilden sich aber nicht nur zwischen Männern und Frauen heraus, sondern auch innerhalb der Gruppe der Frauen. Unter Berücksichtigung der Rente aus eigener Erwerbstätigkeit und der Hinterbliebenenrenten kann man den finanziellen Erfolg auf dem Arbeitsmarkt dem finanziellen Erfolg auf dem Heiratsmarkt gegenüberstellen. So sind wir in der Lage, spezifische Resultate der verschlungenen Wege von Frauen zwischen Arbeitsmarkt und Familienarbeit auf dem Weg zur eigenen Altersversorgung anzugeben.

Abschließend geben wir einen kurzen Ausblick auf das, was unsere empirischen Ergebnisse für die Zukunft lehren: Eine Rentenreform, die den Veränderungen des Arbeitsmarktes durch die zunehmende Erwerbsbeteiligung von Frauen nicht Rechnung trägt, sondern erwerbstätige Frauen weiterhin benachteiligt, bewirkt das Gegenteil der intendierten Gleichstellung von Mann und Frau.

1. Der Kontext: Das westdeutsche Rentensystem

»Rente ist Alterslohn für Lebensleistung.« Diese Feststellung, hier zitiert nach Norbert Blüm, Minister für Arbeit und Sozialordnung, macht deutlich, daß sich das deutsche Rentensystem nicht auf die gesamte Bevölkerung bezieht, also nicht als Volksversicherung oder Staatsbürgerversorgung, sondern als Arbeitnehmerversicherung konzipiert ist. Personen, die nie (oder nicht ausreichend lange) in sozialversicherungspflichtiger Weise erwerbstätig waren, werden nicht von diesem System erfaßt und sind, soweit nicht »abgeleitet« versichert, auf das Souterrain »Sozialhilfe« angewiesen. Erwerbstätigkeit (und die damit verbundene *Vorsorgefähigkeit*[4]) ist Grundlage dieses Systems, das »Lebensleistung« mit »Alterslohn« verknüpft.

Zwei wesentliche Merkmale liegen der Rentenberechnung zugrunde. Das »dynamische« Prinzip trägt dem ökonomischen Wachstum Rechnung. Die Rentenbeiträge, die in sich verändernden Arbeitsmärkten in Goldmark, Reichsmark und DM geleistet wurden, werden entsprechend dem Wirtschaftswachstum während des Arbeitslebens und im Ruhestand ange-

4 Wie Zacher (1987, S. 725) schreibt, ist es auch die Vorsorgebedürftigkeit. Dies ist an der Beitragsbemessungsgrenze gut ersichtlich.

paßt. Das zweite Merkmal - das Prinzip der individuellen Gerechtigkeit - hat das Ziel, jedem Individuum im Ruhestand eine Position zuzuweisen, die seiner oder ihrer lebenslangen Position in der Einkommenshierarchie entspricht: Jedem Lebensverlauf das Seine.

Die Rentenhöhe wird durch die Rentenformel bestimmt[5], die zum Ausdruck bringt, daß eine gute Rente nicht erreicht werden kann, wenn eine Person für kurze Zeit sehr viel verdient und hohe Beiträge leistet. Sie kann auch nicht erreicht werden, wenn für lange Zeit niedrige Beiträge entrichtet werden (Kiel 1987, S. 63). Dauer kann nicht die monetäre Leistung und diese nicht die Dauer der Arbeitsmarktbeteiligung ersetzen. Es gibt eine Ausnahme von diesem Prinzip: die Rente nach Mindesteinkommen. Hier wird bei sehr langer Dauer der Erwerbsarbeit, bei gleichzeitig deutlich niedriger Entlohnung, die Höhe aufgestockt.

Beide Elemente, Dauer und Höhe, haben eine individuelle Lebensverlaufskomponente: die anrechnungsfähigen Versicherungsjahre (die persönliche Dauer der Erwerbstätigkeit) und der persönliche Vomhundertsatz (die persönliche Höhe des Erwerbseinkommens). Dauer und Höhe haben auch eine kollektive Komponente: den Steigerungssatz und die allgemeine Bemessungsgrundlage. Betrachten wir nur die Geburtsjahrgänge 1919-21, so ist die kollektive Komponente (fast) identisch: Somit sind vor allem die individuellen Elemente interessant.

Organisatorisch ist das deutsche Rentensystem in vier Zweige gegliedert, die Rentenversicherung für Arbeiter, die Rentenversicherung für Angestellte, die Knappschaftliche Rentenversicherung und die Altershilfe für Landwirte. Die Rentenversicherungssysteme für *Arbeiter und Angestellte* - und die für Selbständige, die der gesetzlichen Rentenversicherung freiwillig beitreten können - sind recht ähnlich aufgebaut. Unterschiede zwischen ihnen bestehen insbesondere nicht bei der Rentenberechnung. Jeder Arbeitnehmer muß monatlich einen Betrag von zur Zeit 8,85 % des Bruttoeinkommens in die Rentenversicherung einzahlen.[6] Arbeitgeber zahlen die gleiche Summe hinzu. Bei 40 bzw. 45 anrechnungsfähigen Versicherungsjahren liegt das Nettorentenniveau bei etwa 65 bzw. 73 % des Nettoentgelts eines vergleichbaren Arbeitnehmers. Die Renten der Angestelltenversicherung liegen höher als die der Arbeiterversicherung; das

5 Für eine ausführliche und empirisch orientierte Besprechung vgl. Kiel (1987, S. 62 ff.).

6 Versicherungsfreiheit besteht bei Werkstudenten ohne abgeschlossene Berufsausbildung, bei geringfügiger Beschäftigung und bei geringfügiger selbständiger Tätigkeit.

Nettorentenniveau ist aber bei den Arbeitern höher als bei den Angestellten, so daß Arbeiter dem Bild des »Eck-Rentners« eher entsprechen (Steeger 1988). Vier Rentenarten sind zu unterscheiden: Altersrenten, Berufs- und Erwerbsunfähigkeitsrenten, Witwen- und Waisenrenten und Renten für Kindererziehung. Diese Rentenarten unterscheiden sich in biografischen Anforderungen (Alter und Dauer der Beitragszahlungen) und in der Höhe.

Für *Beamte* gilt ein anderes System. Sie zahlen während ihres Arbeitslebens keine Beiträge zur Sozialversicherung und erhalten nach 35 Arbeitsjahren 75 % ihres letzten individuellen Bruttoeinkommens. (In der gesetzlichen Rentenversicherung wird die Rente demgegenüber entsprechend dem Verhältnis des Einkommens des Versicherten zum Einkommen aller anderen Versicherten bestimmt.) Beamte müssen ihre Pension versteuern und sich im Ruhestand selbst krankenversichern (Beiträge zur Krankenversicherung leisten inzwischen auch die Rentner der Gesetzlichen Rentenversicherung [GRV]). Trotz dieser Ausgaben ist die finanzielle Situation der pensionierten Beamten insgesamt besser als die anderer Rentner.[7]

Ein Teil der Rentenbezieher der GRV erhält zusätzlich eine *Betriebsrente*[8]; Größe und Branche der Unternehmen sind maßgebend dafür, ob solche Renten gewährt werden. In Kleinunternehmen sind nur 12 % aller Beschäftigten in betriebliche Altersversorgungsmaßnahmen einbezogen. Bei den sehr großen Unternehmen ist die Teilhabe fast vollständig (Ahrend u. a. 1988, S. 295). Neben den Betrieben kommen auch noch private Rentenversicherungsträger in Betracht, die hier jedoch nicht berücksichtigt werden.

Erinnern wir uns an die am Anfang dieses Artikels zitierten Worte: »Rente ist Alterslohn für Lebensleistung« und fragen, welche *spezifischen* Lebensleistungen im Alter belohnt werden. Das bestehende Rentenversicherungssystem der Bundesrepublik Deutschland zeichnet sich ja dadurch aus, daß »durch die eigenen monetären Beiträge (zu denen auch die Arbeitgeberbeiträge zählen) eigentumsähnliche Ansprüche auf die späteren Rentenzahlungen erworben werden« (Schmähl 1992). Es kann »nicht Auf-

7 Arbeiter und Angestellte, die im öffentlichen Dienst beschäftigt waren, erhalten eine zusätzliche Rente (VBL), um den Unterschied zwischen gesetzlicher Rente und Beamtenpension zu verringern.

8 Eine detaillierte Darstellung der betrieblichen Altersversorgung findet sich bei Genosko (1985), Frank (1985), Ahrend u. a. (1988).

gabe der Sozialversicherungssysteme sein, korrigierend in den Arbeitsmarkt einzugreifen« (Ruland 1992).

Je länger man arbeitet und je mehr man verdient, um so höher ist die Rente. Die Rentengesetzgebung macht die Bewertung der Leistung von den Regeln des Arbeitsmarkts abhängig. Dies kommentierte jüngst Gert Wagner:

> »Wenn eine Gesellschaft um das Leitbild der abhängigen Beschäftigung zentriert ist, spricht nichts gegen eine Lohnzentriertheit der sozialen Sicherungssysteme, zumal diese nicht nur Armut vermeidet, sondern eine 'Lebensstandardssicherung' aufbaut. Probleme, die gegenwärtig entstehen, da es Lücken im sozialen Sicherungssystem gibt (z. B. für 'geringfügig' Beschäftigte und Selbständige), können nicht dazu herhalten, die Lohnzentriertheit an sich zu verwerfen. Vielmehr gilt es, allen Bürgern zu ermöglichen, einkommens 'zentrierte' Sozialversicherungsansprüche zu erwerben. In Fällen der Kindererziehung und der häuslichen Laienpflege, die von der Gesellschaft als wichtig erachtet werden, sind entsprechend vom Staat aus Steuermitteln Beiträge zur Rentenversicherung zu zahlen.« (1992, S. 141, Fußnote 7)

Diese Sichtweise ist richtig. Allerdings geht es uns wie all jenen, die diese Lohnzentriertheit kritisieren, um weit mehr als um eine (lückenlose) Dauer der Erwerbstätigkeit bzw. das Stopfen von Versicherungslücken. Ein nachträgliches Auffüllen kann nie die Erwerbskarriere so rekonstruieren als wäre sie lückenlos verlaufen. Jede Lücke produziert ihre Langzeitkosten (vgl. unter anderem Prinz 1992, Engelbrech 1991, Hujer/Löwenbein 1991). Viel wichtiger ist jedoch, daß selbst lückenlose Erwerbsverläufe mit geschlechtsspezifisch unterschiedlichen Löhnen und (damit) Renten versehen sind (siehe hierzu Abschnitt 3 dieses Beitrages). Vor diesem Hintergrund ist die Kritik an der »Lohnzentriertheit« des sozialen Sicherungssystems sehr berechtigt.

Wir kommen zur Beschreibung der Rentenversicherung zurück. Wie erwähnt werden die Erträge der Erwerbsarbeit nicht ungefiltert auf die Rente übertragen. In der Rentengesetzgebung wird die Einkommensverteilung gekappt: So beschneidet die Beitragsbemessungsgrenze die hohen Einkommen, da Einkommen nur bis zur doppelten Höhe des Durchschnittsverdienstes aller Arbeitnehmer berücksichtigt wird.

Für einen eng begrenzten Kreis von Versicherten wird - bei harten Anforderungen an die »Dauer« - auch ein besonders niedriges Einkommen angehoben. Bei der Rentenberechnung wird dann für die Ermittlung der Bemessungsgrundlage von einem Mindestjahresentgelt ausgegangen, das 75 % des Durchschnittsverdienstes aller Versicherten entspricht. Voraussetzung ist, daß der oder die Versicherte mindestens 25 anrechnungsfähige Versicherungsjahre[9] zurückgelegt hat.[10]

Neben wenigen Korrekturen an der Einkommenshöhe finden sich vor allem Korrekturen an der Beitragsdauer. Hier wird, manchmal, künstlich Kontinuität in der Erwerbsbiografie gestiftet. So werden Tätigkeiten, etwa ein Studium, die später auf dem Arbeitsmarkt ohnehin belohnt werden, noch einmal prämiert - durch die Anerkennung schulischer Ausfallzeiten.[11] Im einzelnen gelten folgenden Regelungen:

Ausfallzeiten sind Zeiten, in denen der Versicherte aus Gründen, die überwiegend in seiner Person liegen, an der Beitragsleistung verhindert war - »individuelle sozialrelevante Gründe« (Michaelis 1990, S. 714) werden hier anerkannt.[12] Als Unterbrechung der versicherungspflichtigen Tätigkeit gelten Arbeitsunfähigkeit infolge von Krankheit und Unfall, Maßnahmen der medizinischen oder beruflichen Rehabilitation, Schwangerschaft und Arbeitslosigkeit (Kiel 1987, S. 69 f., Schulin 1989, S. 213). In diesen Fällen werden die Beiträge zu 100 % durch andere Versicherungsträger weitergezahlt, wird also die individuelle Rentenposition ohne Einschränkung fortgeschrieben. Ausfallzeiten sind weiterhin Zeiten der Ausbildung nach dem 16. Lebensjahr - so der Abschluß einer nicht versiche-

9 Ersatzzeiten und Zurechnungszeiten, nicht jedoch Ausfallzeiten und Zeiten freiwilliger Versicherung werden mitgezählt (Schulin 1989, S. 216 f.).

10 Mit der Rentenreform 1992 ist zur Voraussetzung gemacht worden, daß mindestens 35 Jahre mit »rentenrechtlichen Zeiten« vorhanden sind und daß »sich aus sämtlichen vollwertigen Pflichtbeiträgen des Versicherten *ein Bewertungsdurchschnitt von weniger als 0,0625 Entgeltpunkten* (= 75 % des Durchschnittseinkommens aller Versicherten) ergibt«. Liegen diese Voraussetzungen vor, ist die *»Summe der Endgeltpunkte für die bis zum 31.12.1991 zurückgelegten vollwertigen Beitragszeiten zu erhöhen«*. »Es sind nicht einzelne unter dem Wert 0,0625 liegende Monate anzuheben, sondern der Bewertungsdurchschnitt, falls er diesen Wert nicht erreicht. Um Teilzeitbeschäftigungen nicht über Gebühr zu begünstigen, ist die Erhöhung so zu bemessen, daß sich der Bewertungsdurchschnitt aus diesen (vor 1992 liegenden) Pflichtbeitragszeiten um das 1,5-fache erhöht. Durch diese Anhebung darf jedoch ein Bewertungsdurchschnitt von 0,0625 Entgeltpunkten (75 % des Durchschnittseinkommens aller Versicherten) nicht überschritten werden.« (Michaelis 1990, S. 712 f.)

11 Auch das Gegenteil gilt: Umstände, die auf dem Arbeitsmarkt ohnehin bestraft werden, werden doppelt bestraft - so eine Parallelität von Kindererziehung und Erwerbsarbeit.

12 Mit der Rentenreform '92 heißen die früheren Ausfallzeiten »Anrechnungszeiten«. »Der neue Begriff wurde gewählt, um den teilweise entstandenen Eindruck, diese Zeiten würden für die Rentenberechnung 'ausfallen', zu vermeiden . . .« (Bundesminister für Arbeit und Sozialordnung 1990b, S. 119)

rungspflichtigen oder versicherungsfreien Lehrzeit[13], die weitere Schulausbildung (maximal vier Jahre), die *abgeschlossene* Fachschulausbildung (maximal vier Jahre) und die *abgeschlossene* Hochschulausbildung (maximal fünf Jahre). Allerdings müssen bestimmte Voraussetzungen vorliegen, damit eine Anrechnung erfolgen kann. Die Tatbestände müssen nachgewiesen werden und die Ausfallzeiten dürfen nicht mit Beitragszeiten, Ersatzzeiten oder Zurechnungszeiten zusammenfallen. Weiterhin muß die Halbbelegung erfüllt sein, mindestens die Hälfte der Zeit zwischen dem ersten Eintritt in den Arbeitsmarkt und der Verrentung muß also mit Sozialversicherungsbeiträgen (bzw. anrechnungsfähigen Ersatz- oder Ausfallzeiten) belegt sein.[14]

Schul-, Fachschul- und Hochschulausbildungszeiten können mit 13 Jahren auf dem Niveau von 75 % des Durchschnittseinkommens aller Versicherten berücksichtigt werden.[15] Nutzt man diese Ausfallzeiten »ununterbrochen«, so kann man vom 16. bis zum 23. Lebensjahr eine schulische oder universitäre Ausbildung machen, ohne Lücken in der Rentenbiografie zu produzieren.

Neben den Ausfallzeiten gibt es *»Ersatzzeiten«*. Hier bilden »staatliche Zwangsmaßnahmen« (Michaelis 1990, S. 714) wie der Kriegsdienst das Leistungsmotiv für den Versicherungsträger, denn der Versicherte konnte, aus Gründen, die nicht in seiner Person lagen, keine Beiträge entrichten - die Beitragszeiten werden daher voll *ersetzt*. Es werden unter anderem zeitlich unbefristet angerechnet: Zeiten des militärischen Dienstes, der Internierung oder der Verschleppung, ferner Zeiten aufgrund einer Rückkehrverhinderung aus dem Ausland oder den ehemaligen Ostgebieten, Zeiten der Vertreibung, der Flucht, der Umsiedlung und Aussiedlung (Kiel 1987, S. 66 f., Schulin 1989, S. 208). Die Anerkennung setzt voraus, daß man davor oder danach versicherungspflichtig erwerbstätig war und während der Ersatzzeit keine Versicherungspflicht gegeben war.

13 Seit dem 1.1.1992 werden die Pflichtbeitragszeiten für eine Berufsausbildung höher bewertet, und zwar ohne zeitliche Beschränkung und ohne Altersbegrenzung. Die Bewertung erfolgt mit 90 % des Entgelts aller Versicherten, sofern dieser Wert nicht bereits vom Versicherten erreicht wird. Diese »Höherbewertung« löst das alte Prinzip einer Höherbewertung der ersten fünf Berufsjahre ab (vgl. Michaelis 1990, S. 711).

14 Durch die Rentenreform 1992 wird die Halbbelegungsklausel durch das Gesamtleistungsmodell ersetzt, allerdings gilt eine zwölfjährige Übergangsregelung.

15 Mit der Rentenreform 1992 werden nur noch maximal sieben Jahre als »Ausfall«-, also als »Anrechnungs«zeiten anerkannt.

Die überwiegende Zahl der eingreifenden Maßnahmen[16] gilt dem Merkmal »Zeit«, also der »Dauer«. Hier erfolgt der durchschlagende staatliche »biografische Brückenbau«. Hinsichtlich der »Höhe« der Pflichtbeiträge erfolgen keine oder nur sehr kleine Eingriffe, obgleich gerade diese Unterschiede die unterschiedlichen Rentenhöhen von Männern und Frauen bedingen. Das staatliche Interesse gilt also eher der Kontinuität einer einmal angefangenen Erwerbsbiografie als dem Einkommensniveau per se.

Die vorangegangene Diskussion zeigt, daß die finanzielle Situation im Alter von Faktoren abhängt, die sich Schritt für Schritt im Laufe eines Lebens entwickeln. Die institutionalisierte Abfolge von Schule, beruflicher Ausbildung, Familienbildung und Arbeitsmarktbeteiligung - stark beeinflußt durch kulturelle Normen, historische Ereignisse und die ökonomische Entwicklung - wirkt sich in kaum zu unterschätzender Weise auf zukünftige Rentenansprüche aus.

2. Der Prozeß: Der Erwerb von Rentenanwartschaften während des Lebensverlaufs

Der vorliegende Beitrag ist eine empirische und historische Analyse und verwendet Daten aus der Deutschen Lebensverlaufsstudie »Lebensverläufe und gesellschaftlicher Wandel« (wissenschaftlicher Leiter: Karl Ulrich Mayer). Es handelt sich um eine nationale, für die »alte« Bundesrepublik repräsentative Kohortenstudie von Frauen und Männern, die zwischen 1919 und 1961 geboren und in den achtziger Jahren interviewt wurden. Sie umfaßt retrospektiv gemessene Informationen aus dem Lebensverlauf von Herkunftsfamilie, Geschwistern, über Bildung und Arbeitsmarktbeteiligung bis hin zur eigenen Familienbildung (Mayer/Brückner 1989). Hier sind Daten der Geburtsjahrgänge 1919 bis 1921 verwendet - die einzige

16 Quantitativ nachrangig, aber konzeptionell wichtig ist die seit 1972 gegebene Möglichkeit, sich freiwillig zu versichern. Eine Rente kann danach auch aufgrund freiwilliger Beiträge, die in einer gewissen Regelmäßigkeit zu zahlen sind, eine Mindesthöhe erreichen und ohne einen Arbeitgeberanteil auskommen müssen erworben werden. Auf diese Rente wirkt sich sehr nachteilig aus, daß Ausfall-, Ersatz- und Zurechnungszeiten nicht berücksichtigt werden. Desweiteren besteht kein Anspruch auf Erwerbsunfähigkeits- oder Berufsunfähigkeitsrente. Die viel gerühmte »Öffnung«, der Schritt hin zur Volksversicherung, erfolgte nur beschränkt.

Kohorte, für die abgeschlossene Erwerbsverläufe einschließlich der Situation im Ruhestand vorhanden sind.[17]

Zwischen 1919 und 1921 geborene Menschen teilen kollektive Erfahrungen, die für diese Kohorte spezifisch sind. Dazu gehören die Weltwirtschaftskrise 1929, der Zweite Weltkrieg, die deutsche Teilung und das »Wirtschaftswunder« in den späten fünfziger und frühen sechziger Jahren. Sie erlebten den Zusammenbruch der Weimarer Republik, das Naziregime und die Entstehung der Bundesrepublik. Die letzten Jahre ihres Erwerbslebens waren durch neue Arbeitsmarkt- und Beschäftigungskrisen gekennzeichnet.

Während ihrer Schulzeit erlebten sie nach der Hochkonjunktur 1925 bis 1927 die große Depression von 1929. Zunehmende Arbeitslosigkeit machte die Zeiten für alle hart, führte aber insbesondere zu einem starken Wiederaufleben der Ressentiments gegenüber weiblicher Arbeitsmarktbeteiligung. Die Gewerkschaften starteten Kampagnen gegen Doppelverdiener, und die katholische Kirche wandte sich gegen jede Erwerbstätigkeit von Ehefrauen und Müttern (Winkler 1977, S. 24). 1933, kurz bevor die Mitglieder unserer Kohorte die Volksschule verließen, kamen die Nazis an die Macht. Faschistische Politik prägte von nun an entscheidend ihr weiteres Leben.

Nach unseren Daten beendeten über 70 % aller Männer und Frauen mit der Volksschule ihre schulische Ausbildung. Die mittlere Reife erreichten etwa ein Fünftel, das Abitur knapp 10 % der Männer und 5 % der Frauen. Geschlechtsspezifische Unterschiede im Bildungs*niveau* sind zugunsten der Männer vorhanden, bleiben aber gering. Schul*formen* und Bildungs*inhalte* unterscheiden Männer und Frauen stärker voneinander. Die wenigen Mädchen, die nach der Volksschule eine weiterführende Schule besuchten, gingen auf das Lyzeum und Oberlyzeum, deren Lehrpläne Sprachen, Kunst und Handarbeit, kurz »Fächer des Frauenschaffens«, betonten; Männer gingen auf Gymnasien, Realgymnasien und Oberrealschulen.

Nach Verlassen der allgemeinbildenden Schule hatten Männer und Frauen unterschiedliche Chancen. Weniger als ein Drittel aller Frauen konnten einen Ausbildungsabschluß machen - im Vergleich zu mehr als

17 Die Interviews wurden mit zwei verschiedenen Methoden erhoben. 1986 wurden 407 persönliche Interviews mit der traditionellen »paper-and-pencil«-Methode in der Wohnung der Befragten durchgeführt. 1988 wurden dagegen 1 005 computerunterstützte Telefoninterviews (CATI) erhoben. Die Datengrundlage wird ausführlich in Allmendinger (1992) dargestellt.

zwei Drittel der Männer. Während Männer normalerweise eine mehrjährige Lehre beendeten, lernten Frauen in oft einjährigen Programmen die Grundzüge von Büroarbeit und Büroorganisation - mit dem Pflichtfach »Hauswirtschaft«.

Wie bereits erwähnt, wird in der Rentengesetzgebung die schulische und berufliche Bildung im Rahmen von Ausfallzeiten bilanziert. Dies geschieht allerdings nicht eigenständig, sondern nur im Verbund mit der späteren Erwerbstätigkeit. Allerdings ist für die meisten Frauen schon zu diesem Zeitpunkt klar, daß ihnen keine Ausfallzeit aufgrund der schulischen und beruflichen Ausbildung angerechnet werden, da diese Bestimmung nur für Personen gilt, die über das 16. Lebensjahr hinaus in einer schulischen oder beruflichen Ausbildung waren. Etwa die Hälfte aller Frauen und nur 20 % der Männer sind im und nach dem 16. Lebensjahr weder in der Schule noch in der Ausbildung. Die Möglichkeit, eine Rentenerhöhung *ohne* Erwerbsarbeit zu erzielen, wurde also gerade Frauen bereits zu diesem Zeitpunkt eingeschränkt.

Weiterhin werden Zeiten der schulischen und beruflichen Ausbildung nur dann als rentenwirksame Ausfallzeiten anerkannt, wenn über den Lebensverlauf hinweg eine ganz bestimmte Sequenz von Erwerbsarbeit und Erwerbsunterbrechung (Halbbelegung) vorliegt. Diese Bedingung einer typisch an das Drei-Phasen Modell angelehnten zeitlichen Lagerung von Erwerbstätigkeit und von Nichterwerbstätigkeit erfüllen alle Männer, aber fast ein Fünftel aller Frauen erfüllt sie nicht. Bei diesen Frauen wird die schulische und berufliche Ausbildung so betrachtet, als hätte sie nicht stattgefunden.

Jene Personen, die Ausfallzeiten anerkannt bekommen, erhöhen ihre Rentenansprüche. Allerdings fiel die Erhöhung bei Männern und Frauen der hier betrachteten Jahrgänge unterschiedlich hoch aus. Männern wurden 100 % des Durchschnittsverdienstes aller Versicherten angerechnet, Frauen hingegen nur 75 %.[18] Obwohl sich Männer und Frauen, die um 1920 geboren wurden, beim Erwerb schulischer Abschlüsse nicht wesentlich unterscheiden, »übersetzte« die Sozialpolitik diese gleichen Ausgangsbedingungen in eine spätere Ungleichheit. Während sich viele Männer noch in ihrer Berufsausbildung befanden, nahmen die meisten Frauen

18 Diese unterschiedliche Bewertung der Ausbildungszeiten bei Männer- und Frauenrenten wurde durch das Haushaltsbegleitgesetz 1983 beseitigt. Da die Rentenzugänge in der hier betrachteten Generation zum großen Teil schon vor 1983 erfolgten, wurden die Renten dieser Generationen noch von der alten Regelung betroffen.

ihre Erwerbstätigkeit auf. Frauen traten früh, sehr viel früher als Männer, in das Beschäftigungssystem ein (siehe Abbildung 1): Im Alter von 15 Jahren war bereits jede vierte Frau erwerbstätig, mit 18 Jahren waren es über die Hälfte.[19] Die Frauenerwerbstätigkeit dieser Kohorte erreichte einen Höhepunkt im Alter von 20 Jahren mit einer Erwerbsbeteiligung von 75 %. Andererseits waren im Alter von 15 Jahren weniger als ein Zehntel aller Männer erwerbstätig und bis zum Alter von 25 Jahren waren es nie mehr als 29 %.

Diese sehr stark ausgeprägte Differenz zwischen Männern und Frauen hängt jedoch nicht nur mit der unterschiedlichen Verweildauer im Bildungssystem zusammen. Die Mobilmachung für die Wehrmacht begann 1938 und erreichte 1944 ihren Höhepunkt. In diesem Jahr waren 50 bis 97 % bestimmter Geburtskohorten im Kriegseinsatz (Brückner/Mayer 1987, S. 106). Bedingt durch den Krieg war der Übergang vom Ausbildungssektor in den Arbeitsmarktsektor verzögert.

Abbildung 1: Eintritt in das Erwerbssystem - Anteil erwerbstätiger Männer und Frauen der Geburtsjahrgänge 1919-1921 bis zum Alter von 25 Jahren

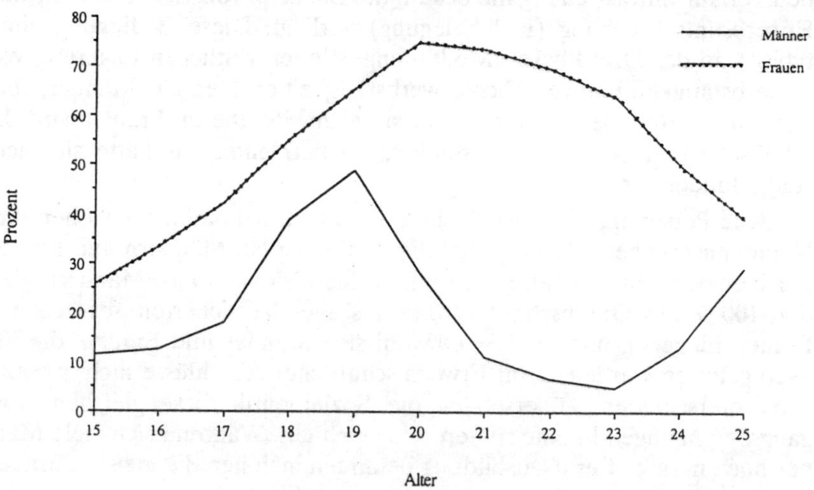

Quelle: Max-Planck-Institut für Bildungsforschung; persönlich und telefonisch erhobene Daten der Geburtsjahrgänge 1919-21, N = 1 412.

19 Tätigkeiten, die während des NS-Regimes ausgeführt wurden, waren größtenteils zumindest ab 1940 sozialversicherungspflichtig.

Bei den Frauen dieser Kohorte wurde ein früher Eintritt in den Arbeitsmarkt dagegen noch verstärkt durch politisch gesteuerte Verpflichtungen, im landwirtschaftlichen oder hauswirtschaftlichen Sektor zu arbeiten (Landjahr bzw. Pflichtjahr) und den Reichsarbeitsdienst abzuleisten. Während diese Tätigkeiten jedenfalls teilweise traditionell weiblichen Aktivitäten entsprachen, führte die außergewöhnlich hohe Nachfrage nach Arbeitskräften bald dazu, daß eine steigende Zahl von Frauen auch außerhalb des land- und hauswirtschaftlichen Sektors beschäftigt wurden. Viele Frauen verließen traditionell weibliche Branchen wie die Textilindustrie, um in männlich dominierten Produktionszweigen wie Eisenbahn und Rüstung zu arbeiten (Higonnet/Higonnet 1987, S. 33). Während die Männer im Krieg waren, erlangten einige Frauen so ökonomische Unabhängigkeit und Familienautorität. In diesem Zusammenhang bemerkt Riley (1987, S. 260): »War threw gender into sharp relief«.

In den Nachkriegsjahren blieb die weibliche Arbeitsmarktbeteiligung zunächst auf einem hohen Niveau, auch weil die Alliierten 1945 beschlossen hatten, daß jede Frau über 15 und unter 50 Jahren sowie jeder Mann zwischen 14 und 65 Jahren zur Arbeit herangezogen werden konnte. Es war harte Arbeit; die Trümmer, die der Krieg zurückgelassen hatte, mußten beseitigt werden, und für den Wiederaufbau wurden viele Arbeitskräfte gebraucht.[20] Dann aber, in den späten vierziger und in den frühen fünfziger Jahren, wurden ganze Industrien geschlossen, und viele Flüchtlinge und Vertriebene trafen ein. Im Bundesgebiet war die Arbeitslosenquote extrem hoch, und die Arbeitsmarktchancen für Frauen nahmen ab.

Für Frauen waren in der Nachkriegszeit - ganz im Gegensatz zu ihren Kriegs- und Vorkriegsbeschäftigungen - sozialversicherte Tätigkeiten wesentlich seltener. Die Schwarzmarktarbeit in den Nachkriegsjahren war wichtig für das Überleben der Familien, für die spätere Rente zählt sie nicht. Frauen produzieren in diesen Jahren Versicherungslücken. Bei den Männern sieht das anders aus. Zwar waren sie in den Kriegsjahren und in der unmittelbaren Nachkriegszeit auch nicht erwerbstätig, doch deren durchschnittlich sechsjährige Unterbrechung der Erwerbsarbeit gilt als »kriegsbedingt« und damit »staatsfördernd«. Sie werden als »Ersatzzeiten« bilanziert und vom Staat voll kompensiert. Frauen dieser Jahrgänge durften keinen Kriegsdienst leisten. Die Geburt staatserhaltender Kinder

20 1946 entschieden die Alliierten, daß Frauen Tätigkeiten dieser Art ausführen durften: »In Anbetracht des großen Mangels an tauglichen männlichen Arbeitskräften dürfen weibliche Arbeitskräfte bei Bau- und Wiederaufbauarbeiten einschließlich Aufräumarbeiten beschäftigt werden.« (Kontrollratsgesetz Nr. 32)

wurde zunächst nicht als »staatsfördernd« betrachtet und war kein Gegenstand staatlicher Kompensation. Erst Jahre nach dem Erhalt der ersten Rente bekommen die Frauen dieser Jahrgänge[21] »schrittweise« Kindererziehungszeiten anerkannt - ein Jahr pro Kind - und das bei einem niedrigen Satz von 75 % des durchschnittlichen Einkommens aller Arbeitnehmer.

Parallel zu den ökonomischen Zwängen trugen auch politische Bestrebungen dazu bei, Frauen wieder zurück zur Familienarbeit und in traditionelle Rollen zu drängen. Beispiele für die familienpolitischen Maßnahmen dieser Zeit sind Kindergeld, Steuererleichterungen[22] (von Balluseck 1983, S. 235) und das Familiengesetz von 1958, das das Recht verheirateter Frauen auf bezahlte Arbeit einschränkte.

So endete eine historische Periode, die durch eine außergewöhnlich hohe weibliche Arbeitsmarktbeteiligung (auch was Art und Dauer der Arbeit betrifft) und durch eine bemerkenswerte Abwesenheit der Männer vom Arbeitsmarkt (aufgrund von Militärdienst und Kriegsgefangenschaft) charakterisiert war. Nachdem die Männer aus dem Krieg zurückgekommen waren, nahmen sie ihren Platz im Erwerbsleben und in der Familie - als Versorger und Familienoberhaupt - wieder ein. Die Frauen verließen den Arbeitsmarkt; viele von ihnen verloren sowohl die finanzielle Unabhängigkeit als auch ihre Autorität innerhalb der Familie.[23]

Ein Faktor, der die finanzielle Situation im Ruhestand wesentlich beeinflußt, ist die gesamte Dauer der Erwerbsbeteiligung. Wie lange waren also die Männer und Frauen dieser Kohorte erwerbstätig? Frauen waren durchschnittlich 22 Jahre auf dem Arbeitsmarkt, Männer dagegen 36 Jahre (siehe auch Abbildung 2). Temporäre Erwerbsunterbrechungen kamen bei beiden Geschlechtern häufig vor. Während Männer öfter unterbrachen (durchschnittlich 3,5 mal) als Frauen (2,5 mal), dauerten die Unter-

21 Die Frauen dieses »Rentenbestandes« wurden wohl hauptsächlich aufgrund der Wertschätzung der Öffentlichkeit für »Trümmerfrauen« nachträglich bedacht. Eine weniger positiv bewertete Personengruppe, zum Beispiel alleinerziehende Mütter, hätte eine solche Debatte wohl nicht auslösen können (so auch Münch 1990, S. 157).

22 Die Steuererleichterungen stiegen proportional zum Einkommen, so daß der Anreiz, zu Hause zu bleiben, für Frauen der Mittelklasse höher war als für einkommensschwächere Frauen (Haensch 1969, S. 110 f.).

23 Dieser Prozeß spiegelt sich auch in der Lebensverlaufsstudie wider: Im Alter von 25 Jahren, als die ersten Männer aus dem Krieg heimkehrten (1945), nahm die Arbeitsmarktbeteiligung in der weiblichen Kohorte drastisch ab. Gleichzeitig stieg die Anzahl der Verheiratungen: Die meisten Frauen der Studie heirateten mit 25 Jahren.

brechungen bei den Frauen länger (durchschnittlich 29 Jahre) als bei den Männern (10 Jahre; siehe Abbildung 3).

Die Rentengesetzgebung belohnt aber nicht nur die Dauer der Erwerbstätigkeit, sondern auch die relative Höhe des Arbeitsentgelts im Verhältnis zum durchschnittlichen Arbeitseinkommen aller Versicherten in einem gegebenen Jahr. Obwohl die Diskussion um »gleichen Lohn für gleiche Arbeit« in Westdeutschland nicht so weit gediehen ist wie in Amerika, sind diskriminierende Praktiken bei der Entlohnung in beiden Ländern ausreichend dokumentiert. Historisch gesehen wurde der erste Schritt in Richtung auf eine antidiskriminierende Gesetzgebung am 13.9.1946 von den Alliierten unternommen. In Abänderung früherer Gesetzgebungen wurde bestimmt, daß Frauen gleichen Lohn für gleiche Arbeit erhalten können: »Frauenlöhne dürfen bei gleicher Leistung bis zur Höhe der Löhne für männliche Arbeitskräfte erhöht werden.« Es dauerte noch zehn Jahre, bis schließlich, 1956, die Lohnungleichheit als verfassungswidrig erklärt wurde. Obwohl daraufhin die sogenannten »Frauenlohngruppen« abgeschafft wurden, wurden diese weitgehend durch die »Leichtlohngruppen« ersetzt, die es weiterhin ermöglichten, Frauen niedrigere Löhne zu zahlen als ungelernten männlichen Arbeitern (Meyer/Schulze 1984, S. 205).

Letztlich implizieren gesetzliche Regelungen, die unter den gegebenen Bedingungen die Rentenberechnung an der relativen Lohnhöhe orientieren, per se eine Diskriminierung. Sie benachteiligen Frauen, deren Löhne eine Konsequenz der Arbeitsmarktsegregation und der zusätzlichen negativ wirkenden geschlechtsspezifischen Verteilung der Arbeitsplätze innerhalb spezifischer Betriebe sind.

An dieser Stelle gilt es festzustellen, daß die Einstufung frauentypischer Tätigkeiten als »leichte« Arbeit und Aushilfsarbeit erhebliche Konsequenzen für das ganze Arbeitsleben besonders von Frauen dieser Kohorte hatte. Im Zuge der Nachfrage nach qualifizierten Arbeitskräften bekamen viele Männer, die aufgrund des Krieges keine Berufsausbildung hatten oder in ihrem erlernten Beruf nicht mehr arbeiten konnten oder wollten, die Chance, auch ohne eine Rückkehr in den Ausbildungssektor zum Facharbeiter, Vorarbeiter und sogar Meister aufzusteigen. Frauen dagegen waren gezwungen, in »Jobs« zu verharren, die schon von ihrer Definition her und durch die Organisationsstrukturen keine Aufstiegsmöglichkeiten boten.

Abbildung 2: Erwerbstätigkeit in Jahren

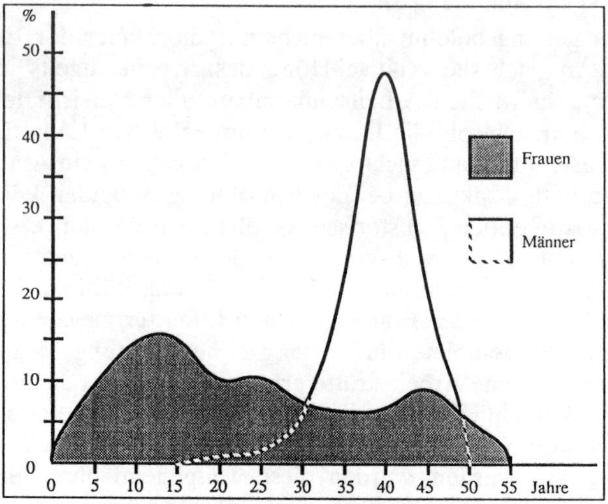

Quelle: Max-Planck-Institut für Bildungsforschung

Abbildung 3: Lücken in der Erwerbstätigkeit in Jahren

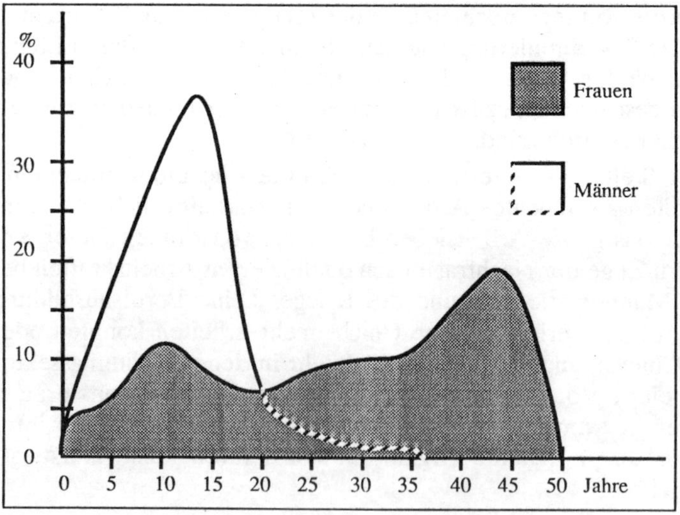

Quelle: Max-Planck-Institut für Bildungsforschung

Das Ausmaß horizontaler wie vertikaler Segregation von Frauen- und Männerberufen wird in den folgenden beiden Tabellen deutlich. Zunächst zeigen wir den Anteil von Frauen (bzw. Männern) in einigen ausgewählten Berufen in den Jahren 1976 und 1950 (Tabelle 1).

Tabelle 1: Anteil von Männern und Frauen in ausgewählten Berufen - Stand 1976 und Veränderungen zwischen 1950 und 1976

Berufsbezeichnung	Frauenanteil 1976 in %	Veränderung 1976 gegenüber 1950 in %
Polizisten (582)	0,9	-0,2
Bergleute (711)	1,8	0,8
Kraftfahrer (985)	1,8	1,2
Fleischer (773)	7,8	-6,5
Handelsvertreter (432)	8,0	2,2
Zahnärzte (63)	9,4	4,8
Ärzte (61)	22,0	7,4
Steuerberater (110)	29,9	29,6
Landwirte (611)	31,6	14,4
Postboten (370)	32,2	19,1
Gymnasiallehrer (132)	37,6	-4,2
Journalisten (159)	43,6	29,0
Postamtsleiter (352)	50,3	50,3
Grundschullehrer (133)	58,5	20,4
Buchhalter (331)	73,6	36,4
Köche (531)	73,8	-4,0
Schneider (791)	86,0	13,4
Ausgebildete Krankenschwestern (71)	87,9	-6,1
Stenotypistinnen (321)	96,9	-0,7
Haushaltshilfen (540)	98,6	-1,2

Anmerkung: In Klammern sind die jeweiligen ISCO (»International Classification of Occupational Titles«)-Kennungen vermerkt.

Quelle: Berechnungen aufgrund amtlicher Daten von 1950 und 1976 durch H. Brückner und J. Allmendinger.

Im Jahre 1950 waren etwas über 1 % aller Polizisten »Polizistinnen« - 26 Jahre später lag der weibliche Anteil sogar unterhalb von 1 %. Krankenschwestern, Stenotypistinnen und Haushaltshilfen arbeiteten dagegen in rein »weiblichen« Berufen, in die dann im Jahre 1976 Männer vereinzelt eingedrungen waren. Metzgerinnen und Köchinnen, Gymnasiallehrerinnen und Krankenschwestern hat es im Jahre 1950 häufiger als im Jahr 1976 gegeben. Andererseits haben Frauen in einigen Berufen viel Präsenz gewonnen - so gab es 1950 noch keine Briefträgerinnen, 1976 lag der Frauenanteil in dieser Berufsgruppe schon bei über 50 %. Auch Buchhalterinnen, Volksschullehrerinnen und Journalistinnen waren 1976 deutlich stärker als 1950 vertreten. Doch die Segregation auf dem Arbeitsmarkt ist hoch und in der Realität noch höher als hier angegeben. Denn selbst bei einer Gleichverteilung von Männern und Frauen in einzelnen beruflichen Kategorien kann von gleicher Arbeit noch nicht die Rede sein - da auf Betriebsebene nochmals innerhalb einzelner Tätigkeiten in Frauen- von Männerarbeit unterschieden wird (Bielby/Baron 1986).

Der Arbeitsmarkt ist auch vertikal segregiert. Das Ausmaß der geschlechtsspezifischen Trennung von »statushohen« und »statusniedrigen« Tätigkeiten wird in Tabelle 2 auf Grundlage der Lebensverlaufsdaten gezeigt. Weniger als ein Drittel der Männer, doch weit mehr als zwei Drittel der Frauen arbeiteten in ihrer letzten Tätigkeit vor dem Austritt aus dem Erwerbssystem in einen statusniedrigen Beruf. Und nur 1 % der Frauen erreichte eine Tätigkeit mit hohem beruflichen Status.

Tabelle 2: Anteil von Männern und Frauen nach dem beruflichen Status (der letzten Tätigkeit vor Austritt aus dem Erwerbssystem), Geburtsjahrgänge 1919-1921

Beruflicher Status	Männer	Frauen
niedrig	32 %	72 %
mittel bis niedrig	44 %	21 %
mittel bis hoch	19 %	6 %
hoch	5 %	1 %
	100 %	100 %

Quelle: Max-Planck-Institut für Bildungsforschung, persönlich und telefonisch erhobene Daten der Geburtsjahrgänge 1919-1921.

Auch Betriebe verteilen Lebenschancen und Arbeitsprämien. Wie dargestellt, nimmt die Wahrscheinlichkeit, betriebliche Vergünstigungen zu erhalten, mit der Firmengröße zu. Frauen sind viel häufiger in kleineren Betrieben als in Großbetrieben erwerbstätig (siehe Abbildung 4): 41 % der Frauen, aber nur 20 % der Männer haben in Betrieben mit bis zu 5 Mitarbeitern gearbeitet. Dagegen waren 27 % der Männer, aber nur 14 % der Frauen in großen Organisationen mit über 500 Mitarbeitern beschäftigt.

Abbildung 4: Prozent beschäftigter Männer und Frauen nach Firmengröße

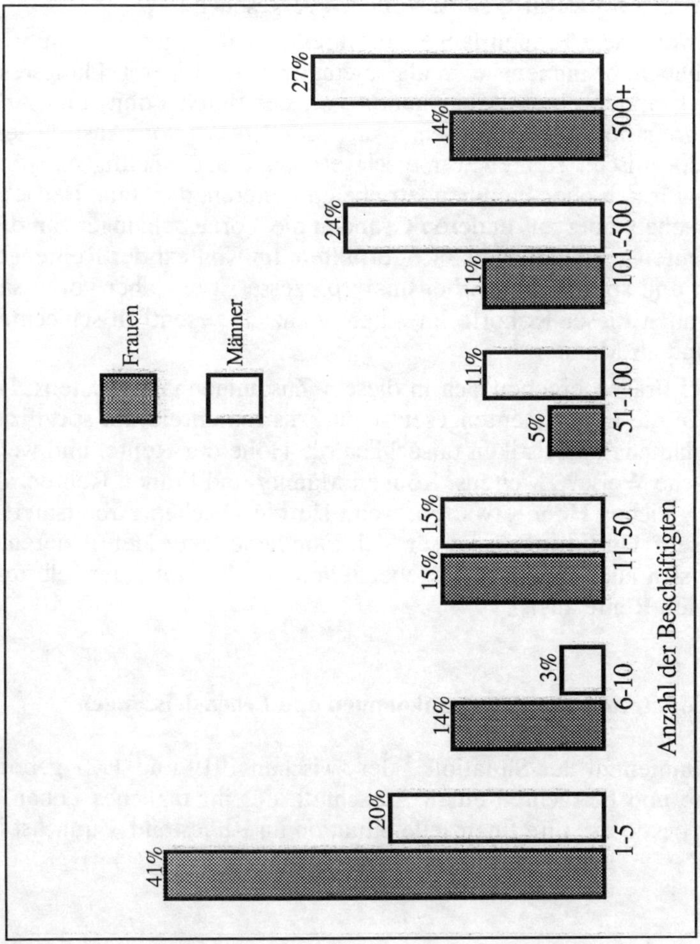

Quelle: Max-Planck-Institut für Bildungsforschung, Geburtsjahrgänge 1919–1921

Die auffallend deutlichen Unterschiede zwischen Männern und Frauen in bezug auf die Größe des Betriebs stellen allerdings nur ein unvollständiges Bild der tatsächlichen Unterschiede bei der Zahlung von Betriebsrenten dar. Männer und Frauen sind auch innerhalb der Firmen segregiert: Nicht nur bleiben Frauen kürzer bei einem Arbeitgeber (und verlieren durch häufigere Wechsel ihre Ansprüche auf Betriebsrente), sondern sie haben auch häufig solche Arbeitsplätze, für die von vornherein kein Erwerb von derartigen Ansprüchen vorgesehen ist.

Obwohl viele Frauen lange Zeit ihres Lebens gegen Bezahlung gearbeitet haben, begannen sie im allgemeinen mit niedrigen Bildungsressourcen und fanden einen Arbeitsmarkt vor, der durch Lohn- und Arbeitsplatzsegregation beherrscht war. Auch der Erwerb von Ansprüchen auf firmenspezifische Renten war erschwert, da Frauen häufig entweder in kleinen Firmen oder Familienbetrieben arbeiteten, die keine Betriebsrenten vorsehen, oder aus anderen Gründen die Voraussetzungen, an die Betriebsrenten gebunden sind, nicht erfüllten. Im Kontext der Rentengesetzgebung und spezifischer Arbeitsmarktprozesse ist es daher voraussagbar, daß Frauen dieser Kohorte im Alter finanziell wesentlich schlechter gestellt sind als Männer.

Drei Fragen ergeben sich in diesem Zusammenhang. Erstens: Determinieren die in der Rentengesetzgebung als rentenrelevant spezifizierten Lebenslaufcharakteristiken tatsächlich die Höhe der Rente, und wenn ja, auf welche Weise? Zweitens: Können Männer und Frauen Rentenzahlungen in gleicher Höhe erwarten, wenn sie die gleichen Arbeitsmerkmale aufweisen? Und drittens: Lassen sich Familieneffekte identifizieren, d. h. wirken sich auch familiäre Gegebenheiten auf die Höhe der selbsterwirtschafteten Rente aus?

3. Die Interaktion: Alterseinkommen und Lebensleistungen

Wir kommen zu der Situation[24] der zwischen 1919 und 1921 geborenen Kohorte und betrachten einen Ausschnitt, der ihr tägliches Leben maßgeblich bestimmt: ihre finanzielle Situation im Ruhestand. Zunächst inter-

24 Der Erhebungszeitraum lag zwischen 1985 und 1988.

essieren uns ihre Renten aus eigener Erwerbstätigkeit[25], deren Höhe wir mit Hilfe der oben diskutierten rentenwirksamen Lebenslaufereignisse vorhersagen.

Wir führen eine Regressionsanalyse durch, wobei die abhängige Variable die Rente aus eigener Erwerbstätigkeit (in DM)[26] ist. Die unabhängigen Variablen können wie folgt beschrieben werden:

- die *schulische* und *berufliche Ausbildung*, die mit den Variablen Schulbildung (1 = höher als Volksschulabschluß) und Dauer der beruflichen Ausbildung (in Monaten) erfaßt wurde[27];
- Die *Dauer der Erwerbsbeteiligung*, die als Summe aller Monate im Arbeitsmarkt gebildet wurde;
- Merkmale des Erwerbsverlaufs, die mit vier Indikatoren erfaßt werden: Die *berufliche Stellung* einer Person wird durch den beruflichen Status der letzten Tätigkeit (gemessen mit der Handl-Skala) bestimmt. Weiterhin wird kontrolliert, ob die letzte berufliche Stellung in einem *Beamtenverhältnis* ausgeführt wurde (1 = ja). Strukturelle Merkmale der ausgeübten Tätigkeit wurden mit der *Beschäftigtenanzahl des Betriebes*, in dem die Zielperson am längsten gearbeitet hat, und dem Ausmaß geschlechtssegregierter Arbeitsmärkte gemessen. Letzterer Indikator gibt an, wie hoch der *durchschnittliche Frauenanteil* in den ausgeübten Tätigkeitskategorien war.[28]

Die Modellanpassung der Regression (Tabelle 3, Modell 1 unten) ist hoch: 66 % der Varianz in den monatlichen Rentenzahlungen können mit den unabhängigen Variablen erklärt werden. Dies ist ein gutes Ergebnis angesichts fehlender Kontrollen für geleistete Rentenversicherungs*beiträge* wie für rückwirkend getätigte sozialpolitische Eingriffe in die angerech-

---

25 Daher sind Personen, die noch arbeiten (N = 30) oder die nie gearbeitet haben (N = 2), von den weiteren Analysen ausgeschlossen. Des weiteren bleiben alle Tätigkeiten von weniger als 30 Stunden pro Woche unberücksichtigt.

26 Hierbei werden alle Renten aus eigener Erwerbstätigkeit zusammengefaßt, zum Beispiel gesetzliche Renten, Firmenrenten, Beamtenpensionen usw.

27 Diese grobe Messung liegt aufgrund der Bestimmungen über die Anerkennung von Ausfallzeiten nahe.

28 Dieser Indikator wurde anhand der ISCO (»International Standard Classification of Occupations«)-Kategorien aller Volkszählungen seit 1950 gebildet. Das in den amtlichen Daten gefundene Verhältnis von Frauen und Männern in jeder ISCO-Kategorie wurde dann auf die Lebensverlaufsdaten übertragen, indem jede einzelne Tätigkeit, die in den entsprechenden Zensusjahren von den befragten Personen ausgeübt wurde, mit der Zusatzangabe »prozentualer Anteil von Frauen in der Gesamtbevölkerung« versehen wurde.

nete *Dauer* der Erwerbsbeteiligung. Alle geschätzten Koeffizienten sind statistisch signifikant und gehen in die erwartete Richtung.

Tabelle 3: Regressionsanalyse von Arbeits-und Lebensverlaufscharakteristiken auf das eigene Renteneinkommen - gesamte Stichprobe

Unabhängige Variablen	Modell 1	Modell 2
Schule[a]	217,48[b]**	224,51**
(1 = höher als Volksschule)	(97,81)[c]	(90,23)
berufliche Ausbildung	6,62**	3,35*
Dauer in Monaten	(1,87)	(1,74)
Arbeitsmarktbeteiligung	2,39**	1,76**
Dauer in Monaten	0,26	0,26
Berufliche Statusklasse	412,64**	345,33**
(Handl-Skala, letzte Tätigkeit)	(53,88)	(50,54)
Frauenanteil	-481,45**	97,22
(Durchschnitt Erwerbsgeschichte)	(154,46)	(162,72)
Beamter[a]	675,61**	523,90**
(1 = ja)		
Firmengröße (log)	82,19**	71,82**
(Anzahl Beschäftigter)	(13,46)	(12,50)
Geschlecht[a]		-771,40**
(1 = weiblich)		(104,77)
Konstante	-729,59	-95,13**
	(163,27)	(173,53)
R^2	0,66	0,71
N	311	311

Anmerkungen:

a Dichotome Variable
b Unstandardisierter Koeffizient
c Standardfehler

* < 0.05, einseitiger Test
** < 0.01, einseitiger Test

Quelle: Max-Planck-Institut für Bildungsforschung; persönliche Befragung der Geburtsjahrgänge 1919-1921.

Personen mit Hauptschulabschluß erhalten über 200 DM weniger Erwerbsrente im Monat als Personen mit höherer Bildung, und jeder Monat einer beruflichen Ausbildung zahlt sich im Alter mit etwa 7 DM zusätzlicher Erwerbsrente im Monat aus. Dieses Ergebnis zeigt, daß die Lebensverlaufskomponente Bildung doppelt belohnt wird. Zum einen führt höhere Bildung zu besseren beruflichen Ergebnissen und ist in diesem Sinne als zusätzliche Messung des beruflichen Status zu interpretieren. Zum zweiten indizieren die Koeffizienten die sozialpolitischen »Dauergeschenke«, da schulische und berufliche Ausbildung in vielen Fällen mit Ausfallzeiten bedacht und extra belohnt werden.

Der positive und signifikante Koeffizient der Variablen »Dauer der Arbeitsmarktbeteiligung« zeigt, daß jeder Monat im Arbeitsmarkt die monatliche Erwerbsrente um durchschnittlich über 2 DM erhöht. Desweiteren finden wir, daß die Rentenhöhe mit dem beruflichen Status steigt, daß Beamte gegenüber Angestellten und Arbeitern begünstigt sind und die Wahrscheinlichkeit der Gewährung (firmenspezifischer) Renten mit der Größe der Firma steigt. Der negative Koeffizient zur Variablen »Frauenanteil in der Tätigkeitskategorie« zeigt, daß die Erwerbsrenten um so niedriger liegen, je mehr Frauen in der entsprechenden Tätigkeit erwerbstätig sind.

Das Geschlecht einer Person wurde bislang nicht als eine direkt die Rentenzahlungen beeinflussende Variable berücksichtigt. Geschlechtsspezifische Rentenzahlungen kommen in dem vorgestellten Modell nur insofern zustande, als Frauen typischerweise geringere rentenrelevante Attribute haben, etwa eine kürzere Dauer der Erwerbstätigkeit, geringere berufliche Ausbildung und niedrigeren beruflichen Status. Damit werden die errechneten Regressionskoeffizienten mit niedrigeren Werten multipliziert, was zu einer niedrigeren Rentenhöhe bei Frauen führt. Es liegt dem Modell also die Annahme zugrunde, daß erbrachte Leistungen geschlechtsneutral und nicht geschlechtsspezifisch belohnt werden. Die Berechtigung dieser Annahme soll im folgenden überprüft werden.

Hierzu reicht es aus, die Variable Geschlechtszugehörigkeit zusätzlich in die Regressionsgleichung einzusetzen. Wie Modell 2 in Tabelle 3 zeigt, erhalten Frauen nach statistischer Kontrolle aller anderen Faktoren durchschnittlich über 700 DM weniger Rente aus eigener Erwerbstätigkeit als Männer.[29] Die in Modell 1 implizierte Annahme war somit falsch - es liegen geschlechtsabhängige Bewertungsmuster vor. Die Humankapitalvariablen Schule und Ausbildung wie auch die Erwerbsbeteiligung und der

29 Auch die Modellanpassung ist in diesem Modell wesentlich besser. Der inkrementelle F-Test ergibt $F1/316 = 86{,}5$.

berufliche Status wirken sich für Männer und Frauen unterschiedlich auf die Erwerbsrente aus.

Für die weitere Verdeutlichung haben wir die Modellschätzung für Männer und Frauen getrennt vorgenommen (hier nicht gezeigt) und berechnet, wie hoch eigentlich die Erwerbsrentenerträge sein würden, wenn Frauen Männer wären. Wir haben also die für Frauen gefundenen Mittelwerte (der Schulausbildung, Erwerbsbeteiligung usw.) in die für Männer geschätzte Regressionsgleichung eingesetzt und somit den Wert des askriptiven Merkmals »männlich« bestimmt. Dieser Wert liegt bei 600 DM, d. h. das errechnete durchschnittliche Erwerbsrenteneinkommen einer Frau mit dem Merkmal »Mann« liegt um 600 DM höher als das, was eine Frau mit dem Merkmal »Frau« tatsächlich erhält.

Dieser Geschlechtsunterschied ergibt sich durch das sozialpolitische *Nicht-Eingreifen* in die über den Arbeitsmarkt vermittelte Lohn- und damit Beitragshöhe. Ungleiche Erträge für Schulausbildung, ungleiche Bezahlung für Tätigkeiten gleicher Art und Geschlechtssegregation innerhalb eines Betriebes senken nicht nur die Löhne während des Arbeitslebens von Frauen, sondern auch deren Erwerbsrenten im Alter. In diesem Sinne bezeichnet der hochsignifikante Zuschlag für das Merkmal »Mann« nichts anderes als die bestehende Realität ungleichen Lohns für gleiche Arbeit. Aber der Geschlechtsunterschied in der selbsterarbeiteten Rente ergibt sich auch durch das sozialpolitische *Eingreifen* in die Festlegung der Dauer der Arbeitsmarktbeteiligung: Die tatsächlich im Arbeitsmarkt verbrachte Zeit wird bei Männern künstlich stärker als bei Frauen erhöht. Nach unseren Daten wird für 60 % aller Unterbrechungen der Erwerbstätigkeit bei Männern Erwerbsarbeit fingiert, bei Frauen geschieht dies gerade für 12 %. Man kann diesen Sachverhalt auch wie folgt ausdrücken: Männern werden für 28 Beitragsjahre im Durchschnitt 35 Jahre angerechnet. Damit arbeiten sie für jedes angerechnete Jahr 9,6 Monate, und ihnen werden 25 % ihrer tatsächlich geleisteten Arbeitszeit geschenkt. Frauen bekommen für 18,9 Jahre im Durchschnitt 21 Jahre angerechnet. Damit arbeiten sie für jedes anrechnungsfähige Jahr 10,8 Monate, und sie bekommen 11 % geschenkt.[30] Das Zusammenspiel unregulierter Lohn- und regulierter Dauerfaktoren führt dazu, daß die selbsterwirtschaftete Rente für Männern höher als für Frauen ausfällt.

30 Eigene Berechnungen aufgrund der »Lebenslagenstudie« (Bundesminister für Arbeit und Sozialordnung [BMAS] 1986, S. 88).

Kommen wir zu der dritten Frage, der Frage nach Familieneffekten auf die Rentenhöhe. Wir gehen dieser Frage nach, indem wir die obige Regression (Tabelle 3) nochmals aufnehmen und zunächst nur den Familienstand in die Regressionsgleichung einführen. Hat der Familienstand einen Einfluß auf die Rente aus eigener Erwerbsarbeit? Die Antwort ist ein klares »Ja«. Frauen, die nie verheiratet waren, beziehen eine um mehr als 600 DM höhere Rente als andere Frauen (bei statistischer Kontrolle aller anderen Faktoren). Aber auch bei Männern wirkt sich der Familienstand auf die eigene Rente aus - mit allerdings umgekehrtem Vorzeichen: Verheiratete Männer haben eine höhere Erwerbsrente als unverheiratete Männer. Diese Ergebnisse bedürfen einer weiteren Klärung.

Zur genaueren Untersuchung der Auswirkungen des Haushaltskontextes auf den finanziellen Ertrag des eigenen Erwerbslebens wurden folgende Variablen gebildet und in die obige Regression[31] einbezogen:

- die *Heiratsdauer* zum Zeitpunkt der ersten Rentenzahlung;
- der *Altersunterschied zwischen den Ehepartnern*;
- die *Arbeitsmarktbeteiligung des Ehepartners bzw. der Ehepartnerin* (gemessen mit der durchschnittlichen wöchentlichen Arbeitszeit während der Ehe);
- das *Einkommen des Ehepartners* und
- das *Alter der Frau zum Zeitpunkt des 15. Geburtstages ihres letztgeborenen Kindes*.

Die Ergebnisse zeigt Tabelle 4. Bei einer insgesamt besseren Modellanpassung finden sich bei Frauen drei Haushaltsfaktoren von statistisch signifikanter Wirkung: die Heiratsdauer, die lebensgeschichtliche Lagerung der Geburten und die Arbeitsmarktbeteiligung ihrer Ehemänner. Nach Kontrolle aller anderen Einflußgrößen führt jeder zusätzliche Ehemonat zu einer Minderung der Rente aus eigener Erwerbstätigkeit: Ein Monat Ehe »kostet« 80 Pfennige eigener Rente pro Monat. Darüber hinaus ist die eigene Erwerbsrente der Frau um so niedriger (4,30 DM pro Monat), je länger der Ehemann erwerbstätig ist. Eine lange und ununterbrochene Erwerbsbeteiligung des Ehemannes - also ein prototypischer erwerbsbestimmter Lebensverlauf - geht ebenfalls zu Lasten der eigenen Rente der Frau - jede Woche des Ehepartners kostet die Frau über 4 DM. Letztlich gehen auch lebenszeitlich spät gelagerte Geburten auf Kosten der eigenen Frauenerwerbsrente: Je älter die Frau zum Zeitpunkt des 15. Geburtsta-

---

31 Bei der folgenden Analyse wurden alle Personen, die nie verheiratet waren, sowie Personen, die weniger als fünf Jahre verheiratet waren, ausgeschlossen.

ges ihres jüngsten Kindes ist, je später sie also von den Kindererziehungspflichten freigesetzt wird, desto niedriger ist die Erwerbsrente. Ehe und Erwerbsarbeit, Erwerbsarbeit und späte Fertilität vertragen sich bei Frauen nicht.

Tabelle 4: Regressionsanalyse von Arbeits- und Lebensverlaufscharakteristiken auf das eigene Renteneinkommen - Modelle für Männer und Frauen

Unabhängige Variablen	Modell 3 Frauen		Modell 4 Männer	
Schule[a] (1 = höher als Volksschule)	82,05[b]	(87,02)[c]	249,58	(188,71)
berufliche Ausbildung (Dauer in Monaten)	1,08	(1,77)	-0,81	(3,45)
Arbeitsmarktbeteiligung (Dauer in Monaten)	1,39**	(0,21)	1,28	(1,04)
Berufliche Statusklasse (Handl-Skala, letzte Tätigkeit)	201,18**	(62,39)	447,71**	(88,20)
Frauenanteil (Durchschnitt Erwerbsgeschichte)	418,13**	(130,56)	-552,97	(400,56)
Beamter[a] (1 = ja)	822,04**	(383,50)	445,41**	(100,36)
Firmengröße (log) (Anzahl Beschäftigter)	42,56**	(12,01)	80,26**	(24,14)
Heirat (Dauer in Monaten)	0,76**	(0,27)	0,14	(0,78)
Altersdifferenz der Ehepartner	3,43	(5,99)	-5,80	(17,86)
Arbeitsmarktbeteiligung des Ehepartners	-4,30**	(1,89)	-6,40**	(2,54)
(Renten-)Einkommen des Ehepartners (DM/Monat)	-0,01	(0,03)	-0,02	(0,10)
Alter der Mutter, als letztes Kind 15 Jahre alt wurde	-10,53**	(3,92)	-4,42	(7,48)
Konstante	367,42	(253,27)	531,26	(823,07)
R^2	0,53		0,44	
N	143		128	

Anmerkungen:

a Dichotome Variable
b Unstandardisierter Koeffizient
c Standardfehler

* < 0.05, einseitiger Test
** < 0.01, einseitiger Test

Quelle: Max-Planck-Institut für Bildungsforschung; persönliche Befragung der Geburtsjahrgänge 1919-1921.

Bei Männern ist das nicht der Fall. Die Ehedauer wirkt sich nicht negativ auf den Arbeitsertrag aus, und die lebensgeschichtliche Lagerung der Geburten ist unwichtig. Es zählt nur eines: Je länger die Ehefrau selbst erwerbstätig ist, desto mehr Nachteile hat der Mann hinsichtlich seiner eigenen Erwerbsrente. Der erwerbsabhängige Lebensverlauf bedarf des eheabhängigen. Beide zusammen führen zum finanziellen Erfolg des Mannes. Und damit auch der Frau (als Haushaltsangehörige) bzw. als Witwe. Denn jede Erhöhung der Erwerbsrente des Ehemannes erhöht das Haushaltseinkommen, von dem die Frau mitfinanziert wird. Und nach dem Tod ihres Mannes erhöht es ihre abgeleitete Rente. Die Konzentration auf die Karriere des Mannes wird der Frau unter den heutigen Bedingungen geschlechtssegregierter Arbeitsmärkte und regulierender Versicherungssysteme finanziell ans Herz gelegt.[32]

Welche Bedeutung die Gesamtheit der genannten Merkmale haben, in welchem Ausmaß sie bestehen, soll nun anhand der geschlechtsspezifischen Verteilung monatlicher Rentenzahlungen für geleistete Erwerbstätigkeit gezeigt werden. Keinerlei eigene Rente trotz Erwerbsbeteiligung erhalten 26 % aller Frauen und 2,5 % aller Männer (Tabelle 5).[33] Ein Fünftel dieser Frauen war länger als 25 Jahre, 12 % zwischen 15 und 25 Jahren und nur 20 % weniger als fünf Jahre erwerbstätig. Auch die vier Männer, die gar keine Rente erhielten, waren länger als zehn Jahre erwerbstätig. Die Männer und Frauen waren als Selbständige oder mithelfende Familienangehörige in der Landwirtschaft, der Gastronomie, im Handwerk und Einzelhandel (z. B. KellnerIn, TaxifahrerIn, VerkäuferIn) oder als Bedienstete in privaten Haushalten und in einer Vielzahl anderer Berufe (nicht versicherungspflichtig) tätig.

In Abbildung 5 zeigen wir das durchschnittliche Renteneinkommen aus eigener Erwerbsarbeit (zum Befragungszeitpunkt)[34] für alle Personen,

32 Dies gilt um so mehr im Rahmen der neuen Bestimmungen, nach welchem Renten gegeneinander aufgerechnet werden.

33 Dieser hohe Anteil ist nicht datenspezifisch. Die Lebenslagenstudie weist einen noch höheren Anteil von Frauen aus, die trotz Erwerbsbeteiligung keine eigene Rente erhalten: 62 % der Frauen der Jahrgänge 1920-1925 haben keine eigenen Rentenanwartschaften in der Gesetzlichen Rentenversicherung, obgleich sie im Durchschnitt acht Jahre lang erwerbstätig waren (Bundesminister für Arbeit und Sozialordnung [BMAS] 1986, S. 200). In Übereinstimmung mit diesem Forschungsbericht stellen wir auch fest, daß die ausbleibenden Rentenzahlungen nicht nur durch die Heiratsrückerstattung zu erklären ist, die bis 1968 gültig war.

34 Die Zahlen beziehen sich auf 521 Männer und 493 Frauen. Statistiken des Verbandes Deutscher Rentenversicherungsträger zeigen sehr ähnliche Verteilungen (vgl. Allmendinger 1992).

Abbildung 5: Rente aus eigener Erwerbstätigkeit

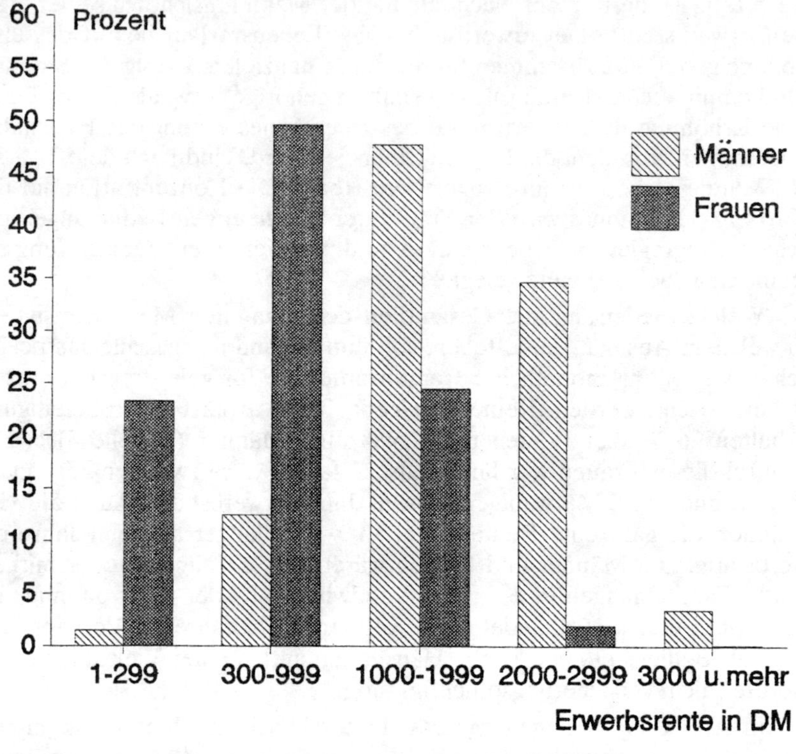

Anmerkung: Nur Personen, die erwerbstätig waren, im Ruhestand sind und eine Rente aus eigener Erwerbsarbeit beziehen, d.h. 521 von 566 Männern (92%) und 495 von 651 Frauen (75%).

Quelle: Max-Planck-Institut für Bildungsforschung, persönlich und telefonisch erhobene Daten der Geburtsjahrgänge 1919-21.

die überhaupt eine selbsterwirtschaftete Rente erhalten. Weniger als 2 % aller Männer, jedoch über 23 % aller Frauen erhalten eine Rente aus eigener Erwerbstätigkeit von unter 300 DM; 13 % aller Männer, aber die Hälfte aller Frauen beziehen zwischen 300 und 1 000 DM. Über ein Drittel aller Männer, doch gerade 2 % aller Frauen erhalten eine Rente zwischen 2 000 und 3 000 DM.

Tabelle 5: Männer und Frauen, die keine Rente aus eigener Erwerbstätigkeit beziehen, nach Dauer der Arbeitsmarktbeteiligung

Dauer der Arbeitsmarktbeteiligung (in Jahren)	Männer	Frauen
25 Jahre und mehr	-	39 (19,3 %)
15 bis unter 25 Jahre	-	25 (12,4 %)
10 bis unter 15 Jahre	4 (100 %)	27 (13,4 %)
5 bis unter 10 Jahre	-	70 (34,6 %)
Weniger als 5 Jahre	-	41 (20,3 %)
Ohne Erwerbsrente insgesamt	4 (100 %)	202 (100 %)
Stichprobe insgesamt	634	778

Quelle: Max-Planck-Institut für Bildungsforschung; telefonische und persönliche Befragung der Geburtsjahrgänge 1919-1921.

Verschiedene Umstände können die ausbleibenden oder geringen Rentenzahlungen erklären: Knapp ein Fünftel der Frauen hat weniger als fünf Jahre gearbeitet und scheitert an der Vorgabe einer Mindestdauer. Weitere 7 % haben von der Möglichkeit der »Heiratserstattung« Gebrauch gemacht und scheitern an dem propagierten Familienbild. Frauen, die in privaten Haushalten oder in der Landwirtschaft gearbeitet haben, konnten oft keine Rentenbeiträge leisten. Da ihre Arbeitgeber keinen Arbeitgeberanteil zu zahlen hatten, scheitern diese Frauen an (auch heute noch vorhandenen) Arbeitsmarktstrukturen. Ähnliches gilt für Frauen, die nach Kriegsende Städte vom Kriegsschutt befreiten und ihren Lohn nicht in Geld, sondern in Naturalien erhielten. Auch sie waren nicht rentenversichert. Insgesamt wird aber auch hier deutlich, daß die nach Geschlecht unterschiedlich hohen eigenen Renten nur in Maßen Ergebnis einer zu geringen Arbeitsmarktbeteiligung der Frauen sind.

4. Der Heimvorteil: Das andere Zertifikat

Im Zusammenspiel von Rentengesetzgebung, historischen Bedingungen und Arbeitsmarktmechanismen entstehen Ungleichheiten zwischen Personen, insbesondere zwischen Männern und Frauen. Bislang haben wir die finanzielle Ungleichheit lediglich auf die Rente aus eigener Berufstätigkeit bezogen. Dieser Bezug erlaubt eine gute Schätzung der allgemeinen finanziellen Rentensituation von Männern, nicht aber von Frauen. Viele Frauen beziehen zusätzlich zu ihrer Rente aus eigener Erwerbstätigkeit eine weitere, abgeleitete Rente - die Rente ihres (verstorbenen) Mannes. Auch dieser Weg zu einer Rente hat eine Vorgeschichte der Vorsorge (Zacher 1987). Das entscheidende Kriterium ist hier nicht die Biografie, sondern ein formaler Status, der Familienstand. Stirbt der Ehepartner, so wird für die hinterbliebene Person keine Bilanz gezogen. Ihr Gehalt oder ihr eigenes Renteneinkommen interessierten (bis 1986) nicht, es kam lediglich auf ihr eigenes *zukünftiges* Arbeitsvermögen an. War sie kinderlos oder unter 45 Jahre alt, so ging man von ihrem Erwerbsvermögen aus und sprach ihr eine »kleine Witwenrente« zu, die sich auf sechs Zehntel der Berufsunfähigkeitsrente des Verstorbenen belief. Hatte sie allerdings »infolge ihres vorgeschrittenen Lebensalters wenig Aussicht, noch einen Arbeitsplatz zu finden oder soll ihr im Interesse ihrer Kinder eine Erwerbsarbeit nicht zugemutet werden«[35], bekam sie die »große Witwenrente«, die sechs Zehntel der Erwerbsunfähigkeitsrente des Versicherten betrug. So war die Situation bis 1986. Nur der Frau wurde eine unbedingte Witwenrente zugesprochen, weil unwiderleglich vermutet wurde, daß ihr Unterhalt vorwiegend vom Mann bestritten wurde. Um eine Witwerrente zu erhalten, mußte ein Witwer hingegen nachweisen, daß sein Unterhalt überwiegend von der Verstorbenen bestritten worden war.[36]

Die finanzielle Unterstützung durch den Ehegatten (entweder direkt oder in Form der Witwenrente) stellt für die um 1920 geborenen Frauen eine zweite Möglichkeit der finanziellen Absicherung im Alter dar. In der

35 BR-Drucksache, 196/56, S. 77, zitiert nach Heine (1986, S. 114). Nicht nur Alter und Kinder, auch Behinderung der Frau führte zur »großen Witwenrente«.

36 Seit 1986 wird bei Witwen von Angestellten und Arbeitern (nicht aber von Beamten) eine abgeleitete Rente nicht mehr ohne Rücksicht auf die eigene Geschichte der Vorsorge gewährt. Je höher die eigene Erwerbsrente der Frau ausfällt, um so weniger Zugriff hat sie auf ihre Witwenrente und um so höher ist die Witwerrente, die ihrem Ehemann zusteht (Kolb 1991, Heine 1986: Ruland 1992). Dazu Ruland (1992, S. 58): ». . . the ultimate effect of the reform has been to weaken the social protection of women. This has, in a sense, been the price paid for equality.«

Tat kann man von zwei wohldefinierten Pfaden, zur finanziellen Sicherung im Alter sprechen: Partizipation und Erfolg auf dem Arbeitsmarkt und/ oder Partizipation und Erfolg auf dem Heiratsmarkt. Gleichermaßen gibt es zwei Pfade zur finanziellen Not im Alter: ein Scheitern auf dem Heiratsmarkt und/oder ein Scheitern auf dem Arbeitsmarkt. Empirisch kann Erfolg und Mißerfolg auf dem Heiratsmarkt durch die Höhe der abgeleiteten Rente nachgewiesen werden. Erfolg und Mißerfolg auf dem Arbeitsmarkt kann durch die Höhe der Rente aus eigener Erwerbstätigkeit nachgewiesen werden. Probleme der Operationalisierung entstehen nur dann, wenn Frauen noch immer verheiratet sind. Da wir in diesen Fällen nur die Höhe der Rente aus eigener Erwerbstätigkeit, nicht jedoch die abgeleitete Rente kennen, haben wir die Höhe der abgeleiteten Einkünfte verheirateter Frauen auf 60 % der Rente des Ehemannes festgelegt.[37] Mit dieser Festlegung sind wir jetzt in der Lage, die finanzielle Situation aller befragten Frauen zu analysieren.

Die Ergebnisse dieser Analysen sind in Abbildung 6 dargestellt. Wir sehen fünf Einkommensgruppen: Frauen am unteren Rand der Einkommensverteilung (erstes Quintil), Frauen an der Spitze der Einkommensverteilung (fünftes Quintil) und die dazwischenliegenden drei Gruppen. Die Abbildung unterscheidet die Gesamtrente, die abgeleitete Rente und die Rente aus eigener Erwerbsarbeit. In allen fünf Gruppen ist das gesamte Renteneinkommen wesentlich höher als die Rente aus eigener Erwerbstätigkeit, und die eigene Rente liegt wesentlich unter der Höhe abgeleiteter Renten. Demzufolge können Frauen ihr Alterseinkommen eher durch den Heiratsmarkt als durch den Arbeitsmarkt sichern. Schließlich zeigt die Abbildung auch das Verhältnis zwischen eigener und abgeleiteter Rente. Während bei dem ersten und letzten Quintil die Rente aus eigener Berufstätigkeit mehr als ein Drittel der Gesamtrente ausmacht, liegt dieser Anteil bei den anderen drei Gruppen bei lediglich 25 %. Diese Varianz zwischen den Einkommensgruppen soll genauer untersucht werden.

37 Dieser Betrag stünde der Frau im Falle des Todes ihres Ehemannes zu.

Abbildung 6: Finanzielle Situation im Ruhestand: Gesamtes Renteneinkommen, abgeleitete Renten und Renten aus eigener Erwerbstätigkeit (in DM pro Monat)

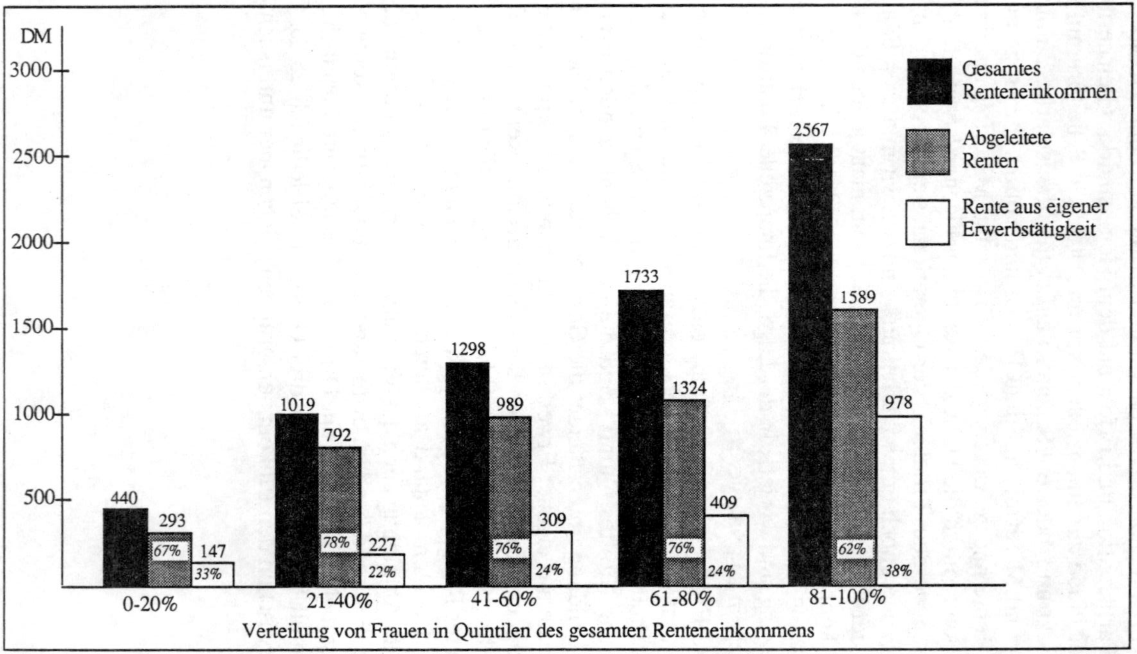

Quelle: Max-Planck-Institut für Bildungsforschung

Wir klassifizieren Frauen nach Maßgabe ihrer Rentenbezüge und ihrer Arbeitsmarktbeteiligung. Zunächst bilden wir zwei Gruppen von Frauen - eine Gruppe mit einem Renteneinkommen von weniger als 1 000 DM, die andere von mehr als 1 000 DM. Danach berücksichtigen wir die Länge der Arbeitsmarktbeteiligung und teilen die Frauen in zwei weitere Gruppen auf - eine Gruppe war weniger als 25 Jahre erwerbstätig, die andere Gruppe war länger als 25 Jahre erwerbstätig. In einem letzten Schritt berücksichtigen wir die beiden Quellen des Gesamtrenteneinkommens und notieren, ob die abgeleitete Rente und/oder die Rente aus eigener Erwerbstätigkeit 1 000 DM übersteigt. Die auf Grundlage dieser Kriterien entstehende Typologie ist in Abbildung 7 wiedergegeben.

Unterhalb der horizontalen Achse sind diejenigen Frauen erfaßt, die eine Gesamtrente von weniger als 1 000 DM im Monat beziehen. Diese Frauen (Typ 1 und 3) sind die »Verliererinnen«. Oberhalb der vertikalen Achse sehen wir die »Siegerinnen«. Diese Frauen erhalten mehr als 1 000 DM im Monat, und zwar entweder aufgrund eigener Rente (Typ 5) oder aufgrund abgeleiteter Rente (Typ 2 und 4). Einige wenige dieser Frauen waren sowohl auf dem Heiratsmarkt als auch auf dem Arbeitsmarkt erfolgreich (Typ 6). Auf der linken Seite der vertikalen Achse sehen wir Frauen, die weniger als 25 Jahre erwerbstätig waren, rechts Frauen, die länger erwerbstätig waren.

Die Klassifikation zeigt, daß insgesamt 82 Frauen (Typ 2, 4 und 6) auf dem Heiratsmarkt erfolgreich waren und ein Viertel aller Frauen (Typ 1, 3 und 5) auf dem Heiratsmarkt im Sinne von Rentenzahlungen nicht erfolgreich war.[38] Die Typologie zeigt auch eine hohe Endogamie von Ehepaaren: Frauen mit niedrigen Bildungs- und Beschäftigungsressourcen (Typen 1 und 3) heirateten Männer mit entsprechend niedrigen Ressourcen, Frauen mit hohen Ressourcen hingegen heirateten Männer mit entsprechend guten Ressourcen.

38 In diese Gruppe fallen unter anderem Witwen, die seit mehr als zehn Jahren verwitwet sind, und solche Frauen, die wesentlich ältere Männer geheiratet haben. Diese Männer sind seit langem im Ruhestand und konnten daher nicht an dem allgemeinen Anstieg des Lebensstandards partizipieren (da Renten eine geringere Steigerungsrate als Löhne haben, was sich aber erst nach Ablauf vieler Jahre erheblich auswirkt.)

Abbildung 7: Klassifikation von Frauen nach Art und Höhe des Renteneinkommens und Arbeitsmarktbeteiligung

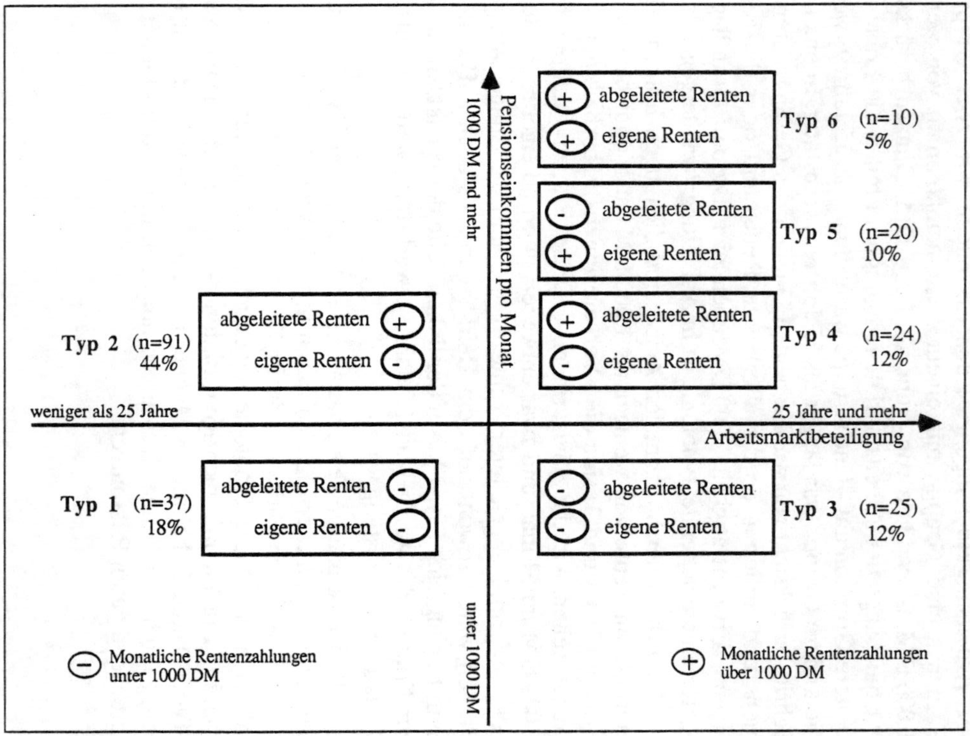

Insgesamt waren nur 30 Frauen auf dem Arbeitsmarkt erfolgreich. Jede dieser Frauen hat länger als 25 Jahre gearbeitet. Von den restlichen Frauen sind jene als »doppelte Verliererinnen« zu bezeichnen, die in beiden Märkten partizipierten und dennoch weniger als 1 000 DM im Monat zur Verfügung haben. Dies ist immerhin ein Achtel aller Frauen.

Wir stellen abschließend die Frage, inwieweit sich diese nach Rentenertrag und Arbeitsmarktpartizipation gruppierten Frauen auch in anderen Merkmalen ihres Lebenslaufs unterscheiden. Um diese Frage zu klären, führen wir eine Varianzanalyse durch, in welcher wir Merkmale der beruflichen Ausbildung, des beruflichen Prestiges und der Kinderzahl über die Gruppen hinweg vergleichen (Tabelle 6).

Tabelle 6: Varianzanalyse: Frauen (Typ 1 bis 6) nach Ausbildungs-, Arbeitsmarkt- und Fertilitätscharakteristiken

	Typologie von Frauen						
	Verliererinnen			Gewinnerinnen			
	1	2	3	4	5	6	F-Wert
Anzahl von Berufsausbildungen	0,6	0,3	0,6	0,8	1,3	2,0	6,93**
Firmengröße (log)	899	311	399	311	3 680	672	3,17**
Durchschnittliches Berufsprestige (SAS)	8,9	9,0	9,1	91,	9,3	9,9	4,20**
Anzahl von Kindern	2,7	2,0	2,6	1,9	1,3	0,7	6,08**
N	37	91	25	24	20	10	

** P < .01 (one-tailed test)

Quelle: Lebensverläufe und gesellschaftlicher Wandel, Kohorte 1919-21, 1986.

Nur die Hälfte der »doppelten Verliererinnen« (Typ 1) hat eine berufliche Ausbildung, dagegen haben die »Doppelsiegerinnen« (Typ 6) durchschnittlich mehr als zwei berufliche Ausbildungsphasen absolviert.[39] Ein ähnliches Ergebnis ergibt sich hinsichtlich des beruflichen Prestiges (SAS). »Doppelte Verliererinnen« haben ein durchschnittliches berufliches Prestige von 8,9 Punkten, »doppelte Gewinnerinnen« haben ein signifikant höheres berufliches Prestige. Wenden wir uns nun der Kinderzahl zu. Je

39 Der in der Tabelle angegebene F-Wert zeigt statistisch hochsignifikante Unterschiede zwischen den Gruppen.

länger Frauen im Arbeitsmarkt sind und je mehr Geld sie zu ihrer Verfügung haben, desto weniger Kinder haben sie. Sicher ist eine solch negative Korrelation zwischen Arbeitsmarktbeteiligung und Kinderzahl nicht überraschend. Die Tatsache, daß nur Frauen ohne Kinder ausreichende Renteneinkommen haben, macht einen Entscheidungsdruck sehr deutlich: Frauen können entweder in ihre Kinder oder in ihr finanzielles Wohlergehen im Alter investieren. Dieses Ergebnis entbehrt nicht der Ironie. Während früher eine Versorgung im Alter eher durch viele Kinder gewährleistet werden konnte, wird sie heute durch viele Kinder eher gefährdet.

5. Zusammenfassung und Folgerungen: Die Bedeutung gegenwärtiger Entwicklungen für die Lebensläufe von Frauen und Männern

Dieser Beitrag läßt sich in drei Punkten zusammenfassen:

1. Selbst wenn Männer und Frauen gleiche Voraussetzungen mitbringen, sind Männer im Arbeitsmarkt wesentlich erfolgreicher als Frauen und erhalten damit wesentlich höhere Erwerbsrenten. Sozialpolitische »Dauergeschenke« fördern den individuellen Erfolg der Männer über die vorherrschenden Arbeitsmarktstrukturen hinaus.
2. Erwerbstätige Frauen können sich keine eigene Familie leisten. Erwerbstätige Männer werden durch die Familie gefördert. Verheiratete berufstätige Frauen erhalten wesentlich niedrigere Erwerbsrenten als unverheiratete Frauen, verheiratete erwerbstätige Frauen mit Kindern erhalten eine noch niedrigere Rente. Je mehr Lebensverlaufsereignisse kombiniert werden, desto niedriger ist die Erwerbsrente der Frau. Sozialpolitische Eingriffe, auch wenn sie wie im Falle der Kinderrenten nur punktuell auf wenige Lebensjahre beschränkt sind, haben Folgen für den gesamten Lebensverlauf.
3. Die Rentengesetzgebung gibt einen erheblichen finanziellen Anreiz, für die Familie und die Kinder tätig zu sein, da es den meisten Frauen nur über die Institution der vom Mann abgeleiteten Witwenrente möglich ist, ein finanzielles Auskommen im Alter zu haben. Für Frauen ist der Arbeitsmarkt ein außerordentlich unzuverlässiger »Geldgeber«, was sich insbesondere im Rentenalter auswirkt. Demgegenüber sind Männer eine sicherere Einkommensquelle, und das selbst - oder gerade - in dieser Generation der vielen frühen (Kriegs-)Witwen. Doch solche Verläßlichkeit beruht auf Abhängigkeit.

In der heutigen Bundesrepublik sind Frauen in vielfacher Weise benachteiligt. Sie sind es auch im Alter, auch dann, wenn die Doppelbelastung von Haushalt und Familie überstanden ist. Der Ruhestand bietet nicht Entlastung, sondern die Fortschreibung lebenslanger Benachteiligungen. Im Ruhestand »reproduzieren sich nicht nur lebenslange Abhängigkeiten, sondern sie zeigen sich in potenzierter Form. Geringe verfügbare Einkommen im erwerbsfähigen Alter führen für die alleinstehende Rentnerin zu Kleinstrentnerdasein und materieller Unterversorgung« (Hermann 1984, S. 237).

Die Kompensation der über das Leben hinweg entstehenden Ungleichheiten ist kein Ziel der westdeutschen Rentengesetzgebung. Im Gegenteil: Hier ist explizit festgelegt, daß Einkommensunterschiede in den Ruhestand übernommen und dort beibehalten werden. Unsere Analyse des bundesdeutschen Rentensystems und die empirischen Analysen von Renteneinkommen zeigen allerdings nicht diese angestrebte Konservierung, sie zeigen ihre Expansion. Das trifft auf Unterschiede zwischen Status- und Einkommensklassen zu, auf Unterschiede zwischen Männern und Frauen, aber auch auf Unterschiede zwischen verheirateten und unverheirateten Frauen. Soziale Ungleichheit im Alter wird durch Gesetzgebung und Arbeitsmarktprozesse über den gesamten Lebensverlauf hinweg produziert. Die Verknüpfung dieser oft nur einzeln gedachten Stränge erklärt das Fortbestehen und die Ausbreitung sozialer Ungleichheiten bis ins hohe Alter hinein.

Die empirischen Ergebnisse zeigen ein ungünstiges Bild. Wird sich die Situation für künftige Rentenzugangskohorten verbessern? Dafür sehen wir zwei Anzeichen:

1. Änderungen in der *Abfolge des Lebenslaufs* von Männern und Frauen und
2. Änderungen in der *Erwerbsbeteiligung* von Frauen.

In den folgenden beiden Abschnitten werden diese Entwicklungen beschrieben und im Rahmen soziologischer und ökonomischer Theorien interpretiert. Daraus ist die Schlußfolgerung zu ziehen, daß beide Entwicklungen die Möglichkeit einschließen, die Diskriminierung auf dem Arbeitsmarkt und im Ruhestand zu verringern. Allerdings muß darauf hingewiesen werden, daß aktuelle politische Maßnahmen - so die Rentenreform 1992 - diese Entwicklung gefährden und zu einer erneuten Verstärkung von Ungleichheiten zwischen sozialen Klassen und zwischen Männern und Frauen beitragen.

Änderungen in der Abfolge des Lebenslaufs

Bislang ist man von einer klaren zeitlichen Gliederung und einer eindeutigen Trennung zwischen den Lebenslaufphasen Ausbildung, Arbeit und Ruhestand ausgegangen (Dahrendorf 1983, Kohli 1985). Es gibt Anzeichen dafür, daß sich dieses Muster für Männer wie für Frauen ändern wird. Menschen verbringen mehr Zeit in schulischer und beruflicher Ausbildung und schieben den Eintritt in das Erwerbsleben zeitlich auf. Menschen treten aber auch zunehmend früher aus dem Erwerbsleben aus. Die Grenzziehung zwischen den einzelnen Lebensphasen wird institutionell wie individuell unklarer. Männer und Frauen können vor Beendigung der Ausbildung bereits im Arbeitsprozeß stehen oder ihre Erwerbsphase zugunsten einer anderen Ausbildung oder zugunsten der Kindererziehung unterbrechen. Sie könnten auch zunehmend häufiger nach Rentenbeginn noch in einem Arbeitskontext stehen und einige ihrer Ruhestandsjahre mit produktiven Tätigkeiten verbringen.

Mit dem Phänomen des »späten Eintritts und frühen Austritts« (Miegel 1989) und mit der Verwischung von Grenzen einzelner Lebensphasen verliert deren traditionelle Abfolge im Lebensverlauf ihre Grundlage. Dennoch gibt es in der Bundesrepublik nur wenige Bestrebungen, den ökonomischen und sozialen Ordnungsrahmen an die veränderten Bedingungen anzupassen. Dagegen sind in anderen Ländern, wie zum Beispiel den Vereinigten Staaten, die Phasen von Ausbildung und Erwerbstätigkeit weit weniger sorgsam getrennt.

In der Bundesrepublik sind strukturelle Reformen notwendig, um es der Bevölkerung zu ermöglichen, die Beteiligung in Schule, Ausbildung, Beruf, Familie und Freizeit flexibel zu gestalten. Wiedereintritte in das Bildungssystem sind zu erleichtern. Berufliche Bildung darf nicht den jungen, arbeitsunerfahrenen Menschen vorbehalten bleiben. Die Bereitstellung von Arbeitsplätzen oder von Arbeitsmöglichkeiten für den Personenkreis, der bereits das Rentenalter erreicht hat, sollte verstärkt gefördert werden. Dies alles erfordert Anpassungsleistungen in der Gesetzgebung und in betrieblichen Beschäftigungsstrategien.

Veränderungen in der Erwerbsbeteiligung von Frauen

Die Erwerbsbeteiligung von verheirateten Frauen hat sich in den letzten Jahrzehnten stark erhöht. Auch verheiratete Frauen mit Schulkindern sind nun häufiger erwerbstätig, was die Abfolge von Erwerbsphasen im Lebenslauf einer Frau grundlegend verändert hat (Oppenheimer 1973, Huber 1986). Eine zweite große Änderung betrifft die schulische und berufliche Ausbildung erwerbstätiger Frauen. Früher waren hauptsächlich Frauen erwerbstätig, die eine eher niedrige schulische und berufliche Ausbildung hatten (Smith/Ward 1985, Huinink/Lauterbach 1990). Heute sind vor allem die gut ausgebildeten Frauen erwerbstätig. Von daher können wir annehmen, daß die durchschnittliche Bezahlung von Frauen über die nächsten Jahre hinweg ansteigt und die Lohnungleichheit von Männern und Frauen geringer wird. So wurde geschätzt, daß bis zum Jahre 2000 der relative Lohn von jungen Frauen um 15 % schneller ansteigt als der Lohn ihrer männlichen Kollegen (Smith/Ward 1985).

Diese Entwicklungen haben mindestens drei bedeutende Implikationen:

1. Obgleich Frauen noch immer häufiger und länger als Männer ihre Berufstätigkeit unterbrechen, werden geschlechtsspezifische Unterschiede zunehmend geringer.
2. Sind Frauen im überwiegenden Teil ihres Erwachsenenlebens berufstätig, so werden sie zunehmend ihre Situation und ihre Möglichkeiten auf dem Arbeitsmarkt mit denen von Männern vergleichen. Das heißt auch, daß sie diskriminierende Strukturen leichter erkennen und sich zunehmend gegen diese wehren werden.
3. Die Berufstätigkeit der Frau, ihre höhere Ausbildung und die zunehmende Kontrolle über ein eigenes Einkommen können schließlich innerfamiliäre Entscheidungsstrukturen ändern. Zu einer solchen Änderung trägt nicht zuletzt eine geringere ökonomische Abhängigkeit vom Ehemann bei (Sorensen 1989). Frauen werden erkennen, daß die Spezialisierung auf Hausarbeit eine riskante Angelegenheit ist. Dies gilt auch für ihre innerfamiliäre Verhandlungsposition und für ihre eigene ökonomische Situation (besonders im Falle einer Ehescheidung). Dies gilt auch für Zeiten der Kinderbetreuung und hat weitreichende Konsequenzen für spätere Familien- und Lebensphasen.

Änderungen in der Abfolge des Lebenslaufs und Änderungen in der Erwerbstätigkeit der Frau stellen ökonomische und soziologische Theoriensätze zur Erklärung der Diskriminierung von Frauen auf eine harte Probe. Auf Haushaltsebene muß die Annahme einer einzigen Haushaltsnutzenfunktion, wie sie in der neoklassischen ökonomischen Theorie formuliert wird, in Frage gestellt werden und die Möglichkeit zulassen, daß die Präferenzen beider Ehepartner voneinander abweichen (Blau/Ferber 1986). Auf der individuellen Ebene erklären soziologische und ökonomische Ansätze die Benachteiligung der Frau auf dem Arbeitsmarkt durch deren diskontinuierliche Arbeitsmarktpartizipation. So besagt die Theorie der »statistischen Diskriminierung«, daß Arbeitgeber nicht in die betriebliche Ausbildung von Frauen investieren, da sie das »Merkmal Frau« als Indikator einer prospektiv wahrscheinlichen Arbeitsmarktunterbrechung ansehen. Diese Unterbrechung mache es unmöglich, die in die Frau investierten betrieblichen Ausbildungskosten zu amortisieren. Auch für die Humankapitaltheorie (Becker 1964) stehen Erwerbsunterbrechungen im Vordergrund. Da Frauen selbst längere Unterbrechungen ihrer Erwerbstätigkeit antizipieren, investieren sie in ihre Ausbildung nur so viel Zeit, Geld und Energie, wie sie durch eine spätere Erwerbstätigkeit wieder zurückbekommen können. Letztlich erklären auch Mincer und Polachek (1974) die Lohndiskriminierung von Frauen durch deren Erwerbstätigkeitsunterbrechungen: Frauen verlieren ihre beruflichen Qualifikationen während ihrer Erwerbsunterbrechung und beziehen dadurch gerechterweise bei Wiedereintritt einen geringeren Lohn als solche Personen, die ihre Qualifikation nicht verloren haben.

Bemerkenswerterweise sind alle diese Ansätze in ihrer Anlage scheinbar geschlechtsneutral. Sie konzentrieren sich auf Erwerbsunterbrechungen und deren Folgen für die Zeit vor und nach der Erwerbsunterbrechung. Es ist nur eine gleichsam »zufällige« Tatsache, daß die Unterbrechenden immer die Frauen sind. Und hier schließt sich der Kreis. Falls die heute zu beobachtenden Entwicklungen auf dem Arbeitsmarkt tatsächlich zu diskontinuierlicheren Karrieren von Frauen und Männern führen, so wird es für Arbeitgeber schwierig, das Merkmal »Frau« zur Vorhersage der Wahrscheinlichkeit zukünftiger Arbeitsmarktunterbrechungen zu benutzen. Andere Merkmale müßten dieses Kriterium ersetzen. Langfristig angemessener (und damit profitabler) wäre es, die Form der Erwerbsarbeit auf betrieblicher Ebene so zu reorganisieren, daß Flexibilität in der zeitlichen Lagerung von Arbeitsphasen zum Normalfall wird. Erst dann wird die idyllische Assoziation der »Erwerbsunterbrechung« mit der weiblichen »Rückkehr in den Schoß der Familie« überflüssig werden; und erst dann wird die bittere Konnotation des Wortes »Erwerbsunterbrechung«

und dessen Assoziation mit dem männlichen Typ des »Aussteigers« verschwinden.

Für die soziologische und ökonomische Modellbildung sind die beschriebenen Veränderungen auf dem Arbeitsmarkt ein harter »Realitätstest«. Werden Männer und Frauen für Erwerbstätigkeitsunterbrechungen bestraft? Sind die Unterbrechungen somit das Bestrafenswerte? Oder bleibt die Diskriminierung der Frau dennoch bestehen? Dann aber wären die Modelle und Theorien zur Erklärung der Diskriminierung von Frauen schlichtweg unvollständig oder falsch, da sie nicht erklären können, warum negative Sanktionen nur dem einen, nicht aber dem anderen Geschlecht drohen.

Folgerungen für die Sozialgesetzgebung

Es bleibt nun zu fragen, welcher legislative Rahmen die heutigen Veränderungen auf dem Arbeitsmarkt unterstützen würde. In der Vergangenheit hat die Rentengesetzgebung die vorherrschenden Normen und Einstellungen in bezug auf die Stellung der Frau in der Gesellschaft, in der Familie und im Arbeitsleben eher passiv mitgetragen. Neue Entwicklungen wurden weder forciert, noch wurde ihnen entgegengewirkt. Im empirischen Teil dieses Aufsatzes haben wir gezeigt, daß dadurch im Arbeitsleben entwickelte Ungleichheiten im Ruhestand fortgeschrieben werden.

Die neue Rentenreform führt vom passiven Tradieren gesellschaftlicher Verhältnisse zu einem aktiven Boykott gesellschaftlichen Fortschritts. Mit dieser Reform werden junge Mütter, die ihre Erwerbstätigkeit zugunsten der Kinderbetreuung unterbrechen, durch die Anrechnung von drei Kindererziehungsjahren besser gestellt als Frauen, die bei der Geburt ihrer Kinder die Erwerbstätigkeit nur kurz unterbrechen. Damit wird die innerfamiliäre Aufgabenteilung tradiert, und Änderungen im Bereich der Rollendefinition von Ehepartnern werden gefährdet. Diese Reform verhindert auch Änderungen in der traditionellen Abfolge des Lebenslaufs, indem sie alle Abweichungen (»späte Eintritte und frühe Austritte«) bestraft.

Auch andere Modelle optieren in diesem Sinne. So wird vorgeschlagen, das Problem der weiblichen Doppelbelastung durch Rentenreformen, durch finanzielle Erleichterungen für Frauen und durch eine Aufstockung des Etats für öffentlich geleistete Kinderversorgung zu lösen.

Helberger (1988) bezieht sich auf Rentenreformen und schlägt die Gewährung von Rentenbeitragserleichterungen in frühen Lebensphasen und Rentenbeitragserhöhungen in späteren Lebensphasen vor. Krupp (1988) geht es um Änderungen der Infrastruktur. Er schlägt die Errichtung von Kinderkrippen, Ganztagsschulen und besseren Wohnmöglichkeiten vor. Weiterhin hoffen er und andere (Ott/Rolf 1987) darauf, daß die Arbeitgeber die heutigen Arbeitsmarktentwicklungen konstruktiv unterstützen und flexible Arbeitszeiten sowie Erwerbsunterbrechungen bei voller Arbeitsplatzgarantie vorsehen werden.

Es besteht auch die Ansicht, daß die Sozialgesetzgebung den Versuch unternehmen sollte, heutige Vorgaben gänzlich zu ändern. Dieses kann beispielsweise durch eine Grundrente erfolgen, die völlig unabhängig von der Erwerbsbeteiligung gewährt werden würde. Eine solche Grundrente würde dann nicht durch Beitragszahlungen finanziert, sondern durch Steuertransferleistungen (Rolf 1988, S. 516). Der Vorteil einer solchen Regelung besteht in der Garantie einer Mindestrente für alle Personen - offensichtlich ein klarer Fortschritt gegenüber der heutigen Gesetzgebung, die in Kauf nimmt, daß ein Teil der Bevölkerung kein ausreichendes Alterseinkommen hat. Die Probleme einer solchen Lösung liegen darin, daß sich viele Personen privat versichern würden, um ihre monatlichen Rentenzahlungen zu erhöhen. Diese Wende vom öffentlichen zum privaten Sektor würde die Benachteiligung der Bezieher niedriger Einkommen vergrößern. Bereits heute ist dies an den Praktiken privater Krankenversicherungen ersichtlich. Hier müssen Frauen höhere Beitragszahlungen leisten, um Risiken und Kosten von Geburten zu kompensieren. Zwar nehmen solche Regelungen Abstand von einer individualisierten und leistungsbezogenen Rentenverordnung. Dennoch verkennen sie die Komplexität grundlegender und Segregationen erzeugender Mechanismen.

Alle diese Ansätze wollen Männer und Frauen in ihren traditionellen Lebenssequenzen und Familienzusammenhängen verhaftet wissen. Daher unterstützen sie weder ein bewußtes und informiertes Handeln von Individuen und Haushaltsgemeinschaften noch Flexibilität in der Planung und Durchführung des Familien- und Erwerbslebens. Sie konservieren den Status quo.[40] Benötigt wird eine Gesetzgebung, die überlegte Planung und informierte Wahl von Individuen für ihren Lebensweg ermöglicht, Flexibilität in dessen Gestaltung gewährt und dem Postulat einer Chancengleichheit von Mann und Frau folgt. Der mit der Rentenreform beschrittene

40 Siehe auch Allmendinger/Brückner (1992).

Weg ist der falsche Weg. Die Regelungen entsprechen nicht den gesellschaftlichen Grundpositionen unserer Zeit. Und die Rolle des Arbeitsmarktes mit seiner so herausragenden Bedeutung für den Verlauf des Erwerbslebens und die Situation der Menschen nach dem Arbeitsleben wird ignoriert.

Tatbestände wie diese sind in jeder Gesellschaft überdeterminiert. Sie sind durch Gesetze und die politische Praxis vorgegeben. Sie werden durch Firmenpraktiken mitgeprägt. Sie werden getragen durch Entscheidungen von Individuen allein oder in ihren Lebensgemeinschaften, Entscheidungen, die zu einem großen Teil wiederum durch kulturelle Normen bestimmt sind. Man kann überdeterminierte Tatbestände nicht durch Einzelmaßnahmen verändern. Wir brauchen simultane Veränderungen auf mehreren Analyseebenen, auf der gesellschaftlichen Ebene, auf der Ebene von Organisationen und auf der Ebene von Lebensgemeinschaften und Individuen.

Literatur

Ahrend, P./Beucher, D./Walkiewicz, N.: (1988) »Betriebliche Altersversorgung«. In: *Die Angestellten Versicherung*, 88, S. 294-303

Allmendinger, J. (1992): »Lebenslauf und Sozialpolitik. Zur entzweiten Institutionalisierung des Lebensverlaufs«. Max-Planck-Institut für Bildungsforschung. Ms. Berlin

Allmendinger, J./Brückner, H./Brückner, E. (1992): »Ehebande und Altersrente oder: Vom Nutzen der Individualanalyse«. In: *Soziale Welt*, 43, S. 90-116

Balluseck, H. von (1983): »Origins and Trends of Social Policy for the Aged in the Federal Republic of Germany and West Berlin«. In: A.-M. Guillemard (Hrsg.): *Old Age and the Welfare State*. London, S. 213-249

Becker, G. S. (1964): *Human Capital*. New York

Bielby, W. T./Baron, J. N. (1986): »Men and Women at Work: Sex Segregation and Statistical Discrimination«. In: *American Journal of Sociology*, 91, S. 759-799

Blau, F./Ferber, M. (1986): *The Economics of Women, Men and Work*. New York

Brückner, E./Mayer, K. U. (1987): »Lebensgeschichte und Austritt aus der Erwerbstätigkeit im Alter - am Beispiel der Geburtsjahrgänge 1919-21«. In: *Zeitschrift für Sozialisationsforschung und Erziehungssoziologie*, 2, S. 101-116

Bundesminister für Arbeit und Sozialordnung (BMAS) (1990): *Rentenreform '92*. Bonn

Chow, G. C. (1960): »Tests of Equality between Subsets of Coefficients in two Linear Regressions«. In: *Econometrica*, S. 591-605

Dahrendorf, R. (1983): »Grenzen der Gleichheit. Bemerkungen über Fred Hirsch«. In: *Zeitschrift für Soziologie*, 12, S. 65-73

Die Angestelltenversicherung (1987): Zeitschrift der Bundesversicherungsanstalt für Angestellte, Dezember

Dinkel, R. (1988): »Werden Frauen durch die gesetzliche Rentenversicherung benachteiligt?« In: *Finanzarchiv*, 41, S. 60-72

Engelbrech, G. (1991): »Frauenspezifische Restriktionen des Arbeitsmarkts - Situationsbericht und Erklärungsansätze zu Phasen des Berufsverlaufs anhand von IAB-Ergebnissen«. In: K. U. Mayer/J. Allmendinger/J. Huinink (Hrsg.): *Vom Regen in die Traufe: Frauen zwischen Beruf und Familie*. Frankfurt a. M.

Frank, G. (1985): *Betriebliche Altersversorgung - Umfang, Struktur und sozialpolitische Perspektiven*. Sfb 3-Arbeitspapier Nr. 179. Frankfurt a.M./Mannheim

Genosko, J. (1983): *Arbeitsangebot und Arbeitssicherung - Eine theoretische und empirische Analyse.* Habilitationsschrift. Regensburg

Genosko, J. (1985): *Arbeitsangebot und Arbeitssicherung*. Regensburg

Gustafsson, S./Ott, N. (1988): *Demographic Change, Labor Force Participation of Married Women and the Effect of Separate Versus Joint Taxation by Earnings in West Germany and Sweden*. Sfb 3-Arbeitspapier Nr. 241. Frankfurt a.M./Mannheim

Haensch, D. (1969): *Repressive Familienpolitik*. Hamburg

Hauser, R./Cremer-Schäfer, H./Nouvertné, U. (1981): *Armut, Niedrigeinkommen und Unterversorgung in der Bundesrepublik Deutschland. Bestandsaufnahme und sozialpolitische Perspektiven*. Frankfurt a.M./New York

Heine, W. (1986): »Die Neuregelung der Witwen- und Witwerrenten in der gestzlichen Rentenversicherung. Zur Problematik einer Einkommensanrechnung bei beitragsfinanzierten Leistungen der Sozialversicherung«. In: *Zeitschrift für das gesamte Familienrecht*, 33, S. 113-122

Helberger, Ch. (1982): »Ziele von Alterssicherungssystemen - Bewertungskriterien für die Rentenreform '84«. In: Ch. Helberger/G. Rolf (Hrsg.): *Die Gleichstellung von Mann und Frau in der Alterssicherung. Ergebnisse eines Colloquiums zu den Alternativen der Rentenreform '84*. Frankfurt a.M./New York, S. 93-134

Hermann, Ch. (1984): *Gleichstellung der Frau und Rentenrecht. Zur bevorstehenden Reform der Alterssicherung*. Sozialpolitische Schriften, Bd. 51. Berlin

Higonnet, M. R./Higonnet, P. (1987): »The Double Helix«. In: M. R. Higonnet/J. Jenson/S. Michel/M. Collins Weitz (Hrsg.): *Behind the Lines - Gender and the Two World Wars*. New Haven/London, S. 31-47

Huber, J. (1986): »Trends in Gender Stratification, 1970-1985«. In: *Sociological Forum/Official Journal of the Eastern Sociological Society*, 1, 3, S. 476-495

Huinink, J./Lauterbach, W. (1990): *Bedingungen des Erwerbsangebots verheirateter Frauen*. Vortrag auf dem IAB-Kontaktseminar zum Thema »Erwerbstätigkeits- und Arbeitslosigkeitsanalyse auf der Basis von Paneldaten«, 14.-18.5.1990. Berlin

Hujer, R./O. Löwenbein (1991): »Einkommensverläufe von Frauen unter besonderer Berücksichtigung betrieblicher Seniorität«. In: K. U. Mayer/J. Allmendinger/J. Huinink (Hrsg.): *Vom Regen in die Traufe: Frauen zwischen Beruf und Familie*. Frankfurt a. M.

Kiel, W. (1987): *Der Aufbau von Rentenanwartschaften*. Frankfurt a.M./New York

Kohli, M. (1985): »Zur Institutionalisierung des Lebenslaufs«. In: *Kölner Zeitschrift für Soziologie und Sozialpsychologie*, 37, S. 1-29

Kolb, R. (1991): »Zukunftsprobleme der gesetzlichen Rentenversicherung«. In: *Deutsche Rentenversicherung*, 1, S. 1-14

Mayer, K. U./Brückner, E. (1989): *Lebensverläufe und Wohlfahrtsentwicklung*. Teil I bis III. Materialien aus der Bildungsforschung, Nr. 35, Max-Planck-lnstitut für Bildungsforschung. Berlin

Meyer, S./Schulze E. (1984): *Wie wir das alles geschafft haben - alleinstehende Frauen berichten über ihr Leben nach 1945*, hrsg. vom Senator für Gesundheit, Soziales und Familie in Berlin. München

Michaelis, K. (1990): »Rentenberechnung, Rentenzahlung, Rentenanpassung«. In: *Handbuch der Rentenversicherung*. Festschrift aus Anlaß des 100jährigen Bestehens der gesetzlichen Rentenversicherung. Hrsg. von F. Ruland im Auftrag des Verbandes Deutscher Rentenversicherungsträger. Neuwied

Miegel, M. (1989): »Spät am Start, früh am Ziel«. In: *Die Zeit*, 42, S. 46

Mincer, J./Polachek, S. (1974): »Family Investments in Human Capital: Earnings of Women«. In: Journal of Political Economy, 82, S. 76-108

Münch, U. (1990): *Familienpolitik in der Bundesrepublik Deutschland*. Maßnahmen, Defizite, Organisation familienpolitischer Staatstätigkeit. Freiburg

Oppenheimer, V. K. (1973): »Demographic Influences on Female Employment and the Status of Women«. In: J. Huber (Hrsg.): *Changing Women in a Changing Society*. Chicago, S. 184-199

Ott, N./Rolf, G. (1987): *Zur Entwicklung von Frauenerwerbstätigkeit und Geburtenhäufigkeit*. Sfb 3-Arbeitspapier Nr. 244. Frankfurt a.M./Mannheim

Prinz, K. (1992): »Unzureichende Absicherung der Folgekosten der Kindererziehung im Rentenrecht«. In: ISSA - International Social Security Association (Hrsg.): *Survivors' Benefits in a Changing World*. Genf

Quadagno, J. (1988): »Women's Access to Pensions and the Structure of Eligibility Rules: Systems of Production and Reproduction«. In: *The Sociological Quarterly*, 29, 4, S. 541-558

Riley, D. (1987): »Some Peculiarities of Social Policy concerning Women in Wartime and Postwar Britain«. In: M. R. Higonnet/J. Jenson/S. Michel/M. Collins Weitz (Hrsg.): *Behind the Lines - Gender and the Two World Wars*. New Haven/London, S. 260-272

Rolf, G./Spahn, B./Wagner, G. (1988): *Sozialvertrag und Sicherung - Zur Ökonomischen Theorie staatlicher Versicherungs- und Umverteilungssysteme*. Frankfurt a.M./ New York

Rolf, G./Stubig, H.-J. (1987): »Zum Zusammentreffen von eigenen und abgeleiteten Leistungen aus Alterssicherungssystemen«. In: H.-J. Krupp/U. Hanefeld (Hrsg.): *Lebenslagen im Wandel: Analysen 1987. Sozio-ökonomische Daten und Analysen für die Bundesrepublik Deutschland*, Bd. 2. Frankfurt a.M./New York, S. 43-72

Ruland, F. (1992): »Survivors' Benefits of the Pension Scheme in Germany: Current Issues and Future Perspectives«. In: ISSA - International Social Security Association (Hrsg.): *Survivors' Benefits in a Changing World*. Genf

Schmähl, W. (1992b): »Stellungnahme des Sozialbeirats zu einigen Grundsatzfragen des Zusammenhangs zwischen dem Aufziehen von Kindern und der Alterssicherung« vom 13.4.1992. Vervielf. Ms.

Schulin, B. (1989): *Sozialrecht*. Ein Studienbuch. Düsseldorf

Smith, J. P./Ward, M. P. (1985): »Time-Series Growth in the Female Labor Force«. In: *Journal of Labor Economics*, 3, 1, S. 559-590

Sorensen, A. (1989): *Women's Economic Dependence and Men's Support Obligations: Economic Relations Within Households*. Vortrag gehalten auf der Konferenz »Gender and Class«, 18.-20.9.1989. Antwerpen

Standfest, E. (1980): »Vorstellungen des DGB zum Ausbau des eigenständigen Anspruchs der Frauen und zur Neuregelung der Hinterbliebenenversorgung«. In: *Zeitschrift für Sozialreform*, 13, 5, S. 341-346

Steeger, W. (1988): »Das individuelle Rentenniveau im Jahre 1987«. In: *Deutsche Rentenversicherung*, 10, S. 601-620

Veil, M. (1992): »Verliererinnen und Gewinnnerinnnen der Rentenreform 1992 - Auswirkungen des Rentenreformgesetzes '92 auf Frauen aus den alten und den neuen Bundesländern«. In: M. Veil/K. Prinz/U. Gerhard (Hrsg.): *Am modernen Frauenleben vorbei*. Berlin

Wagner, G. (1992): »Frauenförderung in den Systemen der sozialen Sicherung«. In: I. Kurz-Scherf/E. Mezger/G. Winkler (Hrsg.): *Sozialunion in Deutschland*. Bilanz und Ausblick. Düsseldorf

Winkler, D. (1977): *»Frauenarbeit im 'Dritten Reich'«*. Hamburg

Zacher, H.F. (1987): »Alterssicherung - Spiegel der gesellschaftlichen Entwicklung«. In: *Deutsche Rentenversicherung*, 11, S. 714-738

Zöllner, D. (1982): »Ziele von Alterssicherungssystemen«. In: Ch. Helberger/G. Rolf (Hrsg.): *Die Gleichstellung von Mann und Frau in der Alterssicherung. Ergebnisse eines Colloqiums zu den Alternativen der Rentenreform '84*. Frankfurt a.M./New York, S. 135-140

Ideologiekritik am Rentenrecht und ein Reformvorschlag zur eigenständigen Alterssicherung von Frauen

Gabriele Rolf

1. Vorbemerkung

Ungeachtet des gesellschaftlichen Wandels in den alten Bundesländern, der sich insbesondere in einem veränderten Erwerbsverhalten von Frauen und in veränderten Familienbildungsprozessen ausdrückt, gehen die Regelungen zur gesetzlichen Alterssicherung von einem traditionellen Familienleitbild aus. Aufgrund der beobachtbaren Pluralisierung bzw. Individualisierung der Lebensstile wird die Ausrichtung der gesetzlichen Alterssicherung an bestimmten Lebensverlaufstypen in Zukunft immer häufiger zu problematischen Verteilungswirkungen und zu unbefriedigenden Sicherungsergebnissen im Alter führen. Durch das Hinzukommen der neuen Bundesländer, mit ähnlich gelagerten gesellschaftlichen Strukturen, gewinnen diese Probleme noch an Schärfe.

Der Beitrag konzentriert sich auf das quantitativ bedeutsamste Alterssicherungssystem in der Bundesrepublik Deutschland, die gesetzliche Rentenversicherung (GRV). Der Tenor der folgenden Aussagen trifft jedoch auch auf die meisten anderen bundesdeutschen Alterssicherungssysteme zu. Abschnitt 2 zeigt zentrale Leitbilder des geltenden Rentenrechts auf. Abschnitt 3 setzt sich kritisch mit der Erwerbs- und Ehezentrierung der GRV auseinander, durch die bestimmte Lebensentwürfe von Frauen belohnt und andere bestraft werden. Abschnitt 4 skizziert, wie die rentenrechtlichen Regelungen weiterentwickelt werden können, damit sie der beobachtbaren und für die Zukunft prognostizierten Differenzierung der Lebensentwürfe Rechnung tragen.

2. Zentrale Leitbilder des Rentenrechts[1]

Das geltende Rentenrecht verhält sich nicht neutral gegenüber unterschiedlichen Lebensentwürfen: Es belohnt bestimmte Erwerbs- und Familienbiographien, während es andere bestraft. Begünstigt werden

- eine lückenlose Erwerbsbiographie mit einer Vollzeittätigkeit,
- die lebenslange Ehe mit traditioneller Rollenverteilung und
- ein Nacheinander von Kind und Beruf.

Personen, deren Lebensentwürfe diesen Vorstellungen entsprechen, sind insofern im Vorteil, da sie entweder mit einem höheren Renteneinkommen im Alter rechnen können und/oder Kindererziehung sich ohne Einschränkungen rentensteigernd auswirken wird.

Je länger eine Frau oder ein Mann in ihrem Leben einer rentenversicherungspflichtigen Beschäftigung nachgehen und je höher im Durchschnitt ihres Versicherungslebens ihr individuelles versicherungspflichtiges Arbeitsentgelt im Vergleich zum durchschnittlichen Arbeitsentgelt aller Versicherten ausfällt - oder in der Terminologie des Rentenreformgesetzes 1992: je mehr Entgeltpunkte sie ansammeln -, um so höher ist ihre Rente im Alter. Dies folgt aus dem Prinzip der Lohn- und Beitragsbezogenheit der Rente.

Nichterwerbstätige verheiratete Frauen (und Männer) werden auf den Unterhaltsverband in der Ehe und nach dem Tode ihres Partners auf eine aus dessen Versicherung abgeleitete Hinterbliebenenrente verwiesen. Da die Hinterbliebenenrente aus dem *allgemeinen* Beitragsaufkommen finanziert wird und an keine weiteren Voraussetzungen in der Person der oder des Hinterbliebenen geknüpft ist, wie vorausgegangene oder aktuelle Kindererziehung oder unbezahlte Pflegetätigkeit, wird durch die Gewährleistung der Hinterbliebenenversorgung pauschal die Ehe bzw. die Nichterwerbstätigkeit eines der beiden Ehegatten gefördert - bei den heutigen Verhaltensweisen in der Regel die Nichterwerbstätigkeit der Frau. Die negativen Arbeitsanreizwirkungen der Hinterbliebenenversorgung sind durch die 1986 eingeführte Einkommensanrechnung bei der Hinterbliebenenrente noch verstärkt worden, da seitdem der Bezug eigenen Erwerbseinkommens bzw. einer eigenen Rente aufgrund früherer Erwerbstätigkeit dazu führen kann, daß die Hinterbliebenenrente nicht vollständig ausbezahlt wird, sondern teilweise oder sogar ganz ruht. Insofern kann von

1 Der folgende Abschnitt basiert auf Rolf/Wagner 1990 (Abschnitte 4.1 bis 4.3) und Rolf/Schupp 1991 (Abschnitte 4 und 5.1).

einer Subventionierung der Hausfrauenehe, speziell der kinderlosen Hausfrauenehe, und von einer Bestrafung der Frauenerwerbstätigkeit durch das Rentenrecht gesprochen werden.

Dieser »Edukationseffekt« zeigt sich auch bei der Anrechnung der Kindererziehungszeiten. Zeiten der Erziehung eines Kleinkindes wirken sich im Prinzip nämlich nur dann rentensteigernd aus, wenn der erziehende Elternteil nicht gleichzeitig erwerbstätig ist. Bei einem zeitlichen Nebeneinander von Kind und Beruf werden die Zeiten der Kindererziehung nur dann berücksichtigt, wenn das eigene Einkommen weit unter dem Durchschnittsverdienst aller Versicherten liegt. Die aufgrund der Erwerbstätigkeit erworbenen Entgeltpunkte werden nur auf den Wert für Kindererziehungszeiten angehoben (75 % des Durchschnittsentgelts).

Das geltende Rentenrecht orientiert sich damit in hohem Maße an der Vorstellung einer stabilen, lebenslangen Ehe, in der der Mann kontinuierlich erwerbstätig ist und die Frau die Arbeiten im Haushalt und für die Familie übernimmt. Konsequenz dieses Festhaltens an einem überholten Familienleitbild sind unbefriedigende Sicherungsergebnisse und nur schwer zu rechtfertigende Verteilungswirkungen der GRV. Dies wird im folgenden Abschnitt anhand der sozialen Biographie von Frauen verdeutlicht, die nicht so »glatte« Erwerbs- oder Familienbiographien aufweisen, wie sie das Rentenrecht implizit unterstellt, sondern bei denen sich Familien- und Erwerbsbiographie in unterschiedlicher Form miteinander vermischen. Im Mittelpunkt der Betrachtung stehen also Lebensverläufe von Frauen, die Kindererziehung und Beruf auf verschiedene Weise miteinander vereinbaren. Dabei soll die relative Benachteiligung dieser Frauen anhand beispielhafter Rentenberechnungen aufgezeigt und die Kritik an der konzeptionellen Ausgestaltung des Rentenrechts unter Heranziehung von Verteilungs- und Risikoüberlegungen theoretisch begründet werden.

3. Rentenhöhe bei alternativen Erwerbs- und Familienbiographien

Ausgangspunkt der hier präsentierten Rentenberechnungen sind fünf ausgewählte Erwerbs- und Familienbiographien von Frauen (vgl. Tabelle 1). Mit der Auswahl der Biographien wird versucht, die vielfältigen Lebensentwürfe von Frauen auf einige wenige Lebensverlaufstypen zu reduzieren, anhand derer sich die »Logik« der rentenrechtlichen Regelungen möglichst anschaulich nachvollziehen läßt.

Tabelle 1: Beispielhafte Erwerbs- und Familienbiographien

Modellfall	Biographie
1	Vollzeit ohne Unterbrechung, kein Kind
2	Vollzeit ohne Unterbrechung, ein Kind (Geburt im 6. Jahr der Erwerbsbiographie)
3	5 Jahre Vollzeit, 6 Jahre Teilzeit, Vollzeit, ein Kind (Geburt im 6. Jahr der Erwerbsbiographie)
4	5 Jahre Vollzeit, 10 Jahre Unterbrechung, Vollzeit, zwei Kinder (Geburt im 6. und 8. Jahr der Erwerbsbiographie)
5	5 Jahre Vollzeit, 10 Jahre Unterbrechung, Teilzeit, zwei Kinder (Geburt im 6. und 8. Jahr der Erwerbsbiographie)

Art der Schulbildung für alle Modellfälle: Hauptschule (8 Jahre), Realschule (10 Jahre), Abitur (13 Jahre), Hochschule (18 Jahre)
Berechnung der Rentenhöhe im Alter von 60 Jahren

Der erste Modellfall stellt eine Frau mit durchgehender Vollzeit-Erwerbstätigkeit ohne Kinder dar; der zweite eine Frau, die ebenfalls kontinuierlich vollzeiterwerbstätig ist, aber ein Kind erzogen hat. Beim dritten Modellfall handelt es sich um eine Frau, die nach fünf Jahren Vollzeittätigkeit ein Kind bekommt, ihre Erwerbstätigkeit nach der Geburt des Kindes einschränkt, sechs Jahre Teilzeit arbeitet und danach wieder eine Vollzeittätigkeit aufnimmt. Als viertes wird eine Frau mit zwei Kindern betrachtet, die im sechsten und achten Jahr der Erwerbsbiographie geboren werden. Die Frau unterbricht ihre Erwerbstätigkeit nach der Geburt des ersten Kindes für zehn Jahre und arbeitet danach wieder Vollzeit. Der fünfte Modellfall unterscheidet sich vom vierten dadurch, daß die Frau nach der Erwerbsunterbrechung eine Teilzeittätigkeit aufnimmt.

Zunächst wurden die Lebenserwerbseinkommensverläufe dieser Frauen für vier Schulbildungen mit Hilfe einer Schätzgleichung berechnet. Diese Gleichung auf Basis der Humankapitaltheorie wurde von Galler (1991) entwickelt und geschätzt.[2] Die hierbei ermittelten Lohnsätze wurden in Jahresbruttoeinkommen umgerechnet. Die Rentenberechnung erfolgte auf Basis dieser über den gesamten Erwerbszyklus berechneten Ein-

2 Datenbasis der Schätzwerte für die Modellparameter sind die ersten fünf Wellen des Sozio-ökonomischen Panels, eine für die Bevölkerung der alten Bundesrepublik Deutschland einschließlich Berlin (West) repräsentative Längsschnittbefragung (vgl. Autorengemeinschaft Panel 1990).

kommen entsprechend den Regelungen des Rentenreformgesetzes 1992. Es wurden also bereits folgende Neuregelungen berücksichtigt:

- Höherbewertung der ersten vier Pflichtbeitragsjahre,
- Anrechnung von drei Babyjahren pro Kind,
- Begrenzung auf maximal sieben Jahre Ausbildungs-Ausfallzeit, Bewertung entsprechend dem Gesamtleistungsmodell.

Dagegen wurde von der Regelung der Rente nach Mindesteinkommen abgesehen, da sich diese Regelung nur auf Pflichtbeitragszeiten bis Ende 1991 bezieht, also zeitlich befristet ist. Da diese Regelung die Rentenhöhe in bestimmten Fällen jedoch stark beeinflussen kann, soll auf sie später noch gesondert kurz eingegangen werden.

In den Modellrechnungen beträgt das Rentenzugangsalter einheitlich 60 Jahre. Damit wurde von der im Rentenreformgesetz 1992 angekündigten schrittweisen Anhebung der Altersgrenzen auf die Regelaltersgrenze von 65 Jahren, beginnend im Jahre 2001, abstrahiert. Diese Vorgehensweise wurde gewählt, weil die Schätzgleichung für die Einkommensverläufe wegen zu geringer Besetzungszahlen in der Stichprobe nicht auf spätere Lebensalter angewendet werden kann und ohnehin nicht abschätzbar ist, in welchem Alter Männer und Frauen nach der geplanten Anhebung der Altersgrenzen in Rente gehen werden. Bei der Interpretation der Berechnungsergebnisse ist zu berücksichtigen, daß die durch eine Unterbrechungs- und/oder Teilzeitphase hervorgerufenen relativen Rentenverluste ceteris paribus um so höher sind, je früher das Rentenzugangsalter liegt. Die grundsätzlichen Schlußfolgerungen aus den Modellrechnungen bleiben hiervon freilich unberührt. Die Rentenberechnung wurde in Werten von 1984 vorgenommen, da die zugrundeliegenden Erwerbseinkommensverläufe auf der Basis von Einkommensangaben für das Jahr 1984 geschätzt wurden.

Abbildung 1 zeigt die Rentenhöhe bei alternativen Erwerbs- und Familienbiographien, unterschieden nach Schulbildung: Hauptschule, Realschule, Abitur und Hochschule. Als Referenzstandard dient jeweils die Rentenhöhe einer durchgehend vollzeiterwerbstätigen Frau mit gleicher Schulbildung ohne Kinder.

Wie man sieht, führt die Erziehung eines Kindes im Falle einer durchgehenden Vollzeittätigkeit nur bei Frauen mit niedriger Schulbildung (Hauptschule, Realschule) zu einer - freilich sehr geringen - Erhöhung der Rente. Bei Frauen mit höherem Bildungsabschluß und entsprechend höherem Erwerbseinkommen wirkt sich die Leistung der Kindererziehung

Abbildung 1: Rentenhöhe bei alternativen Erwerbs- und Familienbiographien
- Angaben in Prozent der Rente bei durchgehender Vollzeittätigkeit ohne Kinder

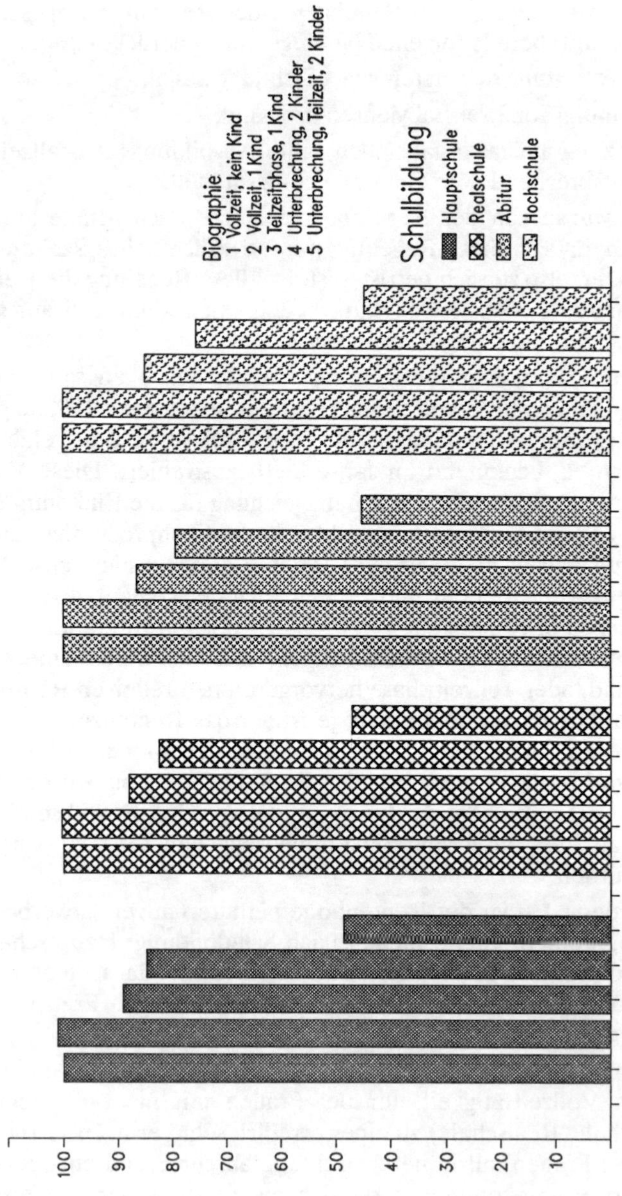

nicht rentensteigernd aus. Die geltende Regelung zur Anrechnung von Kindererziehungszeiten bei der Rente basiert auf dem Leitbild eines zeitlichen Nacheinanders von Kind und Beruf und führt lediglich dazu, daß erwerbstätige kindererziehende Mütter oder Väter nicht schlechter gestellt werden als nichterwerbstätige kindererziehende Personen.

Die kindbedingte Teilzeitphase hat in den Modellfällen - je nach Schulbildung - Rentenverluste von 11 bis 15 % zur Folge. Die Anrechnung von drei Babyjahren pro Kind kann also die Folgen der Erwerbszentrierung der GRV sogar im Falle einer relativ kurzen Teilzeitphase nicht kompensieren. Zwar profitieren in diesem Modellfall alle Frauen - gleichgültig welcher Schulbildung - von der Anrechnung der Kindererziehungszeiten. Aufgrund des Anhebungsprinzips wird die Erziehungsleistung jedoch in unterschiedlichem Umfang honoriert, am stärksten bei Hauptschulabschluß, am geringsten bei Hochschulbildung. Allen Fällen gemeinsam ist, daß sich die Babyjahre bei Erwerbstätigkeit in geringerem Umfang rentensteigernd auswirken als im Falle der Nichterwerbstätigkeit.

Die unterschiedliche Berücksichtigung der Kindererziehung bei der Rente ist unter verteilungspolitischen Gesichtspunkten nicht nur deshalb schwer zu rechtfertigen, weil Alleinerziehende und Zweiverdiener-Ehepaare mit geringem Familieneinkommen hierdurch systematisch benachteiligt werden, sondern auch deshalb, weil es sich bei der Kindererziehung um eine gesellschaftlich notwendige Arbeit handelt und der Gedanke von Leistung und Gegenleistung in der rentenpolitischen Diskussion in der Bundesrepublik ansonsten stets stark betont wird. Die Betreuung und Erziehung von Kindern nur im Falle eines zeitlichen Nacheinanders von Kind und Beruf uneingeschänkt als eine rentenrechtlich relevante Leistung anzuerkennen, greift angesichts der tatsächlichen Verhaltensweisen von Frauen zu kurz. Betrachtet man den Zeitraum von 1972 bis 1989, so schwankt die Erwerbstätigenquote verheirateter Frauen mit Kindern unter sechs Jahren zwischen 32,5 und 35,7 %.[3]

3 Vgl. Statistisches Bundesamt 1990, S. 267. Auch die Verhaltensweisen älterer Frauenkohorten entsprechen nicht vollständig dem familien- und frauenpolitischen Leitbild des heutigen Rentenrechts. So zeigt eine Untersuchung des Verbandes Deutscher Rentenversicherungsträger auf Basis der Versicherungskontenstichprobe 1986, daß bei fast jeder zweiten Frau mit Kindern und mit einem Rentenzugang oder einer Rentenumwandlung im Jahr 1986 die Kindererziehungszeiten nicht in vollem Umfang rentensteigernd angerechnet worden sind. Am häufigsten war dies auf ein Zusammentreffen der Kindererziehungszeiten mit Pflichtbeitragszeiten zurückzuführen (vgl. Kiel/Luckert/Scheitl 1988).

Bei der verteilungspolitischen Beurteilung der unterschiedlichen rentenrechtlichen Berücksichtigung der Kindererziehung bei erwerbstätigen und bei nichterwerbstätigen Frauen sollte nicht vergessen werden, daß ein zeitliches Nebeneinander von Kind und Beruf auch durch andere zentrale sozial- und steuerpolitische Regelungen bestraft wird. Es sei hier nur an das Ehegattensplitting im Rahmen der Einkommensbesteuerung, die beitragsfreie Familienversicherung in der gesetzlichen Krankenversicherung und die Ausgestaltung der Erziehungsgeldregelung erinnert, die allesamt die Nichterwerbstätigkeit von Ehefrauen fördern. Hinzu kommen das viel zu geringe Angebot an öffentlichen Kinderbetreuungseinrichtungen und die unzureichende Berücksichtigung der - vielen erwerbstätigen Eltern zwingend entstehenden - Kinderbetreuungskosten bei der Einkommensteuer.

Im Falle der zehnjährigen Erwerbsunterbrechung bei Erziehung von zwei Kindern mit anschließender Vollzeittätigkeit bewegen sich die Rentenverluste im Bereich von 15 bis 24 %. Nimmt die Frau nach der Erwerbsunterbrechung eine Teilzeittätigkeit auf, betragen die Rentenverluste in allen Modellfällen sogar mehr als 50 %. Zwar werden bei einem Nacheinander von Kind und Beruf Zeiten der Kindererziehung bei der Rente ohne Einschränkung honoriert, doch steht die Höhe der Anrechnung in keinem Verhältnis zu den durch die Erwerbsunterbrechung verursachten Rentenverlusten. Die Rentenminderung nimmt mit der Länge der Familienphase zu und tritt infolge des unterbrechungsbedingten Einkommenskapazitätsverlustes auch noch *nach* der Rückkehr ins Erwerbsleben auf. Letzteres wird in der politischen Diskussion überhaupt nicht thematisiert.

Insgesamt machen die Modellrechnungen deutlich, daß kindbedingte Unterbrechungen oder Einschränkungen der Erwerbstätigkeit selbst bei hoher Erwerbsorientierung zu beachtlichen Rentenverlusten führen - trotz der angeblich besonders frauenfreundlichen Regelungen des Rentenreformgesetzes 1992.[4] Offensichtlich reichen die dort ergriffenen Maßnahmen nicht aus, die Erwerbszentrierung der GRV aufzubrechen. Während die absoluten Rentenverluste bei gegebener Unterbrechungsdauer mit höherer formaler Qualifikation deutlich zunehmen, unterscheiden sich die relativen Rentenverluste in Abhängigkeit von der Schulbildung nicht so stark. Je länger die Unterbrechungs- und/oder Teilzeitphasen dauern, um

4 Einen umfassenden Überblick über die frauen- und familienpolitischen Elemente des Rentenreformgesetzes 1992 geben Heine/Kiel (1989).

so größer sind die hieraus resultierenden Renteneinbußen und um so mehr gewinnen auch die nach der Rückkehr ins Erwerbsleben bzw. nach der Wiederaufnahme einer Vollzeittätigkeit anfallenden Rentenverluste an Gewicht.

Wie verändern sich die hier präsentierten Modellrechnungsergebnisse, wenn zusätzlich die Regelung der *Rente nach Mindesteinkommen* berücksichtigt wird? Die Neuregelung der Rente nach Mindesteinkommen im Rentenreformgesetz 1992 sieht vor, bei Vorliegen bestimmter Voraussetzungen niedrige Pflichtbeitragszeiten vor 1992 auf das 1,5-fache des tatsächlichen Durchschnittswertes, maximal auf 75 % des Durchschnittsentgelts anzuheben. Diese Mindestbewertung wirkt sich ganz überwiegend zugunsten von Frauen aus. Alternativrechnungen zu den oben vorgestellten Modellrechnungen haben gezeigt, daß eine zeitlich unbefristete Mindestbewertung von Pflichtbeitragszeiten vor allem Frauen mit längeren Teilzeitphasen zugute käme. Daß diese Begünstigung mit höherer Schulbildung, das heißt mit steigendem Erwerbseinkommen abnimmt, entspricht dem Charakter einer Mindestsicherungsregelung - als rentenrechtliches Instrument für eine teilweise Kompensation der Opportunitätskosten der Kindererziehung scheidet eine Mindestbewertung damit freilich aus. Die frauen- und familienpolitischen Elemente des Rentenreformgesetzes 1992 lösen somit nicht das grundlegende Problem, welches das Prinzip der Lohn- und Beitragsbezogenheit der Rente im Hinblick auf weibliche Lebensentwürfe aufwirft.

Der Kritik an der Erwerbszentrierung der GRV könnte nun die Begünstigung der Ehe durch die Gewährleistung einer unbedingten Hinterbliebenenversorgung entgegengehalten werden. Schließlich erhalten verheiratete Frauen (und Männer) nach dem Tode ihres Partners neben ihrer eigenen Altersrente ohne weitere Voraussetzungen und ohne besondere Beitragszahlung noch eine aus der Versicherung des(r) Verstorbenen abgeleitete Hinterbliebenenrente. Ob diese in voller Höhe ausbezahlt wird, zu einem Teil oder ganz ruht, hängt von der Höhe der eigenen Altersrente ab. Übersteigt die eigene Rente einen bestimmten Freibetrag, so wird der übersteigende Betrag zu 40 % auf die Hinterbliebenenrente angerechnet. Insoweit führt die Einkommensanrechnung bei der Hinterbliebenenrente zu einer höheren Grenzabgabenbelastung erwerbstätiger verheirateter Frauen. Auch hieran zeigt sich wieder die Bestrafung eines Nebeneinanders und die Belohnung eines Nacheinanders von Kind und Beruf durch das bundesdeutsche Steuer- und Transfersystem.

Von den Befürwortern des geltenden Rentenrechts wird die Existenz und die Ausgestaltung der Hinterbliebenenversorgung gerne mit dem Argument verteidigt, die Hinterbliebenenrente stelle eine *pauschale* Kompensation der durch eine »Kinderpause« hervorgerufenen Nachteile bei der eigenen Rente dar (vgl. zum Beispiel Kaltenbach 1988). Gegen eine pauschale Förderung des Tatbestandes der Ehe, das heißt: der Nichterwerbstätigkeit von Ehefrauen, statt einer gezielten Förderung des Tatbestandes der Kindererziehung, sprechen freilich mehrere Gründe.

Hier seien zunächst die verteilungspolitischen Argumente genannt: Auf der einen Seite wird die Nichterwerbstätigkeit von Ehefrauen auch dann belohnt, wenn es keinen sozial schutzwürdigen Grund für die Nichterwerbstätigkeit gibt; auf der anderen Seite werden durch das Anknüpfen an der Ehe Alleinerziehende und andere Formen des Zusammenlebens mit Kindern explizit von Begünstigungen des sozialen Sicherungssystems und des Steuersystems ausgeschlossen. Zu bedenken ist ferner, daß sich aus finanziellen Gründen nicht alle potentiell Begünstigten eine Erwerbsunterbrechung »leisten« können, sie aber dennoch mit zur Finanzierung der daran anknüpfenden Leistungen herangezogen werden. Dadurch kommt es zu einer Umverteilung von kindererziehenden Niedrigverdienern zu kinderlosen gutverdienenden Einverdiener-Ehepaaren.

Neben den Verteilungsaspekten gibt es aber auch noch weitere Gesichtspunkte. Der Verweis auf eine abgeleitete Sicherung anstelle einer gut ausgebauten eigenständigen Sicherung verstärkt die ökonomische Abhängigkeit verheirateter Frauen von ihren Partnern und schwächt so ihre Verhandlungsposition innerhalb der Partnerschaft.[5] Im Falle einer Scheidung kommt noch ein weiteres Argument hinzu. Da das Scheidungsrecht geschiedene Ehegatten grundsätzlich auf eigene Erwerbstätigkeit verweist, muß eine unterbrechungsbedingte Verringerung der Einkommenskapazität insgesamt gesehen vor allem von den betroffenen Frauen getragen werden. Der frühere Ehemann wird über den Unterhaltsverband und den Versorgungsausgleich lediglich an den *während* der Ehe entstandenen unterbrechungsbedingten Erwerbseinkommens- und Rentenverlusten der Frau beteiligt.

Das geltende Rentenrecht bietet zwei Ansatzpunkte zur Verringerung der Opportunitätskosten der Kindererziehung, soweit sie die spätere Altersrente betreffen. Der eine liegt in Veränderungen der Renten- und

5 Wie die Verhandlungsposition innerhalb einer Partnerschaft von den individuellen ökonomischen Ressourcen abhängt, zeigen Ott (1989) und Galler/Ott (1990).

Beitragsberechnungsregelungen, welche das Sicherungsergebnis von Frauen bei konstantem Erwerbsverhalten unabhängiger von der Erwerbsbiographie machen, der andere in veränderten Arbeitsanreizwirkungen des Rentenrechts. Statt ökonomische Anreize zur Nichterwerbstätigkeit von Ehefrauen zu setzen und ein in Anbetracht der gestiegenen Scheidungshäufigkeiten mit hohen individuellen Risiken behaftetes Verhalten von Frauen zu begünstigen, müßten Unterbrechungsphasen möglichst kurz gehalten und die Erwerbsbeteiligung verheirateter Frauen gefördert werden. Dadurch würden nicht nur die Renteneinbußen, sondern auch die Erwerbseinkommensverluste von Frauen tendenziell begrenzt, die infolge der Betreuung und Erziehung von Kindern auftreten.

Die Ausrichtung des heutigen Rentenrechts an einem traditionellen Familienleitbild wirft somit nicht nur unter Verteilungsgesichtspunkten Probleme auf, sondern läßt sich angesichts der zunehmend unsicherer gewordenen Absicherung durch die Familie auch unter Risikoerwägungen sozialpolitisch nicht vertreten.

Aus diesen Überlegungen resultieren folgende Forderungen im Hinblick auf die Ausgestaltung der GRV:

- Gewährleistung einer gut ausgebauten eigenständigen sozialen Alterssicherung von Frauen anstelle einer abgeleiteten Sicherung;
- größere Unabhängigkeit des Sicherungsergebnisses von der individuellen Erwerbs- und Familienbiographie;
- Förderung der Kindererziehung anstelle der Ehe;
- Berücksichtigung der Kindererziehung auch bei gleichzeitiger Erwerbstätigkeit des erziehenden Elternteils;
- keine monetären Anreize zu längeren Erwerbsunterbrechungen.

Vor dem Hintergrund dieser Forderungen erklärt sich auch das Plädoyer für den Vorschlag der voll eigenständigen Sicherung in der Altersvorsorge (kurz als Voll Eigenständiges System (VES) bezeichnet).

4. Ein Reformvorschlag: Voll eigenständige Alterssicherung von Frauen[6]

Das VES baut im Unterschied zu anderen Reformvorschlägen - wie zum Beispiel der Einführung einer Grundrente - explizit auf dem gegenwärtigen Rentenversicherungssystem auf. Es ergänzt das geltende Rentenrecht um eine Mindestversicherungspflicht für alle Personen und ein laufendes Splitting der während einer Ehe gemeinsam erworbenen Rentenanwartschaften. Dadurch kann die Hinterbliebenenversorgung für erwachsene Personen im Grundsatz entfallen.

Im Falle der Kindererziehung/unbezahlter Pflegetätigkeit sieht das VES die Übernahme der Beitragszahlung durch die Gesellschaft vor. Bei anderweitig verursachter Erwerbsverhinderung (zum Beispiel Arbeitslosigkeit) wird diejenige Institution zur Beitragszahlung herangezogen, die auch ansonsten für den Lebensunterhalt der betreffenden Person aufkommt. Entscheidet sich ein (Ehe-)Paar für die Nichterwerbstätigkeit eines Partners, ohne daß ein sozial schutzwürdiger Grund hierfür vorliegt, muß der erwerbstätige (Ehe-)Partner die Beitragszahlung für den nichterwerbstätigen übernehmen. Für Sozialhilfeempfänger und Niedrigverdiener ist eine (Ex-post-)Subventionierung des Mindestbeitrags aus öffentlichen Mitteln vorgesehen.

Der personenbezogene Beitragssatz fällt im VES niedriger aus als im geltenden Recht, da alle Personen im erwerbsfähigen Alter Beiträge zur Alterssicherung entrichten müssen und fast keine Hinterbliebenenrenten gezahlt werden. Mit der Einführung des VES sind folgende Belastungsverschiebungen gegenüber dem heutigen Recht verbunden: Zweiverdiener-Paare, Paare mit Kindern und Alleinerziehende werden entlastet, kinderlose Einverdiener-Paare werden belastet. Der in der Rentenreformdiskussion zur sozialen Sicherung der Frau häufig geäußerte Einwand, eine Pflichtversicherung des nicht- oder geringverdienenden Ehegatten sei nicht finanzierbar, konnte mit Hilfe von Simulationsrechnungen widerlegt werden (vgl. Krupp u.a. 1981).

6 Der Vorschlag der voll eigenständigen Sicherung in der Altersvorsorge wurde im Rahmen der Arbeiten des Sonderforschungsbereichs 3 »Mikroanalytische Grundlagen der Gesellschaftspolitik« mit Hilfe eines dynamischen Mikrosimulationsmodells detailliert auf seine Verteilungs- und Finanzierungswirkungen hin durchgerechnet (vgl. Krupp u.a. 1981) und weiterentwickelt (vgl. zuletzt Rolf/Wagner 1991 mit weiteren Nachweisen). Der folgende Abschnitt stellt eine Zusammenschau aus Rolf 1989 (Abschnitt 4.2); Rolf/Schupp 1991 (Abschnitte 2, 3 und 5) und Rolf/Wagner 1991 dar.

Da sich die Versicherungspflicht im VES auf alle Personen im erwerbsfähigen Alter, also auch auf nichterwerbstätige Personen erstreckt, werden für alle Personen eigenständige Sicherungsansprüche aufgebaut und geschlossene Sicherungsverläufe mit dem Ziel der Lebensstandardsicherung im Alter garantiert. Durch die Einführung eines Mindestbeitrags wird für jede Person der Aufbau einer Mindestrentenanwartschaft gewährleistet. Dies wirkt sich natürlich auch im Falle einer Scheidung positiv auf das spätere Sicherungsergebnis der beiden früheren Ehepartner aus. Durch die umfassende Versicherungspflicht und den Mindestbeitrag wird die Rentenhöhe unabhängiger von der jeweiligen Erwerbs- und Familienbiographie und das Entstehen von Altersarmut vermieden.

Während das geltende Recht primär auf eine Subventionierung der Ehe bzw. der Nichterwerbstätigkeit eines Ehepartners hin ausgelegt ist, unabhängig davon, ob Kinder erzogen werden oder nicht, fördert das VES gezielt den Tatbestand der Kindererziehung. Die Beitragsbefreiung wegen Kindererziehung entlastet die Familie in einer Phase, in der die finanzielle Situation besonders angespannt ist - durch das Hinzukommen des Kindes und durch die Aufgabe oder Einschränkung der Erwerbstätigkeit eines Elternteils. Da es für die Beitragsbefreiung im VES keine Rolle spielt, ob der erziehende Elternteil die Erwerbstätigkeit aufgibt, einschränkt oder beibehält, kommt die finanzielle Entlastung Alleinerziehenden und Zweiverdiener-Paaren mit Kindern ebenso zugute wie Einverdiener-Paaren mit Kindern. Anders als im geltenden Recht wird nicht nur ein zeitliches Nacheinander, sondern auch ein zeitliches Nebeneinander von Kind und Beruf honoriert.

Infolge des laufenden Splittings hängt das individuelle Sicherungsergebnis im VES bei bestehender Ehe auch nicht davon ab, wie die Eltern im Einzelfall die Kinderbetreuung untereinander aufteilen. Im Unterschied zu heute kann hier also nicht der Fall eintreten, daß sich die Erziehung eines Kindes nur für einen der beiden Ehepartner negativ auf die spätere Rente auswirkt, während die Rentenhöhe des anderen Partners hiervon unberührt bleibt.

Der Vorschlag der voll eigenständigen Sicherung in der Altersvorsorge sieht vor, die Beitragsbefreiung wegen Kindererziehung bis zu einem bestimmten Lebensalter des jüngsten Kindes zu befristen. Da eine solche Regelung unterstellt, daß dann keine kindbedingte Erwerbsverhinderung mehr vorliegt, ist für die Einführung des VES eine Veränderung der gegenwärtigen Rahmenbedingungen zur Vereinbarkeit von Kind und Beruf unerläßlich.

Anders als das geltende Recht, das die Nichterwerbstätigkeit von Ehefrauen begünstigt, also ein mit ökonomischen Risiken und Verlusten behaftetes Verhalten fördert, werden Anreize in Richtung auf eine höhere Erwerbsbeteiligung verheirateter Frauen geschaffen. Es spricht daher viel für die Vermutung, daß erziehungsbedingte Lücken in der Erwerbsbiographie von Frauen dann kürzer ausfallen werden als bei den gegenwärtigen Regelungen, die Opportunitätskosten der Kindererziehung also erst gar nicht so groß werden. Neben möglichen Verhaltensänderungen tragen auch der Mindestbeitrag und das laufende Splitting zu einer Verringerung der unterbrechungsbedingten Rentenverluste von Frauen im Vergleich zum gegenwärtigen Recht bei.

Während im VES die Rentenhöhe von Frauen unabhängiger von ihrer persönlichen Erwerbs- und Familienbiographie wird, hängt das Sicherungsergebnis von Männern nun nicht mehr allein von ihrer individuellen Erwerbsbiographie ab, sondern wegen des laufenden Splittings auch von der Biographie ihrer Partnerin. Hierdurch und durch die Verpflichtung zur Zahlung eines Mindestbeitrags für den nichterwerbstätigen oder geringverdienenden nichtkindererziehenden Partner werden Männer an der Erwerbstätigkeit ihrer Partnerin interessiert. Dadurch wird indirekt auch ein Druck auf Männer ausgeübt, sich mehr als bisher an der Kindererziehung und Hausarbeit zu beteiligen.

Natürlich wirft das VES mehr Regelungsbedarf auf, als in diesem Beitrag skizziert. Dies betrifft zum Beispiel den Fall, in dem ein Hauptverdiener vor seinem Partner die Altersgrenze erreicht, oder die Fragen, ob bei der Festlegung des Sicherungsniveaus vom Alleinleben oder Zusammenleben ausgegangen werden soll und welche Konsequenzen dies für die weitere Ausgestaltung des Systems hat (etwa Höhe und Finanzierung eines »Einzelpersonenzuschlags«). Hier sind verschiedene Lösungsmöglichkeiten in der Diskussion. Generell handelt es sich jedoch um Verteilungsfragen, die auch in jedem anderen Alterssicherungssystem zur Entscheidung stehen - nur werden sie dort je nach Ausgestaltung des Systems nicht gleichermaßen explizit gemacht.

Auch wenn das VES viele Elemente des heutigen Rentenrechts übernimmt, kann es aus Gründen des Vertrauensschutzes nur für junge, neu ins Erwerbsleben tretende Personen eingeführt werden. Das VES ist als Reformvorschlag ohnehin an die jüngeren Kohorten gerichtet. Befragungsergebnisse aus dem Jahr 1987 zeigen, daß die Akzeptanz einer voll eigenständigen Alterssicherung gerade bei den jüngeren Personen besonders hoch ausgeprägt ist.[7] Um die Probleme der sozialen Alterssicherung der älteren Frauen zu lösen, sind andere Wege erforderlich. Zu denken wäre hier beispielsweise an bedarfsabhängige Rentenaufstockungen, die sich im übrigen auch problemlos mit dem VES kombinieren lassen.[8]

5. Zusammenfassung

Trotz der sich differenzierenden Lebensentwürfe orientiert sich das geltende Rentenrecht an einem Familienleitbild, das den Mann als den Ernährer der Familie ansieht und die Frau auf die Hausfrauenrolle verweist. Um die rentenrechtlichen Regelungen an den gesellschaftlichen Wandel anzupassen, bietet sich die Einführung einer Mindestversicherungspflicht für alle Personen in Kombination mit einem laufenden Splitting im Rahmen der GRV an. Damit würde die soziale Alterssicherung von Frauen unabhängiger von ihrer Erwerbs- und Familienbiographie, und der Verweis alter Menschen auf die Sozialhilfe wäre ein seltener Ausnahmefall.

Literatur

Autorengemeinschaft Panel (1990): »Das Sozio-ökonomische Panel nach fünf Wellen«. In: *Vierteljahrshefte zur Wirtschaftsforschung*, 2/3, S. 141-151

Galler, Heinz P. (1991): »Opportunitätskosten der Entscheidung für Familie und Haushalt«. In: Silvia Gräbe (Hrsg.): *Der private Haushalt als Wirtschaftsfaktor: erkannte, verkannte und unbekannte Dimensionen*. Frankfurt a.M./New York (im Druck)

Galler, Heinz P./Ott, Notburga (1990): »Zur Bedeutung familienpolitischer Maßnahmen für die Familienbildung - eine verhandlungstheoretische Analyse familialer Entscheidungsprozesse«. In: Bernhard Felderer (Hrsg.): *Bevölkerung und Wirtschaft*, SdVfS N.F., Bd. 202. Berlin, S. 111-134

Heine, Wolfgang/Kiel, Walter (1989): »Rentenreform 1992 - Der Problemfall Frau«. In: *Arbeit und Sozialpolitik*, 12, S. 350-361

Kaltenbach, Helmut (1988): »Ein Kommentar zur Alterssicherung der Frau«. In: *Zeitschrift für Sozialreform*, 11/12, S. 728-735

7 Siehe hierzu Rolf/Wagner (1988), Schwarze/Wagner (1990), Rolf/Schupp (1991).

8 Zur Möglichkeit einer Kombination des VES mit Elementen einer bedarfsabhängigen Grundsicherung siehe Rolf/Wagner 1991 (Abschnitt 6).

Kiel, Walter/Luckert, Hilmar/Scheitl, Otmar (1988): »Zur Anrechnung von Kindererziehungszeiten in der gesetzlichen Rentenversicherung - Ergebnisse aus der Versicherungskontenstichprobe 1986«. In: *Deutsche Rentenversicherung*, 12, S. 734-753

Krupp, Hans-Jürgen/Galler, Heinz P./Grohmann, Heinz/Hauser, Richard/Wagner, Gert (Hrsg.) (1981): *Alternativen der Rentenreform '84*. Frankfurt a.M./New York

Ott, Notburga (1989): *Haushaltsökonomie und innerfamiliäre Arbeitsteilung: Eine spieltheoretische Analyse familialer Entscheidungen*. Dissertation. Bielefeld

Rolf, Gabriele (1989): »Individualorientierte soziale Sicherung von Frauen unter familienpolitischen Aspekten«. In: Gert Wagner/Notburga Ott/Hans-Joachim Hoffmann-Nowotny (Hrsg.): *Familienbildung und Erwerbstätigkeit im demographischen Wandel*. Berlin u.a., S. 281-301

Rolf, Gabriele/Schupp, Jürgen (1991): »Voll Eigenständige Sicherung in der Altersvorsorge - Die Überprüfung eines Expertenvorschlags anhand biographischer Längsschnittdaten«. In: Hilmar Schneider/Reinhard Hujer (Hrsg.): *Herausforderungen an den Wohlfahrtsstaat im strukturellen Wandel*. Frankfurt a.M./New York (im Druck)

Rolf, Gabriele/Wagner, Gert (1988): »Altersvorsorge von Frauen - Probleme und Reformmöglichkeiten«. In: *Zeitschrift für Sozialreform*, 11/12, S. 709-728

Rolf, Gabriele/Wagner, Gert (1990): »Alterssicherung und sozialer Wandel in Deutschland - Defizite der Rentenreform 1992«. In: *WSI-Mitteilungen*, 8, S. 509-519

Rolf, Gabriele/Wagner, Gert (1991): »Das voll Eigenständige System der Altersvorsorge - Genese und Stand der Diskussion«. In: Richard Hauser/Uwe Hochmuth/Johannes Schwarze (Hrsg.): *Mikroanalytische Grundlagen der Gesellschaftspolitik - Ausgewählte Probleme und Lösungsansätze*. Weinheim (im Druck)

Schwarze, Johannes/Wagner, Gert (1990): »Präferenzforschung für meritorische Güter - Das Beispiel der Altersvorsorge in der Bundesrepublik Deutschland«. In: *Jahrbücher für Nationalökonomie und Statistik*, Bd. 207, Heft 5, S. 464-481

Statistisches Bundesamt (Hrsg.) (1990): *Fachserie 1, Reihe 3, Haushalte und Familien 1989* (Ergebnisse des Mikrozensus). Stuttgart

»Es wächst zusammen, was nicht zusammen gehört«[1] - Die Frau im Rentenrecht der ehemaligen Deutschen Demokratischen Republik und der Bundesrepublik Deutschland

Mechthild Veil

Mit der Wirtschafts-, Währungs- und Sozialunion am 1. Juli 1990 sind die vertragsrechtlichen Voraussetzungen für die Übernahme des westdeutschen Rentensystems auf das Gebiet der ehemaligen DDR geschaffen worden. Dieser Prozeß der Rechtsangleichung sollte Anfang 1992, zeitgleich mit dem Inkrafttreten des Rentenreformgesetzes (RRG '92), abgeschlossen sein. In der kurzen Zeitspanne zwischen 1990 und 1992 vollzog sich für die Bevölkerung in den neuen Bundesländern ein sozialpolitischer Umbruch, den es seit Kriegsende nicht mehr gegeben hat und der auf der rechtlichen Ebene nur mit der dynamischen Rentenreform von 1957 verglichen werden kann. Die Umstellung der Sozialversicherung der ehemaligen DDR auf westdeutsches Recht wurde im Zeitraffer-Tempo mit einem Bündel von Gesetzen und Verordnungen vollzogen - politische Debatten außerhalb von Fachkreisen hingegen fanden kaum statt. So konnte der Eindruck entstehen, daß es sich bei der Rechtsangleichung um einen schlichten Verwaltungsakt handele, für den einige Rentenexperten zuständig seien.

Es gilt, dieses Mißverständnis auszuräumen und aufzuzeigen, welche weitreichenden gesellschaftspolitischen und materiellen Konsequenzen die Übernahme des westdeutschen Rentensystems vor allem für Frauen in den neuen Bundesländern hatte und noch hat. Da die Strukturunterschiede der differierenden Alterssicherungssysteme dann am größten sind, wenn es sich um die Absicherung von Frauen handelt, waren die Adressaten der Rechtsänderungen überwiegend Frauen. Sowohl mit der Rentenangleichung als auch mit dem Inkrafttreten des Rentenreformgesetzes wurden Umschichtungen in den Versichertenbiographien von Frauen vorgenommen, die erhebliche materielle Konsequenzen nach sich zogen.

---

1 Aus dem Programmentwurf des Unabhängigen Frauenverbandes der ehemaligen DDR vom 17.2.1990.

Diese Umschichtungen bezogen sich insbesondere auf das Verhältnis von eigenständiger Sicherung der Frau zur Sicherung über Ehe und Familie, auf ein zunehmendes Rentengefälle zwischen Männern und Frauen und auf Ausdifferenzierungsprozesse zwischen den Frauen selber.

Geschlechtsspezifische Analysen des Rentensystems, wie sie in der Bundesrepublik seit Jahren durchgeführt[2] und in dem Forschungsprojekt von uns auf das Rentenreformgesetz (RRG) bezogen und weiterentwikkelt werden, können sich nach der deutsch-deutschen Einigung nicht mehr allein auf soziale Realitäten und weibliche Lebensläufe in der Bundesrepublik beziehen. Vorschläge und konzeptuelle Überlegungen für eine frauengerechte Alterssicherung müssen eine östliche Perspektive, die »anderen« rechtlichen Normierungen und politischen Leitbilder mit einbeziehen, wenn sie eine »gesamtdeutsche« Antwort geben wollen.

Mit der Übertragung des Rentenreformgesetzes auf beide Teile Deutschlands hat sich langfristig die lohnbezogene dynamische Sozialversicherung gegenüber einer statischen Altersversorgung, wie sie für die DDR typisch war, durchgesetzt. Die dynamische Rentenversicherung wurde in der Bundesrepublik erst mit der großen Rentenreform 1957 eingeführt, vor der Reform galt in beiden deutschen Staaten eine statische Betrachtungsweise.

Die Alterssicherung vor und nach der Rentenreform 1957

So unterschiedlich die Sozialversicherungen in der Bundesrepublik und der DDR von ihren politischen Intentionen, der Staatsauffassung und dem Sicherungsgrad her ausgestaltet waren, so rekurrieren sie doch auf gemeinsame historische Wurzeln und gemeinsame Traditionen des deutschen Rentenrechts, wie es vor 1957 bestand. Der entscheidende Wendepunkt für die Auseinanderentwicklung in eine statische und eine dynamische Altersversorgung stellte die Rentenreform von 1957 dar, die die wesentlichen auch heute noch gültigen Grundlagen für das Rentensystem der Bundesrepublik und das RRG schuf, während die Sozialversicherung der DDR an die Rechtslage von vor 1957 anknüpfte.

2 Stellvertretend für viele seien hier genannt: Kirner 1980, Riedmüller 1984, Hermann 1984, Gerhard 1987, 1988, Kohleiss 1988, Wichert 1988, Bäcker 1990, Rolf 1990.

Die Rentenreform von 1957 brachte einschneidende strukturelle Änderungen mit sich, die in dem Bereich der Absicherung von Frauen zu stärkeren Umstrukturierungsprozessen führte als bei Männern. Ähnliche Entwicklungen traten bei der Übernahme des RRG für die ehemalige DDR auf, die es nahe legen, die beiden Umbruchsituationen 1957 und 1992 und ihre Folgen für Frauen genauer zu untersuchen. Dieser Vergleich wird nicht nur aus historischem Interesse gezogen, sondern auch unter der Fragestellung, ob sich die in der 57er Reform »wegreformierten« Rentenbestandteile für Frauen günstig oder ungünstig ausgewirkt hatten und inwieweit es sinnvoll erscheint, auf diese »vergessenen« Sicherungselemente in der Diskussion um eine eigenständige Sicherung der Frau und einer frauengerechteren Rentenreform zurückzugreifen.

Gesellschaftliche und rechtliche Rahmenbedingungen

Es ist kaum möglich, ein Rechtsgebiet wie die Sozialversicherung, das aufs engste mit der Staatsauffassung und nationalen Traditionen verknüpft ist und Verhalten sowie Erwartungen der Menschen gegenüber dem Staat prägt, losgelöst von den gesellschaftlichen Rahmenbedingungen zu diskutieren. Deshalb einige kurze Bemerkungen zum Strukturwandel der deutschen Nachkriegsgesellschaft, so weit sie für das Verständnis der Neugestaltung des Rentensystems 1957 von Bedeutung sind. In der Nachkriegsgesellschaft verband sich in weit stärkerem Maße als zuvor die berufliche Stellung des einzelnen mit seiner gesellschaftlichen Position. Begriffe wie Geburt, Herkunft und Besitz haben gegenüber der Berufsposition an Bedeutung verloren.

Die Aufwertung der Berufsposition des einzelnen bezog sich zunächst einseitig auf den Mann und seine Rolle als Familienernährer. Die damals von der Soziologie beschriebenen Individualisierungsprozesse konzentrierten sich auf den individuellen Aufstieg und die neue berufliche Mobilität des männlichen Familienoberhauptes; sie bezogen sich hingegen nicht auf Frauen und ihre Beziehungen zu Beruf und Gesellschaft. Frauen blieben unter den Begriff der Familie subsumiert. Mit dem Aufstieg des männlichen Familienoberhauptes zum »Wirtschaftsbürger« (Schreiber 1957, S. 93) stieg auch die materielle und gesellschaftliche Abhängigkeit der Familie von ihrem Familienernährer.

Dieser Prozeß, in dem die - männliche - Berufsposition gegenüber der Herkunft zunehmend an Bedeutung gewinnt, wurde in der damals vorherrschenden Sozialpolitik aufgegriffen und weitergetrieben als Abwendungsprozeß nicht nur von einer Stände-, sondern auch von jedweder Klassengesellschaftstheorie. Mackenroth hat in seiner Denkschrift »Die Reform der Sozialpolitik durch einen deutschen Sozialplan« (Mackenroth 1957) diesen Prozeß als Wende in der Sozialpolitik beschrieben und als Kern der Sozialpolitik nicht mehr die Arbeiter- und Klassenfrage, sondern die Familie definiert. Dementsprechend sei »die sozialpolitische Großaufgabe des 20. Jahrhunderts der Familienlastenausgleich« (Mackenroth 1957, S. 61).

In den sozialpolitischen Debatten der fünfziger Jahre, die die Rentenreform vorbereitet und begleitet haben, fällt ebenfalls auf, daß die Rolle des Staates als Sozialstaat in »schlechtem Ruf stand«. In die Nachkriegszeit paßten eher Vorstellungen einer Leistungsgesellschaft als die der sozialstaatlichen Verantwortung. Sozialstaat wurde im Sinne von Versorgungsstaat und als »Kathedersozialismus« diffamiert (Schreiber 1957, S. 105).

Diese Abgrenzungsbewegungen gegenüber einer wohlfahrtsstaatlichen Politik sind im Zusammenhang mit der Herausbildung zweier deutscher konkurrierender Staaten zu sehen. Die westdeutsche Sozialpolitik wurde bis zum Mauerbau 1961 auch unter dem Aspekt des Systemvergleichs ausgestaltet (Roth 1989, S. 30). Fragen des sozialen Ausgleichs und egalisierende Bestandteile im Sozialrecht gerieten derart in Mißkredit, daß bereits der Begriff der Mindestrente zu einem Reizwort und Tabu wurde. In der Rentenreform 1957 beeinflußte die Grundstimmung gegen das »egalisierend-einschläfernde Prinzip des sozialen Ausgleichs« (Hermann 1984, S. 80, N. 39) die Entscheidung, die Mindest- und Sockelbeträge im alten Rentenrecht ersatzlos zu streichen. Diese Entwicklung, die 1957 ihren Ausgang nahm, zieht sich wie ein roter Faden durch die Geschichte des westdeutschen Rentenrechts. Sie belastet noch heute die Debatte um eine Mindestrente.

Die Rentensituation vor 1957

Bis zur Rentenreform 1957 entsprach die Alterssicherung in beiden Teilen Deutschlands in den Grundzügen dem noch heute in der DDR geltenden Gesetz. Das statische System setzte sich zusammen aus einem für alle gleichen Festbetrag oder Sockelbetrag, Mindestbeträgen und einem lohnbezogenen Steigerungssatz. Neben der eigenen Beitragszahlung (paritätisch zwischen Arbeitnehmern und Arbeitgebern aufgeteilt, insgesamt 10 %) gingen in die Berechnung noch feste Grundbeträge und Sockelbeträge ein. Die Rentenberechnung bezog sich auf feste Löhne und Preise, deren Nominalwerte zum Zeitpunkt des Ausscheidens aus dem Arbeitsleben bereits längst von der Lohn-und Preisentwicklung überholt waren. Ad-hoc-Entscheidungen des Gesetzgebers führten zu nur sporadischen Erhöhungen.

Mindestbeträge und feste Zuschläge reichten jedoch nicht aus, um Armut und »Proletarisierung«, wie es damals hieß, im Alter zu verhindern. Die Renten waren niedrig, sie lagen bei 30 % des durchschnittlichen Lohns eines Industriearbeiters (vgl. Hockerts 1980, S. 91, S. 205).[3] Die Alterssicherung oder auch Invalidenversicherung, wie sie damals genannt wurde, war zur unpopulärsten Sozialversicherung heruntergekommen.

Das präsentierte Bild der Altersarmut entsprach nicht dem Selbstverständnis einer Gesellschaft, die Stolz auf ihre Marktwirtschaft und der darauf beruhenden günstigen wirtschaftlichen Entwicklung war und sich gegenüber der sozialistischen DDR-Gesellschaftsordnung privilegiert fühlte. Es war offensichtlich, daß eine Änderung herbeigeführt werden mußte, zumal sich die Lage der Rentner in der DDR im Gegensatz zur Bundesrepublik verbessert hatte. Bis zum Jahre 1957 lagen die Mindestrenten in der DDR über denen in der Bundesrepublik (Roth 1989, S. 36). Wollte die Bundesrepublik attraktiv für die Menschen aus der »Zone« bleiben, wurde eine umfassende Reform notwendig.

---

3 Das hatte eine vom Frankfurter Institut für Sozialforschung durchgeführte, auf demoskopische Erhebungen von 1955 basierende Studie zur sozialen Lage der Rentner und Unterstützungsempfänger ergeben (vgl. Roth 1989, S. 31, und Hockerts 1980, S. 213).

Die dynamische Rentenreform 1957

Mit der Rentenreform 1957 wurde die bisher einschneidendste Veränderung in der einhundertjährigen Geschichte der Sozialversicherung vorgenommen: der Übergang von einem statischen zu einem dynamischen lohnbezogenen Sicherungssystem. Die Reform sollte Rentnern »den im Arbeitsleben erworbenen Lebensstandard« sichern (Hockerts 1980, S. 320) und als Ersatz für ausgefallenen Lohn die Entgeltposition des Einzelnen für die Dauer seines gesamten Berufslebens widerspiegeln. In der sich über Jahre hinziehenden Diskussion zur Neuordnung der Sozialversicherung ging es insbesondere um folgende Punkte:

- Der Stellenwert der Rente wurde neu definiert, aus dem Bismarckschen Zuschuß zum Lebensunterhalt wurde die Rente Ersatz für ausgefallenen Lohn und Lohn für Lebensleistung. Sie sollte den Lebensstandard im Alter sichern (Hentschel 1983, S. 162 f.).
- »Um die Nominalwerte einmal festgestellter Renten in Zukunft real konstant zu halten, mußte die bisherige statische Betrachtungsweise und Berechnungsgrundlage aufgegeben werden.« (Hermann 1984, S. 76) Berechnungsgrundlage für die Höhe der Renten bildeten sowohl das vor Rentenbeginn erreichte aktuelle Lohnniveau als auch die Summe der Löhne während des gesamten Arbeitslebens. Eine regelmäßige Aktualisierung der Renten konnte mit dieser doppelten Dynamisierung erreicht werden.
- Sockelbeträge und die Mindestrente sollten ersatzlos gestrichen werden. Dies geschah innerhalb einer vierjährigen Übergangszeit (vgl. Roth 1989, S. 59).

Das zeitliche Zusammentreffen der Reform 1957 mit einem wirtschaftlichen Aufschwung hat zu einem rapiden Rentenanstieg geführt: Die laufenden Renten erhöhten sich um 65 % bis 72 % in der Arbeiter- und Angestelltenversicherung (vgl. Sozialbericht 1958, in: Bundestags-Drucksache 568, S. 22 ff.). Die Charakterisierung der Reform als »ein Stück nachholender Gerechtigkeit« (Hockerts 1980, S. 422) traf jedoch hauptsächlich auf Männer zu. Denn mit der Einführung eines »Standardrentners«[4] wurde zwar die Relation der Rente zum Arbeitseinkommen bestimmt, es wurde jedoch nicht definiert, in welcher Relation die Rente zur Arbeit allge-

4 Der Standardrentner (oder Eckrentner) ist eine theoretische Zielgröße für das Rentenniveau nach einem »erfüllten Arbeitsleben«: Nach 45 Versicherungsjahren und durchschnittlichem Gehalt soll die Rente 70 % des Nettogehaltes betragen.

mein, also auch zur unbezahlten Hausarbeit stehen solle. Durch diese einseitige Festlegung auf die Erwerbsarbeit konnte der Zirkel von Alter und Armut grundsätzlich nur für Männer durchbrochen werden.

Die vielgepriesene dynamische Rentenreform 1957 hatte an den typischen Benachteiligungsstrukturen in der Alterssicherung von Frauen nicht gerüttelt:

- So gab es keinen Ausgleich für *Niedriglöhne*, obgleich in den Tarifverträgen noch Frauenlohnabschläge festgeschrieben wurden (Hockerts 1980, S. 424). Die Rentenreform hatte den »Tiefstand der Arbeitseinkommen von Frauen auf die Renten übertragen« (Hentschel 1983, S. 168).[5]
- Die neu eingeführten *Ausfallzeiten*, die »ohne eigenes Verschulden« zu einer Unterbrechung der Erwerbstätigkeit führen und deshalb einen Rentenanspruch ergeben sollten, wurden so definiert, daß sie typische Versicherungslücken von Männer schließen, von Frauen hingegen nicht (Pflegetätigkeiten, Zeiten der Kindererziehung, Familienarbeit).
- Mit der Wiedereinführung der *Heiratsrückerstattung* wurde verheirateten Frauen nahegelegt, aus der Versicherung auszutreten und sich ganz auf die Ehe zu verlassen (sie konnten sich mit der Heirat ihre Versicherungsbeiträge auszahlen lassen). Damit wurde das Berufsschicksal des Mannes zum Versicherungsschicksal der Frau.

Durch die Lohnanbindung aller Rentenleistungen und Streichung der Sockel- und Mindestbeträge kam es zu einer stärkeren Ausdifferenzierung der Renten, insbesondere zwischen Frauenrenten und Männerrenten: Vor Inkrafttreten der Reform machten Frauenrenten in der Arbeiterversicherung 64 % der Renten der Männer aus, danach (noch 1957) nur noch 51 %. (In der Angestelltenversicherung: davor: 74 %, danach 60 %; vgl. Kohleiss 1988, S. 129, Fußnote 11). Um so erstaunlicher erscheint im nachhinein der breite parlamentarische und außerparlamentarische Konsens in der Frage der Streichung der Mindestbeträge (Hermann 1984, S. 80, Hockerts 1983, S. 314).

Es ist unbestreitbar, daß die dynamische Rentenreform einen wesentlichen Fortschritt gegenüber der Bismarckschen Alterssicherung darstellte. Der zukunftsweisende Kern der Reform liegt in dem »integrativen Moment«, in der Verbindung, die zwischen den aktiven noch im Berufsleben Stehenden und den Rentnern hergestellt wurde (vgl. Roth 1989, S. 100).

5 Die Rente nach Mindesteinkommen besteht erst seit 1972.

Diese, die moderne Seite der dynamischen Rentenreform wird in der wissenschaftlichen Literatur einseitig hervorgehoben, während die »Schattenseiten« allenfalls als Spezialthema - wie die »besondere Situation der Frau« - auftauchen. Die Überlegungen, die zu der Rentenreform führten, haben einseitig die Absicherung von Berufsbiographien im Auge. Die entscheidenden Faktoren der neuen Rentenformel, die Versicherungsjahre und die Beitragshöhe, wirken sich erst in ihrer Kumulation negativ auf Frauen aus, vor allem deshalb, da die Mindestbeträge gestrichen wurden.

Die Frau im Rentenrecht der ehemaligen DDR

Im Unterschied zur Bundesrepublik knüpfte die statische Alterssicherung in der DDR an die Rechtslage, wie sie vor 1957 bestand, an und entwickelte sie - mit sozialistischer Variante - weiter.[6] Kennzeichnend war, daß es keine Anbindung der Renten an die Entwicklung der Löhne und Gehälter gab. Dafür sorgte eine gleichbleibend niedrige Beitragsbemessungsgrenze, die seit 1949 unverändert bei 600 Mark lag und im Jahre 1989 nur noch 60 % des durchschnittlichen Gehaltes entsprach.

Die in der ehemaligen DDR sporadisch je nach politischen Opportunitätsgründen vorgenommenen Rentenerhöhungen haben im Zeitverlauf dazu geführt, daß die Renten immer mehr hinter der Lohnentwicklung hinterherhinkten. Betrug das durchschnittliche Rentenniveau 1980 37 % des Durchschnittseinkommens, so 1988 nur noch 30 % (Sozialreport DDR 1990, S. 229). Diese Nachteile einer statischen Altersversorgung, die die materielle Lage der Rentner von der Wirtschafts- und Lohnentwicklung abkoppelt, verband das DDR-Rentenrecht mit dem Rentenrecht vor 1957.

Zurechnungszeiten für Frauen

Die sozialistische Variante des DDR-Rentenrechts gegenüber der Ausgangslage vor 1957 ist auf dem Hintergrund eines anderen gesellschaftlichen Leitbilds für Frauen zu betrachten. Für DDR-Frauen galt als Normalbiographie eine kontinuierliche Erwerbstätigkeit, auch für Mütter.

6 Zur Stellung der Frau im Rentenrecht der damaligen DDR und der Bundesrepublik siehe Veil 1991.

Dementsprechend wurden im östlichen Rentenrecht die Anreizfunktionen so ausgestaltet, daß insbesondere die Berufstätigkeit von Müttern gefördert wurde (siehe Kirner/Schulz in diesem Band). Eventuelle Versicherungslücken durch Zeiten der Pflege oder Kindererziehung traten nicht ein. Mütter konnten nach der Geburt ihrer Kinder bis zur Vollendung des ersten Lebensjahres des jüngsten Kindes eine einjährige bezahlte Arbeitsfreistellung in Anspruch nehmen, das sogenannte Babyjahr (vgl. Frauenreport '90, S. 240). In dieser Zeit waren sie weiterhin sozialversichert. Darüber hinaus wurden erwerbstätigen Frauen noch zusätzliche Jahre, sogenannte Zurechnungszeiten, in der Alterssicherung anerkannt. Es gab drei frauenspezifische Zurechnungszeiten: für Frauen mit Kindern, für Frauen mit relativ kontinuierlichen Erwerbsbiographien und als Ausgleich für den früheren Rentenbeginn mit 60 Jahren. Zurechnungszeiten wurden immer zusätzlich zu anderen Versichertenzeiten gewährt. Der Bonus dieser Zurechnungszeiten bewirkte, daß auch Frauen auf ein kontinuierliches Versicherungsleben zurückgreifen konnten, sie kamen auf durchschnittlich 36 Arbeitsjahre gegenüber 47 Jahre bei Männern.[7]

Im westdeutschen Rentenrecht gibt es diesen Frauenbonus nicht. Zeiten der Kindererziehung, wie sie 1986 mit dem Hinterbliebenen- und Kindererziehungszeiten-Gesetz (HEZG) eingeführt wurden, können mit den DDR-spezifischen Zurechnungszeiten nicht verglichen werden. Kindererziehungszeiten nach dem HEZG stellen in ihrer zeitlichen und wertmäßigen Dimension nur eine minimale Absicherung dar. Der wesentliche Unterschied liegt darin, daß die Gesetzliche Rentenversicherung diese Erziehungszeiten nur dann absichert, wenn sie faktisch alternativ zur Erwerbsarbeit stehen, d. h. sie setzen eine Unterbrechung der Erwerbsarbeit voraus[8], während sie in der DDR zusätzlich gewährt werden (Gerhard/Veil 1991). Nur bei der bundesdeutschen Regelung, dem Kindererziehungsleistungsgesetz (KLG)[9], das sich auf die sogenannten Trümmerfrauen be-

7 Es ist nicht ganz zutreffend, wenn Schmähl (1990, S. 16) sagt: »Zu den Zurechnungszeiten zählen bei werktätigen Frauen eine vorübergehende Unterbrechung der Berufstätigkeit wegen Geburt ...« Das Fortschrittliche der Kinder-Zurechnungszeiten liegt ja gerade darin, daß die kumulativ angerechnet werden und *keine Versicherungslücke voraussetzen*.

8 Die genaue Regelung besagt, daß bei einem Zusammentreffen von zwei unterschiedlichen Renten jeweils nur der höhere Rentenanspruch gewährt wird.

9 Mit dem KLG werden Frauen, die vor 1921 geboren sind, Zeiten der Kindererziehung kumulativ zu anderen Ansprüchen aus einer Erwerbstätigkeit im Rentenrecht anerkannt. Bei jüngeren Frauen (Vätern) erfolgt keine Kumulation, es wird nur der jeweils höhere Anspruch gewährt (nach dem HEZG).

zieht, gilt diese Einschränkung nicht. Das KLG kann mit den Kinder-Zurechnungszeiten des DDR-Rechts verglichen werden. Die Trümmerfrauen, d. h. die Frauenjahrgänge vor 1921, erhalten in jedem Falle den vollen Rentenanspruch, da es einen zu großen bürokratischen Aufwand bedeutet hätte, in den weit zurückliegenden Jahrgängen und in den Kriegszeiten die jeweiligen Versichertenbiographien zu rekonstruieren.

Was aus der Not geboren wurde, könnte Ausgangspunkt für Reformen werden: die kumulative Anrechnung von Erziehungszeiten für jede Mutter (wahlweise den Vater). Um so erstaunlicher ist es, daß in der Frauenforschung, die sich mit Rentenrecht beschäftigt, das KLG als Baustein für eine eigenständige Sicherung so selten diskutiert wird.

Mindestrente und Mindestbeträge

Während die Zurechnungszeiten die Berufstätigkeit von Frauen mit und ohne Kinder »honorierten« und auch Frauen kontinuierliche Versicherungsbiographien ermöglichten, waren die Mindestbeträge im DDR-Rentenrecht Elemente einer Grundsicherung und Bausteine einer eigenständigen Sicherung, wenn auch auf niedrigem Niveau. Die Mindestrente betrug vor der Währungsunion (Juni 1990) 330 Mark und wurde bei Nichterfüllung der fünfzehnjährigen Wartezeit gezahlt oder - ohne Beitragszahlung - für Frauen mit fünf und mehr Kindern. Darüber hinaus enthielt das Rentenrecht Mindestbeträge, die sich, gestaffelt nach den Versicherungsjahren, zwischen 330 und 470 Mark bewegten. Der von westdeutschen Rentenexperten häufig beklagte nivellierende Charakter dieser Mindestbeträge bewirkte, daß alle Versicherten in der Pflichtversicherung, die weniger als 35 Versicherungsjahren aufweisen konnten, stets den Mindestbetrag erhielten. Erst ab 35 Versicherungsjahren lag die selbst finanzierte Rente geringfügig darüber (450 zu 430 Mark) (vgl. Schmähl 1990, S. 11). Dieses Übergewicht pauschal ausgleichender Regelungen wirkte sich vor allem auf das Rentenniveau von Frauen günstig aus, da Frauen durchschnittlich 36 Versicherungsjahre aufwiesen.

Freiwillige Zusatzversicherung

Der Vorteil pauschaler Regelungen relativierte sich mit der 1971 eingeführten Freiwilligen Zusatzversicherung (FZR). Mit der FZR konnte das bis dahin gültige beitragspflichtige Einkommen von 600 Mark heraufgesetzt werden. Dadurch veränderte sich die Zusammensetzung der Renten. Die Bedeutung der pauschalen Mindestbeträge ging zugunsten lohnbezogener Bestandteile zurück. Die FZR hatte ein Zwei-Klassen-System von Rentnern geschaffen, das vor allem geschlechtsspezifisch wirkte und die Entwicklungsrichtung einer zukünftigen lohnbezogenen Dynamisierung anzeigte: Auf der Seite der Mindestabsicherung fand sich die Mehrzahl der Frauen wieder, auf der Seite der durch FZR Beteiligung höheren lohnbezogenen Renten überwogen Männer.[10] Mindestrenten und Mindestbeträge stellten das statische Element des ehemaligen DDR Rentenrechts dar, allein die FZR als der rein lohnbezogene Faktor zeigte die für Frauen sich abzeichnende ungünstige Entwicklung an: das Auseinanderdriften von Männer- und Frauenrenten. Während die Leistungen aus der Pflichtversicherung immer mehr den Charakter einer bloßen Grundsicherung annahmen, führte die Freiwillige Zusatzversicherung zur lohnbezogenen Rentenform.

Rechtsangleichung: Die nachgeholte dynamische Rentenreform für die ehemalige DDR

Am 1. Juli 1990 wurden im Zusammenhang mit der Währungsunion die Renten in den neuen Bundesländern auf DM-Beträge umgestellt und nach bundesdeutschen Recht angehoben.[11] Die Umstellung der DDR-Renten auf DM-Beträge erfolgte noch nach dem gültigen DDR-Recht, d. h. die frauenfreundlichen Zurechnungszeiten und die Mindestbeträge blieben bestehen. Der Lohnfaktor, der in der dynamischen Rentenformel der Bundesrepublik eine so entscheidende Rolle spielt, kam ebenfalls nicht zur Anrechnung. Damit konnte sich die auch in der DDR bestehende Lohndiskriminierung von Frauen bei der ersten Rentenberechnung nur

10 Im Rentenbestand der DDR (1.5.1990) hatten 25 % der Frauen und rund 62 % der Männer eine Rente mit FZR-Anteilen (vgl. Kiel/Müller/Roth 1990, S. 488).

11 Zum Modus der Umstellung und der Rolle des Sozialzuschlags siehe insbesondere Kiel/Müller/Roth 1990, Schmähl 1990, Bäcker 1990, Michaelis/Reimann 1990, Gerhard/Veil 1990.

geringfügig auswirken.[12] Einzig die Anzahl der Versicherungsjahre ging in die Rentenberechnung ein. Selbst unter diesen günstigen, jedoch vorläufigen Bedingungen wiederholte sich ein Prozeß, der bereits bei der Rentenreform 1957 zu beobachten war: Die Kluft zwischen den durchschnittlichen Renten der Männer und Frauen hatte sich vergrößert, von 133 Mark vor der Umstellung auf 183 DM danach (Kiel/Müller/Roth 1990).

Die eigentliche Dynamisierung der DDR-Renten geschah jedoch erst im zweiten Schritt, mit dem Inkrafttreten des Rentenreformgesetzes 1992. Ein Renteneinheitsgesetz, das im Jahre 1992 verabschiedet wurde, leitete diesen Prozeß ein, mit dem nicht nur die Anwartschaften, sondern auch die laufenden Renten nach der dynamischen Rentenformel neu berechnet wurden. Mit dieser nachgeholten 57er Reform ging der für Frauen günstige DDR-spezifische Standortvorteil des geringen Lohnbezugs der Rentenleistungen verloren. Auf dem Spiel standen die Zurechnungszeiten und die DDR-spezifischen Mindestbeträge. Die Streichung der Zurechnungszeiten bedeutete für Rentnerinnen, daß ihnen durchschnittlich neun Versicherungsjahre, ein Viertel ihrer Versicherungsjahre, gestrichen wurden (Kiel/Müller/Roth 1990, S. 490). Wie bereits in der Rentenreform von 1957 sollten spätestens bis 1992 auch die Mindest- und Sockelbeträge im DDR-Rentenrecht annulliert werden, obgleich es in der Bundesrepublik genügend Erfahrungen über die geschlechtsspezifische Wirkungen lohnbezogener Alterssicherung gibt.[13] Die Streichung der Pauschalbeträge wird einen Großteil der Frauen in den neuen Bundesländern, die sich bisher auf eine eigenständige Existenzsicherung im Alter verlassen konnten, zu Sozialhilfeempfängerinnen machen.

Als Ausweg aus dem Dilemma zu niedriger Frauenrenten wird auf die größere Bedeutung der Hinterbliebenenversorgung im westdeutschen Rentenrecht verwiesen.[14] Damit findet eine Verlagerung von eigenständiger Sicherung zu abhängigen Sozialleistungen statt, die sich über die Ehe herstellen. Wie problematisch dieser Prozeß gerade für Frauen in der früheren DDR sein muß, für die Berufstätigkeit und damit eine selbst erarbeitete Altersvorsorge zum Normalfall geworden ist, läßt sich nur erahnen. Anmaßend ist, auf welche Frauenbilder in der Gesetzgebung rekur-

---

12 Nur über die Beteiligung an der Freiwilligen Zusatzversicherung.

13 1988 erhielten 20 % der Männer und 76,5 % der Frauen (Arbeiterversicherung) sowie 10 % der Männer und fast 50 % der Frauen (Angestelltenversicherung) eine eigene Rente nur in Höhe bis zu 800 DM (vgl. Haag/Schneider 1989, S. 322).

14 In der DDR wurde die Hinterbliebenenrente, wenn sie zu einer Versichertenrente als die zweite Leistung hinzukam, auf 25 % der Ansprüche gestrichen.

riert wird: auf die Frau als Hausfrau und Mutter, für die der Ehemann zum Versicherungsschicksal geworden ist, für die der Heiratsmarkt von größerer Bedeutung für die Existenzsicherung im Alter ist als der Arbeitsmarkt und für die sich Kinder karrierehemmend und rentenschädigend auswirken (vgl. Allmendinger/Brückner/Brückner in diesem Band).

Die Rechtsangleichung im Bereich der Alterssicherung stellte die nachgeholte 57er Reform für die neuen Bundesländer dar. In beiden Umbruchsituationen beziehen sich die historischen Parallelen auf die Ausgestaltung des Rechts: Anpassung der Renten an die Lohn- und Gehaltsentwicklung und Streichung aller Mindest- und Sockelbeträge. Die Unterschiede liegen in den wirtschaftlichen und gesellschaftlichen Rahmenbedingungen. Führte 1957 der wirtschaftliche Aufschwung zu einem schnellen Ansteigen der lohnbezogenen Renten, so ist eine vergleichbare wirtschaftliche Entwicklung für die ehemalige DDR bisher nicht abzusehen. Die niedrige Erwerbsbeteiligung von (verheirateten) Frauen in den fünfziger Jahren hat wesentlich zu der marginalen Stellung der Frau im Rentenrecht beigetragen. Diese Begründungen können jedoch heute, bei einer Frauenerwerbsquote von über 80 % (in der ehemaligen DDR) nicht mehr bemüht werden.

Literatur

Bäcker, Gerhard/Steffen, Johannes (1990): »Sozialunion: Was soll wie vereinigt werden? - Sozialpolitische Probleme des ökonomischen und politischen Umbruchs in der DDR und Anforderungen des Einigungsprozesses«. In: *WSI-Mitteilungen*, 5, S. 265-281

Frauenreport '90, hrsg. von Gunnar Winkler (1990). Berlin

Gerhard, Ute (1987): »Den Sozialstaat neu denken? Voraussetzungen und Preis des Sozialstaatskompromisses«. In: *Vorgänge*, 87, S. 14-32

Gerhard, Ute/Schwarzer, Alice/Slupik, Vera (1988): *Auf Kosten der Frauen. Frauenrechte im Sozialstaat*. Weinheim, Basel

Gerhard, Ute/Veil, Mechthild (1990): »Rechtsangleichung zu Lasten der Frau und ihre Alterssicherung im vereinten Deutschland«. In: *Frauenforschung* (Informationsdienst des Forschungsinstituts Frau und Gesellschaft), 4, S. 13-28

Haag, Gerhard/Schneider, Ulrich (1989): »Armut im Alter. Einkommen, Wohnen, Gesundheit und soziale Kontakte alter Menschen in der Bundesrepublik.« In: *Blätter der Wohlfahrtspflege*, 11 + 12, S. 321-330

Hentschel, Volker (1983): *Geschichte der deutschen Sozialpolitik 1880-1980*. Frankfurt a. M.

Hermann, Christopher (1984): *Gleichstellung der Frau im Rentenrecht: Zur bevorstehenden Reform der Alterssicherung*. Sozialpolitische Schriften, Heft 51. Berlin

Hockerts, Hans Günter (1980): *Sozialpolitische Entscheidungen im Nachkriegsdeutschland: alliierte und deutsche Sozialversicherungspolitik 1945-1957*. Stuttgart

Hockerts, Hans Günter (1983): »Sicherung im Alter. Kontinuität und Wandel der gesetzlichen Rentenversicherung 1889-1979«. In: Werner Conze/M. Rainer Lepsius (Hrsg.): *Sozialgeschichte der Bundesrepublik Deutschland. Beiträge zum Kontinuitätsproblem*. Stuttgart, S. 296-323

Kiel, Walter/Müller, Horst-Wolf/Roth, Michael (1990): »Die Bestandsrenten der Sozialversicherung der Arbeiter und Angestellten der DDR und deren Angleichung an das Nettorentenniveau der Bundesrepublik Deutschland«. In: *DRV*, 8, S. 468-507

Kirner, Ellen (1980): *Ursachen für die Unterschiede in der Höhe der Versichertenrenten an Frauen und Männer in der gesetzlichen Rentenversicherung*. Berlin

Kohleiss, Annelies (1988): »Frauenrechte in der gesetzlichen Rentenversicherung». In: Ute Gerhard/Alice Schwarzer/Vera Slupik (Hrsg.): *Auf Kosten der Frauen. Frauenrechte im Sozialstaat*. Weinheim, Basel, S. 117-172

Mackenroth, Gerhard (1957): »Die Reform der Sozialpolitik durch einen deutschen Sozialplan«. In: Erik Boettcher (Hrsg.): *Sozialpolitik und Sozialreform*. Tübingen, S. 43-74

Michaelis, Klaus/Reimann, Axel (1990): »Die gesetzliche Rentenversicherung im Staatsvertrag«. In: *Die Angestelltenversicherung*, 7-8, S. 293-302

Polster, Andreas (1990): »Grundzüge des Rentenversicherungssystems der Deutschen Demokratischen Republik«. In: *DRV*, 3, S. 154-168

Riedmüller, Barbara (1984): »Frauen haben keine Rechte. Zur Stellung der Frau im System sozialer Sicherung«. In: Kickbusch/Riedmüller (Hrsg.): *Die armen Frauen. Frauen und Sozialpolitik*. Frankfurt a. M., S. 46-72

Rolf, Gabriele/Wagner, Gert (1990): »Alterssicherung und sozialer Wandel in Deutschland - Defizite der Rentenreform 1992«. In: *WSI-Mitteilungen*, 8, S. 509-519

Roth, Richard (1989): *Rentenpolitik in der Bundesrepublik. Zum Verhältnis zwischen wirtschaftlicher Entwicklung und der Gestaltung eines sozialstaatlichen Teilbereichs 1957-1986*. Marburg

Schmähl, Winfried (1990): Alterssicherung in der DDR und ihre Umgestaltung im Zuge des deutschen Einigungsprozesses. In: *ZeS-Arbeitspapiere*, 10

Schreiber, Wilfried (1957): »Existenzsicherheit in der industriellen Gesellschaft«. In: Erik Boettcher (Hrsg.): *Sozialpolitik und Sozialreform*. Tübingen, S. 75-114

Sozialreport DDR, hrsg. von Gunnar Winkler (1990): *Daten und Fakten zur sozialen Lage in der DDR*. Stuttgart, München, Landsberg

Veil, Mechthild (1991): »Frauen in der Rentenversicherung: Auswirkungen des Rentenreformgesetzes auf Frauen aus beiden Teilen Deutschlands und Entwicklungsperspektiven«. In: *WSI-Mitteilungen*, 5, S. 315-322

Veil, Mechthild (1992): »Verliererinnen und Gewinnerinnen der Rentenreform 1992 - Auswirkungen des Rentenreformgesetzes '92 auf Frauen aus den alten und neuen Bundesländern«. In: M. Veil/K. Prinz/U. Gerhard (Hrsg.): *Am modernen Frauenleben vorbei. Verliererinnen und Gewinnerinnen der Rentenreform 1992*. Berlin

Der Übergang in den Ruhestand: Zeitpunkt und Auswirkungen

Der Übergang in den Ruhestand bei erwerbstätigen Paaren: Theoretische Überlegungen zur Chance einer Veränderung der geschlechtsspezifischen Arbeitsteilung[1]

Claudia Gather

Hat der Übergang in den Ruhestand Auswirkungen auf die Hausarbeitsverteilung bei erwerbstätigen Paaren? Wird der Ruhestand die Hausarbeit neu verteilen? Einbinden möchte ich diese Fragen in zwei theoretische Modelle zur Machtverteilung in der Ehe. Die Modelle sollen in Hinblick auf geschlechtsspezifische Arbeitsteilung im Haushalt diskutiert werden.

Zunächst gehe ich auf den Übergang in den Ruhestand von Ehepaaren und die Diskussion der gesetzlichen Altersgrenzen ein. In diesem Zusammenhang werde ich mich auch mit der feministischen Hausarbeitsdebatte auseinandersetzen.

Die deutsche Forschung zum Übergang in den Ruhestand hält im wesentlichen am traditionellen Rollenbild fest und untersucht den Übergang des Mannes in den Ruhestand, während die Ehefrau zu Hause gewähnt wird. Diese Rollenauffassung ist mittlerweile überholt und geht an der Realität vorbei. In den Vereinigten Staaten wird stärker auch die Übergangsphase von Frauen untersucht: Die Untersuchung bleibt jedoch bei der Betrachtung von Individuen stehen. Ich möchte dagegen das Augenmerk auf das Paar lenken (vgl. Hagestad/Neugarten 1985, Allmendinger 1990).

1 Diese Untersuchung wurde durch ein Stipendium des Förderprogramms Frauenforschung der Senatsverwaltung für Frauen, Jugend und Familie in Berlin gefördert.

1. Erwerbstätigkeit älterer Frauen

Betrachtet man statistische Angaben für erwerbstätige Frauen, zeigt sich eine Zunahme der Erwerbstätigkeit für Arbeitnehmerinnen im Alter von 50 bis 55 Jahren (von 33,9 % 1950 auf 44,8 % 1970 und 50,2 % 1985; vgl. Statistisches Jahrbuch), jedoch seit 1970 nicht mehr für die 55- bis 60jährigen (vgl. Jacobs u.a. 1991a). Der Anstieg der Frauenerwerbsbeteiligung ist im wesentlichen auf die gestiegene Erwerbstätigkeit von verheirateten Frauen zurückzuführen (Schwarz 1985).

Tabelle 1: Anteil der erwerbstätigen Frauen an den verheirateten älteren Frauen (in Prozent)

Alter	1950	1960	1970	1975	1980	1983	1985	1987	1989
50 - 55	26,3	30,6	37,5	40,3	41,4	43,3	45,3	46,8	49,5
55 - 60	29,7	26,4	31,1	31,8	31,8	35,0	31,7	35,3	36,2

Quelle: Statistisches Bundesamt: Mikrozensus und Volkszählung, verschiedene Jahrgänge.

In der Tabelle sehen wir einen Anstieg der Erwerbsquoten von verheirateten älteren Frauen, besonders deutlich für die 50- bis 55jährigen. Zunehmend mehr ältere verheiratete Frauen sind im Beruf, und zunehmend mehr Frauen arbeiten bis zum Rentenalter bzw. annähernd bis zur Frauenaltersgrenze von 60 Jahren. Dennoch verringert sich die Erwerbsquote im Alter von 55 bis 60 Jahren, das heißt, ein Teil der Frauen ist nicht bis zur Frauenaltersgrenze erwerbstätig.[2]

2 Ein Teil dieser Fälle ist sicherlich durch Frühverrentungsformen (siehe Jacobs u.a. 1991b) zu erklären, der andere Teil dieser Frauen ist allerdings möglicherweise mit nur geringen Rentenansprüchen aus dem Beruf ausgetreten.

2. Die Altersgrenzen

Legt man die zur Zeit noch geltenden gesetzlichen Altersgrenzen für den Übergang in den Ruhestand zugrunde, für den Mann die flexible Altersgrenze von 63 Jahren, da die gesetzliche Altersgrenze mit 65 Jahren so gut wie keine Bedeutung hat, und für Frauen die Altersgrenze von 60 Jahren, könnten rein theoretisch bei einer durchschnittlichen Altersdifferenz von drei Jahren (Statistisches Bundesamt 1987)[3] erwerbstätige Ehepaare in etwa zum gleichen Zeitpunkt in den Ruhestand eintreten.

In der soziologischen Forschung wird allerdings ein Trend zu einem immer früheren Berufsaustritt festgestellt (vgl. Jacobs u.a. 1991a, 1991b). Im Durchschnitt treten Männer und Frauen inzwischen vor dem Erreichen der gesetzlich festgelegten Altersgrenzen aus dem Erwerbsleben aus. Hintergrund dieser Entwicklung ist - neben den Auswirkungen der Rentenreform von 1973 - vor allem die seit Mitte der siebziger Jahre angespannte Arbeitsmarktlage.

Das durchschnittliche Rentenzugangsalter aus eigenen Versichertenbeiträgen für die Rentenzugänge 1989 liegt für Männer in der gesetzlichen Rentenversicherung bei 59,3 Jahren (VDR 1990, S. 77).[4] Für Frauen liegt das entsprechende Rentenzugangsalter bei 61,7 Jahren (VDR 1990, S. 78). Bei den Männern durften diese Angaben dem tatsächlichen Berufsaustrittszeitpunkt in etwa nahe kommen, da man hier davon ausgehen kann, daß die meisten bis zum Rentenzeitpunkt erwerbstätig sind.[5] Bei Frauen hat das tatsächliche Rentenzugangsalter geringe Aussagekraft, da 49 % der Frauen 1989 (VDR 1990, S. XV) das Altersruhegeld mit 65 Jahren in Anspruch genommen haben[6], in den Jahren zuvor in der überwiegenden Mehrheit jedoch nicht (zumindest nicht versicherungspflichtig) erwerbstä-

3 Der durchschnittliche Altersabstand bei Eheschließungen liegt seit 1950 relativ konstant etwas über drei Jahren (Statistisches Bundesamt, Fachserie 1, Reihe 1, 1987, S. 72). Dennoch gibt es große individuelle Variationen. Zum Beispiel sind beim Heiratsjahrgang 1987 73 % der Männer älter als ihre Partnerinnen, bei 17 % sind die Frauen älter, und bei 9 % sind die Partner gleich alt (eigene Berechnung nach: Statistisches Bundesamt, Fachserie 1, Reihe 1, 1987, S. 68).

4 Für Beamte kann keine Angabe gemacht werden, da entsprechende Daten nicht verfügbar sind.

5 Eine Ausnahme bilden die bei Arbeitslosigkeit Verrenteten (zum Beispiel auch nach Sozialplänen oder 59er-Regelungen Ausgeschiedenen) und die Vorruheständler. Für die Dauer des Vorruhestandes verbleiben die Vorruheständler bis zum Erreichen der frühestmöglichen Altersgrenze im Status von Arbeitnehmern.

6 Diese Rentenart hat die geringsten Voraussetzungen, es reicht seit 1984 der Nachweis von fünf Jahren Versicherungszeit (Beitrags- und Ersatzzeiten).

tig waren. Die Erwerbsquoten von verheirateten Frauen zeigen, daß auch ein erheblicher Teil von Frauen *noch früher*, nämlich bereits *vor dem Erreichen der Frauenaltersgrenze von 60 Jahren*, aus dem Erwerbsleben ausgeschieden sein muß.

An dieser Stelle soll kurz auf die Geschichte der Altersgrenzen eingegangen werden. Ein gleichzeitiger Eintritt von Ehepaaren in den Ruhestand war, folgt man dem Sozialgeschichtler Josef Ehmer, das leitende Motiv für die gesetzliche Einführung eines niedrigeren Pensionsalters für Frauen. Ehmer verweist auf England, wo es in den dreißiger Jahren ein vehementes Eintreten der bürgerlichen Frauenbewegung für ein unterschiedliches Ruhestandsalter für Männer und Frauen gab (Ehmer 1990, S. 117). Entsprechend einer Empfehlung der Internationalen Arbeitsorganisation aus dem Jahre 1944 (Ehmer 1990, S. 116) hat sich von 1939 bis 1957 der unterschiedliche Ruhestandszeitpunkt für die Geschlechter in den meisten westeuropäischen Ländern durchgesetzt. Erst 1957 hat die Bundesrepublik mit der Rentenreform nachgezogen. Hier wurde nicht mehr die alte Diskussion aus Großbritannien aufgegriffen, sondern der frühe Ruhestand für Frauen als Bonus für ihre Doppelbelastung dargestellt.

Ehmer behauptet, daß sich letztlich das bürgerliche Leitbild der Familie bei der Konstruktion der gesetzlichen Altersgrenzen niedergeschlagen habe. Er vermutet, daß den Pensionsreformern bei dem Gedanken, daß sie mehrere Jahre zu Hause verbringen sollten, während ihre Frauen noch arbeiten, so unbehaglich zumute gewesen sein mußte, daß sie die geschlechtsspezifischen Altersgrenzen einführten (Ehmer 1990, S. 117).

Die Rentenreform 1992 sieht eine Anhebung der Altersgrenzen für beide Geschlechter auf 65 Jahre vor. Dies widerspricht den Wünschen von Arbeitnehmern. Die vorliegenden Studien zum gewünschten Ruhestandsalter sprechen mehrheitlich von einem Interesse der Arbeitnehmer an einer Vorverlegung des Ruhestandsalters (vgl. Naegele 1983, Landenberger 1983, Stück 1986, Kohli u.a. 1989). Zudem haben sich weder die Doppelbelastung von Frauen noch die Altersdifferenz von Ehepartnern wesentlich verändert. Welches Leitbild bei der Angleichung des Rentenalters für beide Geschlechter bei diesen Rentenreformern im Spiel war, wäre eine eigene Untersuchung wert.

Durch die Anhebung der gesetzlichen Altersgrenzen stellt sich spätestens ab dem Jahre 2012 (dann gilt die Altersgrenze von 65 Jahren auch für alle Frauen) das Problem des Übergangs in den Ruhestand von Ehepaaren noch einmal schärfer, denn all die Paare, die einen traditionellen Altersunterschied aufweisen, also bei denen die Frau jünger ist, können nach der gesetzlichen Grundlage nicht nach traditionellem Muster in den Ruhestand eintreten.[7]

2.1 Der Übergang in den Ruhestand von Paaren

Auch bei den zur Zeit noch bestehenden gesetzlichen Altersgrenzen treten nicht alle erwerbstätigen Paare gleichzeitig in den Ruhestand ein - in der überwiegenden Zahl sind es zuerst die Frauen. Nur ein kleiner Teil der Ehepaare geht gemeinsam in den Ruhestand, nach der Untersuchung von Allmendinger (1990) betrifft die Synchronisation insbesondere selbständige Paare (zum Beispiel Familienbetriebe). Und bei einem Viertel der Paare der Kohorte 1919 bis 1921 tritt die Frau erst später aus dem Beruf aus als ihr Mann. Hier spielt der Altersunterschied als erklärende Variable die größte Rolle (Quelle: Max-Planck-Institut für Bildungsforschung, Berlin).

Folgende These läßt sich bei der Betrachtung der Berufsaustritte von Ehepaaren formulieren: Ist eine Frau jünger als ihr Mann und beabsichtigt ihr Erwerbsleben mit Erreichen der Altersgrenze zu beenden, wird sie aller Wahrscheinlichkeit nach erst nach ihrem Mann in den Ruhestand gehen können.

Empirische Forschung gibt es in Deutschland zu diesem Problem bislang nur von Gert Wagner (siehe seinen Beitrag in diesem Band) und Jutta Allmendinger (1990). Wagner zeigt, daß es durch die Nutzung der flexiblen Altersgrenze in der Bundesrepublik eher möglich war, den Rentenzugang von Ehepartnern zu synchronisieren, als in der DDR mit ihren starren Altersgrenzen. Jutta Allmendinger hat versucht, das Berufsaustrittsgeschehen von Haushalten in Anlehnung an Talcott Parsons' Begriff der »Statuskonsistenz« theoretisch zu fassen. Das Austrittsverhalten von Ehepaaren korrespondiert nach Allmendinger mit drei Mustern der Strategien zur Aufrechterhaltung der ehelichen Stabilität. Diese Muster will ich hier kurz vorstellen.

7 Ein Eintritt in den Ruhestand bis zu drei Jahren vor Erreichen der Altersgrenze ist möglich, muß jedoch mit erheblichen versicherungsmathematischen Abschlägen bezahlt werden. Es ist anzunehmen, daß dies vor allem Frauen, um den Rentenzeitpunkt mit dem Partner zu synchronisieren, in Anspruch nehmen werden.

Muster 1: »Geschlechtsrollensegregation«

Die Ehe zeichnet sich durch ungesicherte Solidarität, hohe geschlechtsspezifische Arbeitsteilung, hohes Statusgefälle, Diskrepanz in bezug auf Einkommen und geringe Altersunterschiede zwischen den Ehepartnern aus. Um die Solidarität in der Familie nicht zu bedrohen, hört die Frau vor ihrem Mann auf zu arbeiten. Damit wird die Stabilitätsbedrohung vermieden, daß der Status der Familie zur Zeit des Ruhestands des Mannes über die Erwerbstätigkeit der Frau definiert werden könnte.

Muster 2: »Gemeinsame Aufgaben«

Hier trifft man häufig eine gemeinsame Selbständigkeit an, zum Beispiel in Familienbetrieben; es ist keine Statusdisparität erkennbar. Die Berufsaufgabe fällt mit der Betriebsaufgabe zusammen, und es gibt einen günstigen Altersabstand von ca. drei Jahren.

Muster 3: »Statuskompatibilität«

Der Rentenzugang entspricht in dieser Ehe den individuellen Präferenzen. Statuskompatibilität wird über eine hohe Altersdifferenz erreicht, im Durchschnitt sind die Frauen 7,5 Jahre jünger. Dies ermöglicht eine zeitliche Verschiebung der Erwerbskarriere und damit eine Vermeidung von direkter Konkurrenz auf dem Arbeitsmarkt. In diesem Muster beobachtet Allmendinger (1990) die längste Erwerbsbeteiligung von Frauen.

Was heißt das nun für die eheliche Situation des alternden Paares? Im Alter von 60 Jahren beträgt die Lebenserwartung in der Bundesrepublik immerhin noch fast 20 Jahre (für Männer 16,9 Jahre, für Frauen 21,4 Jahre; vgl. Kohli 1988, S. 51).

In den Fällen, in denen die Männer vor ihren Frauen in den Ruhestand eintreten, ist das traditionelle Muster, nämlich die stärkere Präsenz der Frau im privaten Bereich und die des Mannes im außerhäusigen Bereich, durchbrochen. Auch das neuere Muster, nach dem die Frau zwar erwerbstätig ist, ihre Erwerbstätigkeit aber hinter der des Mannes rangiert (Lohn, Arbeitszeit), ist außer Kraft gesetzt. Sobald der Mann vor seiner Frau in den Ruhestand geht, ist die traditionelle Rollenteilung der Geschlechter zumindest fragwürdig geworden, die Legitimationsfiguren sind brüchig. Nur die Frau geht ihrer Berufstätigkeit nach, während der Mann stärker auf den häuslichen Bereich verwiesen ist.

Gleichzeitig kommt es in der Phase des Ruhestandes zu einer Zunahme der Bedeutung des häuslichen Bereichs. Selbst wenn Männer außerhäuslichen Tätigkeiten im Ruhestand nachgehen (zum Beispiel Hobbys oder Vereinstätigkeiten; vgl. auch Kohli u.a. 1988), erreichen diese nur selten den Umfang und die Intensität der früheren Erwerbstätigkeit. Der Mann verbringt jetzt in der überwiegenden Zahl der Fälle mehr Zeit im Haus, und das alltägliche Familienleben strukturiert den Tagesablauf. Der Mann wird aus der Öffentlichkeit, aus der Sphäre der Produktion in die Privatheit, die Sphäre der Reproduktion entlassen - rächt sich nun sein randständiges Dasein in der Familie? Die Legitimation von Männern, sich nicht an der Hausarbeit zu beteiligen, ist argumentativ eng mit ihrer ausserhäusigen Erwerbsarbeit verknüpft und durch die Ideologie der Geschlechtscharaktere zementiert. Was passiert, wenn zum Beispiel allein die Erwerbstätigkeit des Mannes wegfällt?

3. Die Hausarbeitsdebatte

In den siebziger Jahren war eine der zentralen Debatten in der Frauenforschung die Hausarbeitsdebatte. Sie gipfelte einerseits in der Forderung nach der gerechten Verteilung der Hausarbeit, andererseits in der «Lohn für Hausarbeit-Kampagne«. Die historische Festschreibung der Frau auf den familiären Bereich mit allen Folgewirkungen (zum Beispiel in der Sozialpolitik) wird bis heute als Dreh- und Angelpunkt der gesellschaftlichen Diskriminierung von Frauen benannt (zum Beispiel Gerhard 1988, Hagemann-White 1988).

Es liegt eine ganze Reihe von empirischen Studien vor (Pross 1975, Ostner 1979, Nave-Herz 1985, Kössler 1984, Metz-Göckel/Müller 1985, Harsch 1986, Rummel 1987, Meyer/Schulze 1988, Hochschild 1990)[8], die sich mit der Aufgabenteilung im Haushalt befassen. Sie kommen alle anhand von jüngeren Paaren zu dem Befund, daß sich trotz der Erwerbsbeteiligung von Frauen in der Ehe wenig an der traditionellen geschlechtsspezifischen Arbeitsteilung geändert hat. Bei den Studien, die auch ältere

8 Die gesellschaftliche Leistung der Frau als unbezahlte Familienarbeiterin wurde in den siebziger Jahren zu einem der Hauptthemen in der feministischen Forschung (zum Beispiel Pross 1976, Bock/Duden 1977, Oakley 1978, Metz-Göckel 1978, Ostner 1979, Ostner/Pieper 1980, Gerhard 1981). Dieser ausführlichen Debatte soll keine neue Literatur hinzugefügt werden. Es wird hier allein um die Partizipation des Mannes an der Hausarbeit gehen.

Personen miteinbeziehen, zeigt sich ein geringer durchschnittlicher Anstieg der Hausarbeitsleistung von Männern. Eine aktuelle Zeitbudget-Untersuchung von Richard Kössler (1990) spricht von einem »behutsamen Wandel« für alle Altersgruppen. Für Rentner konstatiert er einen Anstieg der täglichen Hausarbeitszeit auf ca. vier Stunden (1990, S. 540).

Festzustellen bleibt, daß alle Untersuchungen davon sprechen, daß der Kernbereich der Hausarbeit bei den Frauen verbleibt, während Männer bestimmte männertypische Arbeiten übernehmen. Insgesamt habe sich das Problembewußtsein der Männer verändert. Auf der normativen Ebene sei es zu einem egalitären Bild gekommen (Metz-Göckel/Müller 1985). Auf den normativen Wandel weist auch Arlie Hochschild (1990, S. 307) in ihrer Untersuchung über die Arbeitsteilung im Haushalt hin. Heute sie es für die Frau im Gegensatz zu noch von hundert Jahren legitim, sagt sie, ihre Männer zu bitten, im Haushalt zu helfen. Daß Frauen trotz eigener Erwerbstätigkeit immer noch bitten müßten, zeige, wie weit wir noch entfernt von einem gleichberechtigten Verhältnis von Mann und Frau in Beruf und Familie sind. Sie spricht von einer «unfertigen Revolution« (1990, S. 34 ff.).

In den vorliegenden Studien zur Hausarbeitsteilung deutet sich eine Tendenz in Richtung stärkerer Beteiligung von Rentnern an der Hausarbeit an. Es findet offenbar eine Veränderung beim Übergang vom erwerbstätigen Mann zum Rentner statt. Untersuchungen darüber, welche Paare das betrifft, welche Prozesse dazu geführt haben und welche Bedeutung das für die alte Ehe hat, stehen noch aus. Beeinflußt das Berufsaustrittsverhalten von Ehepaaren die häusliche Arbeitsteilung? Geht mit einem nicht-traditionellen Austrittsverhalten auch eine Veränderung in der geschlechtsspezifischen Arbeitsteilung einher? In dem Sinn etwa, daß die Männer Hausarbeit übernehmen und die Frauen abends Zeitung lesen? Oder gibt es für Männer Möglichkeiten, sich der Hausarbeit erneut zu entziehen? Kommt es zu Konflikten und Krisen, Neuaushandlungsprozessen von Macht und Aufgaben? Bislang gibt es auf jeden Fall noch keine Vorbilder, wie mit dieser neuen Situation umzugehen ist. Hier stellt sich eine normative Herausforderung.

4. Zu Theorien der ehelichen Macht

Die empirische Untersuchung der Hausarbeitsteilung in der Ehe älterer Menschen ist nur dann sinnvoll, wenn auch die Bedeutung dieser Verteilung theoretisch geklärt ist. Wenn wir empirisch nachweisen können, wieviele Ehemänner im Ruhestand wieviel Hausarbeit leisten (und das tun einige), wissen wir immer noch nicht, welche Prozesse dazu geführt haben und ob damit eine Stärkung oder Schwächung der Position der Frau in der Ehe einhergeht. Die Hausarbeit ist, wie jede andere Form der Arbeitsteilung auch, in der Ehe entweder einfach delegiert oder aber ausgehandelt worden, und beide Prozesse haben ganz sicher mit Macht zu tun.

Ich möchte die Hausarbeit unter dem Blickwinkel zweier Konzepte der Machtverteilung in der Ehe betrachten: zum einen das eheliche Machtkonzept von Thomas Held (1978), das Ende der siebziger Jahre in der Bundesrepublik veröffentlicht wurde, und zum anderen das Konzept von Myra Marx Ferree (1988).

Thomas Held (1978) geht von einer gewissen »normgemäßen, legitimen« männlichen Dominanz (1978, S. 186) in der traditionellen Ehe aus. Helds Machtkonzept kreist um die Partizipation der Ehepartner in der Gesellschaft. Ausgehend von der klassischen geschlechtsspezifischen Arbeitsteilung unterscheidet er externe und interne Ressourcen; Machtunterschiede werden auf die Verfügung über knappe, hochbewertete Güter zurückgeführt.

Als wesentliche externe Ressource sieht Held die Erwerbstätigkeit an. Durch den höheren Status von Männern in der Arbeitswelt haben diese im allgemeinen einen Machtvorsprung in der Ehe. Für die Hausfrau führt er die »internen Ressourcen« ein. Interne Ressource ist für ihn der Bereich der Dienstleistungen und Produktionen im Haushalt. Er unterstellt, daß Frauen durch diese Ressourcen ein gewisses Maß an Macht besitzen und diese dadurch zu erhalten suchen, indem sie eine »männliche Rollenerweiterung« im Bereich des Haushalts nicht zulassen werden (Held 1978, S. 194). Da nach Held die Menge an Macht, die durch die Hausfrauenrolle zu erlangen ist (Rollenperformanz), in allen Schichten etwa gleich groß ist (1978, S. 153), hängt der Machtunterschied in der Beziehung im wesentlichen vom Status des Mannes ab. Auf der anderen Seite erhöht aber die Erwerbstätigkeit von Frauen ihre eheliche Machtposition bzw. verringert die des Mannes (Held 1978, S. 125, 159). Bei einer Erwerbstätigkeit von Frauen, wenn der Mann nicht mehr im Beruf steht, müßte es nach

Held zu einem Statusdefizit des Mannes kommen, welches dann wiederum Gegenstrategien von seiten des Mannes auslösen müßte.

Auch innerhalb des ehelichen Zyklus werden Dominanzschwankungen festgestellt. Held geht davon aus, daß in der Unterschicht die männliche Dominanz im Ruhestand geringer wird, da die »Relevanz des Binnensystems bzw. die von der Frau produzierten Güter« (1978, S. 164) zunehmen. Als weitere potentielle Ressourcen von Frauen, Macht auszuüben, übernimmt er interaktionistische Strategie-Ressourcen aus anderen Konzepten (Salifos, Herr): die Herkunftsfamilie von Frauen, ihre Kontakte zur Verwandtschaft, zu Freunden und weitere Beziehungen, ihre Kinder, affektive Ressourcen wie Liebe, emotionale Unterstützung und die Möglichkeit von Alternativen.

In den USA wie in der Bundesrepublik Deutschland bestand die Erwartung, daß sich die Arbeitsverteilung im Haushalt parallel mit der steigenden Erwerbstätigkeit von Frauen ändern würde. Man hatte angenommen, daß es zu einer partnerschaftlichen Hausarbeitsteilung kommen würde, wenn die Ehefrau erwerbstätig ist. Für beide Länder wurde diese Erwartung enttäuscht (Ferree 1988, für die BRD zum Beispiel Hagemann-White 1988, Kettschau 1981, Metz-Göckel/Müller 1985, Tornieporth 1988). Trotz der steigenden Erwerbsquoten verheirateter Frauen (besonders stark in den USA) hat sich an der Verantwortung für den Haushalt wenig geändert. Statt daß Männer mit Hausarbeit belastet werden, wenn Frauen erwerbstätig sind, werden Frauen doppelt belastet. Für diese ungleiche Situation galt es, Erklärungen zu finden.

Der »politische« Erklärungsansatz (Ferree nennt ihn selber so) trägt dieser Entwicklung Rechnung. Ferree betont die Machtunterschiede in der Ehe und versteht die Verteilung von Hausarbeit als Aushandlungsprozeß, als Ergebnis von Auseinandersetzungen in der Paarbeziehung. Sie sieht den Beitrag des einzelnen Ehepartners zum gemeinsamen Einkommen als den wesentlichen Indikator für Macht in der Beziehung, gefolgt von der Anzahl der geleisteten Arbeitsstunden. Sobald Frauen in der Familie auch die Ernährerrolle übernehmen (d. h. einen wesentlichen Beitrag zum Familieneinkommen leisten)[9], steigen ihre Erwartungen an die Männer, Verantwortung für die Hausarbeit zu übernehmen. Ferree (1988) geht also davon aus, daß allein durch steigende Frauenerwerbsquoten kei-

9 Dies dürfte nur auf einen ausgesprochen geringen Prozentsatz verheirateter Frauen zutreffen.

ne Veränderungen zu erzielen sind, sondern nur durch Verschiebungen in der Ernährerrolle.

Mit diesem Ansatz erklärt Ferree, warum sich trotz steigender Frauenerwerbsquoten in der Hausarbeitsverteilung bislang wenig verändert hat. Das Einkommen von Frauen bleibt weit hinter dem der Männer zurück, und ihre Erwerbstätigkeit ist oft flexibel auf die Bedürfnisse der Familie zugeschnitten. Ich erwähne hier nur die Teilzeitarbeit und Diskontinuitäten im Berufsverlauf.

Die Machtverteilung bei Paaren wird in ihrem Ansatz daran gemessen, wer in der Familie Entscheidungen trifft und zu wessen Gunsten Konflikte gelöst werden. Wird die Verteilung der Hausarbeiten in der Beziehung *nicht* verhandelt, ist dies eher ein Zeichen von Ohnmacht einer Partei und begünstigt die stärkere Partei. Nach diesem Modell fordern Frauen, die mehr Macht in einer Beziehung haben, mehr Mitarbeit von ihren Männern und sind in der Lage, diese zu einem Diskussionspunkt zu machen. Frauen werden als Akteurinnen betrachtet, die ihre Interessen in die eigene Hand nehmen und die Mitarbeit von Männern einfordern müssen.

Darüber hinaus müssen Frauen nach Ferree aber auch bereit sein, ein niedrigeres Niveau der Haushaltsführung hinzunehmen. Sind Frauen dazu nicht bereit und beharren auf der Einhaltung bestimmter Standards, sinkt die Bereitschaft von Männern, sich zu beteiligen, wieder ab (Ferree 1988, S. 97).

Inhaltlich sind die beiden Machtkonzepte in großen Teilen kontrovers, stimmen aber weitgehend in dem Punkt der zentralen Bedeutung externer Ressourcen für die Machtunterschiede in der Ehe überein. Für beide Konzepte hat die Erwerbstätigkeit außerhalb des Hauses für die Machtverteilung im Haus zentrale Bedeutung. Kontrovers ist die Einschätzung der Hausarbeit für Macht in der Ehe.

Das eher statische Heldsche Machtkonzept legitimiert die traditionellen Geschlechtscharaktere. Danach müssen die Frauen befürchten, daß sie, wenn sie die Hausarbeit abgeben, die eher geringe Macht, die Held ihnen durch die Hausarbeit zuschreibt, verlieren.

Ferree denkt ein emanzipatorisches Machtkonzept. Über die Hausarbeit entsteht in ihrem Konzept keine Macht, diese entstammt allein dem Erwerbsbereich. Generell greift aber nach meiner Ansicht ihr Ansatz, sich im wesentlichen auf die Höhe des Einkommens zu beziehen, zu kurz. Zudem sind ihr Konzept und auch Helds Ansatz eher statisch, sie vernachlässigen den Aspekt der Kontinuität, die gemeinsame Geschichte des Paares. Diese Vorgeschichte der geschlechtsspezifischen Arbeitsteilung des Paares dürfte besonders für Rentnerpaare von zentraler Bedeutung sein. Das Wichtige und Spannende an Ferrees Konzept ist meines Erachtens dennoch der Prozeß, der zur Hausarbeitsverteilung führt, nämlich das intensive Aushandeln. Sie unterstellt aber, und das ist möglicherweise für die Ehe älterer Menschen auch problematisch, daß alle Frauen ein Interesse an einer Teilung der Hausarbeit haben.

Generell ist bei beiden theoretischen Machtkonzepten die Frage zu stellen, ob sie auf die Ehe Älterer übertragbar sind.

Operationalisiert man Ferrees zentrale These von der Bedeutung des Einkommens für Rentnerinnen und Rentner, wäre im einzelnen Fall zu untersuchen, ob sich die Relation des Einkommens von Mann und Frau durch den Ruhestand des Mannes verändert hat. Weiter sei auf die schon angesprochene Zentrierung des Alltags auf den Tagesablauf im Haushalt und damit häufig auch eine stärkere Gewichtung des traditionellen Kompetenzbereichs der Frau verwiesen. Auch die zeitlichen Spielräume der Ruheständler vergrößern sich. Dadurch kann die Hausarbeit zum Beispiel als Betätigungsfeld, als Möglichkeit, sich im Ruhestand überhaupt betätigen zu können, Bedeutung erlangen. Es könnten Verteilungskämpfe um die Hausarbeit im Ruhestand ausbrechen. Andererseits sind auch außerhäusliche Tätigkeitsbereiche zu beachten, wie Hobby, Ehrenamt, Familie, Verwandtschaft etc.

Im Anschluß an Kohli (1990), und da stimme ich ihm zu, ist »Ungleichheit nach Geschlecht unter den Bedingungen des Ruhestands anders zu konzipieren ... als unter den Bedingungen der Erwerbsphase« (1990, S. 395). Seine These von der »Verweiblichung«[10] des Mannes im Alter (1990, S. 402) geht, ähnlich wie bei beiden vorgestellten Machtkonzepten, von einer engen Verbindung zwischen der Stellung des Mannes in der Ehe und seiner Partizipation an der Erwerbstätigkeit aus. Entfällt die Erwerbstätigkeit, entfällt auch die daraus abgeleitete Stellung in der Ehe, und es kommt zu einer »Annäherung der Geschlechtscharaktere« (1990, S. 402). Ob dies wirklich zutrifft, ist bislang empirisch nicht belegt worden. So konnte zum Beispiel Insa Fooken (1980, S. 331) keine bestätigenden

10 Den Begriff »Verweiblichung« sowie den in diesem Zusammenhang auch oft gebrauchten Begriff der »Feminisierung« des Mannes im Alter finde ich ausgesprochen unglücklich. Beide Begriffe erinnern an äußere, körperliche Erscheinungen und gehen darüber hinaus von starren polarisierten Geschlechtscharakteren aus.

Befunde für diese These finden. Die traditionell weiblichen Muster der Anpassung und Unterordnung werden nach Fooken von Frauen bei älteren Ehepaaren beibehalten bzw. noch verstärkt. Auf jeden Fall liegt hier im strukturellen Unterschied zwischen Erwerbsarbeit und dem Leistungsbezug im Ruhestand eine der zentralen Fragestellungen.

Empirisch nachweisbar scheint es Ehen zu geben, die eher für Helds Thesen sprechen, beispielsweise die Ehen, in denen Frauen nicht bereit sind, Hausarbeiten aus der Hand zu geben, und andererseits Ehen, die Ferrees Thesen stützen. Beide Theorien schließen sich nicht unbedingt aus, sondern bezeichnen in unserer vielbeschworenen pluralen und individualisierten Gesellschaft eher die beiden entgegengesetzten Pole gesellschaftlichen Wandels. Beide Konzepte sind in einem gewissen Sinne normativ und statisch. Ferrees Konzept trägt dem durch die neue Frauenbewegung ausgelösten normativen Wandel in der Bewertung der Hausarbeit Rechnung. Sie überträgt von außen die feministische Sichtweise, daß mit der Hausarbeit kein gesellschaftlicher Einfluß zu gewinnen ist, auf das Binnensystem der Ehe. Auch Held trägt von außen die Norm der traditionellen Geschlechterrollen an die Ehe.

Meines Erachtens befinden wir uns an diesem Punkt mitten im normativen Wandel. Anknüpfend an die soziologische Individualisierungsthese kann auch für den Bereich der geschlechtsspezifischen Arbeitsteilung in der Ehe eine Auflösung traditioneller Muster angenommen werden. Die Tatsache, daß die traditionelle Arbeitsteilung unter Legitimationsdruck geraten kann, deutet darauf hin. Die Individualisierungsthese geht von einer Auflösung der traditionellen Bindungen aus; auf der einen Seite ermöglicht dies mehr individuelle Wahlfreiheit, auf der anderen Seite aber auch damit zusammenhängende Entscheidungszwänge, Aushandlungsprozesse und ein größeres Konfliktpotential in der Ehe (Beck-Gernsheim 1986). Kohli spricht in diesem Zusammenhang von »reflexiver Selbststeuerung« (Kohli 1986, S. 46). Nach Kohli (1986) hat sich der »Individualitätscode« noch nicht überall durchgesetzt, der Prozeß »verläuft langsam und mit manchen gegenläufigen Momenten« (Kohli 1986, S. 44-45). Die traditionellen geschlechtsspezifischen Rollen sind ins Wanken geraten, neue Vorbilder sind aber noch nicht in Sicht.

Für eine Untersuchung der Hausarbeitsverteilung muß meines Erachtens die Frage der Machtverteilung in der Ehe noch einmal anhand des empirischen Materials diskutiert werden. Die Prozesse und die Bedingungen der Arbeitsteilung sind in jedem Einzelfall herauszuarbeiten, um ihre

Bedeutung in der spezifischen Ehe rekonstruieren zu können. Es wird zu prüfen sein, inwieweit Allmendingers Muster hier weiter angewendet werden können.

Literatur

Allmendinger, Jutta (1990): »Der Übergang in den Ruhestand von Ehepaaren. Auswirkungen individueller und familiärer Lebensverläufe«. In: Karl Ulrich Mayer (Hrsg.): *Lebensverläufe und sozialer Wandel*. KZfSS Sonderheft 31, S. 272-303

Beck-Gernsheim, Elisabeth (1986): »Von der Liebe zur Beziehung«. In: Johannes Berger (Hrsg.): *Die Moderne - Kontinuitäten und Zäsuren*. Soziale Welt, Sonderband 4, S. 209-233

Bock, Gisela/Duden, Barbara (1977): »Arbeit aus Liebe - Liebe als Arbeit«. In: *Frauen und Wissenschaft*, Beiträge zur Berliner Sommeruniversität für Frauen 1976. Berlin, S. 118-199

Ehmer, Josef (1990): *Sozialgeschichte des Alters*. Frankfurt a.M.

Ferree, Myra Marx (1988): »Frauen zwischen Hausarbeit und Erwerbsarbeit«. In: Hildegard Rapin (Hrsg.): *Frauenforschung und Hausarbeit*. Frankfurt a.M., S. 91-104

Fooken, Insa (1980): *Frauen im Alter*. Frankfurt a.M.

Gerhard, Ute (1981): *Verhältnisse und Verhinderungen. Frauenarbeit, Familie und Rechte der Frauen im 19. Jahrhundert*. Frankfurt a.M.

Gerhard, Ute (1988): »Hausarbeit: eine Domäne von Frauen?« In: Hildegard Rapin (Hrsg.): *Frauenforschung und Hausarbeit*. Frankfurt a.M., S. 123-136

Hagemann-White, Carol (1988): »Zur Geschichte und zum Selbstverständnis von Frauenforschung«. In: Hildegard Rapin (Hrsg.): *Frauenforschung und Hausarbeit*. Frankfurt a.M., S. 9-24

Hagestad, Gunhild O./Neugarten, Bernice L. (1985): »Age and the life course«. In: Robert H. Binstock/Ethel Shanas (Hrsg.): *Handbook of Aging and the Social Sciences*. New York, S. 35-61

Harsch, Gertrud (1986): Struktur und Entwicklung der Privathaushalte unter besonderer Berücksichtigung der Haushaltsarbeit. In: *Baden-Württemberg in Wort und Zahl*, 34. Jg., S. 514-541

Held, Thomas (1978): *Soziologie der ehelichen Machtverhältnisse*. Darmstadt/Neuwied

Hochschild, Arlie (1990): *Der 48-Stunden-Tag*. Wien/Darmstadt

Jacobs, Klaus/Kohli, Martin/Rein, Martin (Hrsg.) (1991a): »The evolution of early exit: A comparative analysis of labour force participation patterns«. In: Martin Kohli/Martin Rein/Anne-Marie Guillemard/Hermann van Gunsteren (Hrsg): *Time for Retirement: Comparative Studies of Early Exit from the Labour Force*. Cambridge/New York (im Druck)

Jacobs, Klaus/Kohli, Martin/Rein, Martin (Hrsg.) (1991b): »Germany: The diversity of pathways«. In: Martin Kohli/Martin Rein/Anne-Marie Guillemard/Hermann van Gunsteren (Hrsg.): *Time for Retirement: Comparative Studies of Early Exit from the Labour Force*. Cambridge/New York (im Druck)

Kettschau, Irmhild (1981): *Wieviel Arbeit macht ein Familienhaushalt?* Dissertation. Dortmund

Kohli, Martin (1986): »Normalbiographie und Individualität: Zur institutionellen Dynamik des gegenwärtigen Lebenslaufregimes«. In: Hanns Georg Brose/Bruno Hildenbrand (Hrsg.): *Vom Ende des Individuums zur Individualität ohne Ende*. Opladen, S. 33-53

Kohli, Martin (1988): »Die gesellschaftliche und individuelle Bedeutung der Altersgrenze«. In: Winfried Schmähl (Hrsg.): *Verkürzung oder Verlängerung der Erwerbsphase?* Tübingen, S. 36-53

Kohli, Martin (1990): »Das Alter als Herausforderung für eine Theorie sozialer Ungleichheit«. In: Peter A. Berger/Stefan Hradil (Hrsg.): *Lebenslagen, Lebensläufe, Lebensstile*. Soziale Welt, Sonderband 7. Göttingen, S. 387-406

Kohli, Martin/Freter, Hans-Jürgen/Langehennig, Manfred/Roth, Silke/Simoneit, Gerhard/Tregel, Stephan (1988): *Außerfamiliale Tätigkeitsformen im Ruhestand*. Forschungsbericht. Berlin

Kohli, Martin/Gather, Claudia/Künemund, Harald/Mücke, Beate/Schürkmann, Martina/Voges, Wolfgang/Wolf, Jürgen (1989): *Je früher - desto besser? Die Verkürzung des Erwerbslebens am Beispiel des Vorruhestands in der chemischen Industrie*. Berlin

Kössler, Richard (1984): *Arbeitszeitbudgets ausgewählter privater Haushalte in Baden-Württemberg*. Materialien und Berichte der Familienwissenschaftlichen Forschungsstelle, Statistisches Landesamt Baden-Württemberg, Band 12. Stuttgart

Kössler, Richard (1990): »Die Zeitverwendung in ausgewählten privaten Haushalten 1988». In: *Baden-Württemberg in Wort und Zahl*, 38. Jg. Stuttgart, S. 536-543

Landenberger, Margarete (1983): *Arbeitszeitwünsche. Vergleichende Analyse vorliegender Befragungsergebnisse*. Discussion paper IIMV/LMP 83-17, Wissenschaftszentrum Berlin

Metz-Göckel, Sigrid (1978): »Frauenarbeit und weibliche Produktivität«. In: *Beiträge zur feministischen Theorie und Praxis*, 1. Jg., S. 81-94

Metz-Göckel, Sigrid/Müller, Ursula (1985): *Der Mann. Eine repräsentative Untersuchung über die Lebenssituation und das Frauenbild der 20-50jährigen Männer im Auftrag der Zeitschrift Brigitte*. Hamburg

Meyer, Sybille/Schulze, Eva (1988): »Nichteheliche Lebensgemeinschaften - eine Möglichkeit zur Veränderung des Geschlechterverhältnisses?» In: *KZfSS*, 2, S. 337-356

Naegele, Gerhard (1983): *Arbeitnehmer in der Spätphase ihrer Erwerbstätigkeit*. BMAS Forschungsbericht, Band 91. Bonn

Nave-Herz, Rosemarie (1985): *Familiäre Veränderungen seit 1950. Eine empirische Studie*. Abschlußbericht (Ms.). Oldenburg

Oakley, Ann (1978): *Soziologie der Hausarbeit*. Frankfurt a.M.

Ostner, Ilona (1979): *Beruf und Hausarbeit. Die Arbeit der Frau in unserer Gesellschaft*. Sonderforschungsbereich 101 der Universität München. Frankfurt a.M./New York

Ostner, Ilona/Pieper, Barbara (1980): *Arbeitsbereich Familie: Umrisse einer Theorie der Privatheit*. Frankfurt a.M.

Pross, Helge (1976): *Die Wirklichkeit der Hausfrau. Die erste repräsentative Untersuchung über nichterwerbstätige Ehefrauen*. Reinbek

Rummel, Martina (1987): *Familiale Arbeitsteilung. Kriterien partnerschaftlicher Arbeitsteilung aus handlungstheoretischer Perspektive*. Dissertation. Berlin

Schwarz, Karl (1985): »Umfang der Frauenerwerbstätigkeit nach dem Zweiten Weltkrieg - Erwerbsbeteiligung und Arbeitszeiten«. In: *Zeitschrift für Bevölkerungswissenschaft*, 11. Jg., S. 241-260

Statistisches Bundesamt Wiesbaden (Hrsg.) (1954, 1962, 1971, 1976, 1981, 1984, 1987, 1989): *Statistisches Jahrbuch für die Bundesrepublik Deutschland*. Stuttgart/ Mainz

Statistisches Bundesamt Wiesbaden (Hrsg.) (1987): *Fachserie 1, Reihe 1, Gebiet und Bevölkerung*. Stuttgart

Statistisches Bundesamt Wiesbaden (Hrsg.) (1987): *Fachserie 1, Bevölkerung und Erwerbstätigkeit, Reihe 4.1.1, Stand und Entwicklung der Erwerbstätigkeit*. Stuttgart/ Mainz

Stück, Heinz (1986): *Abschied vom Arbeitsleben. Einstellungen der Angestellten zum Übergang in den Ruhestand*. Schriftenreihe der Angestelltenkammer. Bremen

Tornieporth, Gerda (Hrsg.) (1988): *Arbeitsplatz Haushalt. Zur Theorie und Ökologie der Hausarbeit*. Berlin

VDR (Verband Deutscher Rentenversicherungsträger) (1990): *VDR Statistik Rentenzugang des Jahres 1989*. Frankfurt a.M.

Der Rentenzugang von Ehepaaren

- Anmerkungen zur Empirie und Regulierung

Gert Wagner

Problemaufriß

Der Rentenzugang wurde in der sozialpolitischen Diskussion der Bundesrepublik Deutschland lange Zeit vorwiegend unter dem Aspekt der finanziellen Entwicklungen der gesetzlichen Rentenversicherung diskutiert. Der in den siebziger und achtziger Jahren zu beobachtende Trend eines relativ frühen Rentenzuganges gilt als unerwünscht, da er die Finanzen der Rentenversicherung stark belastet (vgl. zum Beispiel Reimann 1985). Im Zuge einer allgemeinen Deregulierungsdiskussion (zum Beispiel zur Flexibilität am Arbeitsmarkt) gewannen auch Überlegungen an Boden, den Rentenzugang weiter zu flexibilisieren und gleichzeitig die Finanzierung möglichst »versicherungsmathematisch neutral« zu gestalten. Wer früher in Rente geht als der Durchschnitt, müsse Rentenabschläge hinnehmen; wer später in Rente geht, erhielte entsprechende Aufschläge (vgl. zum Beispiel Schmähl 1988). In der bundesdeutschen Diskussion lange Zeit nicht beachtet wurde das Phänomen eines gemeinsamen Rentenzuganges von Ehepaaren (vgl. für einen Überblick neben Gather in diesem Band auch Allmendinger und Brückner 1990). In diesem Beitrag soll die Bedeutung des gemeinsamen Rentenzuganges in der Bundesrepublik Deutschland sowie in der DDR knapp empirisch beleuchtet werden, um dann einige Anmerkungen[1] für eine optimale Gestaltung der Regelungen für den Rentenzugang anzuschließen.

---

1 Der Autor bedankt sich bei dem weiteren Teilnehmer und den Teilnehmerinnen des Workshops für wichtige Anregungen und besonders bei Gabriele Rolf sowie Rainer Pischner für Kommentare zu einer ersten Fassung dieses Beitrags.

1. Zur Empirie des Rentenzuganges von Ehepaaren

Die empirische Relevanz eines gemeinsamen Rentenzuganges von Ehepaaren wird im folgenden anhand des Rentenzugangsalters beider Partner dargestellt, wie sie in Stichproben des Rentenbestandes zu finden ist.[2] Wenn das Kalenderjahr des Rentenzuganges von Ehepaaren gleich ist, soll von einem gemeinsamen Rentenzugang gesprochen werden.[3]

Für diese einfache Art der Darstellung kann auf zwei Datenbasen zurückgegriffen werden: auf die sogenannte Lebenslagenstudie (LeLa) aus dem Jahre 1981 (für die Bundesrepublik Deutschland) und die »Basisbefragung '90 in der DDR« des Sozio-ökonomischen Panels.[4] Da in beiden Stichproben nur Informationen über BestandsrentnerInnen enthalten sind, sind Aussagen über den Rentenzugang von Ehepaaren streng genommen verzerrt, da nur solche Ehepaare in die Analyse eingehen, die zum Erhebungszeitpunkt beide noch leben und Rente beziehen. Jüngere Rentner, deren Ehegatte sehr viel jünger oder älter als sie selbst sind, werden auf diese Art und Weise in der Untersuchung unterschätzt; soziale Gruppen, die eine überdurchschnittliche Sterbewahrscheinlichkeit aufweisen, werden ebenfalls untererfaßt, da Witwer und Witwen nicht analysiert werden können. Schließlich kann aufgrund der Fallzahlen für die DDR-Stichprobe nicht nach Kohorten unterschieden werden, was für die Bundesrepublik bedeutsam ist, da für die Alterskohorten, die 1973 und später in Rente gegangen sind, andere Rentenzugangsregelungen als für die älteren Kohorten gelten (in der LeLa-Stichprobe aus dem Jahre 1981 sind sie

---

2 Eine darüber hinausgehende vertiefende Ereignisanalyse, die den Prozeß des Überganges (simultan) anhand von retrospektiven bzw. prospektiven Längsschnittsdaten nachzeichnet und kausal analysiert, kann hier nicht durchgeführt werden. Eine derartige Analyse wäre insbesondere für die ehemalige DDR nicht möglich, für die dem Autor nur Bestandzahlen zur Verfügung stehen. Ob eine Re-Analyse älterer Datenbestände für die DDR möglich sein wird, ist gegenwärtig noch nicht absehbar (vgl. dazu zum Beispiel Fleisch 1988, Erpenbeck u.a. 1986).

3 Differenziertere Daten, die auch den Monat erfassen, standen nicht zur Verfügung. Aus theoretischer Sicht ist auch keineswegs geklärt, wie dicht die Rentenzugangszeitpunkte beieinanderliegen sollten, um von einem gemeinsamen Rentenzugang zu sprechen. Hinzu kommt, daß der Beginn der ersten Rentenzahlung oftmals nicht mit dem tatsächlichen Ausscheiden aus dem Erwerbsleben übereinstimmt, da insbesondere Frauen zum Teil bereits deutlich vorher die Erwerbstätigkeit aufgeben und auch Männer - zum Beispiel mit Hilfe von Resturlaub und ähnlichem bereits aus dem Erwerbsleben ausscheiden, bevor sie ihre erste Rentenzahlung erhalten.

4 Vgl. zu diesen Stichproben, die im Rahmen der sozialwissenschaftlichen Grundlagenforschung erhoben wurden bzw. werden, Stubig/Berntsen (1987) sowie Schupp/Wagner (1990).

durchaus noch nennenswert besetzt). Die Darstellung hat nicht zuletzt auch deswegen nur explorativen Charakter, weil für die BRD nur Angaben von 412 und für die DDR von 151 Ehepaaren vorliegen.

Abbildung 1 zeigt, daß Ehepaare, bei denen beide Partner eine Versichertenrente beziehen, mit größter Wahrscheinlichkeit gemeinsam bzw. mit einer kleinen zeitlichen Differenz in Rente gehen (genau genommen: erstmals eine Rente ausgezahlt bekommen).

Abbildung 1: Verteilung der Differenz der Rentenzugangs-Kalenderjahre von Ehepaaren im Rentenbestand in der BRD (Juni 1981) und der DDR (Juni 1990)

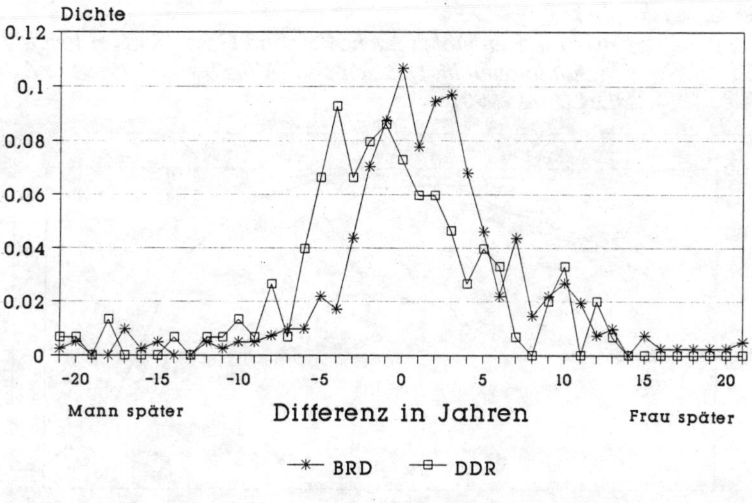

Quelle: Lela B (BRD) und SOEP (DDR)

Auffällig ist ein Unterschied zwischen der Bundesrepublik Deutschland und der DDR. Während die Übergangsdichte in der Bundesrepublik für einen gemeinsamen Rentenzugang am höchsten ist, war in der DDR die Wahrscheinlichkeit am höchsten, daß der Ehemann einige Jahre später als die Ehefrau in Rente geht. Dies dürfte mit der fehlenden »flexiblen Altersgrenze« in der DDR zu erklären sein. Während in der BRD seit 1973 viele Männer mit dem 63. Lebensjahr in Rente gehen konnten, galten in der DDR bis zu deren Ende starre Altersgrenzen: Frauen konnten mit dem 60. Lebensjahr, Männer erst mit dem 65. Lebensjahr eine Altersrente erhalten. Dadurch mußten die meisten Männer (selbst bei einem typischen Altersabstand von zwei Jahren zwischen dem älteren Ehemann und der jüngeren Ehefrau) später in Rente gehen als ihre Frauen.[5] Auch die Erwerbsunfähigkeitsrente schied in der DDR als »Flexibilitätsinstrument« weitgehend aus, da Erwerbsunfähigkeit weit restriktiver gehandhabt wurde als in der Bundesrepublik Deutschland, wo seit dem Auftreten von Arbeitsmarktproblemen in den siebziger und achtziger Jahren Erwerbsunfähigkeit als zusätzliches »Instrument« eines flexiblen Rentenzuganges genutzt werden konnte. Dies kann man zum Beispiel an den charakteristischen Unterschieden der altersspezifischen Erwerbstätigenquoten in der BRD und der DDR ablesen (vgl. Abbildung 2).

Abbildung 2: Erwerbstätigenquoten nach Alter und Geschlecht im Vergleich der Bundesrepublik Deutschland (März bis Juni 1989) und der DDR (Juni 1990)

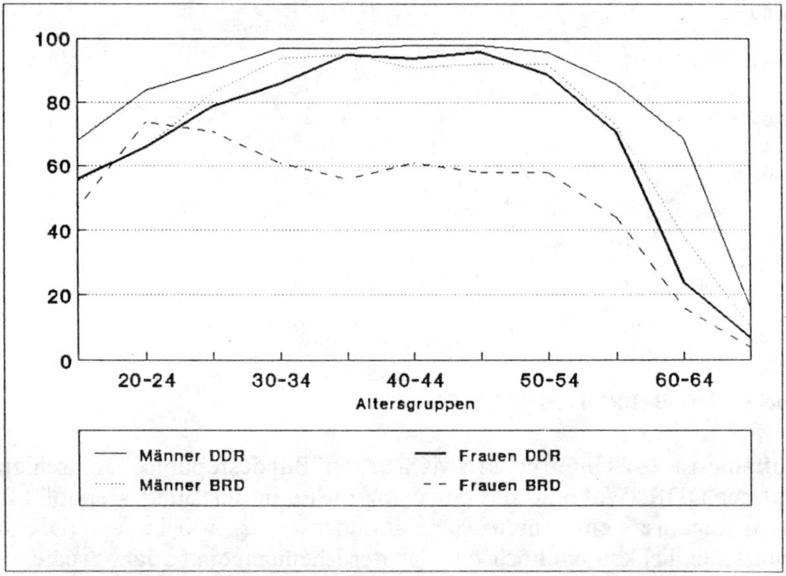

Quelle: Basisbefragung 1990 in der DDR und Welle 6 (1989) in der Bundesrepublik Deutschland des Sozio-ökonomischen Panels (Querschnittsauswertungen); Berechnungen von Infratest Sozialforschung und des DIW

5 Zum Altersabstand von Ehepaaren in Deutschland vgl. Frick/Steinhöfel (1992).

Es soll hier nicht darauf eingegangen werden, welches die Gründe für einen gemeinsamen Rentenzugangswunsch von Ehepaaren sind (vgl. dazu Gather in diesem Band). Insbesondere für die ehemalige DDR wird es künftig vertiefender Analysen bedürfen, da die erstmalige Zahlung einer Versichertenrente weit häufiger als in der Bundesrepublik Deutschland nicht mit der Aufgabe der Erwerbstätigkeit einherging (vgl. Wagner/ Schupp 1991, S. 195). Aufgrund des niedrigen Rentenniveaus mußten ältere Menschen oft weiterarbeiten, was in den Betrieben der DDR auch unterstützt wurde. Für prospektive Forschungsarbeiten wird die Beobachtung und Analyse der Probleme besonders wichtig sein, die beim zu erwartenden krassen Absinken der Alters-Erwerbstätigenquoten auf dem Gebiet der Ex-DDR auftreten werden.[6]

Resümierend ist festzustellen, daß in der Bundesrepublik Deutschland die Möglichkeiten eines flexiblen Rentenzuganges (flexible Altersgrenze, Erwerbsunfähigkeit, vorgezogene Rente wegen Schwerbehinderung) offensichtlich genutzt wurden, um den Rentenzugangszeitpunkt von Ehepaaren zu synchronisieren. In der DDR war dies bei weitem nicht in diesem Ausmaße möglich.

2. Zur Regulierung des Rentenzuganges

Betrachtet man das Rentenversicherungssystem aus Sicht von Ehepaaren[7], so stellt man fest, daß es keine ehepaarspezifischen Rentenzugangsregelungen gibt. Ehepaare werden »nur« beim Hinterbliebenenrecht berücksichtigt (Witwen- bzw. Witwerrente).

Bei großen Altersdifferenzen zwischen Ehegatten kann der jüngere Partner (meist die Frau) noch keine Versichertenrente erhalten, wenn der ältere in Rente geht. Dies ist lange Zeit zumindest in bezug auf die Einkommenssituation oftmals nicht virulent geworden, da im bundesdeutschen Rentensystem die Versichertenrente derart berechnet ist, daß sie

6 Es kann hier auch nicht darauf eingegangen werden, daß in der Bundesrepublik Deutschland der gemeinsame Rentenzugang im wesentlichen nur ein Phänomen für diejenigen Ehepaare darstellt, bei denen die Ehefrau bis zum Rentenbeginn erwerbstätig ist, was in der Vergangenheit noch nicht der Regelfall war (vgl. Wagner 1993.

7 Streng genommen ist nur die gesetzliche Rentenversicherung gemeint; freilich sind die entsprechenden Regulierungen in anderen Altersvorsorgesystemen (Beamtenversorgung, berufsständische Versorgung) im Grundsatz davon nicht abweichend.

für zwei Personen ausreichen kann (das entsprechende Leitbild, welches in der Realität nicht mehr gilt, geht vom erwerbstätigen Mann und einer kindererziehenden Ehefrau aus, die »lebenslang« vom Mann versorgt wird). In der DDR waren insbesondere für Frauen die Renten weitgehend nur Mindestrenten, so daß nicht nur bei einem großen Altersabstand oftmals noch (Neben-)Erwerbstätigkeit notwendig war.

Wenn das Altersvorsorgesystem künftig auf eine stärker eigenständige Sicherung von Personen abgestellt werden sollte (vgl. den Beitrag von Rolf in diesem Band), so muß auch über die Regulierung des Rentenzuganges im Hinblick auf Paare nachgedacht werden. Bei einem System der »Voll Eigenständigen Sicherung« (VES) ist die einzelne Rente derart berechnet, daß sie auch nur für die Bedürfnisse eines einzelnen ausreichen soll. Bei größeren Altersdifferenzen treten im VES daher Probleme auf, wenn der jüngere Partner eines Rentners nicht erwerbstätig ist bzw. nicht mehr erwerbstätig sein will (zum Beispiel aufgrund eines gemeinsamen Rentenzugangswunsches). Man könnte dies im Rahmen der solidarischen Umverteilung des Rentensystems durch eine »Rente wegen Altersdifferenz« berücksichtigen, die immer dann gewährt wird, wenn ein älterer Partner in Rente geht, ohne daß bereits der jüngere einen versicherten Rentenanspruch realisieren kann (vgl. dazu Hain u.a. 1981, S. 84). Indes stellt sich dann nicht nur die Frage, wie dies bei nichtehelichen Partnerschaften administriert werden sollte, sondern darüber hinaus muß grundsätzlich geklärt werden, ob beliebig individualisierte Lebensarrangements von der Solidargemeinschaft der Versicherten via Umverteilung finanziert werden sollten. Dieses Risiko einer großen Altersdifferenz wird im gegenwärtigen System im Rahmen der Umverteilung solidarisch getragen, obwohl es zu den stärksten Umverteilungselementen der Rentenversicherung gehört (vgl. dazu Wagner 1984, S. 230).

Eine große Altersdifferenz kann im Rentenrecht auch durch eine freiwillige »Höherversicherung« berücksichtigt werden, die sowohl eine höhere Rente im Falle der frühzeitigen Erwerbsuntätigkeit beim jüngeren Partner finanziert als auch das Risiko einer längeren Witwen- bzw. Witwerschaft (vgl. Rolf/Wagner 1990, S. 519). Auf jeden Fall sollte im System einer eigenständigen Sicherung für Ehepaare eine Wahlmöglichkeit gegeben werden, die Versichertenrente zu Lasten der späteren Rente im Hinterbliebenenfall zu erhöhen bzw. zugunsten einer höheren Rente nach einer Verwitwung die ursprüngliche Versichertenreten zu senken (vgl. Rolf/Wagner 1992, Abschnitt 3.3.3).

Literatur

Allmendinger, Jutta/Brückner, Hannah (1990): *Deciding When to Retire*. Manuskript. Berlin (eine deutsche Version ist in der Kölner Zeitschrift für Soziologie und Sozialpsychologie erschienen)

Erpenbeck, F. u.a. (1986): »Beitrag zur Frage der Berufstätigkeit im Rentenalter - Eine soziologische Studie in Betrieben der Landwirtschaft und des Handels im Bezirk Schwerin«. In: *Zeitschrift für Altersforschung*, 41, 6, S. 349-358

Fleisch, F. (1988): »Der Gesundheitszustand der Bevölkerung beim Eintritt in das Rentenalter - Ergebnisse einer Totalerhebung in der Stadt Wurzen«. In: *Zeitschrift für Altersforschung*, 43, 5, S. 295-299

Frick, Joachim/Steinhöfel, Michael (1992): »Heiratsverhalten in der DDR und in der Bundesrepublik Deutschland - Der Zusammenhang von Heiratsalter und beruflichem Bildungsabschluß von Ehepartnern«. In: *Das Standesamt, 45, S. 265-270*

Hain, Winfried/Rolf, Gabriele/Wagner, Gert (1981): »Die Umsetzung politischer Vorschläge in operable Rentenreformalternativen«. In: Hans-Jürgen Krupp u.a. (Hrsg.): *Alternativen der Rentenreform '84*. Frankfurt a.M./New York, S. 71-132

Reimann, Axel (1985): »Trend zur Frühverrentung noch ungebrochen«. In: *Die Angestelltenversicherung*, 32, S. 406-413

Rolf, Gabriele/Wagner, Gert (1990): »Alterssicherung und sozialer Wandel in Deutschland - Defizite der Rentenreform 1992«. In: *WSI-Mitteilungen*, 8, S. 509-519

Rolf, Gabriele/Wagner, Gert (1992): »Ziele, Konzeption und Detailausgestaltung des voll eigenständigen Systems«. In: *Sozialer Fortschritt*, 12, S. 281-291

Schmähl, Winfried (Hrsg.) (1988): *Verkürzung oder Verlängerung des Erwerbslebens?* Tübingen

Stubig, Hans-Jürgen/Berntsen, Roland (1987): *Datenhandbuch zur Lebenslagen-Studie Stichprobe B - 61- bis 79jährige deutsche Frauen und Männer*. Dokumentation des Sonderforschungsbereichs 3. Frankfurt a.M./Mannheim

Schupp, Jürgen/Wagner, Gert (1990): »Die ‚Basisbefragung '90 in der DDR' des Sozio-ökonomischen Panels«. In: *Vierteljahrshefte zur Wirtschaftsforschung*, 2, S. 151-159

Wagner, Gert (1984): *Umverteilung in der gesetzlichen Rentenversicherung*. Frankfurt a.M./New York

Wagner, Gert (1993): »'Gemeinsamer Rentenzugang' - Ein neues Phänomen in Lebensläufen«. In: Johann Behrens/Wolfgang Voges (Hrsg.): *Kritische Übergänge - Statuspassagen und sozialpolitische Regulierung*. Frankfurt a.M./New York

Wagner, Gert/Schupp, Jürgen (1991): »Die Sozial- und Arbeitsmarktstruktur in der DDR und in Ostdeutschland«. In: Projektgruppe »Das Sozio-ökonomische Panel« (Hrsg.): *Lebenslagen im Wandel - Basisdaten und -analysen zur Entwicklung in den neuen Bundesländern*. Frankfurt a.M./New York

Lebenslauf, Frühverrentung und Alternsbedingungen erwerbstätiger Frauen

- am Beispiel der Briefverteilerinnen bei der Post

Wolfgang Clemens

Frühverrentung und Lebensbedingungen von Frauen - (k)ein Thema für SozialwissenschaftlerInnen?

Vorzeitige Verrentungen von Frauen wegen Berufs- oder Erwerbsunfähigkeit - hier als Frühverrentung bezeichnet - sind seit langer Zeit renten- und sozialpolitisch bedeutsam, wenn auch die entsprechenden Rentenneuzugänge von Frauen seit 1984/85 vergleichsweise stark abgenommen haben. Auf diesem Hintergrund, und in Anbetracht der Aufmerksamkeit, die der Ausstieg aus dem Erwerbsleben (vor allem von Männern) bisher sozialwissenschaftlich gefunden hat (vgl. zum Beispiel Dieck/Naegele/Schmidt 1985, Backes/Clemens 1987), fristet die Reflexion über den vorzeitigen (zwangsweisen) Berufsausstieg erwerbstätiger Frauen eher ein »Mauerblümchendasein«. Die Bedingungen der weiblichen Lebens- und Erwerbsbiographie sind in ihren Auswirkungen auf Berufsaustritt und Ruhestand bisher kaum untersucht worden, vor allem nicht für vorzeitige Verrentung und aus subjektiver weiblicher Perspektive.

Der Hauptgrund ist vermutlich in dem fehlenden soziologischen Interesse auch aufgrund geringer sozialpolitischer Brisanz in der öffentlichen Diskussion zu sehen. Dieses Phänomen wird von den Akteuren in Wissenschaft und Sozialpolitik - gesellschaftlich wie individuell - als wenig problematisch und unbedeutend eingeschätzt (vgl. zum Beispiel Naegele 1984). Wenn es zu einer Thematisierung kommt, dann eher im Zusammenhang mit »Modethemen« - zum Beispiel Vorruhestand, Freizeit, »Neue« bzw. »Junge Alte«!

In der hier vorzustellenden Untersuchung (Clemens u.a. 1991) stehen die biographischen Bedingungen und Auswirkungen einer Frühverrentung von Frauen auf die aktuelle und zukünftige Lebenssituation im Mittelpunkt der Betrachtung. Der Untersuchung liegen folgende Ausgangsthesen zugrunde: Berufliche Frühausgliederung von Frauen muß als spezifische Folge von unbewältigten, kumulierten Belastungen in den verschiedenen Arbeitsverhältnissen im Lebenslauf verstanden werden, die sich als Überbeanspruchungen deutlich geschlechtsspezifisch manifestieren. Diese Beanspruchungen wirken sich aber auch in Abhängigkeit von weiteren Bedingungen - wie gesundheitliche Prädisposition, Persönlichkeitsstruktur, Lebensumstände - verschiedenartig aus. Gründe und Folgen der Frühverrentung bestimmen maßgebend die Lebensverhältnisse nach der Erwerbsarbeit und damit auch den Alternsprozeß der betroffenen Frauen.

Bei der Anlage der Untersuchung ist von folgenden Vorüberlegungen auszugehen:

- Frühverrentung ist zu begreifen als Folge des Zusammenwirkens von Lebens- und Arbeitsverhältnissen, wobei jeweils die Bedingungen der Lebens- und Arbeitsbereiche in Wirkungen und Abhängigkeiten, auch in ihren Möglichkeiten zur Kompensation (Bewältigung) von Belastungen untersucht werden müssen.
- Frühverrentung läßt sich in Begründung und Auswirkungen auf die Betroffenen nur auf dem Hintergrund der Lebens- und Arbeitsbiographie ausreichend erklären und verstehen.
- Deshalb kann dieses Phänomen nur mit einem soziobiographischen Ansatz oder durch eine Längsschnittstudien methodisch fruchtbar angegangen werden (d.h. historisch verortbar, mit Deutungsmusteranalyse etc.).
- Erst ein Vergleich »geglückter« und »mißlungener« Erwerbsbiographien von Frauen aus einem Arbeitsbereich läßt ausreichende Rückschlüsse auf die Bedingungen verschiedener Entwicklungsmuster und über die Auswirkungen unterschiedlicher Lebensbedingungen zu, da die (Erwerbs-)Arbeitsbedingungen als Konstante zu sehen sind.
- Das Leben im (Vor-)Ruhestand wird sowohl von den biographischen Erfahrungen, von der Art und Bewältigung des Übergangs als auch von den aktuellen Lebensbedingungen geprägt.

Ein typischer Frauenarbeitsbereich - der der Briefverteilung bei der Deutschen Bundespost - ist Gegenstand der empirischen Untersuchung.

Die Deutsche Bundespost weist als größter Arbeitsgeber von Frauen in der Bundesrepublik Deutschland verschiedene Tätigkeitsbereiche und Arbeitsformen von Frauen auf: von Verwaltungs- und Bürotätigkeiten, Dienstleistungstätigkeiten (wie Schalterdienste, Telefondienste) bis hin zu quasi industrieller repetitiver Teilarbeit im Paket- und Briefpostdienst.

In der *Briefverteilung* finden wir (in West-Berlin) zu ca. 90 % Frauenarbeit, im Sortierdienst sind ausschließlich Frauen beschäftigt.

In den Ergebnissen einer früheren repräsentativen Untersuchung zu den »Lebens- und Arbeitsbedingungen Berliner Postbeschäftigter« (vgl. Clemens u.a. 1986) stellt sich diese Gruppe der Briefverteilerinnen als besonders belastet und gesundheitlich gefährdet dar. Obwohl fast alle (weiblichen) Beschäftigten der betreffenden Abteilungen Teilzeitarbeit verrichten und eine etwas unterdurchschnittliche Verweildauer an ihren Arbeitsplätzen aufweisen, ist nach den Merkmalen und Belastungsstrukturen ihrer Arbeitstätigkeit ein hohes Frühinvaliditätsrisiko zu erwarten.

Mit Teilzeitarbeit (zwischen 20 und 30 Stunden pro Woche), Spät-, Nacht- und Wochenendarbeit erscheinen die Bedingungen in der Briefverteilung als prädestiniert für das weibliche Bemühen, Haus-, Familien- und Erwerbsarbeit miteinander zu verbinden.

In West-Berlin (und anderen Großstädten) gibt es in den Postämtern zwei Gruppen von Briefverteilerinnen:

- Briefverteilerinnen, die in den jeweiligen Zustellpostämtern morgens zwischen ca. 4 und 8 Uhr die eingehende Post für die Briefzusteller (Briefträger) vorsortieren;
- Briefverteilerinnen, die im zentralen Berliner Briefpostamt (Postamt 11) die gesamte aus anderen Teilen Deutschlands einkommende und die aus Berlin abgehende Post sortieren.

Die letztere Gruppe werden wir im folgenden näher betrachten.

Die Arbeitszeit der Frauen ist in vier Dauerschichten eingeteilt:

- eine Frühschicht (ca. 7 - 12 Uhr)
- eine Zwischenschicht (13 - 17 Uhr)
- eine Spätschicht (18 - 22.30 Uhr)
- eine Nachtschicht (21.30 - 5.30 Uhr).

Die Arbeitstätigkeiten beziehen sich auf Maschinenbedienung, Videocodierung und auf manuelle Briefsortierung von nicht maschinenfähiger Post. In der Sortierung arbeiten die Frauen in Gruppen von sechs bis acht Personen zusammen in einer sogenannten »Box«. Der größte Arbeitsdruck entsteht in den späten Abendstunden und nachts, wenn das Postflugzeug aus Frankfurt kommt (und ca. 20 Tonnen Briefpost bringt).

Das Kooperationsprojekt zwischen dem Institut für Soziologie der Freien Universität Berlin und dem Personalrat beim Postamt 11 ist in folgenden Schritten durchgeführt worden:

- Zunächst wurden Personalräte und Vertrauensleute des betreffenden Postamtes als Experten interviewt.
- Eine Analyse der Verrentung in den betroffenen Abteilungen des Postamtes für die Jahre 1980 - 1990 ergab eine hohe (echte) Frühverrentungsrate: Ca. 45 % aller Abgänge erfolgen wegen Erwerbsunfähigkeit bei einem durchschnittlichen Rentenzugangsalter von 57,4 Jahren. Die Frühverrenteten hatten im Durchschnitt im Alter von 33,8 Jahren bei der Post angefangen und waren fast 20 Jahre geblieben, die Normalverrenteten erst mit durchschnittlich 39,5 Jahren bei einem Verbleib von 20,6 Jahren.
- Anschließend wurden 26 biographische, leitfadenorientierte Interviews mit betroffenen Frauen (13 früh-, 13 normalverrentete Frauen) durchgeführt und ausgewertet.

Die Untersuchungsgruppe läßt sich folgendermaßen charakterisieren:

- Die Einstiegs-, Verweil- und Ausstiegsdaten der befragten Frauen entsprechen fast genau denen der Gesamtgruppe für 1980 - 1990 mit dem Unterschied, daß hier die normalverrenteten Frauen im Durchschnitt zwei Jahre früher eingestiegen und entsprechend länger verblieben sind.
- Die Gruppe der Frühverrenteten umfaßt die Geburtsjahrgänge 1929 - 1932 (sieben Frauen) und 1936 - 1939 (sechs Frauen). Es sind zwölf verheiratet, eine ist geschieden, alle haben Kinder.
- Die Gruppe der Normalverrenteten umfaßt die Jahrgänge 1926 und 1927. Von den Frauen sind neun verheiratet, drei verwitwet, eine geschieden. Alle haben (bzw. eine Frau hatte) mindestens ein Kind bis zu sechs Kindern.
- 17 der 26 Frauen haben eine Berufsausbildung.
- Die Befragung erfolgte ein bis drei Jahre (im Durchschnitt zwei Jahre) nach der Verrentung.

Wege zur Post: Herkunft, Ausbildung, Familie und Arbeit

Die größere Gruppe (früh- und normalverrenteter Frauen) entstammt den Jahrgängen zwischen 1926 und 1932. Sie wuchsen im »Dritten Reich« auf, die kleinere Gruppe frühverrenteter Frauen (Jahrgänge 1936 - 1939) während des Krieges und später. Die berufliche Ausbildung - von 17 der 26 Frauen - erfolgte im oder nach dem Krieg.

Vor der Beschäftigung bei der Post waren 20 Frauen berufstätig, alle hatten geheiratet und fast alle - außer zwei Frauen - unterbrachen die Erwerbstätigkeit wegen ihrer Kinder, die Hälfte bei der Geburt des ersten Kindes. Teilweise »freiwillig«, bei manchen aber auch auf Druck des Mannes, wurde die Erwerbsarbeit zunächst aufgegeben. Hier zeigt sich bereits (wie auch später noch), daß die »Familienbiographie« die »Berufsbiographie« dominiert, obwohl sich fast alle Frauen arbeits- und berufsorientiert darstellen.

Nach einer mehr oder weniger langen Pause - in der von einigen bereits mit Heimarbeit, Aushilfsarbeiten oder sonstigen ungeschützten Arbeitsverhältnissen zum Einkommen der Familie beigetragen wird - nahmen die Frauen eine regelmäßige Erwerbsarbeit auf. Manche stiegen direkt bei der Post ein, andere vorher noch bei einem anderen Arbeitgeber. Diese wechselten dann wegen der günstigeren Bedingungen zur Post.

Als Hauptgrund der Arbeitsaufnahme dominiert das Einkommensmotiv, allerdings existieren daneben auch andere Motive, wie der Wunsch nach Unabhängigkeit, Selbständigkeit sowie soziale Motive.

Entweder gelingt der Wiedereinstieg in den alten Beruf nicht mehr oder dieser ist mit Familie und Kind(ern) nicht zu vereinbaren. Die Post wird deshalb bevorzugt, weil sie mit Schicht- und Nachtarbeit, Teilzeitarbeit und einem (für eine ungelernte Tätigkeit) relativ guten Verdienst überwiegend »familienfreundliche« Bedingungen bietet.

Wege zur (Früh-)Rente: Arbeits- und Lebensbedingungen zur Zeit der Postarbeit

Bezüglich der Bedingungen des Einstiegs und der Lage der Arbeitszeit zeigen sich für Untergruppen der Untersuchung bereits auffällige Unterschiede:

- Während von den 13 später normalverrenteten Frauen neun mit Spät- und vier mit Nachtdienst beginnen, wechseln von diesen nach einigen Jahren - als die Familiensituation es zuläßt und sie die Chance erhalten - sechs in den Frühdienst. Das durchschnittliche Einstiegsalter beträgt 37,4 Jahre.
- Bei den Frührentnerinnen zeigen sich für die »junge« und die »ältere« Gruppe bemerkenswerte Unterschiede:
  Von den sieben Frauen, die später im Alter von 56 bis 59 Jahren ausgeschieden sind, beginnen vier spät, eine nachts und zwei mit Zwischenschicht. Vier Frauen wechseln nach mehreren Jahren in die Früh-/Zwischenschicht. Sie beginnen im Durchschnitt mit 37 Jahren bei der Post.
  Von den sechs Frauen, die mit 48 bis 52 Jahren frühverrentet wurden, wechselt keine, fünf arbeiten von Anfang bis zum vorzeitigen Ende nachts, eine im Spätdienst. Sie nehmen durchschnittlich bereits mit 31 Jahren ihre Arbeit bei der Post auf.

Die Arbeit in der Briefverteilung wird von fast allen Frauen als hart und stark belastend eingestuft: Sie ist geprägt von körperlichen Zwangshaltungen, dauerndes Sitzen oder Stehen, schweres Heben und Tragen, einseitige Belastungen und monotone Bewegungen. Hinzu kommen die Streßfaktoren Hektik und Zeitdruck, hohe Konzentrationsanforderungen, zum Teil schlechtes Betriebsklima (Konkurrenz, Vorgesetzte), bei vielen Spät- und Nachtschichtarbeit (vgl. dazu auch Demmer/Küpper 1984).

Durch die Belastungen aus Haus- und Familienarbeit sind bei den frühverrenteten Frauen kaum Kompensationsmöglichkeiten vorhanden, sie verstärken eher die Folgen der körperlichen und psychischen Beanspruchung durch die Postarbeit. Die notwendige Regeneration wird vor allem durch die Tatsache, daß der Schlaf am Tage schlecht zu realisieren ist, stark eingeschränkt.

Die Kinder sind noch klein, einige Frauen haben Problemkinder, ausserdem finanzielle Schwierigkeiten. Der Ehepartner kann (oder will) keine ausreichend Unterstützung gewähren.

Die Problemlagen kumulieren in wechselseitiger Abhängigkeit und führen - in der Regel nach sieben bis zehn Jahren - zu ernsthaften gesundheitlichen Problemen, in einigen Fällen bereits zu körperlichen Verschleißerscheinungen.

Als gesundheitliche Reaktionen werden genannt:

- Fast alle Frauen (auch die meisten mit Normalrente) berichten von orthopädischen Problemen: Rücken- und Kreuzbeschwerden, Problemen mit der Wirbelsäule, Bewegungsprobleme im Arm- und Schulterbereich. Einzelne Frauen haben Beschwerden mit den Händen, Hüftgelenken, Beinen und Füßen.
- Ein anderer Problembereich betrifft psychische Beeinträchtigungen mit der Folge psychischer Leiden, Schlafprobleme, Alkohol- bzw. Medikamentenmißbrauch. Einzelne Frauen hatten Nervenzusammenbrüche.
- Psychosomatische Zusammenhänge sind bei Migräne, Kopf- und Magenschmerzen und auch bei Allergien zu vermuten.
- Als Folgen der Nachtarbeit wird über schwerwiegende Schlafstörungen, ständige Müdigkeit und Gereiztheit berichtet - von elf Frauen im Nachtdienst litten zehn darunter.

Beim Vergleich mit den Normalverrenteten fällt auf, daß mehrere Frauen dieser Gruppe, die ebenfalls mit Nachtarbeit begonnen hatten, über einen ähnlichen Verlauf der gesundheitlichen Entwicklung bis zu dem Zeitpunkt berichten, an dem sie in den Tagdienst wechseln konnten. Von da ab geht es nach und nach wieder besser. Auch zeigt sich bei diesen eher ein entwickelteres Gesundheitsverhalten. Bei den Frühverrenteten werden erste stärkere körperliche Warnungen in den Wind geschlagen, es wird »durchgehalten« (Frau S.) oder auch hingenommen, daß keine häusliche Entlastung (zum Beispiel vom Partner) kommt (Frau R.). So setzt bei den jüngeren Frühverrenteten der typische Zyklus von »Arbeit, Erkrankung, Urlaub, Kur und wieder Arbeit« ein. Zwar reduziert sich mit der Zeit der Umfang der häuslichen Aufgaben, und die Kinder werden selbständiger. Bei fünf Frauen sind statt dessen jetzt Vater oder Mutter »mitzuversorgen«.

Im Durchschnitt um das 50. Lebensjahr - nach ca. 20 Jahren dieser Lebens- und Arbeitsbedingungen - hat dieser Zyklus für eine Gruppe ein Ende. Die Frauen werden vom Amtsvorsteher nach oder in einer langen Erkrankungsphase zur Vorstellung beim Postarzt gebeten, der die Frauen dann nach Begutachtung in die Frührente »schickt«.

Bei den älteren Frühverrenteten läuft dieser Prozeß um ca. fünf Jahre verschoben ab - also ungefähr um die Zeitspanne später, die diese auch später in die Postarbeit eingestiegen waren. Auch bei ihnen zeigen sich die gleichen gesundheitlichen Schäden wie bei den jüngeren Kolleginnen, hinzu kommt bei zwei Frauen eine Krebserkrankung, eine erleidet einen Unfall. Sie sind in ihrem Alter (56 bis 59 Jahre) allerdings schon eher bereit, die Rentnerinnenrolle zu akzeptieren, die »Befreiung« von der Erwerbsarbeit als solche gelten zu lassen.

Dagegen vermitteln die im Alter von 48 bis 52 Jahren Ausgeschiedenen durchweg das Gefühl, es »nicht geschafft« zu haben, sie fühlen sich (kalendarisch) noch zu jung, um Rentnerinnen zu sein, obwohl sich fast alle am Ende der Berufstätigkeit »alt« fühlen. Dies verdeutlicht ein treffendes Zitat: »Körperlich bin ich ein Wrack, da is' nix mehr drin in de' Knochen.« (Frau S., 49 Jahre)

Der Übergang in den Ruhestand: Unterschiede der beiden Gruppen

Der Übergang in die Rente vollzieht sich bei den Frührentnerinnen während einer langen Krankschreibung nach Begutachtung. Bei einigen Frauen ergeben sich Unsicherheiten wegen ungeklärter Rentenfragen zwischen der Versorgungsanstalt der Deutschen Bundespost (VAP, als betriebliche Zusatzversorgung) und der gesetzlichen Rentenversicherung. Da die meisten Frauen schon lange vor dem offiziellen Rentenbeginn arbeitsunfähig waren - und teilweise weiter krankgeschrieben sind -, wird ihnen erst zu einem späteren Zeitpunkt, als sie sich gesundheitlich etwas erholt haben, bewußt, daß das (Erwerbs-)Arbeitsleben beendet ist.

Keine der Frauen war psychisch, finanziell, motivational oder sozial auf den »Ruhestand« vorbereitet. Sie haben sich - gezwungenermaßen - mit ihren gesundheitlichen Beeinträchtigungen auseinandersetzen müssen und sich zum Teil »durchgebissen«. Trotzdem hatte keine der Frauen geplant aufzuhören, oder etwas in diese Richtung unternommen. Von der Lebensplanung her waren sie darauf eingestellt, bis zur Rentengrenze arbeiten zu wollen oder zu müssen.

Entsprechend vage sind die Vorstellungen über den zukünftigen Ruhestand, den sie (noch) nicht antizipiert hatten. Wünsche für das Leben in der Rente - falls über solche nachgedacht wurde - orientieren sich stark an den mit der Erwerbstätigkeit verbundenen Versagungen: zum Beispiel Reisen, Lesen, kulturelle Aktivitäten. Die Vorstellungen sind - soweit die partnerschaftlichen Beziehungen intakt sind - auf Ehemann oder Familie bezogen. Allerdings prägen auch Familienverpflichtungen die Zukunftsgedanken: Bei zu pflegenden oder zu versorgenden Müttern sind die betroffenen Frauen auf Abwarten eingestellt.

Derzeitige Lebensbedingungen und Zukunftsperspektiven

Der Eintritt in die Rente markiert bei den Frauen einen tiefen Einschnitt, den sie teilweise allerdings erst nach mehreren Monaten - manche erst nach mehr als einem Jahr - realisieren. Sie sind durch ihre Krankheiten und Behinderungen, die sich vor und nach der Verrentung über längere Zeit äußern und größtenteils zur Zeit des Interviews andauern, in einer langen Übergangsphase, die den Bewußtwerdungsprozeß behindert und verschleppt.

Obwohl die Frührente bei allen als »Befreiung« empfunden wird, sind fast alle Frauen ambivalent eingestellt: Die Arbeit bei der Post fehlt irgendwie, nicht so sehr die inhaltlichen Aufgaben oder gar die Belastungen, aber es fehlt das soziale Umfeld. Sie äußern deutlich häufiger »Verlustgefühle« als ihre im Durchschnitt gesünderen normalverrenteten Kolleginnen (die allerdings schon ihren Mann »zuhause haben«). Die Verunsicherung hängt bei etwa der Hälfte der Frührentnerinnen eben auch damit zusammen, daß der derzeitige Lebensrhythmus nur eine Übergangsphase bis zur Rente des Mannes darstellt. Dann müssen aus ihrer Sicht die familiären Bezüge nochmals neu geordnet werden.

Das tägliche Leben der frühverrenteten Frauen wird - selbst bei denen, die schon drei Jahre zuhause sind - weitgehend von den Bedingungen der angeschlagenen Gesundheit bestimmt. Gesundheitliche Beschwerden und Arztbesuche bestimmen den Tages- und Wochenrhythmus und verhindern (bisher) die für den Ruhestand vorgenommenen Pläne. Einige haben allerdings trotz der bestehenden chronischen Gesundheitsdefekte (insbesondere des Rückens, der Arme, Beine und Nerven) bereits Pläne umgesetzt (Reisen, Geselligkeit, Kultur usw.). Wenn sie etwas unternehmen, können sie - vor allem durch die Möglichkeit der zeitlichen Einteilung - Rücksicht auf die Erfordernisse der Gesundheit nehmen: zum Beispiel sich zwischendurch ausruhen, Hausarbeit verschieben, zu bestimmten Jahreszeiten verreisen.

Als besondere Belastung der Lebenssituation einer Reihe von Frauen in Frührente - und das gilt auch für viele normalverrentete Frauen - erweisen sich die jetzt fehlenden sozialen Kontakte und Freundschaften. Zwar werden von manchen die guten Beziehungen zu den ehemaligen Kolleginnen weiter gepflegt, aber diese können nicht den Freundeskreis ersetzen, der sich durch Erwerbsarbeit zu »unsozialen« Tages- und Wochenarbeitszeiten sowie durch die Auswirkungen körperlicher und psychischer Überforderung im Laufe der Jahre verkleinert oder aufgelöst hat.

Eine selbstbestimmte Gewöhnung an die nachberufliche Phase wurde und wird den Frauen weitgehend verwehrt, die Elternteile - meist Mütter - zu versorgen hatten oder haben. Dies ist bei fünf der dreizehn Frührentnerinnen der Fall. Die Beweglichkeit und Unabhängigkeit ihrer Zeitgestaltung und für Reisen wird stark eingeschränkt. Nicht zuletzt die Verbesserung der eigenen Gesundheit und die Gewöhnung an den Ruhestand wird verzögert oder verhindert.

Resümee

Insgesamt betrachtet haben sich die Lebensbedingungen aller Frauen durch die Verrentung verändert, bei den meisten auch verbessert. Bis auf die Ausnahmen von fünf Frühverrenteten geht es ihnen - zumindest subjektiv - gesundheitlich besser als in der letzten Zeit bei der Post. Der Haushalt ist als konstantes Betätigungsfeld geblieben, auch wenn bereits ebenfalls verrentete Ehemänner »mitanfassen«. In einigen Fällen wird das eigene »Terrain« sogar gegen Angriffe von außen als »Refugium« geschützt. Für die Dinge des täglichen Lebens steht jetzt mehr Zeit zur Verfügung, die Frauen können sich die (Haus-)Arbeit einteilen. Trotzdem wird streng zwischen Arbeit und Freizeit unterschieden.

Manche der normal verrenteten Frauen unternehmen viel und realisieren schon früher geplantes Reisen, Kultur, Bummeln gehen, Schwimmen oder Fortbildung. Sie entsprechen dem Bild der »neuen« oder »jungen Alten«, die gut situiert, lebensfroh und konsumfreudig den Ruhestand genießen. Kontakte zur Familie, zu Kindern und Enkeln werden größtenteils gepflegt, Aufgaben übernommen. Die gewonnene Ungebundenheit - die sich auch in Andeutungen dem Partner gegenüber äußert - wird nicht in Frage gestellt, weil sie sich nicht erneut verpflichten lassen wollen.

Die anderen - meist frühverrenteten - Frauen haben ihre Lebensgestaltung (noch) nicht in die gewünschte Form bringen können. Reisen sind wegen der eigenen oder der Gesundheit des Partners oder auch wegen der Pflege der Mütter nicht oder nur eingeschränkt möglich. Der Tagesablauf ist stark durch die Aufwendungen für die eigene Gesundheit (durch Arztbesuche, Therapien, Ruhebedürfnisse) geprägt.

Einige dieser Frauen haben weiterhin die Hoffnung, daß sich die gesteckten Ruhestandsziele noch erreichen lassen. Sie hoffen auf eine Besserung ihrer Gesundheit oder den Wegfall der zu erbringenden Pflegeleistungen.

Der überwiegende Teil der frühverrenteten Frauen akzeptiert die gesundheitlichen Einschränkungen bzw. gibt die Hoffnung auf eine gesundheitliche Besserung auf. Damit nahmen die Frauen allerdings auch Abschied von manchen Wünschen und Vorstellungen, die sie früher auf den späteren Ruhestand bezogen hatten. Ihre degenerativen Erkrankungen - vor allem des Stütz- und Bewegungsapparates - zwingen sie dazu, in Zukunft mit ihrer Behinderung zu leben und sich mit den Einschränkungen zu arrangieren. Bei ihnen sind alle Anstrengungen darauf gerichtet, eine weitere Verschlechterung der Gesundheit und der sozialen Lage zu verhindern und halbwegs beweglich zu bleiben.

Vordergründig ist es also überwiegend die eingeschränkte Gesundheit, die das tägliche Leben der frühverrenteten Frauen bestimmt. Doch vergleichbar schwerwiegend sind die sozialen Einschränkungen für diese Frauen (im Alter zwischen 50 und 60 Jahren!). Zum einen sind sie direkte Folge der gesundheitlichen Restriktionen, die längere Besuche, anstrengende Freizeitformen oder bestimmte Reisen nicht zulassen. Zum anderen - und diese Gründe sind fast noch gravierender - resultieren soziale Einschränkungen aus den Lebens- und Arbeitsbedingungen der vergangenen Jahrzehnte.

So haben einerseits die Arbeitsbedingungen - Spät- oder Nachschichtarbeit, starke Belastungen mit hohem Regenerationsbedürfnis - bei der Post, andererseits die Erfordernisse der Haus- und Familienarbeit als besonders harte Form der weiblichen Mehrfachbelastung mit der Zeit zum sozialen Ausschluß geführt. Die betroffenen Frauen berichten übereinstimmend, wie im Laufe der Jahre durch die permanente »Zeitnot« die Kontakte zu Freunden und Bekannten geschwunden oder abgerissen sind, die verwandtschaftlichen Beziehungen oftmals notdürftig aufrecht erhalten wurden.

Die verlorenen Freundschaften sind nun nicht wieder herzustellen, neue Bekanntschaften - für die meisten Frauen - jetzt nur schwer zu schließen, obwohl sich einige darum bemühen. Der Kontakt zu befreundeten Frauen von der ehemaligen Dienststelle besteht bei einigen noch. In den meisten Fällen schwindet aber auch die soziale Seite der früheren Erwerbsarbeit - und die war für fast alle Frauen sehr wichtig, für manche sogar Ersatz des sozialen Lebens in der Privatsphäre.

Deshalb verwundert nicht die weitgehende Orientierung der Frauen an (Ehe-)Mann und Familie, die einerseits zwar genossen wird, andererseits für manche aber auch zu wenig bietet. Die mit der Erwerbsarbeit verbundenen Freiheiten werden von einigen Frauen freiwillig, von den meisten allerdings gezwungenermaßen aufgegeben. Nur wenige Frauen verfolgen eigenständige Hobbies oder Interessen. Wo die Partner andere Interessen äußern, wird die fehlende Übereinstimmung beklagt und dies nicht auch als Chance begriffen.

Abschließend soll auf die gesellschaftliche Relevanz der hier - am Beispiel der Briefverteilerinnen bei der Post - dargestellten Folgen defizitärer Lebens- und Arbeitsbedingungen für den Lebens- und Alternsprozeß von Frauen hingewiesen werden. Ein größerer Teil auch der heutigen Frauenarbeit wird durch gering qualifizierte und belastende Tätigkeiten erbracht. Die Vereinbarung von Berufs- und Familienarbeit geht in vielen Fällen auf Kosten der Frauen und wird durch deren Gesundheitsverschleiß »erkauft«. Die Statistiken der Rentenversicherer mit den entsprechenden Zahlen der Berufs- und Erwerbsunfähigkeitsrenten sprechen eine deutliche Sprache. Die negativen Folgen für den Alternsprozeß und das Leben im Alter sind bei den betroffenen Frauen antizipierbar.

Gerade wegen der sozialpolitischen Brisanz fällt deshalb die sozialpolitische wie auch sozialwissenschaftliche Abstinenz bei diesem Thema besonders ins Auge. Liegt es an einer weit verbreiteten »konservativen« Weltsicht, die die Erwerbsarbeit von Frauen immer noch eher als Ausnahme denn als die Regel sieht und sie damit zur »Privatsache« deklariert? Wo öffentliches Interesse angesagt sein müßte, sind weiterhin die Folgen »privat« zu bewältigen.

Literatur

Backes, Gertrud/Clemens, Wolfgang (Hrsg.) (1987): *Ausrangiert!? Lebens- und Arbeitsperspektiven bei beruflicher Frühausgliederung*. Bielefeld

Clemens, Wolfgang/Rummel, Martina/Bangel, Bettina/Behrens, Kurt/Quack, Sigrid/Schäfer, Bernd/Spellerberg, Annette (1986): *Arbeit und Alltag Berliner Postbeschäftigter*. Berlin

Clemens, Wolfgang/Eberle, Benjamin/Fischer, Petra/Trempnau, Angelika/Ullrich, Carsten/Wagener, Anita (1991): *»Ver-Brieftes« Leben - Lebens- und Arbeitserfahrungen früherer Briefverteilerinnen bei der Deutschen Bundespost*. Forschungsbericht. Berlin*

Demmer, Hildegard/Küpper, Bettina (1984): *Belastungen bei Arbeitsplätzen, die überwiegend mit Frauen besetzt werden*. Dortmund

Dieck, Margret/Naegele, Gerhard/Schmidt, Roland (Hrsg.) (1985): *»Freigesetzte« Arbeitnehmer im 6. Lebensjahrzehnt - eine neue Ruhestandsgeneration?* Berlin

Naegele, Gerhard (1984): »Frauen zwischen Arbeit und Rente - Anmerkungen zur Arbeitsmarkt- und Verrentungssituation von Frauen im mittleren und höheren Lebensalter«. In: *Frauenforschung*, 2, 1/2, S. 23-39

* Dieser Forschungsbericht kann unter folgender Adresse beim Autor bezogen werden: Freie Universität Berlin, Institut für Soziologie, Babelsberger Str. 14, 1000 Berlin 31.

Die Situation alter und älterer Frauen in der Bundesrepublik Deutschland und der ehemaligen Deutschen Demokratischen Republik

Das Alter ist weiblich

Zur Situation älterer und alter Frauen in der ehemaligen Deutschen Demokratischen Republik

Adelheid Kuhlmey-Oehlert

Hinter diesem Thema verbirgt sich soziale Wirklichkeit und individuelle Geschichte:

> »Die alte Frau war zweiundsiebzig, als ihr Mann starb. Sie war bis ins hohe Alter ganz die aufopfernde Ehefrau und Mutter. Nach dem Tod ihres Mannes lebt sie allein in dem großen Haus und beginnt ein neues, zweites Leben: Sie geht ins Kino, ißt jeden zweiten Tag im Gasthaus, fährt zum Pferderennen.
>
> Sie verbringt ihre Nachmittage in der Werkstatt eines Flickschusters, spielt Karten und trinkt Rotwein, anstatt sich respektablen Kaffeegesellschaften anzuschließen. Als sie mit vierundsiebzig Jahren starb, hatte sie sich all die Freiheiten gegönnt, die ihr das Leben früher nicht geboten hatte.«

Brechts literarischer Entwurf dieser »Unwürdigen Greisin« steht noch immer für die widersprüchliche Realität eines Frauenlebens im Alter auch in der ehemaligen DDR.

Bei einer Zunahme der mittleren Lebenserwartung von ca. 35 Jahren vor 100 Jahren auf nunmehr 70 bis 75 Jahre erreichen die meisten Menschen in hochentwickelten Ländern eine Lebensphase, die wir Alter nennen - eine Tatsache, die Älterwerden und Altsein heute von früher unterscheidet. Leben im Alter ist alles andere als ein Einzelschicksal. Dies trifft für Frauen und Männer zu.

Und doch sind es die Frauen, dic dem Alter in der DDR und nicht nur dort schon demographisch eine besondere Qualität gaben: 1989 lebten in der DDR ca. 3 Millionen Menschen, die eine Altersrente bekamen (16,2 % der Bevölkerung), darunter beinahe 2 Millionen Frauen, das sind rund 74 % der Bevölkerung im Rentenalter.

Tabelle 1: Entwicklung der Bevölkerung im Rentenalter nach Geschlecht (in 1 000 Personen)

Jahr	Insgesamt	männlich	weiblich	Anteil der Rentnerinnen (in %)
1950	2 540	833	1 707	67,2
1960	3 028	932	2 096	69,2
1970	3 325	1 016	2 309	69,4
1980	2 996	912	2 085	69,6
1989	2 654	693	1 961	73,9
1995	2 700	784	1 916	71,0
2000	2 912	894	2 017	69,3

Quelle: Statistische Jahrbücher der DDR. Berechnungen des Instituts für Soziologie und Sozialpolitik; Blätter der Wohlfahrtspflege 10 + 11/1990, Altenreport '90, S. 26

Gründe für den hohen Anteil von Frauen an der heutigen älteren Generation lassen sich in den beiden Weltkriegen und ihren Folgen finden.

1939 betrug der Anteil der Frauen an der deutschen Gesamtbevölkerung 51,1 %; 1950 in der DDR hingegen 55,6 %, d. h. in diesem Jahr waren es 2,1 Millionen mehr Frauen als Männer. Aber unabhängig davon schreibt sich der hohe Frauenanteil fort: Unbestritten ist dabei der Einfluß der zunehmend größer werdenden Differenz der Lebenserwartung zwischen Männern und Frauen. Frauen leben im Durchschnitt sechs bis sieben Jahre länger als Männer. In der DDR lag die mittlere Lebenserwartung der Frauen bei 76 Jahren, die der Männer bei 70 Jahren.

Historisch geht mit zunehmender mittlerer Lebenserwartung eine stärkere Differenzierung zwischen den Geschlechtern einher. Seit einigen Jahren stagniert die mittlere Lebenserwartung der Männer in der DDR, die der Frauen steigt noch. 1988 kamen auf 100 Männer im Rentenalter 235 Frauen. Von den etwa 2 Millionen Rentnerinnen der DDR sind ca. zwei Drittel alleinstehend. Über 80 % der Männer, aber nur ca. 35 % der Frauen sind verheiratet. Jede zweite Rentnerin ist verwitwet.

Die Relation wird sich in den kommenden Jahren nicht grundlegend ändern. Bei den über 80jährigen werden künftig 93 % aller Frauen alleinstehend sein. Frausein, Altsein, Alleinleben ist zu einer typischen Lebensweise geworden. Die Frauen, die mit 60 Jahren Rentnerinnen werden, können mit durchschnittlich weiteren 20 Lebensjahren rechnen, d. h.

mit Beginn des Rentenalters haben Frauen fast ein Viertel ihres Lebens noch vor sich.

Unter welchen Bedingungen lebten und leben alte Frauen in der DDR? Welche Hoffnungen, aber auch Befürchtungen und Verunsicherungen verbinden Rentnerinnen mit den gesellschaftlichen Umbrüchen und dem geeinten Deutschland? Was verbirgt sich an realer Lebenslage und subjektivem Lebensempfinden hinter der so häufig strapazierten These der kumulativen Benachteiligung von Frauen im Alter?

Nachfolgend sollen skizzenhaft gerontologische Befunde und statistische Ergebnisse aufgezeigt werden, die den Zusammenhang von Alter und Geschlecht in der DDR (und nicht nur dort) kennzeichnen.

Zur materiellen Lebenssituation

Die Gesellschaft sicherte und sichert längst nicht allen älteren Bürgerinnen und Bürgern ausreichend Mittel zur Finanzierung eines biographisch entstandenen Lebensstandards. Dies trifft zuerst die älteren und alten Frauen, insbesondere die Alleinlebenden. Die Altersrente der Sozialversicherung war die typische Form der finanziellen Sicherstellung im Alter.

Zwei Drittel aller Altersrentner erhielten ein so garantiertes Einkommen, das zwischen 330 und 470 Mark lag (Stand Dezember 1989). Ein Drittel der Altersrentner erhielten darüber hinaus eine Rentenleistung der Freiwilligen Zusatzrente (FZR), die aber die ältesten Rentner objektiv ausschloß. Dabei erreichten die Männer im Durchschnitt deutlich höhere Zahlbeträge (106,12 Mark) gegenüber Frauen (35,94 Mark). Außerdem war die FZR unter Männern verbreiteter (61,8 %) als unter Frauen (25,9 %) - dies liegt an den unterschiedlichen Verdiensten (ein FZR-Beitritt war erst bei einem Verdient über 600 Mark möglich). (Für ca. 250 000 AltersrentnerInnen gab es die Möglichkeiten anderer Rentenformen: Intelligenz-Rente, Staatsrenten, andere Sonderrenten usw.; auch hier waren Frauen weit weniger als Männer »betroffen«.)

Prinzipiell gilt: Die Rente für den überwiegenden Teil der DDR-Rentnerbevölkerung war und ist auf einem niedrigen Niveau und betrug mit Stand vom Dezember 1989 durchschnittlich 443 Mark, bei den Männer 526,08 Mark und bei den Frauen 417,73 Mark. Das heißt, die Rentnerinnen hatten monatlich rund 100 Mark im Durchschnitt weniger zur Verfügung. Von den ca. 3 Millionen Rentnerinnen und Rentnern der DDR lag für zwei Drittel die Rente unter 500 Mark. Anteilsmäßig sind Frauen in dieser Gruppe zu 92 % vertreten. Auch den ehemaligen Mindestsatz von 330 Mark erhielten - bezogen auf die Gesamtzahl aller Rentner - 30,2 % der Frauen und nur 1,7 % der Männer.

Mit Stand vom 1.7.1990 erhöhte sich die durchschnittliche Altersrente auf 560 DM, mit einem Mindestsatz von 495 DM.

Tabelle 2: Höhe der Altersrente eines Durchschnittsrentners (einschließlich Sozialzuschlag) vor und nach dem 1.7.1990

Arbeitsjahre/ Zurechnungs- jahre	Zugangsjahr (in Klammern Geburtsjahr weiblich/männlich) 1970 (1910/1905)		1981 (1921/1916)		1990 (1930/1925)	
	alt	neu	alt	neu	alt	neu
45	470	672	512	672	602	672
40	430	597	483	597	572	597
30	390	495	431	495	512	512
25	370	495	411	495	492	495

Quelle: Ministerium für Arbeit und Soziales; Blätter der Wohlfahrtspflege 10 + 11/1990, Altenreport '90, S. 29

Tabelle 3: Rentenhöhe nach Rentenart und Geschlecht (Sozialversicherung der Arbeiter und Angestellten)

Rentenart	31.12.1987 - Mark -		1.2.1990 - DM -	
	Männer	Frauen	Männer	Frauen
Altersrente	526,08	417,73	662,76	502,24
Altersrente mit Rente nach der freiwilligen Zusatzversicherung	632,20	453,61	797,96	547,53
Invalidenrente	499,49	461,67	615,59	585,87
Invalidenrente mit FZR	643,24	529,36	792,87	672,16
Halbwaisenrente	168,87	207,40		
Witwenrente	264,16	327,26	-	-
Invalidenaltersrente	500,58	409,07	638,77	515,91
Invalidenaltersrente mit FZR	614,96	452,06	784,39	571,75

Quelle: Blätter der Wohlfahrtspflege 10 + 11/1990, Altenreport '90, S. 29

Die Rentenhöhe allein reicht als Indikator für die materiellen Lebensbedingungen alter Frauen nicht aus. Symptomatisch für die Alterssicherung in der DDR sind nicht ausgezahlte Lebensversicherungen, Geldanlagen und hohe Spareinlagen. Gerade in der Zeit der Umbrüche wird ersichtlich, daß subventionierte Mieten, Preise für Nahrungsmittel, Heizmaterial, Dienstleistungen und Verkehrstarife der Rentnerin oft erst ein (»Über«)-Leben mit den geringen finanziellen Mitteln ermöglichten. Es war ein auf niedrigem Niveau sozial abgesichertes Leben.

Die Erhöhung und drohende Erhöhung der Preise für die genannten Leistungen führen zu einer zunehmenden Verunsicherung unter der alten Bevölkerung, vor allem bei den alleinlebenden Frauen. Solcherart psychosozialer Verarbeitung der gegenwärtigen Situation steht eigentlich im Widerspruch zu Forschungsergebnissen, die auswiesen, daß jede fünfte (befragte) Rentnerin früher die finanzielle Situation als bedrückend empfand (Sozialreport 1990).

Und doch können durch dieses Verhalten bekannte soziologische Erkenntnisse bestätigt werden: Soziale Leistungen gewinnen an Wert, wenn sie bedroht scheinen, selbst wenn sie vorher ein niedriges und kritisiertes Niveau verkörperten.

Zusätzlich war die Lebenssituation alter Menschen in der DDR noch durch ihr Privileg, reisen zu können, gekennzeichnet. Hier gab es eine Personengruppe, die per Lebensalter eine besondere Stellung in Familie und Gesellschaft hatte - vor allem als »Besorgerin« begehrter Artikel.

Wenn es auch *den* Rentner oder *die* Rentnerin nicht gab, sondern soziale Gruppierungen genauso auftraten wie in den anderen Generationen, hat doch die Rentenentwicklung in der DDR ein hohes Maß an Differenzierungen im Einkommen und Verbrauch kaum zugelassen.

Vorhandene - eigentlich geringe - Differenzierungen zwischen Männern und Frauen wurden ab dem 1.7.1990 jedoch ausgebaut. Die Differenz der Durchschnittsrenten stieg von 108 Mark auf 160 DM bei Altersrenten und von 178 Mark auf 250 DM bei Altersrenten mit FZR.

Damit deuten sich bereits künftige Entwicklungen an: Es wird zu einer stärkeren sozialen bzw. sozialökonomischen Polarisierung der Bevölkerung kommen, die auch die Finanzierung des Alters auf dem Spektrum »Eigenversorgung« bis »Sozialfall« differenziert. Die Verlierer könnten dabei wieder die alten Frauen, besonders die alleinlebenden, sein.

Letztendlich ist die vergleichsweise niedrige Rente für heute ältere Frauen nur Fazit einer biographisch bedingten Benachteiligung:

Die Bildungs- und Qualifikationsabschlüsse differieren zwischen Männern und Frauen, aber auch in den einzelnen Geburtsjahrgängen. Von den 60- bis 70jährigen besaßen 28,6 % keinen Berufsabschluß, 85 % davon waren Frauen. Von den 85jährigen und älteren hatten ca. 70 % keine Möglichkeit, einen Beruf zu erlernen, wobei der Frauenanteil noch darüber lag.

Das statistische Jahrbuch zeugt von einer höchst ungleichen Verteilung des Anteils von Männern und Frauen quer durch alle Industriezweige. Verglichen mit dem Durchschnittseinkommen sind Frauen in jenen Branchen überrepräsentiert, in denen das Einkommen am niedrigsten ist.

1990 waren mehr als 91 % aller Frauen und Mädchen im arbeitsfähigen Alter berufstätig (sofern sie noch Arbeit hatten). Damit wies die DDR den höchsten Beschäftigungsgrad der weiblichen Bevölkerung eines Landes überhaupt auf.

Unterschiede im beruflichen Ausbildungsniveau der Männer und Frauen wurden abgebaut, so daß bei den bis 35jährigen keine Unterschiede mehr bestehen, und doch trägt die Zuordnung von Frauen und Männern zu bestimmten Wirtschaftszweigen, in bestimmte Positionen sowie die Zuordnung »privater Arbeit« im Rahmen der Familie geschlechtstypische Züge, und zwar zu ungunsten der Frauen (Nickel 1988).

Die Frage bleibt bis jetzt unbeantwortet, warum die Chancen für beide Geschlechter nach wie vor zur ungleichen Nutzung gebotener Möglichkeiten führte bzw. führen mußte.

Für die ältere Frau im Rentenalter ist diese Frage entschieden: Berufstätigkeit entsprach ihrer familialen und sozialen Situation, der Umbruch in die berufslose Phase hat für die heute ältere Frau einen weniger bedrohlichen Charakter als für den Mann - offenbar, weil die Ausübung einer Berufstätigkeit an andere Erwartungen gegenüber dem Leben, an eine andere, eben arbeitsteilig »weibliche« Lebenskonzeption gebunden ist.

Berufstätigkeit im Alter

Das Recht älterer Menschen auf Arbeit war ein wesentlicher Bestandteil ihres verfassungsrechtlich in der DDR garantierten sozialen Status.

Das Arbeitsgesetzbuch verpflichtete Betriebe, Arbeitsplätze einzurichten, die für den Einsatz älterer Menschen geeignet waren. Alter und Gesundheitszustand waren keine Kündigungsgründe, Vorrentner (ab fünf Jahre vor Erreichen des Rentenalters) genossen einen besonderen Kündigungsschutz.

1989 arbeiteten in der DDR rund 203 000 Frauen im Rentenalter, das waren ca. 10 % aller Rentnerinnen. Soziologische Untersuchungen wiesen immer wieder vier Motive aus, die die Fortsetzung der Berufstätigkeit begründeten:

- Die Arbeit hat immer Spaß gemacht (25 %).
- Um zur Rente etwas dazu zu verdienen (24 %). (Viele ältere Frauen waren erst in diesen Jahren in der Lage, zu sparen; berufstätige Rentnerinnen erhielten die höchsten Einkommen ihres Lebens!)
- Weil mein Betrieb mich braucht (20 %).
- Weil ich ein gutes Verhältnis zu den Kollegen hatte (15,4 %) (vgl. Altenreport 1990).

Tabelle 4: Entwicklung der Berufstätigkeit im Rentenalter

Jahr	Berufstätige im Rentenalter (in 1 000)			Anteil der berufstätigen Rentner an der Bevölkerung im Rentenalter (in Prozent)		
	insgesamt	männlich	weiblich	insgesamt	männlich	weiblich
1972	677	298	379	22,7	29,2	15,3
1975	596	248	348	18,1	24,7	15,2
1980	391	152	239	13,0	16,6	11,5
1989	279	76	203	10,5	11,0	10,4

Quelle: Frauenreport '90, S. 187

Das Bedürfnis nach weiterer Berufstätigkeit war bei Frauen stärker ausgeprägt als bei Männern. Hier spielen der fünf Jahre frühere Eintritt ins Rentenalter und die Tatsache des Alleinlebens vieler Frauen im Rentenalter eine Rolle. Die Berufstätigkeit von Frauen konzentriert sich allerdings auf die ersten fünf Jahre nach Erreichen der Rentengrenze. Eigene Interviews mit alleinlebenden Frauen bestätigen alle Umfrageergebnisse, daß der wichtigste Grund für eine Beendigung der Berufstätigkeit der Gesundheitszustand darstellte. Weitere Gründe waren folgende:

- weil mit dem Haushalt genug zu tun ist,
- weil man mit der Rente auskommt,
- weil es genügend andere interessante Tätigkeiten gibt (vgl. Altenreport 1990).

Weitere Untersuchungen belegen - auch wenn die Zahl der weiterarbeitenden Rentnerinnen eher rückläufig war -, daß die Ausübung einer Arbeit einen festen Platz in den Werten und Bedürfnissen der Rentnerinnen hatte.

Nun sind neue Realitäten gegeben: Es ist mit einer Zahl von 700 000 Vorrentnern zu rechnen. Abgesehen von der psychosozialen Problemlage dieser Bevölkerungsgruppe (eine, die es bislang in der DDR bis jetzt nicht gab), ist der Druck auf weiterarbeitende Altersrentner und -rentnerinnen sehr groß; ihre Arbeitsverhältnisse werden gekündigt. Alte Frauen werden aufgrund der Vorruhestandsregelung eine noch längere nachberufliche Phase antreten.

Es fehlen Konzepte zur Lebensplanung nach dem Ausscheiden aus der Berufsarbeit sowie variable Leitbilder für das Privatleben von Frauen (vor allem alten alleinlebenden).

Wohnsituation

Obwohl hierzu wenig geschlechtsspezifisch differenzierte Daten vorliegen, ist es offenkundig, daß aufgrund der demographischen Geschlechterrelation im Alter sehr eindeutige Aussagen zur Wohnsituation älterer Frauen in der DDR getroffen werden können. Zu konstatieren ist, daß der Komfort der Rentnerwohnungen noch immer unter dem Durchschnitt der Bevölkerung liegt - hinzu kommen beträchtliche territoriale Unterschiede.

Gerade Ein-Personen-Haushalte (dies sind in der Regel Frauen) und Haushalte, deren Nettoeinkommen niedrig ist (auch dies sind in der Regel Rentnerinnen mit kleinen Renten), zeichnen sich durch einen geringeren Komfort und eine schlechtere Ausstattung mit sogenannten Konsumgütern aus.

Alternativen zur privaten Wohnung oder zur Heimunterbringung sind für ältere Menschen kaum vorhanden - obgleich nach Schätzungen ein Drittel bis die Hälfte derjenigen, die in Heimen leben (dies sind zu 75 % Frauen über 80 Jahre), nicht dort sein müßten, wenn das Wohnangebot differenzierter, die Wohnungen mit hohem Komfort ausgestattet und ambulante Dienste besser ausgebaut wären.

Tabelle 5: Ausstattung der Wohnungen je 100 Haushalte

	alle Haushalte DDR insges. 1989	Rentnerhaushalte DDR insges. 1987	Chemnitz 1987/88	Crivitz 1987/88	Berlin-Friedrichshain 1987/88
Heizung	47	44	18	44	61
warmes Wasser	-	-	53	68	69
Bad/Dusche	82	77	78	74	71
WC in der Wohnung	76	70	83	79	92

Quelle: Statistisches Amt der DDR; Blätter der Wohlfahrtspflege 10 + 11/1990, Altenreport '90, S. 32

Nun ergeben sich neue Problemstellungen, und wieder scheinen Frauen am härtesten betroffen:

- Was wird aus den Mieten? Werden die vielen alleinlebenden Frauen - teilweise in großen Mietswohnungen lebend - diese weiter bezahlen können?
- Was wird aus dem Mieterschutz für RentnerInnen?
- Frauen, die in Heimen leben, werden ab 1.1.1991 Sozialhilfeempfängerinnen, weil sie keine heimkostendeckende Rente erhalten.
  Wie gehen die älteren Bürgerinnen und Bürger mit dieser neuen Lebenssituation um?
  Wie nehmen wir ihnen die Ängste vor dem Stigma Sozialhilfe?

Soziale Integration

Zum einen konstatieren Gerontologen, daß es mit der sozialen Eingebundenheit vieler älterer Frauen nicht weit gediehen ist: Eine große Zahl von Einpersonenhaushalten, geringes Einkommen, Befangenheit in einem traditionellen Rollenbild, Dominanz der Verwitwung sind der Beweis dafür. Andererseits wird das Älterwerden von Frauen aber auch verbunden mit folgenden Mustern: den Alltag gut meistern, Freiwerden von Zwängen und Abhängigkeiten, Entdecken neuer und eigenständiger Aktivitäten.

Die reale Lebenssituation der meisten DDR-Rentnerinnen bewegte sich zwischen diesen beiden Polen. Zum Beispiel gab jede Kontaktvermittlungsstelle in der DDR freizügig darüber Auskunft, daß die »Frau über 50« so gut wie überhaupt nicht »an den Mann« zu bringen ist und bestätigt damit: Die Wiederverheiratung ist für Frauen schwieriger als für Männer. Der Grund hierfür ist in keiner bevölkerungsdynamischen Wandlung, sondern vielmehr in traditionellen Mustern der Partnerwahl zu suchen; aber auch in der ökonomischen Selbständigkeit der Frau, die ihr Leben unabhängig von einem Partner führen können.

So zeigen die Interviews mit alleinlebenden Frauen, daß diese Lebenssituation neben Gefühlen des Verlustes und des Defizits auch als ein Gewinn an Unabhängigkeit, Selbstbestimmung und Kompetenzüberzeugung interpretiert wird.

Daß dieses Lebensgefühl auch in Alltags- und Freizeitaktivitäten umgesetzt wird - vor allem bei der Gruppe der sogenannten jungen Alten -, beweisen Untersuchungsergebnisse zu Freizeittätigkeiten von Altersrentnerinnen und -rentnern. So werden gesellschaftliche Arbeiten im Wohngebiet häufiger von Frauen als von Männern ausgeführt, gehen Frauen öfter im ehemaligen Betrieb arbeiten, sind Frauen aktivere Besucherinnen von Kino, Theater und Museum (Altenreport 1990). In die Vorlesungsreihen und Seminarangebote kommen zu über 80 % Frauen, zunehmend solche aus der Generation der »jungen Alten«. Sie kommen - so das Ergebnis einer Studie - im Gegensatz zu den Männern nicht nur zur Weiterbildung, sondern auch um, dort Kontakte zu knüpfen, feste Termine zu haben und Freundschaften über diese Veranstaltungen hinaus zu schließen.

In den letzten Monaten vollziehen sich neue Entwicklungen: Selbsthilfe war nicht gerade ein gefördertes Feld sozialer Partizipation in der DDR. Seit einem Jahr schießen Selbsthilfegruppen wie Pilze aus dem Boden - zeitlich versetzt trifft dies auch für die Altenselbsthilfe zu.

Zu beachten ist aber auch, daß soziale Integrationsgefüge an vielen Stellen zu zerbrechen drohen. Besonders alte Frauen werden hier Verluste erleben. Träger von Altenarbeit, Alteninitiativen überleben die gesellschaftlichen Strukturveränderungen nicht. Zum Beispiel sind in den Betrieben die Veteranen-Gewerkschaftsgruppen aufgelöst worden, die bislang ehemalige Betriebsangehörige integrierten und Kontakte aufrechthielten.

Das folgende Zitat aus einer Tagebuchaufzeichnung (die Tagebücher werden im Rahmen einer Begleitforschung zur Situation alter Frauen gegenwärtig angefertigt) verdeutlicht diese Probleme. Eine alte Dame schreibt:

> »Wir haben heute das letzte Mal als Betreuungskommission der Veteranen-AGL des FDGB beraten und unsere Tätigkeit eingestellt. Einfach noch nicht faßbar, daß dies nicht mehr sein wird. In der Gewerkschaftsorganisation des DGB ist diese Art nicht vorgesehen. Für viele Kollegen war es immer eine Freude, wenn wir sie besuchten zu Weihnachten, zum Geburtstag ... Und selber, wie wird das später. Mein ehemaliges Arbeitskollektiv ist schon in alle Winde zerstreut bzw. sucht jetzt Arbeit.«

Wenn es nicht gelingt, auch unter neuen Bedingungen diese gewachsenen Gemeinschaften zu erhalten, wird es gerade für die jetzt alte Bevölkerung schwierig sein, neue Strukturen aufzubauen.

Ich habe versucht aufzuzeigen, daß Altsein in der DDR Benachteiligungen beinhaltet, insbesondere für ältere Frauen. Das schließt nicht eine Heterogenität der sozialen und psychischen Realität alter Frauen aus. Dieses Spannungsfeld zwischen Benachteiligungen (niedrigere Schulbildung und Qualifikation, niedrigere Renten, stereotype Rollenbilder[1]) und Chancen (Kompetenzüberzeugung, Freiheitsgewinn, selbstbestimmtes Leben, Anpassung an die Alterssituation) gilt es näher zu bestimmen.

Literatur

Altenreport '90, Blätter der Wohlfahrtspflege 10 + 11, 1990

Deutsche Zeitschrift für Sozialarbeit. Herausgegeben von Volkssolidarität e.V., Institut für Soziologie und Sozialpolitik der Akademie der Wissenschaften, Berlin

Frauenreport 1990. Herausgegeben von Gunnar Winkler. Berlin

Ryll, K. (1980): *Frauen-, Männer- und Altenbilder in den Muttersprachen der 50er und 80er Jahre*. Diplomarbeit. Berlin

Sozialreport DDR (1990). Daten und Fakten zur sozialen Lage in der DDR. Herausgegeben von Gunnar Winkler. Stuttgart/München/Landsburg

1 Diese Stereotypen tauchen insbesondere in Schulbüchern auf. Eine Diplomandin analysierte Schulbücher der Klassen 2 bis 8. Wir fanden, daß die ältere Frau wesentlich häufiger als alte Männer in den Texten vorkam. Allerdings erscheint sie nur auf ihre intern-familiale Beziehung zu Kindern und in bezug auf wenige Persönlichkeitsmerkmale positiv (kümmert sich, hat Verständnis).
Dagegen werden ihre physische und psychische Leistungsfähigkeit (muß am Stock gehen, ist müde), ihre Teilhabe an der gesellschaftlichen Umwelt (braucht unsere Hilfe) und am deutlichsten ihr Aussehen (altmodische Kleidung, Schürze, mollige Statur) eindeutig negativ dargestellt.
(Eine Untersuchung, in der Schulbücher der fünfziger und achtziger Jahre verglichen werden, konstatierte keine nennenswerte Fortschritte, Ryll 1990.)

Retrospektive Biographien aus der Sicht älterer Frauen in der ehemaligen Deutschen Demokratischen Republik

Monika Genz

1. Einführung

In Zusammenhang mit einer immer kürzer werdenden Lebensspanne im Alter führt die retrospektive biographische Analyse zu einer Lebensbilanz. Diese hatte bisher kaum Bedeutung für medizinisch-therapeutische oder sozialmedizinische präventive Konzepte. Der ältere Mensch ist einer organzentrierten, naturwissenschaftlich orientierten Medizin ausgeliefert, deren Kausalitätsdenken die Behandlung chronischer Krankheiten erschwert. Die mittlere Lebenserwartung eines Neugeborenen wird zu einem Schlüsselindikator für die Beurteilung des Gesundheitszustandes einer Bevölkerung.

Lebenserwartung ist aber nicht nur statistische Kennziffer, sondern hinter ihr verbirgt sich ein Lebenszyklus, in dem Zeit vor allem qualitativ erfahren wird. Diese Erkenntnis entzieht sich einer Betrachtungsweise, die auf mortalitätsbezogene Datensammlung reduziert ist. Schon 1913 sahen die Sozialhygieniker Mosse und Tugendreich (vgl. Mosse/Tugendreich 1913) in der Statistik nur die »Pfadfinderin bei der Suche nach biologischen, kulturellen und gesellschaftlichen Ursachen von Krankheiten«. Auch wenn die Erhaltung und Förderung der Gesundheit heute ein international formuliertes Ziel ist, wird Gesundheit in der Kontinuität naturwissenschaftlichen Kenntnisstandes mit mortalitäts- und morbiditätsbezogenen Indikatoren beschrieben. Die wachsende Bedeutung des Lebensstils und der Lebensweise für die Gesundheit einer immer älter werdenden Bevölkerung, die Zunahme von neurotischen Störungen und Süchten, das dramatische Ansteigen von Suizidversuchen im Alter, vor allem bei älteren Männern in der DDR (vgl. Casper 1990), macht das unzulängliche Instrumentarium für eine Analyse bewußt. Der gerontologischen Forschung der DDR gelang es nicht, ein bis heute verbreitetes defizitäres Fremdbild vom Alter zu korrigieren (vgl. Schwitzer 1990, Lengwinat 1984). Gerontologische Erkenntnisse wurden nicht in die ärztliche Weiterbildung integriert. Eine geschlechtsspezifische Altersbetrachtung mit daraus abzuleitenden Konsequenzen wurde versäumt. Dabei scheint die subjektive Reflexion des Alterungsprozesses von Frauen und Männern unentbehrlich für eine über die Belange älterer und alter Menschen entscheidende, in jedem Fall jüngere Generation.

Alter wird in der Folge der veränderten demographischen Situation zunehmend mehr mit Attributen wie feminin oder singulär beschrieben. In der DDR sind ca. 74 % der Rentner weiblich, 1988 waren 23 % aller Frauen älter als 60 Jahre, aber nur 9 % aller Männer erreichten das Rentenalter. Von 100 der 75jährigen Frauen sind 51 alleinstehend, aber nur 14 von 100 Männern dieser Altersgruppe.

Die Bedeutung psychischer Belastungen der letzten Lebensphase für die psychosomatischen Störungen, für den Verlauf von chronischen Krankheiten spielt in bisherigen Forschungsansätzen eine untergeordnete Rolle. Gesundheitsförderung im Alter, die theoretisch als Lebensförderung zu Autonomie und sozialer Kompetenz verstanden wird (vgl. Genz 1991), sollte an der Befindlichkeit in der Alterssituation nicht vorbeidenken. Die vorgestellten Ergebnisse sind in Zusammenhang mit der aus ärztlicher Sicht gestellten Frage zu sehen, inwieweit die weibliche biographische Entwicklung für Intervention und Therapie von Bedeutung für das Altersleben ist. Für eine weiterführende Forschung werden interdisziplinäre Ansätze nötig sein.

2. Darstellung der Untersuchung

Von Januar bis Juli 1984 fand eine standardisierte Befragung von alleinstehenden Altenheimbewohnerinnen der Stadt Halle statt. Die Untersuchung galt der Lebensweise und Teilbereichen der Biographie mit dem Ziel, Möglichkeiten zur Erhöhung des Wohlbefindens für Altenheimbewohner zu erkennen (vgl. Genz 1986). Sie wurde in drei Altenheimen, darunter ein konfessionelles Heim, bei insgesamt 83 Bewohnerinnen durchgeführt. Die Gestaltung des Frageinstrumentariums resultierte aus der ärztlichen Erfahrung von Problemen und Konflikten von Frauen von der Adoleszenz bis zum Senium. Neben Fragen zur Lebensweise, zu Gründen des Heimbezuges, zur ärztlichen Betreuung wurden Schul- und Berufsausbildung, Berufstätigkeit, Zeitpunkt der Heirat, Geburt des ersten Kindes, Partnerschaft, Sexualität, das Ende der reproduktiven Phase und der Auszug der Kinder aus dem Familienverband als sensitive Qualitäten der Biographie erfaßt. Nach einem Forschungsansatz von Braukmann u.a. (1983) wurden bedeutende Lebensereignisse erfragt und als subjektive Orientierungspunkte bei der Rückschau auf den Lebensverlauf betrachtet. Die memorierten Ereignisse wurden nach den Erlebnisinhalten positiv oder negativ bewertet und in Anlehnung an Baltes (vgl. Braukmann u.a. 1983) in historische Ereignisse, Veränderung der Biographie durch historische Ereignisse, in altersnormierte Ereignisse, entsprechend einem biologisch und sozialstrukturierten Lebensablauf, und nicht-normative Ereignissen unterteilt. Letztere waren nicht altersabhängig, zum Beispiel Krankheit, Anerkennung im Beruf, erlebte Reisen, religiöse Erfahrungen.

Es galt zu untersuchen, wie heute alte Frauen innerhalb der kulturellen und sozialen Normen, der historischen Vorgänge im Verlauf des 20. Jahrhunderts ihre Lebensziele verwirklichten. Entsprechend der Hypothese, daß die Akzeptanz des Lebensendes eher bei einem realisierten Lebenskonzept erfolgt, würde Angst »vor dem Ende des Daseins« (vgl. Munnichs 1968 bezüglich der Formulierung) zu einem Indikator für nicht verwirklichte Lebensziele. Das wäre ein Ansatz für Psychotherapie oder Intervention.[1]

1 Da die Ergebnisse dieser Untersuchung ungenutzt blieben, die Angst vor dem Lebensende sich aber als Belastungsfaktor dargestellt hatte, wurde die Problematik erneut in die Forschung zum Gesundheitszustand älterer Menschen aufgenommen. Diese fand im Rahmen der Forschung zum Gesundheitszustand ausgewählter Gruppen der Bevölkerung am Institut für Sozialmedizin der Martin-Luther-Universität Halle-Wittenberg unter Leitung von K. Werner statt. Die Methodik bestand in einem standardisierten Interview und einer ärztlichen Untersuchung. Das Interview beinhaltete unter anderem Fragen zur Lebenssituation, Lebensweise, zum Wohlbefinden, zu Bedürfnissen, zur Inanspruchnahme medizinischer Leistungen, zur Selbsteinschätzung des Gesundheitszustandes. Die Frage zur Angst vor dem Ende des Daseins war integriert in eine Liste von 20 vorgegebenen Belastungsfaktoren. Die Memorierung wichtiger Lebensereignisse erfolgte am Schluß des Interviews. Der Pretest wurde an einer 12,5%igen Stichprobe (n = 50) von 400 Teilnehmern des Seniorenkollegs der Universität Halle durchgeführt. Der hohe Frauenanteil mit 94 % spiegelt die vorwiegend weibliche Teilnehmerschaft wider. Es wurde bewußt diese - hypothetisch als erfolgreich alternde - Gruppe ausgewählt, da das Forschungsziel die Gesundheitsförderung im Alter war. Der Pretest wurde von August bis Oktober 1989 durchgeführt. Eine Fortsetzung der Forschung unter den veränderten gesellschaftlichen Bedingungen erfolgte bisher nicht.

3. Ergebnisse

Die 83 Altenheimbewohnerinnen hatten 1984 ein Durchschnittsalter von 75 Jahren. 70 % waren verwitwet, 20 % ledig, 10 % geschieden. Insgesamt memorieren 57 % (n = 47) ihr Leben positiv. Diese Ereignisse entsprechen zu 62 % altersnormierten Ereignissen, die den weiblichen Lebensablauf bestimmen: Hochzeit, Ehe, die Geburt des/der Kinder, die Geburt des ersten Enkelkindes oder des Urenkels. Von nur drei Frauen wird Berufstätigkeit im Zusammenhang mit Erfolg benannt, obwohl 92 % etwa bis zur Berentung arbeiteten. Vor ihrer Ehe hatten 52 % der Befragten einen Beruf erlernt, den sie »berufstreu« bis zum Ausscheiden ausübten. Die erlernten Berufe entsprachen den Zeitumständen: Putzmacherin, Schneiderin, Köchin, Kontoristin, Verkäuferin, Friseurin, Krankenschwester, Lehrerin. Von 40 ungelernten Frauen realisierte nur eine Frau nach 1945 eine Berufsausbildung zur Buchhalterin.

Die benannten Lebensereignisse der Negativmemoriererinnen (n = 29/35 %) sind geprägt durch Verlusterlebnisse im Zusammenhang mit dem Faschismus und dem Zweiten Weltkrieg. Als Negativmemoriererinnen wurden auch sieben Frauen betrachtet, die kein Ereignis nannten. Diese Zuordnung erfolgte in Zusammenhang mit der Frage nach den drei wichtigsten historischen Ereignissen des 20. Jahrhunderts. Antwortverweigerung dieser Frage war verbunden mit Auswirkungen des Zweiten Weltkrieges auf das persönliche Schicksal, zum Beispiel Bombenangriff, Ehemann im Krieg gefallen, fünf Jahre Internierung in einem polnischen Lager. Wurden eigene Lebensereignisse nicht angegeben, benannten die historischen Ereignisse die Zeit um oder nach dem Zweiten Weltkrieg. In einem Fall wurden beide Fragen nicht beantwortet.

Die Verlusterlebnisse der Negativmemoriererinnen betreffen den Tod von Verlobten, von Ehemännern, den Tod eines oder beider Elternteile, den Verlust der Heimat, Ausbombung.

Das Interview vermittelte den Eindruck, als sei Trauer und Belastung über unerfüllte Rollen im Leben dieser Frauen auf diese auslösenden Ereignisse übertragen worden. So blieben 40 % (n = 33) aller Altenheimbewohnerinnen kinderlos. 67 % von ihnen sind Negativmemoriererinnen, aber nur einmal wird die Kinderlosigkeit als lebensbestimmend benannt. Von 66 verheirateten Frauen empfanden 26 % (n = 17) ihre Ehe als unglücklich, elf von ihnen memorierten ihr Leben negativ, zwei gaben nur die Jugendzeit als wichtig an, die unglückliche Ehe selbst wurde nur einmal benannt. Acht Frauen ließen sich scheiden, nur zwei von ihnen verbalisierten die Scheidung als Lebensereignis, aber sechs memorierten wiederum negativ. Von 17 ledigen Frauen waren acht Negativmemoriererinnen, der lebenslange Wunsch nach einem Partner wurde nur in einem Fall genannt. Von 50 Frauen, die ein Kind bzw. Kinder geboren hatten, erlebten 17 den Tod eines oder mehrerer Kinder, nur zwei benannten diese Ereignisse. Sieben gaben entweder keine oder Ereignisse mit anderen negativen Inhalten an, wie Tod von zwei Ehemännern, Beziehungslosigkeit zu den Enkelkindern, Verschüttung durch Bomben, Krankheit und Tod des Mannes.

Die durch Lebensereignisse subjektiv interpretierte Lebensbilanz dieser Frauen würde den Ergebnissen von Lehr und Thomae (vgl. Lehr 1980) entsprechen, nach denen es keine altersbedingte Konfliktkumulation bei 50- bis 60jährigen gibt, sondern Konfliktauslösung und Konfliktformung durch soziale, biographische und zeitgeschichtliche Gegebenheiten in geschlechtsdifferenten Bereichen. Für Frauen ergibt sich folgende Reihenfolge der dominierenden Bereiche: Kinder, Partnerschaft, Beruf.

Die Orientierung älterer und alter Frauen an der Erfüllung tradierter weiblicher Rollen, wie Mutter, Ehefrau, Großmutter, deutlich an den positiv memorierten Ereignissen, macht die Problematik weiblicher Biographien bewußt. Die Persistenz dieser kulturell und gesellschaftlich vorgeschriebenen Rollenübernahme prägte nicht nur das Leben der in der Untersuchung befragten Frauen, sondern setzte sich in einer fast 40jährigen Geschichte der DDR trotz gesetzlich garantierter Gleichberechtigung von Frauen und Männern fort. In den Familien wurde die überlieferte Rollenverteilung zu ungunsten der Frauen interpretiert. Eine pluralistische, auf alternative Lösungen antizipierte Orientierung könnte die Annahme anderer Rollen erleichtern und weibliche Biographien von Zwängen entlasten; die lebenslange ökonomische Selbständigkeit von Frauen wäre dabei Voraussetzung.

Gleichzeitig bergen Schwangerschaft und Kindererziehung unter gegebenen gesellschaftlichen Bedingungen nach wie vor in sich Konflikte. Das Bedürfnis nach beruflichem Erfolg, nach Weiterbildung kann »zugunsten des Kindes« die Vernachlässigung dieser Bedürfnisse nach sich ziehen. Selbst Frauen, die ihre Bedürfnisse (zu Lasten der Mutterrolle) realisieren gegen normiertes weibliches Verhalten, schildern Selbstvorwürfe, Konflikte (vgl. Pluhar 1981, Ullmann 1979, Wander 1976).

Entwickelt sich aus einem nicht erfüllten Lebenskonzept oder einem nicht normgerechten Rollenverhalten ein lebenslanger Konflikt, wird daraus eine negative Lebensbilanz resultieren, welche die Akzeptanz des Lebensendes erschwert. Dafür könnte die Angst vor dem Ende des Lebens ein Indikator sein. Von 82 Altenheimbewohnerinnen (eine Befragung zu dieser Problematik erfolgte aus ethischen Gründen nicht) hatten 68 % (n = 56) keine Angst vor dem Ende des Lebens. Das Ergebnis ist positiv zu werten im Vergleich zu Untersuchungen von Feifel (1959), nach denen nur 35 % der älter als 70jährigen und nach Swenson (1965) nur 45 % der älter als 60jährigen eine positive Einstellung zum Lebensende haben. Von den 26 Frauen mit Angst vor dem Ende ihres Daseins memorierten 17 ihr Leben negativ, überhaupt nicht oder benennen nur Kindheit oder Jugend. Die negativ bewerteten Ereignisse entsprechen wiederum vor allem der aus der historischen Situation des Zweiten Weltkrieges resultierenden unvorhersehbaren Änderung der Biographie: Flucht aus der Heimat, Tod naher Angehöriger durch Faschismus und Krieg, frühe Verwitwung und Ausbombung. Auch die Biographie der übrigen Frauen barg einschneidende negative Ereignisse, die auch im Alter noch nicht als verarbeitet gelten konnten: eine unglückliche Ehe, Kinderlosigkeit, Verwitwung oder Auszug des letzten Kindes aus dem Familienverband.

Die größte Akzeptanz des Lebensendes fand sich bei 91 % der Heimbewohnerinnen, die Kinder und eine Berufsausbildung hatten. Religiosität und Glaube an eine Transzendenz scheint die Akzeptanz nicht zu erhöhen, da sie im konfessionellen Heim am geringsten war, die negativ memorierten Ereignisse prozentual im Gegensatz zu den beiden anderen Heimen über den positiven lagen und zu 69 % der Glaube an eine Transzendenz in testamentarischen Bildern angegeben wurde. Aber in diesem Heim lebten die meisten ledigen und kinderlosen Frauen (78 %).

Ebenfalls nicht repräsentativ ist die kleine Gruppe von 47 Frauen, die 1989 befragt wurde. Die Frauen hatten ein Durchschnittsalter von 70 Jahren und eine relativ hohe Qualifikation (47 % Facharbeiterabschluß, 34 % Fachschulabschluß, 10 % Hochschulabschluß, 9 % keine abgeschlossene Berufsausbildung). 40 % dieser Frauen waren verwitwet, 23 % ledig, 19 % verheiratet, 17 % geschieden. Die Hypothese einer positiv eingestellten Gruppe bestätigte sich. Der Gesundheitszustand wurde von 52 % als sehr gut/gut eingeschätzt. Andere Untersuchungen geben für ältere Menschen nur zu ca. 20 % eine solche Selbsteinschätzung an (vgl. Schwitzer/Schmidt 1989, Bansemir/Gulbin 1988).

64 % (n = 30) sind Positivmemoriererinnen. Insgesamt haben 80 % keine Angst vor dem Lebensende. Unter den Belastungsfaktoren nahm die Angst vor dem Tod den dritten Platz mit 20 % ein, nach der Angst vor Einsamkeit mit 61 % sowie der Angst vor körperlichen Beschwerden im Alter mit 57 %.

Wiederum sind es überwiegend die Negativmemoriererinnen, die Angst vor dem Lebensende haben. Auch sie beschreiben ihre Biographie durch Verlusterlebnisse: Tod des Mannes, Tod des Kindes; Sehnsucht nach einem Kind, Bereuen der Ehe; Bombenangriff, Ehescheidung; Vertreibung und Flucht; Krankheit des Mannes, Entscheidung, in der DDR geblieben zu sein. Die positiv memorierenden Frauen nennen zu 84 % mit der Frauenrolle verbundene Ereignisse, Partnerschaft, Heirat, Geburt der Kinder, Enkelkinder. Verlusterlebnisse, die die negative Retrospektive beschreiben, erfahren durch die Verwirklichung der Frauenrolle eine Kompensation: Flucht aus der Heimat durch Geburt des Kindes, die Ehe; Krieg durch Heirat, Geburt des Sohnes; Flucht aus der Heimat durch Hochzeit, Staatsexamen, Freundschaften; Flucht und Tod der Eltern durch in der Heimatstadt wieder Fuß gefaßt; Tod des Mannes durch Geburt von Kind, Enkel, Urenkel, Studium; Tod des ersten Kindes, Tod des Vaters, Scheidung der Schwester durch Partnerschaft, Anerkennung im Beruf, Heranwachsen der Kinder. Eine größere Wertschätzung des Berufes deutet sich an. So bedauern auch 34 %, nicht alle Chancen zur beruflichen Entwicklung genutzt zu haben.

Sollte sich die Bedeutung einer negativen Lebensbilanz durch unerfüllte Rollen in repräsentativen Untersuchungen auch für Männer bestätigen, die »Angst vor dem Tod« weiterhin als Belastungsfaktor erweisen, könnte sich daraus für psychotherapeutische Beratung sowie für die Gesundheitsförderung im Alter ein weiterer Ansatz ergeben.

Zusammenfassend läßt sich aus den vorliegenden Untersuchungen schlußfolgern, daß der geschlechtsspezifische Aspekt der biographischen Entwicklung und die Ängste vor dem Tod in die gerontologische Forschung, aber auch in psychotherapeutische und psychosomatische Behandlungskonzepte verstärkt einzubeziehen sind.

Literatur

Altenreport '90. Blätter für Wohlfahrtspflege 10 + 11, 1990

Arnim, Bettina von (1984): *Die Günderode*. Leipzig

Bansemir, G./Gulbin, K. (1988): »Zur gesundheitlichen Situation von älteren Bürgern. Ergebnisse einer Erhebung an Antragstellern auf Aufnahme in ein Feierabend- oder Pflegeheim«. In: *Zeitschrift für Alternsforschung*, 43/4, S. 213-228.

Braukmann, Walter/Ahammer, Inge/Angleiter, Alois/Filipp, Sigrun-Heide/Olbrich, Erhard (1983): »Bedeutsame Lebensereignisse als subjektive Orientierungspunkte bei der retrospektiven Betrachtung der eigenen Biographie«. In: H. Löwe/U. Lehr/I. E. Birren (Hrsg.): *Psychologische Probleme des Erwachsenenalters*. Berlin, S. 89-102

Casper, Waltraud (1990): *Mitteilungen Selbstmordsterblichkeit in der DDR 1961-1989*. Sonderheft IfMSD. Berlin

Cesa-Blanchi, Maracello (1983): »Neue Ansätze bei der Untersuchung des psychologischen Alterns«. In: H. Löwe/U. Lehr/I. E. Birren (Hrsg.): *Psychologische Probleme des Erwachsenenalters*. Berlin, S. 34-42

Feifel, H. (1959): *The meaning of death*. New York

Genz, Monika (1986): *Untersuchung zur Lebensweise und zu Teilbereichen der Biographie in Beziehung zum Wohlbefinden von Feierabendheimbewohnerinnen*. Med. Diss. Berlin

Genz, Monika (1991): »Gesundheitsförderung im Alter unter dem Aspekt der Bedürfnisse älterer Menschen«. In: *Zeitschrift für Präventivmedizin und Gesundheitsförderung*, 3 (im Erscheinen)

Kleine, Dorothea (1985): *Das schöne bißchen Leben*. Rostock.

Lehr, Ursula (1980): »Die Bedeutung der Lebenslaufpsychologie für die Gerontologie». In: *Aktuelle Gerontologie*, 6, S. 247-269

Lengwinat, A. (1984): *Organisation des Gesundheitsschutzes für ältere Bürger*. Berlin

Modersohn-Becker, Paula (1989): *Briefe und Aufzeichnungen*. Leipzig

Mosse, M./Tugendreich, W. (1913): *Krankheit und soziale Lage*. München

Munnichs, J. M. A. (1968): »Die Einstellung zur Endlichkeit und zum Tod«. In: H. Thomae/U. Lehr (Hrsg.): *Altern*. Frankfurt a.M.

Pluhar, Erika (1981): *Aus Tagebüchern*. Hamburg

Ullmann, Liv (1979): *Wandlungen*. Berlin

Wander, Maxi (1976): unveröffentlichter Brief vom 11.2.1976. Privatbesitz H. Röhl, zitiert bei Monika Genz 1986, S. 129

Was bedeuten sich verändernde Lebens- und Arbeitsbedingungen von Frauen für ihre künftige Situation im Alter?[1]

Gertrud M. Backes

1. Einführung

Inwieweit tragen gesellschaftlich-strukturelle Veränderungen der Lebens- und Arbeitsbedingungen von Frauen dazu bei, ihr Alter(n) sozial und individuell weniger problematisch (»erfolgreicher«) als bisher zu gestalten? Schaffen Emanzipation und damit einhergehende Entwicklungen nicht die spezifisch weibliche Alter(n)sproblematik - die Gefahr der »kumulativen Benachteiligung«, die mit Frau- und Alt-Sein bislang verbunden ist (Backes 1983) - aus der Welt ?

Bei den folgenden Überlegungen handelt es sich um Thesen zur prognostischen Strukturierung der Frage. Der Blickwinkel ist ein primär sozialpolitischer, wobei eine Verbindung von gesellschaftlicher und individueller Ebene der Betrachtung skizziert wird. Die Ausführungen sind auf die Bundesrepublik bezogen, sie dürften allerdings in den Grundzügen auch auf die Situation in der ehemaligen DDR zutreffen. Dabei werden Tendenzen im Überblick herausgearbeitet; es ist nicht Ziel des Beitrags, diese differenziert auf bestimmte Gruppen von Frauen hin zu konkretisieren.

»Erfolgreiches Altern« liegt dann vor, wenn sich die materielle und immaterielle Lebenslage (Einkommen, Status, Tätigkeit, Kontakte, psychische und physische Gesundheit) im Alter insgesamt nicht als soziales und individuelles Problem gestaltet. Dem liegt die Annahme zugrunde, daß die subjektive Bewertung des »erfolgreichen« Alterns in der Regel mit der objektiven Lebenslage korrespondiert. Da aber bei den meisten der heute alten Frauen die Alter(n)sproblematik geschlechtsspezifische

---

1 Bei diesem Beitrag handelt es sich um eine veränderte und aktualisierte Fassung eines Beitrages der Autorin unter dem Titel: »Veränderte Lebens- und Arbeitsbedingungen und Perspektiven »erfolgreichen« Alterns der Frau?«. In: *Zeitschrift für Gerontopsychologie/-psychiatrie*, Heft 1-3, 1989, S. 118-124; außerdem in: M.M. Baltes/M. Kohli/K. Sames (Hrsg.) (1989): *Erfolgreiches Altern. Bedingungen und Variationen*. Bern, Stuttgart, Toronto.

Formen, Ausmaße und Inhalte annimmt, die einem »erfolgreichen Altern« eher entgegenstehen (insbesondere das Verarmungs- und Ausgrenzungsrisiko; vgl. Backes/Krüger, 1983; vgl. zur gerontologischen Diskussion des »erfolgreichen Alters«: Baltes/Kohli/Sames, 1989), müßte sich die durchschnittliche aktuelle Situation von Frauen im Alter verbessern.

2. Alter(n)srelevante Veränderungen des weiblichen Lebens und Arbeitens

Die wesentliche Bedingung der spezifischen Alternsproblematik von Frauen ist in der geschlechtshierarchischen Arbeitsteilung und in deren Konsequenzen für die Gestaltung des weiblichen Lebenszusammenhangs zu sehen. Die altersspezifische soziale Ungleichheit, die strukturell mit dem Alter verbundene Ausgrenzung und Stigmatisierung, treffen Frauen vor dem Hintergrund der geschlechtsspezifischen Ungleichheit doppelt und in besonderer Weise. So besteht für Frauen - bezogen auf ihre sozialen Rollen, ihr Selbstwertgefühl und ihren »Wert« für die Gesellschaft - im Unterschied zu Männern bereits ab dem mittleren Lebensalter (ab der sogenannten Empty-nest-Phase) eine erste Form des sozialen Alterns, zu der weitere geschlechtsspezifische Alternsformen bei eigener Pensionierung und/oder der des Mannes, bei Verwitwung und bei Pflegebedürftigkeit hinzukommen.

Perspektiven »erfolgreicheren« Alterns von Frauen sind demzufolge zum einen die derzeit noch utopisch erscheinenden strukturellen Veränderungen im Zusammenhang mit der geschlechtshierarchischen Arbeitsteilung und Ungleichheit, zum anderen die konkret an der Lebenslage im Alter ansetzenden, eher kompensatorischen Angebote. Im folgenden werden die wichtigsten in den letzten zwei bis drei Jahrzehnten zu beobachtenden strukturellen Veränderungen der Lebens- und Arbeitsbedingungen von Frauen exemplarisch im Hinblick auf ihre mögliche Bedeutung für die Veränderung der Situation im Alter skizziert.

2.1 Demographische und familienstrukturelle Veränderungen

Die disproportionale Geschlechterrelation mit steigendem Alter wird auch für die Zukunft erwartet. Nach einer Prognose des Statistischen Bundesamtes (1987, S. 61) werden im Jahr 2000 von den über 60- bis 65-jährigen 52,1 % Frauen sein, von den 80- bis 85jährigen 72,7 %. Die absolute Zahl älterer Frauen und Männer wird vorerst nicht zurückgehen. Bei rückläufiger Gesamtbevölkerung wird die Zahl der über 60jährigen von 11,76 Millionen 1980 auf 12,98 Millionen im Jahr 2000 und auf 21,18 Millionen im Jahr 2030 ansteigen. Dabei wird sich die Zahl der über 80jährigen überdurchschnittlich stark erhöhen.

Der Trend zu Einpersonenhaushalten wird sich - sofern keine grundlegende Neuorientierung des Wohnens erfolgt - noch stärker, als es bislang bereits der Fall ist, auf ältere und alte Frauen konzentrieren. Entwicklungen, die dazu beitragen können, sind folgende: zurückgehende Heiratshäufigkeit, steigende Zahl der nicht-ehelichen Lebensgemeinschaften, zunehmende Scheidungshäufigkeit (von den nach 1970 geschlossenen Ehen werden nach Modellrechnungen rund 25 % geschieden), steigende Zahl Alleinerziehender, insbesondere Frauen (vgl. Bäcker 1984), abnehmende Zahl der Kinder je Ehe/Paar und steigende Zahl kinderloser Paare (Schätzungen der Bundesregierung: 20 % der Ehen werden kinderlos bleiben, 30 (35) % der Ehen werden ein (zwei) Kind(er) erziehen (vgl. Bäcker 1984; zu den Trends insgesamt vgl. Backes/Neumann 1990).

2.2 Veränderte Quantität und Qualität von Ausbildungsniveau und Erwerbsintegration

Die schulische und berufliche Aus- und Weiterbildung von Frauen haben sich verbessert und der von Männern größtenteils im Niveau angepaßt. Sie beziehen sich allerdings thematisch und hinsichtlich des formalen Status noch immer eher auf »frauentypische« Bereiche und Inhalte (vgl. Stiegler 1985, Resch/Rummel 1986). »Ein höheres Qualifikationsniveau führt bei Frauen in geringerem Maße als bei Männern zu ausbildungsadäquater Tätigkeit.« (Engelbrech 1987, S. 181; vgl. Backes/Lucke 1987)

Bei Frauen findet sich - in der Grundtendenz - häufiger eine Verbindung von Erwerbsarbeit mit Familie und Hausarbeit. Dies zeigt sich vor allem am starken Anstieg der Zahl der verheirateten Frauen unter den

Erwerbspersonen: Von 1957 bis 1983 stieg sie um 67 % an; gleichzeitig nahm die Zahl der männlichen Erwerbspersonen um 7 % und der Anteil der weiblichen Erwerbspersonen insgesamt um 14 % zu. Verheiratete Frauen stellen mittlerweile 60 % aller Erwerbstätigen; ihre Erwerbsquote stieg in den letzten Jahren kontinuierlich an (Resch/Rummel 1986, S. 77).

Die Erwerbsphase der Frauen nähert sich tendenziell der der Männer an, indem sie seltener und kürzer unterbrechen, häufiger nach der sogenannten Familienphase wieder in den Beruf einsteigen, es zumindest versuchen, und bis zum Rentenalter erwerbstätig sind (vgl. Tölke 1989, Engelbrech 1987).

Trotz dieser anhaltenden Trends kann bei Frauen die Maxime, Erwerbsleben mit Familie zu vereinbaren, zumeist nur zu Lasten einer qualifizierten, ihrer Ausbildung entsprechend bezahlten, sicheren und Vollzeitbeschäftigung (vgl. Backes/Lucke 1987, Beck-Gernsheim 1991, S. 62) realisiert werden. Die Teilzeiterwerbsarbeit für Frauen hat sich überproportional erhöht, ihr Arbeitsplatzrisiko ist größer als das der Männer, sie sind häufiger und länger von Erwerbslosigkeit und ungeschützten Jobs betroffen (vgl. Resch/Rummel 1986, Engelbrech 1987). Sie machen den größten Anteil der sogenannten »Stillen Reserve« aus (von ca. 1 Million zur Zeit bei rund 1,87 Millionen Erwerbslosen in der Bundesrepublik, Anfang März 1991).

Einerseits hat sich weibliche Erwerbsintegration quantitativ verstärkt, zum Teil auch qualitativ verbessert. Sie ist andererseits aber noch immer stärker von negativen Entwicklungen der Erwerbsarbeit betroffen (Erwerbslosigkeit, Flexibilisierung, Rationalisierung, Belastungen gesundheitlicher und sozialer Art usw.); ungeschützte Arbeitsverhältnisse nehmen in den letzten Jahren sogar wieder zu.

Die aktuelle Entwicklung in der ehemaligen DDR zeigt erneut diese Merkmale der Benachteiligung von Frauen auf dem Erwerbsarbeitsmarkt. Selbst bei vermeintlicher »stabiler« Erwerbsintegration von Frauen werden sie in Krisenzeiten zum »flexiblen« Potential, das - neben älteren Arbeitnehmern - zuerst entlassen wird.

2.3 Familiale Arbeitsteilung, Zuschreibung unbezahlter sozialer Arbeit, Mehrfachbelastung und Widersprüche

Pointiert lassen sich die Ergebnisse aus neueren Studien zur Umverteilung bzw. zur derzeitigen Verteilung von Hausarbeit, Kindererziehung und Zuständigkeiten für Familie im weitesten Sinne wie folgt zusammenfassen: In Haus und Familie bleibt - was die Belastungen anbelangt - weitestgehend alles »beim Alten«; Veränderungen beginnen sich erst langsam und konzentriert auf ausgewählte Gruppen abzuzeichnen. Männer, die sich »gleichberechtigt« an Hausarbeit und Kinderziehung beteiligen, sind sehr selten. Der »Durchschnittsmann« hütet allenfalls hin und wieder die Kinder. Die »Durchschnittsfrau« der letzten Jahrzehnte und weitgehend bis heute hingegen versucht - gerade dann, wenn ihr ein eigenes Einkommen und ihre Erwerbsarbeit wichtig sind - beides zu vereinbaren, was eine Zunahme an Belastungen bedeutet. Die Erwerbsarbeit des Mannes geht im Konfliktfall meist vor. Neben der eigenen Erwerbs- und Hausarbeit sind Frauen noch immer eher für die Entlastung der Mannes mit zuständig, als daß diesbezüglich ein ausgewogenes Verhältnis die Regel geworden sei (Metz-Göckel/Müller 1986).

Der weibliche Lebens- und Arbeitszusammenhang ist komplexer geworden und beinhaltet mehr als zuvor Aufgaben und Anforderungen aus Bereichen, die miteinander nur unter hohem persönlichem Einsatz zu vereinbaren sind.

Dem entspricht der sozialpolitische Trend zur Propagierung unbezahlter (Frauen-)Arbeit in Familie und im sozialen Bereich. »Mütterlichkeit« wird erneut als soziale Ressource und ideologischer Wert entdeckt und zu fördern versucht (Backes 1987). Die scheinbare Wahlfreiheit der Frau zwischen Beruf und Familie existiert faktisch nur in den seltensten Fällen - existenzielle Erfordernisse stehen ihr entgegen. Ähnliches gilt für die Übernahme familialer Aufgaben für Alte und Kranke oder Kinder, wenn öffentliche Unterstützungsangebote hierfür fehlen oder eingespart werden, gleichzeitig aber die Anzahl der pflegebedürftigen Älteren steigt, ohne daß hierfür gesellschaftlich ein ausreichendes Auffangnetz besteht.

Frauen befinden sich heute zunehmend in einem Rollen- und Versorgungsdilemma: Die traditionale Versorgung löst sich auf, wird unzuverlässiger (siehe Scheidungen, Zunahme an Einpersonenhaushalten). Frauenarbeit bleibt aber ebenfalls eine (noch) relativ unzuverlässige Grundlage für eigenständige hinreichende Existenzsicherung, und dies nicht nur in unterprivilegierten Schichten.

Außerdem treffen Sparmaßnahmen und »unerledigte« Reformvorhaben im sozialen und gesundheitlichen Bereich verstärkt Frauen, insbesondere ältere und alte. Dies gilt sowohl für die Belastung der »weiblichen« Arbeitskraft in Familie, »Selbsthilfe« und Sozialberufen als auch für ihre Möglichkeiten, selbst Hilfe in einer angemessenen und wenig belastenden Form in Anspruch nehmen zu können, zum Beispiel in Form familienunterstützender Angebote (Backes/Neumann 1990). Die Familien oder sonstige Netzwerke werden dies weniger bewältigen können. Die regionale Mobilität und die zunehmende Erwerbsarbeit der Töchter erschweren die Pflege durch die Kinder (Wand 1986). Ob und inwieweit neue formelle und/oder informelle Hilfs- und Bezugssysteme dies auffangen werden, bleibt zur Zeit offen.

Die beschriebenen Ausprägungen weiblicher (Mehrfach-)Belastung gehen mit einer erheblichen materiellen, gesundheitlichen und sozialen Belastung einher. Ob diese durch die gewonnenen Kontakte und Selbstbestätigung hinreichend ausgeglichen werden können, bleibt fraglich. Alles zusammen kann - trotz der Schritte in Richtung Eigenständigkeit der Frau - bei vielen zu alter(n)srelevanten Einbußen in ihrer Lebensqualität führen. Ein Resultat ist in der Feminisierung der Armut zu sehen (vgl. Gerhard 1990), ein weiteres in neuen Formen gesundheitlicher Beeinträchtigungen. Die Erkrankungsraten und Sterbedaten mehrfach belasteter in stressigen Berufen tätiger Frauen sprechen für diese Vermutung (vgl. Falck 1990).

Es ist fraglich, ob die vom Zeitumfang her gewachsene Freizeit mit einem Mehr an wirklich frei zur Verfügung und Gestaltung stehender Zeit einhergeht. Dies trifft zum Beispiel auch bei den nicht voll erwerbstätigen Frauen zu, die infolge sogenannter »flexibilisierter« Arbeitszeiten über längere Dauer zur Verfügung stehen müssen, auch wenn die Arbeitszeit relativ kurz ist. Eine selbstbestimmte Freizeit- und Interessengestaltung dürfte weiterhin für Frauen eher die Ausnahme sein (vgl. Müller-Wichmann 1984).

2.4 Veränderungen im normativen Bereich

Sonstige Entwicklungen mit möglichem Einfluß auf den Alternsverlauf von Frauen sind vor allem im normativen Bereich zu beobachten. So ist der Anspruch auf ein »Stück eigenes Leben« bei Frauen gewachsen (Beck-Gernsheim 1983), das Bedürfnis nach Selbständigkeit und Emanzipation von einer Festlegung auf die »typische« Frauenrolle sind keine Ausnahme mehr. Wunsch und Wirklichkeit bewegen sich in den beschriebenen Lebensumständen bei vielen Frauen weit auseinander und tragen mit zu psychischen und psychosomatischen Konflikten und Krankheiten bei.

Pointieren lassen sich die Vermehrung und Zuspitzung der Widersprüche und damit der Ambivalenzen in den folgenden Gegensatzpaaren: Emanzipation versus »Neue Mütterlichkeit«, Berufsintegration versus Erwerbslosigkeit und Privatisierung familialer Probleme und Aufgaben, Anspruch auf »eigenes Leben« versus vermehrte soziale Belastung, insbesondere in der Familie.

Dies findet zum Teil seinen Niederschlag im gesellschaftlichen und öffentlichen Engagement: Mehr Frauen sind in Selbsthilfegruppen, Initiativen und Vereinen engagiert, die sich mit ihrer »weiblichen« Lebenssituation auseinandersetzen. Die Frauenkultur kann zum Hintergrund für wachsendes Selbstbewußtsein, Selbständigkeit und eigene Lebensentwürfe auch von Frauen werden, die sich nicht explizit als »emanzipiert« begreifen.

Inwieweit diese Entwicklung zum »erfolgreichen Altern« beiträgt, ist ebenfalls nur in Thesenform beantwortbar: Wahrscheinlich erwachsen hieraus andere Bilder des Lebens, der Freizeitinteressen und des Wohnens älterer Frauen. Die Palette der handlungsleitenden Entwürfe wird breiter, vielfältiger und bunter. Wichtig ist die Frage, welchen Frauen welche Optionen im Laufe des Alterns tatsächlich offenstehen, ob es sich nicht eher um mehr scheinbare Wahlfreiheit, die allenfalls für wenige zugänglich ist, handeln dürfte, während sich die Lebenslage mehrheitlich eher verschlechtert.

Positiv unterstützt werden kann dieser Trend der Ausweitung von weiblichen Lebensentwürfen im Alter durch die neue Altenbewegung (Graue Panther als bekanntestes Beispiel) und die Aktivitäten in der Gruppe der »neuen« Alten (vgl. Karl/Tokarski 1989). Die Lobby für eine Verbesserung der Lebenslage im Alter hat sich damit verstärkt. Das gilt auch für potentielle Veränderungen der lebensstilbezogenen Zufriedenheit. Besonders bedeutsam dürften die Auswirkungen dieser Bewegung auf die Selbst- und Fremdbilder, insbesondere älterer und alter Frauen sein.

3. Zusammenfassende Einschätzung im Hinblick auf künftiges »erfolgreicheres« Altern der Frau

Eine isolierte Betrachtung einzelner Faktoren, etwa der verstärkten Integration von Frauen in Erwerbsarbeit, läßt vordergründig auf eine künftig geringere Alternsproblematik schließen. Eine fundierte Einschätzung setzt jedoch den Gesamtblick auf die Veränderungen in allen Arbeits- und Lebensbereichen voraus. So finden sich Anhaltspunkte für eine Prognose künftigen Alterns von Frauen in einer Betrachtung ihrer Integration in Beruf, Familie und sonstige Bereiche (Freizeit, Engagement); wichtig sind dabei neben Art, Umfang und Form der Arbeit vor allem qualitative Aspekte, beispielsweise Widersprüche.

Um die Auswirkungen der beschriebenen Trends auf die Alternssituation einzelner Frauen konkret einschätzen zu können, ist die Frage entscheidend, wie und unter welchen Bedingungen für die Frau zum Beispiel die Umverteilung von Arbeit stattgefunden hat? Ob die Frauenerwerbsarbeit zu einer ausgeprägteren und entwickelteren sozialen Integration führt, ob dadurch mehr Kontakte gepflegt werden, hängt sehr stark von den Arbeitsbedingungen und den verschiedenartigen Belastungen der betreffenden Frau ab. Es sind Beispiele denkbar, in denen die Mehrfachbelastung zu einer Einschränkung der Kontakte ebenso wie zu einer erheblich gefährdeten Gesundheit führt, beides Faktoren, die ein »erfolgreiches« Altern eher unwahrscheinlich werden lassen. Es sind aber auch Beispiele denkbar, in denen die außerhäusigen Kontakte Anlaß und erste Gelegenheit zu längerfristigen Kontakten und zur Entwicklung neuer Interessengebiete sind, die beide zu einem ausgefüllteren Leben auch im Alter beitragen.

Die lebenslang eingeschränkte gesellschaftliche Teilhabe von Frauen hat sich durch die Erwerbsveränderungen erst teilweise ausgeweitet. Und dies wird durch Mehrfachbelastungen vielfach wieder eingeschränkt. Die Veränderung der Qualität der Erwerbsarbeit und gleichberechtigte Verteilung der Hausarbeit und Kindererziehung stehen ebenso aus wie die

Neuverteilung der (unbezahlten) sozialen Arbeit. Dadurch bleiben vielen Frauen entscheidende gesellschaftliche Bereiche - so die der Öffentlichkeit und Freizeitgestaltung - weitgehend vorenthalten. Gerade diese sind jedoch für ein befriedigendes, »erfolgreiches« Altern wichtig.

Auch in der ehemaligen DDR dürften »Emanzipation« und die damit einhergehenden formal verbesserten sozialen Chancen von Frauen nicht gleichzusetzen sein mit einer Aufhebung der spezifischen Benachteiligung im Alter. Auch hier begründen Alltagsbeobachtungen und Fakten eher die Aussage einer spezifischen Mehrfachbelastung, die eher zu einer veränderten Symptomatik der Alternsprobleme als zu einer Angleichung der sozialen Chancen im Alter führen werden.

Die mit der Wende einhergehenden krisenhaften Veränderungen werden sich in der Lebenslage künftig alter Frauen widerspiegeln. Kennzeichnend für die DDR vor der Wende war eine hohe Erwerbsbeteiligung von Frauen, teilweise bis über die Altersgrenze hinaus, mit entsprechenden Auswirkungen, einerseits der Mehrfachbelastung (die Familienarbeit blieb traditionell geschlechtsspezifisch zugewiesen), andererseits der sozialen Integration über betriebliche Kontakte bis ins Alter hinein. Zur Zeit ändert sich die Erwerbsintegration von Frauen grundlegend; sie sind sehr stark von Erwerbslosigkeit und zunehmend auch von ungeschützten Beschäftigungsverhältnissen betroffen. Beides zusammen - die »alten« und »neuen« Formen weiblicher Arbeitsverhältnisse vor und nach der »Wende« - wird gravierende Auswirkungen sowohl auf die materielle Sicherheit und Lebensqualität als auch auf die soziale Integration, Identität und psychosoziale Lage der Frauen im Alter haben.

Insgesamt läßt sich die in diesem Beitrag gestellte Frage nach den Auswirkungen veränderter Lebens- und Arbeitsbedingungen von Frauen auf ihre künftigen Lebenschancen im Alter nicht positiv, sondern eher negativ dahingehend beantworten, daß sich die geschlechtsspezifische Betroffenheit von materiellen, sozialen und persönlichen Risiken zwar in den Formen verändert, nicht jedoch grundlegend aufgehoben wird. Es ist demzufolge begründet, von einer künftig veränderten »Symptomatik« der weiblichen Alternsprobleme zu sprechen. Für die Prognose einer künftig geringeren geschlechtsspezifischen Brisanz des Alterns spricht - betrachtet man die Gesamtgruppe der Frauen und das Gesamtspektrum der Lebenslage im Alter - wenig.

Wahrscheinlich ist, daß die Alter(n)sproblematik bei Frauen in Zukunft noch differenzierter als bisher aussehen wird und daß sich ihre Ausprägungen weiterhin deutlich von denen der Männer unterscheiden werden. Bezogen auf die klassischen Lebenslagemerkmale (Einkommen, Wohnen, Gesundheit, Kontakte) lassen sich weiterhin geschlechtsspezifische Benachteiligungen bei den Frauen aus ihrer soziobiographischen Entwicklung ableiten.

Literatur

Backes, Gertrud M. (1983): *Frauen im Alter*, 2. Auflage. Bielefeld: AJZ-Verlag

Backes, Gertrud M. (1987): *Frauen und soziales Ehrenamt. Zur Vergesellschaftung weiblicher Selbsthilfe*. Augsburg: Maro Verlag

Backes, Gertrud M./Krüger, Dorothea (Hrsg.) (1983): *»Ausgedient!?« - Lebensperspektiven älterer Frauen*. Bielfeld: AJZ-Verlag

Backes, Gertrud M./Lucke, Doris (1987): *Alternative: »Männerberuf«? Beschäftigungschancen und Rückkehrperspektiven für Frauen*. Schriftenreihe des Bundesministers für Jugend, Familie, Frauen und Gesundheit. Band 210. Stuttgart, Berlin, Köln, Mainz: Kohlhammer-Verlag

Backes, Gertrud M./Neumann, Eva-Maria (1990): *Lebenssituation älterer und alter Frauen in Berlin (West)*. Wissenschaftliches Gutachten im Auftrag der Senatsverwaltung für Frauen, Jugend und Familie. Berlin

Bäcker, Gerhard (1984): »Die Lebenssituation älterer Frauen vor dem Hintergrund der Bevölkerungsentwicklung sowie der Alters- und Familienstruktur«. In: *Frauenforschung*, 2, S. 17-22

Baltes, Margret/Kohli, Martin/Sames, Karl (Hrsg.) (1989): *Erfolgreiches Altern. Bedingungen und Variationen*. Bern, Stuttgart, Toronto: Verlag Hans Huber

Beck-Gernsheim, Elisabeth (1983): »Vom ‚Dasein für andere' zum Anspruch auf ein Stück ‚eigenes Leben': Individualisierungsprozesse im weiblichen Lebenszusammenhang«. In: *Soziale Welt*, 34, S. 306-340

Beck-Gernsheim, Elisabeth (1991): »Frauen - die heimliche Ressource der Sozialpolitik? - Plädoyer für andere Formen der Solidarität«. In: *WSI-Mitteilungen*, 44, S. 58-66

Engelbrech, Gerhard (1987): »Zukunftsperspektiven für Mädchen und Frauen im Erwerbsleben«. In: *Soziale Welt*, 38, S. 57-73

Falck, Ingeborg (1990): «Alte und kranke Frauen«. In: Reinhard Schmitz-Scherzer/ Andreas Kruse/Ehrhard Olbrich (Hrsg.): *Altern - Ein lebenslanger Prozeß der sozialen Interaktion*. Darmstadt: Steinkopff Verlag, S. 163-176

Gerhard, Ute (1990): »Geschlechtsspezifische Sozialpolitik und die soziale Unsicherheit weiblicher Lebenslagen«. In: Diether Döring/Walter Hanesch/Ernst-Ulrich Huster (Hrsg.): *Armut im Wohlstand*. Frankfurt a. M.: Suhrkamp Verlag, S. 311-331.

Karl, Fred/Tokarski, Walter (Hrsg.) (1989): *Die »neuen« Alten*. Beiträge der XVII. Jahrestagung der Deutschen Gesellschaft für Gerontologie Kassel, 22. - 24.9.1988. Kasseler Gerontologische Schriften. Band 6, Gesamthochschulbibliothek

Metz-Göckel, Sigrid/Müller, Ursula (1986): *Der Mann. Eine repäsentative Untersuchung über die Lebenssituation und das Frauenbild 20-50jähriger Männer im Auftrag der Zeitschrift Brigitte*. Weinheim, Basel: Beltz-Verlag

Müller-Wichmann, Christiane (1984): *Zeitnot - Untersuchungen zum »Freizeitproblem« und seiner pädagogischen Zugänglichkeit*. Weinheim, Basel: Beltz-Verlag

Resch, Marianne/Rummel, Martina (1986): *Von allem die Hälfte*. Köln: Bund-Verlag

Statistisches Bundesamt (1987): *Statistisches Jahrbuch 1987 für die Bundesrepublik Deutschland*. Stuttgart, Berlin, Köln, Mainz: Kohlhammer-Verlag

Stiegler, Barbara (Hrsg.): (1985): *Blaumann über der Schürze. Über Chancen für Frauen in technischen Berufen*. Bonn: Verlag Neue Gesellschaft

Tölke, Angelika (1989): *Lebensverläufe von Frauen. Familiäre Ereignisse, Ausbildungs- und Erwerbsverhalten*. München: Deutsches Jugendinstitut

Wand, Elisabeth (1986): *Ältere Töchter alter Eltern*. Stuttgart: Schriftenreihe des BMJFFG, Band 183. Stuttgart: Kohlhammer Verlag

Lebensentwürfe von Frauen beim Übergang in den Ruhestand

Annette Niederfranke

1. Der »Geschlechtsrollen-Bias« in der gerontologischen Forschung

Mit dem Berufsaustritt und der nachberuflichen Lebensphase wenden wir uns einer Statuspassage zu, die in Frauenbiographien bislang kaum reflektiert wurde: Berufsausgliederungsprozesse wurden ausschließlich im männlichen Lebenszusammenhang für wichtig erachtet und analysiert. Gerontologische Forschungen zur Verrentungssituation sind in der Bundesrepublik Deutschland auch heute noch auf Männer ausgerichtete Forschungen (vgl. Niederfranke 1987).

Verantwortlich dafür zeichnet nicht nur die ehemals geringe Erwerbsbeteiligung von Frauen. Das Vorurteil, wonach Frauen mit der Berufsaufgabe aus Altersgründen in ihre »eigentliche« Rolle als Hausfrau und Ehefrau zurückkehren, die ohnehin für Lebenszufriedenheit und Wohlbefinden bürgt, hat sich auch in der Forschungspraxis niedergeschlagen. Forscherinnen und Forscher haben gleichermaßen diese gesellschaftliche Zuweisung der Geschlechterrollen übernommen, in der die Hausarbeit als zentraler Bezugsrahmen und damit Lebenszusammenhang für Frauen gilt (vgl. Beck-Gernsheim 1980, 1987, Beck-Gernsheim/Ostner 1978, Nave-Herz 1972, Ostner 1978). Das Verwiesenwerden auf »private Alltagsarbeit« (Beck-Gernsheim 1987) im Anschluß an Berufsarbeit und die damit verbundene Rückkehr in die Ehepartner- oder Hausfrauenrolle, also in klassische, weibliche Identität bildende Rollenbezüge (vgl. Ostner 1978), wird als problemlos und unauffällig angenommen und bedarf demnach keiner intensiven Erforschung.

Bis in die jüngste Vergangenheit hinein war auch in wissenschaftlichen Publikationen zu lesen, daß nur der Mann durch die Berufsaufgabe einen Rollenverlust erleide, wohingegen die Frau in ihre »gewünschte Alternativrolle« zurückkehre. In vielen gerontologischen Veröffentlichungen wird die Berufsrolle für Frauen als nicht wirklich bedeutungsvoll bewertet. Gleichzeitig jedoch scheint die Berufsaufgabe - in der gesellschaftlichen ebenso wie in der individuellen Bewertung - den Eintritt in die Altersphase zu markieren (vgl. Peck 1977, Riley 1986). Nicht nur, daß nicht-erwerbstätige Frauen in dieser Perspektive ignoriert werden, ruft Widerspruch hervor. Vielmehr wird der Eintritt in die Altersphase im Lichte etablierter lebenslaufbezogener Ansätze in der Gerontologie bei Frauen durch den Auszug der Kinder aus dem Elternhaus und damit auf der Basis »privater Alltagsarbeit« begründet gesehen (vgl. Havighurst 1953, Niederfranke 1991a).

Eine so gestaltete Forschungspraxis kann sich des Vorwurfs kaum erwehren, einem »Geschlechtsrollenbias« zu folgen und zu unterstützen. In der gerontologischen Forschung wird einmal mehr deutlich, daß wir das Geschlecht als soziale Kategorie zu verstehen haben (Deaux 1985, Deaux/Kite 1987, Shaver/Hendrick 1987). Aufgrund der Geschlechtszugehörigkeit, d. h. ohne Ansehen der Person, ihrer Einstellungen, Wahrnehmungen und ihres konkreten Verhaltens, werden Frauen mit bestimmten Bewertungen versehen. Lebensveränderungen oder Statuspassagen im weiblichen Lebenszyklus erhalten von vornherein einen anderen Bedeutungsgehalt als im männlichen Lebensverlauf: Was bei dem einen Geschlecht zum zentralen Markierungspunkt für Identitätsveränderungen wird, erscheint für das andere Geschlecht völlig bedeutungslos.

2. Der Eintritt in das Rentenalter im weiblichen Lebenszusammenhang

Daß Berufsausgliederungsprozesse verstärkt weibliches Älterwerden bestimmen, wird schon aufgrund sozialer Wandlungsprozesse und der damit einhergehenden quantitativen Entwicklung deutlich: Die Erwerbsteiligung von Frauen auch im mittleren und höheren Erwachsenenalter steigt seit Jahren (vgl. Mayer/Brückner 1989, Schmähl 1988, Statistisches Jahrbuch für die Bundesrepublik Deutschland 1990). Alle vorliegenden Prognosen lassen einen weiteren Anstieg der Erwerbsquote von Frauen in diesen Altersgruppen erkennen. Infolge einer wachsenden Singularisierung, d. h. des zunehmenden Anteils Alleinstehender unter den Frauen, wird vielen älteren Frauen in Zukunft die Familienrolle als Alternative, zu der es zurückzukehren gilt, nicht mehr zur Verfügung stehen. Darüberhinaus belegen die Ergebnisse vieler Forschungsarbeiten die starke Bindung der Frauen an die Berufstätigkeit, die durch familiale Aufgaben zunehmend nur kurzfristig unterbrochen wird (vgl. Lehr 1969, Mayer u.a. 1984, Tölke 1989).

Damit ist eine möglichst kontinuierliche Berufsbiographie nicht nur zentral für die persönliche Existenzsicherung auf der Basis einer eigenen Altersversorgung. Vielmehr wird der Beruf zu einem zentralen Lebensraum für Entwicklungs- und Identitätsbildungsprozesse und damit für Lebensentwürfe von Frauen (Lehr 1969, Whitbourne 1986).

Das Zusammenspiel von Berufs- und Familienwelten führt zu einer Pluralität weiblicher Lebens- und Familienstandsformen. Die Pluralität weiblicher Lebensformen ist jedoch nicht nur bezogen auf Frauen der gleichen Altersgruppe - also interindividuell - wirksam, sondern ereignet sich vor allem auch innerhalb eines biographischen Verlaufs, d. h. ist intraindividuell von Bedeutung. Dies führt zu verschiedenartigen biographischen Verläufen, zu unterschiedlichen Formen der Anpassung an Lebensveränderungen und mündet schließlich in vielfältigen Alternsprozessen.

Der Austritt aus dem Erwerbsleben aus Altersgründen (Verrentung) ist eine Statuspassage im weiblichen Lebenszusammenhang, der eine große Bedeutung für den Prozeß des Alterns zukommt. So gesehen ist der Berufsaustritt eine psychosoziale »Entwicklungsaufgabe«. Beim Übergang in den Ruhestand müssen sich Frauen (gleichermaßen wie Männer) mit einer schlecht definierten komplexen Situation auseinandersetzen, einer Lebenssituation, die von gesellschaftlicher Seite wenig Deutungshilfen und Aufgabenzuschreibungen enthält. Das Gegenteil ist der Fall: Frauen verlieren feste, gesellschaftlich gewünschte Platzzuweisungen und damit Lebensräume. Ihnen droht die Gefahr, ins »Private« verdrängt, d. h. marginalisiert zu werden.

Die Kompetenz von Frauen, sich mit neuen Situationen auseinanderzusetzen und ihnen einen »Sinn zu geben«, wird durch diese »kritische« Lebensveränderung auf eine harte Probe gestellt (vgl. Filipp 1981). Letztlich geht es darum, die Entwicklungsaufgabe zu bewältigen, Veränderungsprozesse zu ermöglichen und somit Ich-Integrität zu erlangen (Block 1984, Erikson 1966, 1988, Whitbourne 1986). Die Art und Weise, wie Frauen diese psychosoziale Krise bewältigen, wird nicht zuletzt vom Lebensentwurf der Frauen beeinflußt. Gleichzeitig hat die Art der Auseinandersetzung Auswirkungen auf den Verlauf des Alterns, auf Entwicklungsprozesse auf der einen, auf Stagnation und Rückschritt auf der anderen Seite (vgl. Lehr/Thomae 1987). Dabei spielt die ältere Frau nicht nur als eingreifend Handelnde (primäre Kontrolle) eine entscheidende Rolle.

Vielmehr ist die ältere Frau auch in ihrer Rolle als Definierende, als Interpretierende und Bewertende der Lebensveränderung (sekundäre Kontrolle) zu verstehen (vgl. Filipp 1981).

Maximiliane Szinovacz war wohl eine der ersten Forscherinnen, die sich mit der Berufsaufgabe im weiblichen Lebenszusammenhang auseinandergesetzt hat (vgl. Szinovacz 1982). Unter Verweis auf vielfältige Forschungsergebnisse belegt sie die höhere Lebenszufriedenheit von ehemals berufstätigen gegenüber familienorientierten Frauen im Alter. Familienorientierte Frauen haben nach diesen Untersuchungen ein höheres Selbstwertgefühl im frühen Erwachsenenalter, während berufsorientierte Frauen in diesem Lebensabschnitt von Selbstzweifeln geplagt sind. Im mittleren und höheren Erwachsenenalter ändert sich das Bild: Berufsorientierte Frauen haben eine größere Selbstsicherheit und sind zufriedener als familienzentrierte Frauen.

Zudem verweist Maximiliane Szinovacz (1982) auf die Bedeutung der Familienstandsform für das Leben in der nachberuflichen Lebensphase: Alleinstehende ehemals berufstätige Frauen verfügen über ein breiteres Spektrum von Sozialkontakten als verheiratete ehemals berufstätige Frauen oder Frauen, die niemals erwerbstätig waren. Verheiratete Frauen entwickeln häufig ein unrealistisches Bild von der nachberuflichen Lebensphase, indem sie die Rückkehr in die Hausfrauenrolle als befriedigend erwarten, jedoch in der Realität von der Einseitigkeit des Lebens enttäuscht sind.

3. Empirische Untersuchung zu Lebensentwürfen von Frauen beim Übergang in den Ruhestand

3.1 Fragestellung, Erhebungs- und Auswertungsinstrumente

Wie bewerten ältere Frauen die eingetretene Lebensveränderung nach Berufsaustritt? Welche Lebensentwürfe und Lebensverläufe im weiblichen Lebenszusammenhang sind zu unterscheiden? Welche Auswirkungen haben unterschiedliche Lebensentwürfe auf die Auseinandersetzung mit der kritischen Lebensveränderung? Welche Faktoren bedingen Lebenszufriedenheit und Wohlbefinden? Wodurch werden Identitätsbildungsprozesse beeinflußt?

Diesen und anderen Fragen sind wir von 1988 bis 1990 im Rahmen einer empirischen Studie nachgegangen (vgl. Niederfranke 1989, 1991b). Ältere Frauen zunächst aus ihren eigenen Existenzbedingungen heraus zu verstehen ist eine berechtigte Forderung, die Simone de Beauvoir bereits 1951 in ihrem Buch »Das andere Geschlecht« aufgestellt hat und der wir uns anschließen.

Die empirische Untersuchung basiert auf einer qualitativen Erforschung weiblicher Lebensläufe (vgl. Ostner 1987) in Anlehnung an die von Hans Thomae entwickelte »Biographische Methode« (Thomae 1987, 1988). Die weiblichen Lebensläufe werden anhand von halbstrukturierten Explorationsleitfäden erhoben. Die Explorationsleitfäden sind so gestaltet, daß neben objektivierbaren Daten der Erfassung subjektiver Daten ein breiter Raum gewährt wird.

Zur Ermittlung von Veränderungsprozessen ist die Studie als »follow-up-Studie« mit drei Erhebungszeitpunkten realisiert. Die erste biographische Exploration findet sechs Monate vor der Berufsaufgabe statt, der zweite Erhebungszeitpunkt liegt sechs Monate nach der Verrentung, und der dritte Erhebungszeitpunkt ist achtzehn Monate nach der Lebensveränderung angesiedelt.

Auf der Basis einer inhaltsanalytischen, d. h. qualitativen Auswertung erfolgte die Kategorisierung der Daten anhand eines entwickelten Kategoriensystems. Zudem haben wir das Konzept der sozialen Rollen aufgegriffen, das sich in der Bonner Gerontologischen Längsschnittstudie des Alters (BOLSA, Thomae 1983, 1988, Lehr/Thomae 1987) bewährt hat (vgl. Tabelle 1). Neben der Aktivität in den einzelnen sozialen Rollenbezügen haben wir die Identifikation mit der Rolle, die erlebte Befriedigung und Bestätigung in der Rolle sowie erlebte Schuldgefühle bei der Ausübung der Rollenanforderungen erfaßt.

Tabelle 1: Soziale Rollen

A:	Innerfamiliale Rollen	B:	Außerfamiliale Rollen
	Ehepartnerin/Partnerin*		Freundin*
	Mutter (Elternrolle)		Sozialpartnerin
	Großmutter (Tante)		Nachbarin
	Schwester		Arbeitskollegin
	Verwandte		»user-of-free-time«
	Hausfrau		karitativ/ehrenamtlich
	Tochter alternder Eltern**		Tätige**

* nach Thomae 1983; ** nach Niederfranke 1989, 1991b

Bei der statistischen Auswertung für die vorliegende Analyse kommt die hierarchische Clusteranalyse nach Ward (vgl. Bortz 1989, Hays 1988) zum Einsatz.

3.2 Stichprobe

In die vorliegende Analyse gehen Erhebungen von 106 Frauen der Geburtsjahrgänge 1925 bis 1933 ein. Es handelt sich also um Frauen, die in einem Alter von 54 bis 65 Jahren in den Ruhestand gehen (durchschnittliches Rentenzugangsalter: 59 Jahre).

Gut ein Drittel der Frauen entstammt der unteren sozialen Schicht, etwa die Hälfte der mittleren und knapp ein Viertel der oberen sozialen Schicht. Die Hälfte der Frauen sind dem großstädtischen Milieu zuzurechnen, jeweils ein Viertel der Frauen kommt aus dem dörflichen und kleinstädtischen Raum.

80 % der Befragten sind 30 Jahre und länger berufstätig, 20 % der Frauen sind 20 Jahre erwerbstätig. Eine möglichst kontinuierliche und lang währende Berufstätigkeit ist wesentliches Kriterium der Stichprobengewinnung. 84 % der Frauen üben vor der Berufsaufgabe eine Vollzeiterwerbstätigkeit aus. Mit 67 % ist der Angestelltenbereich überwiegend vertreten.

41,5 % der Frauen sind zum Zeitpunkt der Berufsaufgabe verheiratet, 32 % geschieden, verwitwet oder leben seit mehr als zehn Jahren getrennt vom Ehepartner, 26,5 % sind ledig. 50 % der Befragten leben in Einpersonenhaushalten und sind so gesehen im besonderem Maße vom Problem der Singularisierung betroffen.

3.3 Ergebnisse: Lebensentwürfe von Frauen

Unsere Analysen machen deutlich, daß ledige, geschiedene und verwitwete Frauen mit größerer Ambivalenz in die nachberufliche Lebensphase gehen als verheiratete Frauen. Alleinlebende Frauen nehmen die berufliche Altersgrenze im Unterschied zu den verheirateten Frauen als einen gravierenden Lebenseinschnitt wahr, infolgedessen sie vielfältige Veränderungen sowohl in bezug auf das Selbstwertgefühl, die eigene Lebenszufriedenheit (also intrapsychisch) als auch in bezug auf die konkrete Lebensgestaltung antizipieren (die Antizipation der Berufsaufgabe ist im ersten Erhebungszeitpunkt erfaßt). Die Verlaufsmuster der Anpassung an die nachberufliche Lebensphase sind innerhalb der ersten achtzehn Monate nach der Berufsaufgabe häufig nicht abgeschlossen, allerdings lassen sich stabile Anpassungsmuster unterscheiden. Die Anpassungsmuster differieren in Abhängigkeit von den Lebensentwürfen der Frauen (vgl. Niederfranke 1991b).

Mittels Clusteranalyse unterschieden wir zum Zeitpunkt der Berufsaufgabe vier Lebensentwürfe. Sie kristallisieren sich als Typen der inner- und außerfamilialen Orientierung heraus. Je nach Lebensentwurf wird Identität und Sinnfindung in ganz unterschiedlichen sozialen und sachlichen Bezügen erfahrbar. In Abhängigkeit davon unterliegen Berufsausgliederungsprozesse einer unterschiedlichen Sinnbildung und führen zu verschiedenartigen Anpassungsverläufen. Die Lebensentwürfe sind relativ stabil in bezug auf die Lebensveränderung durch Berufsaufgabe. Elf Frauen lassen sich den Lebensentwürfen nicht eindeutig zuordnen und bleiben im folgenden unberücksichtigt.

(a) Familienfrauen, traditionell orientierte Frauen

In diesem Cluster befinden sich 46 Frauen bzw. 48,3 % der Frauen (Semi-Partial-R-Square von 0.30). Frauen, die dieser Gruppe angehören, waren und sind konzentriert auf den innerfamilialen Bereich, vor allem auf die Beziehung zum Ehepartner. Ihr Identitätserleben wird wesentlich durch die »private Alltagsarbeit« bestimmt. Dies ist auch dann der Fall, wenn die Berufstätigkeit ein fester Bestandteil des Lebensverlaufs war und als befriedigend erlebt wurde. Die Frauen gehen zunächst mit einer positiven Erwartungshaltung und zufriedener als ledige Frauen in die nachberufliche Lebensphase. Sie sind darum bemüht, sich den Bedürfnissen des Ehepartners anzupassen aus dem Schuldgefühl heraus, ihrer eigentlichen Rolle als Ehefrau und Hausfrau während der Berufstätigkeit nicht gerecht geworden zu sein. Gleichwohl sind sie mit der Lebensführung ohne Beruf nicht voll zufrieden. Sie vermeiden jedoch eine aktive Auseinandersetzung mit Unzufriedenheiten vor allem in bezug auf die fehlende soziale Einbindung und identifizieren sich zunehmend mit ihrem Ehepartner bzw. mit dem Schicksal der eigenen Kinder und Enkel. Mit zeitlichem Abstand zum Berufsaustritt, bei uns markiert durch den dritten Erhebungszeitpunkt, wird die ausschließliche Familienzentriertheit und das Fehlen ausserfamilialer Sozialbeziehungen jedoch als Belastung empfunden. Der Wegfall der ehemals sinngebenden beruflichen Inhalte und der Sozialkontakte führt zu zunehmender Unzufriedenheit. Um Berufs- und Familienwelten miteinander zu vereinbaren, wurde der Aufbau anderer sozialer Einbindungen im mittleren Erwachsenenalter häufig vernachlässigt. Dies erweist sich bereits in der nachberuflichen Lebensphase, spätestens jedoch in der Situation des Partnerverlustes, als trügerisch.

(b) »Quasi«-Familienfrauen

In diesem Cluster befinden sich 17 Frauen bzw. 17,9 % der Frauen (Semi-Partial-R-Square von 0.18). Obgleich die Frauen dieser Gruppe in der Regel auf eine kontinuierliche und intensive Berufstätigkeit zurückblicken, trägt die stabile Berufsbiographie doch nur unwesentlich zum Identitätserleben bei. In ihrem Lebensentwurf, d. h. in ihrer Wertorientierung waren und sind diese Frauen auf »private Alltagsarbeit« konzentriert, auch wenn sie ihre Zeit nur in geringem Maße dafür einsetzen. Sie konnten die Bildung einer Kleinfamilie aufgrund zeitgeschichtlicher Einflüsse entweder nicht realisieren und blieben ledig (Verlobte oder altersgleiche Geschlechtspartner blieben im Krieg), oder sie konnten die Aufbau einer Familie aufgrund von frühzeitiger Verwitwung (verursacht durch den Tod des Ehepartners im Krieg) oder Scheidung (häufig interpretiert als Auswirkung der belastenden Aufbauzeit infolge des Krieges) nicht erfolgreich beenden. Den familienorientierten Lebensentwurf haben sie auch im fünften und sechsten Lebensjahrzehnt noch internalisiert. Nach Berufsaustritt fühlen sie sich mit der Tatsache konfrontiert, die »eigentliche« weibliche Bestimmung nicht erfüllt zu haben. Sie empfinden ihre Identität als gebrochen über ihren Lebensverlauf. Da sie Sinnhaftigkeit in außerfamilialen Bezügen nicht finden können, greifen sie auf den erweiterten Familienbereich, d. h. auf Geschwister und Verwandte zurück. In diesen Beziehungen finden sie jedoch nicht die Intimität und Privatheit, die sie sich wünschen und ausschließlich im Eheleben verwirklicht sehen können. So leiden sie in der nachberuflichen Lebensphase an einem »nicht-gelebten« Leben, an einem »nicht-realisierten« Lebensentwurf.

(c) Sozial-integrierte Frauen (ledige Frauen)

Innerhalb dieses Clusters befinden sich 24 Frauen bzw. 25,4 % der Frauen (Semi-Partial-R-Square von 0.23). Die Frauen dieser Gruppe sind in der Regel ledig und haben während ihrer Berufstätigkeit außerfamiliale Beziehungen intensiv gelebt. Ihre Identität ist zum einen durch die berufliche Tätigkeit beeinflußt, zum anderen durch das Leben außerhalb von Familie und Beruf. Diese Frauen sind engagiert in Freundschaften, sind Mitglied von Vereinen oder aktiv im Hobbybereich. Die Berufstätigkeit ist für sie von großer Bedeutung. Vor der Berufsaufgabe sehen diese Frauen dem Leben ohne Berufstätigkeit mit Ängsten entgegen. Sie befürchten gesellschaftliche Ausgliederungsprozesse aufgrund ihres Single-Status in einer auf Zweisamkeit ausgelegten Altersphase, ohne Rückzugsmöglichkeiten in berufliche Welten und in berufliches Identitätserleben. Die Berufsaufgabe trägt für diese Frauen zunächst alle Anzeichen einer psychosozialen Krise. Auch sie fühlen sich erneut damit konfrontiert die weibliche Lebensbestimmung nicht erfüllt zu haben. Im Gegensatz zu den »Quasi-Familienfrauen« haben sie der Krise jedoch etwas entgegenzusetzen, nämlich ihre Selbständigkeit, ihre Identität und ihr Selbstbewußtsein. Langfristig verfügen diese Frauen über die nötigen Kompetenzen, um das Leben in die eigene Hand zu nehmen. Sie trauern zunächst um den verlorenen Lebensinhalt, weichen dann jedoch der Gegenwart nicht aus, sondern streben nach persönlicher Kontrolle und Unabhängigkeit in allen Lebensbereichen. Sie haben aufgrund eines lebenslangen Selbständigkeitstrainings die Fähigkeit erworben, das Leben eigenverantwortlich und zielstrebig zu gestalten.

(d) Karitativ orientierte Frauen

Lediglich acht Frauen bzw. 8,4 % sind dieser Gruppe zuzuordnen (Semi-Partial-R-Square von 0.25). In dieser Frauengruppe vermischt sich eine inner- und außerfamiliale Orientierung. Weder ein Verlust der Berufs- noch der Familientätigkeit hat zentrale Auswirkungen auf das Identitätserleben. Findet ein Engagement im außerfamilialen sozialen Bereich, nicht selten in der Betreuung anderer Menschen, statt, so geht dies in der Regel mit hohem innerfamilialen Engagement in der Betreuung von Familienangehörigen einher. Anderen Menschen Hilfe und Unterstützung zu geben, wird auch mit zunehmendem Lebensalter als sinngebend erlebt, auch wenn dies mit massiven gesundheitlichen Belastungen verbunden ist. Die

Berufsaufgabe gestaltet sich für diese Frauengruppe unproblematisch, berührt es doch nur randständig ihr Selbstwertgefühl und ihre zentralen Lebensbezüge.

4. Zusammenfassung

Die Lebensentwürfe der Frauen sind relativ stabil in bezug auf berufliche Ausgliederungsprozesse. Aufgrund ihrer Konstanz sind sie geeignet, Prognosen über die Art der Auseinandersetzung mit der veränderten Lebenssituation in der nachberuflichen Lebensphase zuzulassen. Die Kenntnis der Lebensentwürfe gibt somit Hinweise auf eine frauenspezifische Prävention und Intervention etwa im Rahmen von Vorbereitungsmaßnahmen auf die nachberufliche Lebensphase.

Die Lebensentwürfe der Frauen verdeutlichen zudem: Lebenslange Berufstätigkeit führt nicht automatisch zu einer Abkehr von traditionellen Geschlechterstereotypen und zu einem veränderten Identitätserleben von Frauen im Alter. Traditionelle Geschlechterrollen und damit verbundene Ansprüche an weibliche Lebensentwürfe und weibliche Tätigkeitsfelder begleiten die Frauen der untersuchten Kohorten bis in die Altersphase hinein und werden in der Auseinandersetzung mit kritischen Lebensveränderungen wie Berufsaustritt und Partnerverlust wachgerufen.

Welche Erklärungszusammenhänge für diesen Sachverhalt finden wir auf der Basis der biographischen Erhebungen? Frauen der untersuchten Kohorten haben sich in der Regel nicht bewußt für einen bestimmten Lebensentwurf entschieden. Aufgrund der historischen Einflüsse zu Beginn des frühen Erwachsenenalters, also jener Zeit, in der die Wahl des Berufes und die Entscheidung für oder gegen eine Familiengründung Lebensentwürfe bereits grundlegend beeinflußt, haben die wenigsten Frauen das Gefühl, tatsächlich eine selbstbestimmte Entscheidung zu treffen. Vielmehr fühlt sich die Mehrheit der Frauen in der Kriegs- und Nachkriegszeit von »außen« beeinflußt in der Wahl des Berufs- und Lebensweges. Die Frauen haben ihre Berufs- und Familienentwicklung selten geplant. Vielmehr überlassen sie den Berufs- und Lebensweg »gezwungenermaßen« externen Einflüssen und haben infolgedessen ein geringes Kontrollempfinden. Obgleich bei der Mehrzahl der Frauen ein fester Berufswunsch besteht, wird die Realisierung dieses Wunsches nur für eine Minderheit zu einem zentralen Lebensziel, das zu verfolgen mit Energie betrieben wird (vgl. Niederfranke 1991b, Lehr 1969). Darüber hinaus findet eine bewußte Auseinandersetzung mit Geschlechtsrollenerwartungen oder gesellschaftlichen Zuweisungen von Berufs- und Familienwelten kaum statt.

Im weiteren Lebenverlauf bleiben bei den verheirateten Frauen Haushalt und Hausarbeit die Zentren des weiblichen Lebenszusammenhangs. Dies ist nicht verwunderlich angesichts der traditionell weiblichen Sozialisation, die vorrangig ausgerichtet ist auf Heirat und als Herzstück der weiblichen Normalbiographie die Kleinfamilie setzt (vgl. Beck-Gernsheim 1980, 1987, Nave-Herz 1972). Gleichwohl haben gerade die Frauen der untersuchten Kohorten in der Nachkriegszeit typische Männerarbeiten verrichtet (vgl. auch Tölke 1989) und waren in ihren späteren Berufsfeldern keineswegs auf »typisch weibliche« Arbeitsbereiche beschränkt, wenn sie auch in der breiten Mehrzahl in ausführenden Tätigkeitsfeldern beschäftigt waren. Das Identitätserleben scheint dadurch jedoch nicht nachhaltig beeinflußt zu sein.

Welche Bedingungen sind es also, unter denen traditionelle Geschlechterrollen und damit verbundene Identitäten ins Wanken geraten? Die Lebensentwürfe der älteren Frauen lehren uns, daß vor allem ledige oder alleinlebende Frauen, die sich im gesellschaftlichen Zusammenhang ohne Rückgriff auf familiale Bezüge oder Aufgaben zu behaupten haben, von der traditionellen Geschlechterrolle abweichen. Bei ihnen weicht das familial orientierte Selbstkonzept nicht zugunsten eines berufsorientierten (und damit möglicherweise männlichen) Selbstkonzepts, sondern vielmehr zugunsten eines sozial orientierten Selbstkonzepts, das eine hervorragende Voraussetzung für befriedigende Alternsprozesse ist. Die von der Singularisierung betroffenen Frauen sind geradezu gefordert, ihre Identität unabhängig von familialen Zuschreibungen zu finden. Gleichwohl scheint der Beruf allein kein Ersatz für die Privatheit und Intimität der Familie zu sein.

Soziale Teilhabe und damit verbundenes Stärke- und Geborgenheitsempfinden ist nach unseren Analysen eine wesentliche Voraussetzung für die Entwicklung einer eigenen, von Geschlechterrollen abweichenden Identität. Der Aufbau eines eigenen sozialen Bezugskreises, sei es auf der Basis formeller Beziehungen (wie etwa im Rahmen eines Vereins) oder auf der Basis informeller Beziehungen, wird von der Frauen als außerordentlich befriedigend beschrieben und hilfreich in dem Aufbau eines eigenen Lebensweges, der weder gänzlich bestimmt ist von beruflichen Anforderungen noch vorgezeichnet durch familiale Aufgaben. In der Altersphase, in der Berufs- und Familienwelten nur noch eingeschränkt oder überhaupt nicht mehr verfügbar sind, ist der Rückgriff auf außerfamiliale und außerberufliche Netzwerke zudem einer der wichtigsten Bestandteile von Lebenszufriedenheit und Wohlbefinden. Es bleibt zu resümieren: Berufsarbeit ist eine notwendige, aber keine hinreichende Voraussetzung zur Herausbildung eines Lebensentwurfs, der sich auch im Alter als tragfähig erweist.

Literatur

Beck-Gernsheim, Elisabeth (1980): »Männerrolle, Frauenrolle - aber was steht dahinter? Soziologische Perspektiven zur Arbeitsteilung und Fähigkeitsdifferenzierung zwischen den Geschlechtern«. In: Roland Eckert (Hrsg.): *Geschlechtsrollen und Arbeitsteilung. Mann und Frau in soziologischer Sicht*. München, S. 165-201

Beck-Gernsheim, Elisabeth (1987): *Das halbierte Leben. Männerwelt Beruf, Frauenwelt Familie*. Frankfurt a.M.

Beck-Gernsheim, Elisabeth/Ostner, Ilona (1978): »Frauen verändern - Berufe nicht? Ein theoretischer Ansatz zur Problematik von ‚Frau und Beruf'«. In: *Soziale Welt*, 3, S. 257-287

Block, Jeanne H. (1984): *Sex Role Identity and Ego Development*. San Francisco

Bortz, Jürgen (1989): *Statistik*, 3. Auflage. Berlin

Beauvoir, Simone de (1951): *Das andere Geschlecht - Sitte und Sexus der Frau*. Hamburg

Deaux, Kay (1985): »Sex and Gender«. In: *Annual Review of Psychology*, 29, S. 80-85

Deaux, Kay/Major, Brenda: »Putting Gender into Context: An Interactive Model of Gender-Related Behavior«. In: *Psychological Review*, 94, S. 369-389

Erikson, Erik H. (1968): *Identity: Youth and Crisis*. New York

Erikson, Erik H. (1988): *Der vollständige Lebenszyklus*. Frankfurt a.M.

Filipp, Sigrun-Heide (1981): *Kritische Lebensereignisse*. München

Havighurst, Robert J. (1953): *Human Development and Education*. New York

Hays, William L. (1988): *Statistics*, 4. Auflage, New York

Lehr, Ursula (1969): *Die Frau im Beruf. Eine psychologische Analyse der weiblichen Berufsrolle*. Frankfurt a.M.

Lehr, Ursula/Thomae, Hans (Hrsg.) (1987): *Formen seelischen Alterns*. Stuttgart

Mayer, Christine/Krüger, Helga/Rabe-Kleberg, Ursula/Schütte, Ilse (Hrsg.) (1984): *Mädchen und Frauen. Beruf und Biographie*. München

Mayer, Karl-Ulrich/Brückner, Erika (1989): *Lebensverläufe und gesellschaftlicher Wandel*. Materialen zur Bildungsforschung, Schriftenreihe des Max-Planck-Instituts für Bildungsforschung. Berlin

Nave-Herz, Rosemarie (1972): *Das Dilemma der Frau in unserer Gesellschaft: Der Anachronismus in den Rollenerwartungen*. Neuwied/Berlin

Niederfranke, Annette (1987): *Vor-Ruhestand: Erleben und Formen der Auseinandersetzung bei Männern aus psychologischer Sicht. Ein Beitrag zur Lebenslaufforschung des höheren Erwachsenenalters*. Bonn

Niederfranke, Annette (1989): *Transition to retirement: A follow-up-study with female workers*. Beitrag für den XVIII. International Congress of Gerontology, Acapulco

Niederfranke, Annette (1991a): »Lernen und Bildung im Alter: Gesellschaftliche und biographische Notwendigkeit«. In: Klaus Schleicher/Wilfried Bos (Hrsg.): *Europa 1992-2000. Bildungsaufgaben angesichts nationaler Vielfalt und europäischer Einheit* (im Druck)

Niederfranke, Annette (1991b): *Wenn der Lebensfluß unterbrochen wird - Ältere Frauen in der Auseinandersetzung mit Lebensveränderungen* (im Druck)

Ostner, Ilona (1978): *Beruf und Hausarbeit. Die Arbeit der Frau in der Gesellschaft*. Frankfurt a.M.

Ostner, Ilona (1987): »Scheu vor der Zahl? Die qualitative Erforschung von Lebenslauf und Biographie als Element einer feministischen Wissenschaft«. In: Wolfgang Voges (Hrsg.): *Methoden der Biographie- und Lebenslaufforschung*. Opladen, S. 103-124

Peck, Robert (1977): »Psychologische Entwicklung in der 2. Lebenshälfte«. In: Ursula Lehr/Hans Thomae (Hrsg.): *Altern - Probleme und Tatsachen*. Frankfurt a.M., S. 530-544

Riley, Matilda White (1986): »Overview and Hightlights of a Sociological Perspective«. In: Aage B. Sorensen/Franz E. Weinert/Lonnie R. Sherrod (Hrsg.): *Human Development and the Life Course: Multidisciplinary Perspectives*. London, S. 153-175

Shaver, Philip/Hendrick, Clyde (Hrsg.) (1987): *Sex and Gender*. Newbury Park

Schmähl, Winfried (1988): »Erwerbsleben, Ausscheiden aus dem Erwerbsleben und Leben im ,Ruhestand' - Veränderungen und Aufgaben aus ökonomischer Sicht«. In: Staatsministerium Baden-Württemberg (Hrsg.): *Altern als Chance und Herausforderung*. Stuttgart, S. 77-98

Szinovacz, Maximiliane (Hrsg.) (1982): *Women's Retirement*. Beverly Hills

Thomae, Hans (1983): *Alternsstile und Altersschicksale*. Bern

Thomae, Hans (1987): »Psychologische Biographik als Synthese idiographischer und nomothetischer Forschung«. In: Hans Thomae/Gerd Jüttemann (Hrsg.): *Biographie und Psychologie*. Berlin/Heidelberg/New York, S. 108-116

Thomae, Hans (1988): *Das Individuum und seine Welt*. 2. völlig veränderte Auflage. Göttingen

Tölke, Angelika (1989): *Lebensverläufe von Frauen. Familiäre Ereignisse, Ausbildungs- und Erwerbsverhalten*. München

Whitbourne, Susan Krauss (1986): *The Me I Know: A Study of Adult Identity*. New York

Autorinnen- und Autorenverzeichnis

Jutta Allmendinger, Professorin für Soziologie an der Universität München; Arbeitsschwerpunkt: Soziale Ungleichheit, Alterssicherung und Lebensverläufe von Frauen

Hannah Brückner und *Erika Brückner* arbeiten im Max-Planck-Institut für Bildungsforschung, Berlin, zum »Zusammenhang von Alterssicherung und Lebensverläufen von Frauen der Geburtskohorte 1919 - 1921« und zum »Übergang in den Ruhestand«

Gertrud M. Backes, wissenschaftliche Mitarbeiterin am Fachbereich Sozialwesen/Soziale Gerontologie der Gesamthochschule Kassel; Forschungsschwerpunkte: Frauenforschung, Soziale Gerontologie, biographische Forschung, Gesundheitsforschung

Claudia Born, wissenschaftliche Mitarbeiterin in dem Projekt »Statussequenzen von Frauen zwischen Erwerbsarbeit und Familie« des Sonderforschungsbereichs 186 der Universität Bremen

Wolfgang Clemens, Akademischer Rat am Institut für Soziologie der Freien Universität Berlin; Arbeitsschwerpunkt: Frauen im Übergang in den Ruhestand und im Ruhestand

Claudia Gather, wissenschaftliche Mitarbeiterin am Institut für Soziologie der Technischen Universität Berlin; Forschungsschwerpunkte: Lebenslaufforschung, Alternsforschung, Frauenforschung

Ute Gerhard, Professorin für Soziologie mit dem Schwerpunkt Frauenarbeit/Frauenbewegungen am Fachbereich Gesellschaftswissenschaften der Johann Wolfgang Goethe-Universität, Frankfurt am Main; Forschungsschwerpunkte: Feministische Sozialpolitik, Geschichte und Theorie der alten und neuen Frauenbewegung

Monika Genz, Fachärztin für Gynäkologie, Geburtshilfe und Sozialmedizin, zur Zeit wissenschaftliche Mitarbeiterin am Institut für Sozialmedizin der Martin-Luther-Universität Halle

Ellen Kirner, wissenschaftliche Mitarbeiterin am Deutschen Institut für Wirtschaftsforschung (DIW); Forschungsschwerpunkte: Erwerbsbeteiligung von Frauen, Alterssicherung von Frauen

Adelheid Kuhlmey-Oehlert, Medizinsoziologin, tätig als wissenschaftliche Mitarbeiterin in der Abteilung Gerontologie der Medizinischen Fakultät der Humboldt-Universität zu Berlin

Margarete Landenberger, wissenschaftliche Mitarbeiterin im Sonderforschungsbereich 333 der Universität München; Forschungsschwerpunkte: Erwerbssituation und soziale Sicherung von Frauen, insbesondere Auswirkungen neuer Arbeitszeitmodelle für die soziale Sicherung (Teilzeitarbeit, geringfügige Beschäftigung)

Annette Niederfranke arbeitet am Institut für Gerontologie der Universität Heidelberg in dem Forschungsprojekt »Übergang von Frauen in den Ruhestand«

Gisela Notz, wissenschaftliche Mitarbeiterin in der Abteilung Arbeits- und Sozialforschung der Friedrich-Ebert-Stiftung Bonn; 1987 - 1990: Durchführung des Forschungsprojekts »Zur Gründung der Kernfamilie«

Karin Prinz, wissenschaftliche Mitarbeiterin beim Verband Deutscher Rentenversicherungsträger (VDR), Frankfurt am Main, in der Projektgruppe »Verbesserung der Alterssicherung von Frauen«

Gabriele Rolf, wissenschaftliche Mitarbeiterin im ASEG-Projekt (Altersicherung in der Europäischen Gemeinschaft) an der Johann Wolfgang Goethe-Universität, Frankfurt am Main; Forschungsschwerpunkte: Alterssicherung von Frauen, Alterssicherung in der EG

Erika Schulz, wissenschaftliche Mitarbeiterin am Deutschen Institut für Wirtschaftsforschung (DIW), Berlin; Forschungsschwerpunkte: Demographie, Erwerbsbeteiligung, Regional- und Strukturforschung

Brigitte Stolz-Willig, Referentin für Sozialpolitik am Wirtschafts- und Sozialwissenschaftlichen Institut (WSI) des Deutschen Gewerkschaftsbundes; Forschungsschwerpunkte: Familienpolitik, Frauen, Arbeit und Gesundheit

Angelika Tölke, wissenschaftliche Mitarbeiterin im Forschungsprojekt »Wandel und Entwicklung familialer Lebensformen« des Deutschen Jugendinstituts, München

Mechthild Veil, Vertretungsprofessur an der Fachhochschule für Sozialarbeit in Frankfurt am Main; Forschungsschwerpunkte: Feministische Sozialpolitik, Alterssicherung von Frauen

Gert Wagner, Professor für »Sozialpolitik und öffentliche Wirtschaft« an der Ruhr-Universität Bochum; Leiter des DFG-Projekts »Das Sozio-ökonomische Panel« am Deutschen Institut für Wirtschaftsforschung (DIW), Berlin; Forschungsschwerpunkte: soziale Sicherung von Frauen, Übergang in den Ruhestand, empirische Sozial- und Wirtschaftsforschung